LA
DIPLOMATIE
AU TEMPS DE MACHIAVEL

PAR

M. DE MAULDE-LA-CLAVIÈRE

TOME PREMIER

PARIS

ERNEST LEROUX, ÉDITEUR

28, RUE BONAPARTE, 28

1892

LA DIPLOMATIE AU TEMPS DE MACHIAVEL

1251

LA

DIPLOMATIE

AU TEMPS DE MACHIAVEL

PAR

M. DE MAULDE-LA-CLAVIÈRE

TOME PREMIER

PARIS

ERNEST LEROUX, ÉDITEUR

28, RUE BONAPARTE, 28

1892

A Son Altesse Royale

Monseigneur

LE PRINCE HÉRITIER DE DANEMARK

AVANT-PROPOS

En présentant une vue d'ensemble sur une époque, d'ailleurs fort brillante, de la diplomatie, nous avons cherché à fixer, dans une esquisse rapide, sommaire, les règles principales de la science diplomatique au Moyen-Age. Peut-être un jour étudierons-nous plus à loisir quelques-unes de ces règles, dont l'histoire mériterait d'être établie. Pour le moment, il nous a paru utile de dégager les principes généraux, ne fût-ce que pour tracer le cadre de travaux futurs. Faute d'enseignement consacré en France à l'histoire de la diplomatie ancienne, cette science a été oubliée dans l'effervescence historique à laquelle nous assistons, et l'on ne peut en parler que par la voix d'un livre. Aussi lit-on tous les jours dans de savantes publications que la diplomatie, ou au moins telle ou telle de ses manifestations, date d'hier.

La diplomatie est vieille comme le monde et ne périra qu'avec lui. La Bible, les Egyptiens, les Grecs ont un droit international et diplomatique. Il suffit que deux sociétés coexistent pour qu'elles aient des intérêts à régler ; elles font la guerre, par conséquent elles font la paix, et même les institutions internationales représentent, malgré leurs fragilités apparentes, ce qu'il y a de moins variable et de plus indélébile. Les diplomates, comme les notaires, ne changent guère. Les monuments tombent, les faits passent, les conceptions sociales varient, et assurément si l'on compare la France actuelle à la France du XVᵉ siècle, on ne trouve rien de commun ; la France actuelle ne se souvient de sa devancière que par piété ou par curiosité. La science des rapports des peuples, au contraire, faute de sanction supérieure, repose plus que jamais sur des faits, sur une simple pratique expérimentale. La voie qu'elle suit péniblement depuis des siècles continue à s'allonger devant elle et lui montre encore bien des étapes à parcourir. Il s'est produit de grandes modifications mécaniques : on voyage facilement et on obéit au télégraphe. L'Europe n'admet presque plus que de grands États, de grandes guerres, rares et écrasantes, des événements irréfragables ; la diplomatie a perdu les négociations serrées du vieux temps, quand une foule de petits États combinaient sans relâche de petites guerres et de petites paix. Le cérémonial lui-même s'est simplifié aussi bien que le fond des affaires ; on ne connaît plus d'ambassades spéciales, si ce n'est quelques ambassades d'apparat. Tout se borne au train-train des *résidents* d'autrefois. Et cependant la trame reste à peu près la même. Il y a aujourd'hui des esprits hardis, qu'on estime même téméraires, qui découvrent des remèdes absolument nouveaux : l'arbitrage permanent, la localisation de la guerre... Ces remèdes-là ont toujours existé ! Au risque de scandaliser les novateurs, on peut leur citer, au XIIIᵉ siècle par exemple, des pactes d'arbitrage permanent. La guerre localisée ! c'est ce que le

Moyen-Age avait pensé établir sous le nom de Représailles.

Nous avons cru ne pouvoir mieux faire, pour essayer une récapitulation rapide de l'œuvre du Moyen-Age, que de nous placer à la fin de cette époque historique, au moment où le système idéal et doctrinaire va faire partout place au système expérimental, au système de la discussion humaine, c'est-à-dire vers le début du XVIe siècle. C'est un moment d'ailleurs où la diplomatie fleurit, comme l'art; elle dispose de beaucoup d'affaires, d'illustres serviteurs ; les communications sont convenables, sans trop de facilités, l'outillage récemment perfectionné.

Le Moyen-Age n'avait pas eu la bonne fortune de trouver en matière internationale un terrain tout préparé, le système romain n'établissant pas suffisamment les rapports internationaux sur le pied de l'indépendance et de l'égalité. Les jurisconsultes ont dû remonter à la source ; ils prennent comme type le droit naturel, cette loi naturelle, expression, selon Ulpien, de la volonté raisonnable de Dieu même, « ce réservoir infini et éternel de justice d'où découlent les sources premières du droit civil, mises en œuvre par la législation humaine : l'union de l'homme et de la femme, la naissance des enfants ». Ils disent, comme l'illustre Sumner Maine et comme les Américains de nos jours, que « la partie la plus utile et la plus pratique du droit des gens représente sans doute un droit institué ou positif basé sur l'usage, le consentement et l'entente commune. Mais ce serait une erreur de séparer trop entière-

ment ce droit de la jurisprudence naturelle, et de ne pas
le regarder comme empruntant beaucoup de sa force et
de sa dignité à ces mêmes principes de juste raison, à
ces mêmes vues de la nature et de la constitution de
l'homme, à cette même sanction de la révélation divine,
qui sont déjà les sources de la science morale.

Il existe un droit des gens naturel et un droit des gens
positif... Nous devrions éviter de séparer la science du
droit public de la science morale [1] »

Depuis le XVIᵉ siècle, un courant tout différent s'est
répandu en France et en Europe. A mesure que la foi
positive en l'idéal divin tendait à s'amoindrir, on a considéré l'œuvre internationale comme une simple nécessité d'arrangement au jour le jour, comme un fait contractuel, toujours discutable et dépendant de tout le
monde, c'est-à-dire du plus fort, et non plus comme le résultat d'une commune obéissance à un précepte immuable. La loi devint le fait du législateur, au lieu d'être le
fait de la justice. De grands philosophes développèrent
ces idées vers la fin du XVIIIᵉ siècle ; en réalité, la révolution s'opéra dès le XVIIᵉ dans les rapports entre nations. A la vie dite morale se substitua dès lors le grand
principe du contrat des intérêts, la théorie d'un équilibre
à obtenir. Cela se fit sans difficulté, car nulle part les
transitions ne s'opèrent plus insensiblement que dans les
matières internationales. Au Moyen-Age, le principe de
justice, si absolu par lui-même, si fort théoriquement, si
redoutable pratiquement par les sanctions de la puissance

1) Sumner Maine, *La Guerre*, édition française, p. 43.

religieuse, n'a couvert la plupart du temps que des mar-
chandages, et de nos jours, grâce à Dieu, toute la théorie
d'équilibre n'empêche pas de fréquents appels à la
justice et au droit... La théorie d'équilibre !... Au fait, où
se trouve-t-elle, où est la bonne, la stable?... Celle de
Louis XIV et de Napoléon?... Ou bien celle d'aggloméra-
tions qui se heurtent, avec des rivalités aigres, des
frontières insurmontables, des menaces, des haines, des
apprêts incessants de lutte, avec le culte de la force bru-
tale et le dégoût des idées de justice, ces idées dont la
France se considérait toujours comme le champion [1]? Nous
préférons voir dans le principe un peu vague de l'équilibre un hommage indirect à la justice et à la nécessité.
Et, au surplus, tous les temps formulent les mêmes de-
siderata : on agissait au Moyen-Age d'une manière fort
expérimentale, on n'agit pas autrement aujourd'hui. Il
faut souvent beaucoup d'effort pour trouver trace de
quelque principe dans la conduite diplomatique.

La recherche difficile des principes a peu tenté les historiens, et l'on a préféré pendant longtemps croire que
Grotius avait, le premier, pris la peine de formuler des
idées sur le droit de la guerre.... Grotius, le vénérable
« père du droit des gens !» Par malheur pour sa mémoire,
les écrivains du Moyen-Age, philosophes, canonistes, jurisconsultes, préoccupés de courir au plus pressé, s'étaient
précisément attachés à ce même problème du droit de la
guerre, qu'ils ont creusé, élucidé et parfois poussé plus

----

1) Sur ces principes, au Moyen-Age, V. le sceptique Commines, *Mémoires*, liv. V, c. xx.

loin que Grotius lui-même[1]. C'est la partie essentiellement didactique des rapports des peuples : la science de se faire la guerre ! Au contraire, pour la partie intra-diplomatique du droit international, pour le vrai droit international, on est demeuré dans des généralités. Ce n'est pas que la diplomatie du Moyen-Age n'obéisse à certaines règles, mais ces règles reposent sur l'usage, il faut aller les chercher dans la pratique[2] : souples elles-mêmes, comme la diplomatie, elles admettent des exceptions, que commandent les considérations de personne, de moment, de lieu. Nul ne s'est préoccupé de les cataloguer : la diplomatie s'est perpétuée comme un art, comme une tradition, comme le secret des chancelleries ; il paraissait suffisant de former par écrit quelques recueils de formules pour les correspondances. C'était l'heureux temps du mystère, de l'intrigue, de la duplicité, un bon temps d'initiative individuelle. Le personnel, sans cesse renouvelé, se composait des hommes éminents en tout genre : grands seigneurs pleins de faste, jurisconsultes pleins de doctrine, clercs pleins d'onction, administrateurs habiles, à chacun sa voie et son emploi et son relief. Pas de nouvellistes indiscrets, attachés à tout déflorer. Partout, des routes assez frayées, et l'urgence de représenter dignement le pays. La diplomatie n'était pas une carrière, mais le couronnement des carrières. La complication des droits, les incertitudes et les variations incessantes de la politique lui assuraient son pain quotidien.

1) V. E. Nys, *Essai sur la littérature du droit des gens avant Grotius*, Bruxelles, 8o.
2) Nous avons de préférence renvoyé aux sources imprimées.

Dans ces conditions, chaque diplomatie présente son cachet propre d'originalité, selon le rôle du pays qu'elle représente, et suivant ses traditions propres.

La diplomatie française, qui attirera surtout notre attention, n'est certainement pas la plus habile. Si l'envoyé français n'a pas, en général, la morgue qu'on reproche à l'Allemand ou la rudesse apparente de l'envoyé anglais, on ne saurait non plus lui attribuer la souplesse, l'esprit avisé des Italiens. C'est un honnête homme, qui ne voit que l'objet de sa mission, qui se soucie médiocrement du pays où il se trouve et y vit isolé ; il va droit devant lui, correspond peu avec son gouvernement, parle haut, bref, avec bonne foi, mais sans grands ménagements ; on sent assez souvent percer dans ses paroles comme la pointe d'un sabre.

Néanmoins, son allure reflète plus ou moins le caractère du souverain. Il faut se rappeler qu'au commencement du XVe siècle la France envahie se voit d'abord officiellement représentée par des diplomates anglais ; peu à peu, elle reprend sa place. Louis XI et Louis XII affectionnent, cultivent l'action diplomatique, dans des sens d'ailleurs bien différents : Louis XI, arrivé à une époque de tassement, tout entier à son œuvre intérieure, ne se permet au dehors que des intrigues et des petits moyens : séparer, en *dilettante*, ses adversaires, pousser les uns, retenir les autres... Malgré cette compression systématique, il a jeté çà et là de curieuses vues, très claires, de droit international. Louis XII, au contraire, inspiré par un homme d'église, lui-même doux, humanitaire, philosophe, se montre un vrai apôtre des arrangements rationnels, et même, quoiqu'il se soit mesuré sans cesse avec les diplomaties les plus raffinées, l'apôtre de la bonne foi... Louis XI et Louis XII ont chacun fait faire un pas notable à la diplomatie.

Malgré ses défauts, la diplomatie française exerce une grande action, pour un motif puissant : parce qu'elle représente un pays très solidement uni et une politique bien suivie.

L'union et la concorde des Français faisaient alors l'admiration générale, de même que leur loyalisme envers le souverain[1]. Ce pays, si brisé cinquante ans auparavant, formait un faisceau indestructible. A peine en Bourgogne pouvait-on noter quelques menées séparatistes, fomentées par l'Allemagne; la Bretagne avait été incorporée à la monarchie sur le vœu de ses propres États, la Provence sur les instances réitérées de la population. On avait vu le Roussillon restitué à l'Aragon, et Arras à l'Archiduc, malgré les réclamations avérées des habitants; les consuls de Perpignan n'avaient négligé aucun effort pour rester Français ! Au contraire, l'Angleterre, divisée, fatiguée, très séparée de l'Écosse, s'isolait de plus en plus des affaires du continent pour se consacrer au soin de ses intérêts commerciaux. L'Espagne achevait à peine son unité: l'Allemagne était réduite à l'impuissance par la compli-

---

1) « Nous ne trouvons nulle part dans l'histoire qu'un seul jour, la légèreté d'esprit, l'abus de l'autorité royale, la défaite, ni enfin un mal quelconque aient troublé la fidélité du peuple français envers son roi. Au contraire, pour le défendre, pour le soutenir, on a toujours couru aux armes de tout son cœur, et au besoin on a couru volontiers à la mort : rien de rude qui ne parût facile, pourvu que le roi fût sauf et obéi » (Discours du chancelier, *Journal des États-Généraux de 1484*, p. 36).

cation de sa vieille constitution ; le Danemark se tenait à l'écart ; l'Italie, à part Rome, et à part Venise, n'offrait qu'un chaos de rivalités : Milan et Naples ne figuraient plus que comme expressions géographiques. Les puissances de l'Est de l'Europe, alliées naturelles et immémoriales de la France, ne songeaient qu'au Turc[1]. Quant à l'Empire ottoman, il était, diplomatiquement, tenu pour non existant. Luttes et chimères faisaient partout table rase ! Seule, on peut le dire, la France pouvait avoir sa politique, qui lui assurait une immense clientèle. Depuis trois siècles, elle incarnait l'idée de christianisme et de liberté. Elle exerçait une influence réellement profitable à sa gloire et à ses intérêts, elle avait de vrais amis, parce qu'elle représentait quelque chose.

Evidemment, si l'on fait un retour vers le présent (et il est presque impossible de se l'interdire), on constate que certains ressorts de cette prépondérance manquent et manqueront toujours à la France moderne ; mais on peut aussi se demander si quelques erreurs et contradictions de politique extérieure n'ont pas contribué à rendre la situation plus difficile. Un régime qui rompt brusquement et violemment avec le passé ne commet-il pas une grosse erreur en prétendant au bénéfice de la succession de ce passé ? La monarchie très chrétienne pouvait, conformément à son principe et à sa tradition logique, se présenter comme l'héritière des Croisés, comme le bras droit de l'Église. La Révolution et les gouvernements qui en sont

1) V. not. le traité de Michel Ris, écrit en 1505, *De regibus Francorum, Hispaniæ, Hierosolymorum, Neapolis et Siciliæ, Ungariæ*, publié à Bâle, Frob, 1534.

issus, expression du système de la volonté nationale, devaient, au dehors, chercher, sincèrement, leurs amitiés parmi les esprits sympathiques aux nouveaux principes. Etait-il plus profitable d'inaugurer à l'intérieur le culte de la Raison et de vouloir conserver au loin d'une manière sérieuse et durable le protectorat chrétien? de professer que la volonté du peuple fait la loi, et de ne rêver que conquêtes? traverser le monde en tous sens pour soumettre des peuples par la force, et ne cesser de protester contre la force quand elle étreint vos propres frontières, par un reflux possible à prévoir? Partout on enseigne, au moins dans les universités, la théorie du droit naturel ; une chaire était consacrée à cette science, au Collège de France. Au lieu de lui confier la belle mission scientifique de démontrer expérimentalement et historiquement la progression de la doctrine et des faits, nous l'avons vu supprimer, au grand regret de ceux qui, à côté du droit littéral, croient encore aux principes de justice naturelle et immanente invoqués en Danemark ou en Lorraine... La France affecte ainsi de rester en deçà de sa propre évolution : fait bien curieux, et tout à l'éloge de la dextérité des Ministres. Cependant, l'histoire diplomatique nous enseigne que, de tout temps, on a estimé vraiment nécessaire de draper les contradictions de la vie pratique sous le manteau de quelques idées. Ce vieux manteau servait déjà au XII° siècle, on pourrait voir s'il n'est pas encore en état de servir aujourd'hui.

LIVRE I

GÉNÉRALITÉS DU DROIT INTERNATIONAL

CHAPITRE 1

DE L'AUTORITÉ.

Tout le droit naturel du Moyen Age, le droit des gens et la diplomatie reposent sur le principe chrétien, évangélique, que les peuples forment une vaste famille, soumise à une même autorité, et cette autorité, c'est Dieu. L'exercice de l'autorité, c'est-à-dire le pouvoir, prend des formes infiniment diverses. La doctrine chrétienne favorise la liberté et l'égalité, mais sans exclure aucune forme de gouvernement. Au fond, l'esprit du Moyen-Age est républicain[1] ; le système républicain apparaît

---

1) Claude de Seyssel lui-même, défenseur presque officiel du système monarchique (V. *La grant' monarchie de France*, édition 1557, p. 1), et l'un de ses principaux fonctionnaires, ne cache pas ses préférences pour le système vénitien : république aristocratique (*id.*, p. 4). Mais, en théorie, on n'attache pas une importance majeure à la question de la forme du gouvernement. Selon les idées du Moyen-Age, fermement acquises à la métaphysique et aux théories de droit naturel, la loi, c'est Dieu, c'est à-dire la justice suprême. Il n'y a pas de législateurs terrestres, mais seulement des autorités quelconques chargées d'interpréter et de formuler des règlements conformes aux principes de la justice : ce qui est juste est juste, la question de forme importe peu. On ne considère nullement la société comme le résultat d'une sorte de contrat, comme une société d'affaires, comme une assurance mutuelle, où une décision vaut parce qu'elle émane de la majorité. Une décision ne vaut que parce qu' elle est juste ; notoirement injuste, elle n'oblige pas. L'important est de posséder la science du juste, c'est-à-dire du droit naturel. Le consentement des peuples n'est requis que lorsqu'on leur de-

comme le plus stable, partant comme le plus favorable aux longs desseins [1]; on ne considère, philosophiquement, la royauté que comme une sorte de pis-aller, de nécessité[2]... Mais peu importe ! Le principe ne varie pas : « Tout pouvoir vient de Dieu [3] », comme dit St Paul : Savonarole proclame même Jésus-Christ roi effectif de Florence, et les rois n'ont de raison d'être, dans la doctrine universelle, que comme lieutenants de Dieu. Tel est le principe majeur et absolu sans lequel tout le droit des gens demeurerait inexplicable et par lequel il se sépare absolument du droit moderne, qui n'admet point de métaphysique et repose entièrement sur le système contractuel. L'ancien droit des gens, au contraire, s'appuie sur un dogme, sur un code qui est l'évangile. Les préceptes de l'évangile sont, pour lui, les formules initiales du droit naturel. Et le célèbre Suarez, tardivement fidèle à cette doctrine, l'exprime à la fin du XVI° siècle, comme on l'aurait fait au XV° siècle : « Le genre

mande un nouvel impôt. Cf. Suarez, *De legibus ac Deo legislatore*, Coimbre, 1612.

1) On faisait le parallèle de la forme durable de la république avec les variations du gouvernement de France occasionnées par le changement de rois (Guichardin, liv. IV, ch. III). « Veneti tamdiu fascinabunt oculos principum, écrit un diplomate allemand en 1512, donec fraudibus et immortalitate eorum opprimant omnes » (*Lett. de Louis XII*, IV, 105).

2) Bartole dit « Regna propter impunitam licentiam delinquendi condita fuerunt. » D'après Honoré Bonet, « oncques, au commencement du monde, Dieu ordonna à homme que il tenist seignorie sur les aultres », mais « il ordonna raison, sens et discrétion, afin qu'ils deussent vivre raisonnablement; car en toutes choses qui ont membres, il est de nécessité, selon bonne raison, que il y ait ung chief, et là où il n'y a chief, certes il n'y peut avoir nul régime de bonne ordonnance. » Dans le même sens, Philippe Pot, agent et fonctionnaire d'Anne de Beaujeu, proclame aux Etats généraux de 1484 que « les rois ont été faits pour les peuples et non les peuples pour les rois. » Et, plus tard, Erasme dira : « Princeps, quid aliud est quam medicus Reipublicæ ? » (*Institutio principis christiani*, c. VII.)

3) *Coutumes et règlements de la République d'Avignon*, p. 61, 33. Aussi, le blasphème est puni : la république défend de tuer de la viande le vendredi : le serment consacre tout.... (*id.*, p. 31, 33).

humain, quoique divisé en peuples et en royaumes divers, a cependant une certaine unité, non seulement spécifique mais pour ainsi dire politique et morale. Cette unité ressort du précepte naturel de l'amour mutuel et de la miséricorde, précepte applicable à tous, même aux étrangers, quelle que soit leur nation. Chaque État, république ou royaume, ne forme qu'un membre de ce grand corps qui est le genre humain. Aucun de ces États ne pourrait se suffire par lui-même : tous ont besoin d'appui réciproque, d'association, de rapports mutuels, pour améliorer leur situation. Voilà pourquoi il leur faut un droit pour les diriger et pour régler correctement leurs rapports et leurs associations. Le droit naturel fait beaucoup en cette matière, mais il ne fait pas tout, et ne peut pas répondre à tous les besoins immédiats : c'est pourquoi l'usage[1] des nations a dû formuler sur des points spéciaux un droit précis[2].»

Telle est la formule du droit naturel et du droit des gens au Moyen Age ; chez les chrétiens (comme dans l'empire de l'Islam), le droit naturel résulte de la loi naturelle, traduite pour eux par le Christ, et qui s'impose également à toute la collectivité chrétienne, sous la sanction des peines religieuses.

A ce principe fondamental se rattache, comme par une chaîne serrée, la déduction logique d'autres principes fondamentaux :

---

1) Le droit positif est entièrement basé sur l'usage, dans cette doctrine ; « Divinæ (leges) natura, humanæ moribus constant » (*Décret de Gratien*, I, dist. I, c. I).

2) *De legibus ac Deo legislatore*, lib. 2, c. 19. Ce remarquable fragment a été cité, après Ompteda et Kaltenborn, par M. Rivier, *Note sur la littérature du droit des gens*, p. 38. Le droit des gens est l'application écrite d'une partie du droit naturel. « Jus gentium est sedium occupatio, edificatio, munitio, bella, captivitates, servitutes, postliminia, fœdera pacis, induciæ, legatorum non violandorum religio, conubia inter alienigenas probibita. Hoc inde jus gentium appellatur, quia eo jure omnes fere gentes utuntur », dit le *Décret de Gratien*, p. I, dist. I, c. IX.

1º Discrédit du droit romain et des jurisconsultes en cette matière [1] : c'est la théologie ₁morale et l'usage qui formuleront le droit naturel, et en tireront des principes positifs de droit des gens [2].

2º Solidarité des nations chrétiennes, dans leur indépendance parfaite et leurs variétés gouvernementales.

De ces deux principes généraux naissent les grands principes pratiques sur les droits des gouvernements et sur les droits des peuples, en matière internationale [3].

1) Le droit canon recommandait le maintien du droit romain autant que possible (*Décret de Gratien*, p. I, dist. X, c. XIII), et les jurisconsultes essaient de rattacher le principe chrétien de la souveraineté au droit romain. Sumner Maine, tout en croyant que la plus grande part du droit international vient du droit romain, reconnaît qu'on a souvent identifié le droit de nature avec le droit romain, « pour l'élever en dignité. Édouard III d'Angleterre, dit-il, dans le Mémoire présenté au pape pour établir ses droits à la couronne de France, appuie la capacité des femmes à transmettre des droits successoraux sur le droit de nature, bien qu'en réalité ce fût du pur droit romain, d'origine récente » (*La guerre*, éd. franç., p. 27). Les jurisconsultes considèrent la souveraineté comme un domaine, une propriété, *dominium*, selon le droit romain. Le monde est un terrain réparti entre divers propriétaires. Les souverains seuls comptent, et tous les États sont égaux. Wyclef, dans son traité *De Dominio* (vers 1368), amalgame les systèmes en soutenant que tout domaine appartient à Dieu et est tenu de lui en fief. D'où il suit que la désobéissance à ses commandements entraîne la déchéance (V. Nys, *L'arbre des batailles*, préf., p. XXIII). Aussi, au XVᵉ siècle, le roi d'Angleterre, roi de France selon certains jurisconsultes, s'intitule *Rex Franciæ*, tandis que le roi de droit divin et national (Charles VII et ses successeurs) s'intitule *Rex Francorum*.

2) « Comme je l'ai soutenu bien des fois, les systèmes juridiques ne se sont pas toujours répandus sur les pays où maintenant ils règnent au moyen de ce que nous appelons une législation. Au temps jadis, — et... même de nos jours, dans l'Orient..., les systèmes religieux ainsi que les doctrines morales impliquant d'ordinaire aussi quelque régime juridique, obtiennent cours de par leur propre influence » (Sumner Maine, ouvr. cité, p. 59). « Les plus vieilles règles, dit-il encore, qui entrent dans la structure du droit international sont tout uniment des préceptes religieux ou moraux que d'habitude on applique d'homme à homme ; mais les auteurs internationaux les ont, par la suite, modifiés de telle sorte qu'ils deviennent susceptibles de s'appliquer d'État à État » (*id.*, I, 144).

3) Ainsi qu'en matière intérieure. Il en résulte que le gouvernement joue

1° Quant aux gouvernements, tous issus du même droit divin, ils ont dans le pape, interprète de la doctrine divine, leur arbitre naturel. Aucun prince ne valant que comme représentant de Dieu, plus il possèdera ce titre à un degré éminent, plus son influence s'étendra dans la république chrétienne ; si son pouvoir ne découle pas de la grâce de Dieu, il n'engage point le peuple et les actes internationaux sont frappés de nullité radicale : ainsi la guerre privée, la guerre de seigneur féodal à seigneur féodal, se trouve condamnable de plein droit.

2° Quant aux peuples, ils forment une vaste république, sous le sceptre du Christ, et doivent débattre leurs intérêts pacifiquement[1] : c'est la république chrétienne, *respublica*

simplement le rôle de justicier, chargé de défendre le droit de chacun au dedans et au dehors : il n'est que magistrat et soldat, une sorte de préteur ou de sous-préfet qui interprète les lois de la justice, et en assure l'exécution, et leur obéit tout le premier (*Décret de Gratien*, p. I, dist. IX, c. 2) : il doit donc remplir les trois conditions formulées d'avance par le poète du Moyen Age, par Virgile, piété envers le Principe éternel, justice au-dedans, courage au-dehors.

> « Rex fuit Æneas nobis, quo justior alter
> Nec pietate fuit, nec bello major et armis. »

La loi a ainsi sa source en dehors du pouvoir législatif. Elle a des bases éternelles, et le pouvoir législatif change. Il en résulte qu'une loi juste continue à obliger, après la disparition du pouvoir qui l'a portée ; mais une loi injuste n'oblige jamais (*Décret de Gratien*, p. I, dist. IX, c. I) : ce n'est pas une loi, c'est un abus, un acte de tyrannie. Tout acte du pouvoir qui atteint ou qui excède le strict principe de justice distributive est acte de tyrannie. « Potestas principis nihil est aliud quam condere legem et eam executioni tradere » (Ant. Corseti, *De potestate regia*, I). Le droit naturel intervient donc d'une manière exacte et régulière dans le gouvernement intérieur des peuples : 1° pour la confection des lois ; 2° dans le silence de la loi : 3° pour son application dans certains cas, tels que la fixation de dommages-intérêts ou l'évaluation de la peine : 4° pour la distinction entre le pouvoir et le droit, et la défense des sujets. Cf. la théorie du droit naturel dans le *Tractatus regiminis mundi*, auct. Michaele Ulcurruno, Pampil., inséré dans Ziletti, *Tractatus tractatuum*, XVI, p. 103 v°. Cf. Claude de Seyssel, comparant Louis XII à Charlemagne et préférant Louis XII parce qu'il a été le serviteur des lois (*Hist. du roy Loys XIIe*, p. 25).

1) « Non quæritur pax ut bellum exerceatur, sed bellum geritur ut pacem

christiana[1], idée transformée au XVII° siècle en théorie d'équilibre européen et de nos jours, en rêve des « États-Unis d'Europe ».

Les juifs sont les hôtes de cette république, hôtes qu'on peut tolérer parce qu'ils descendent des précurseurs du christianisme et qu'ils témoignent de la vérité des livres saints, tout en demeurant dans l'erreur[2]. Il en est autrement des musulmans.

Si l'Evangile, livre de paix, n'inscrit pas la guerre aux noncroyants parmi les devoirs du chrétien, le monde de l'Islam se trouve pourtant en dehors de la république ; de plus, il est l'adversaire : il incarne la barbarie, le matérialisme, le pouvoir tyrannique, la négation du Christ, c'est-à-dire la négation même du droit social et du progrès chrétien ; la guerre est licite contre lui[3]. La séparation est d'autant plus complète

adquiras » (S. Augustin, *Epistola*, 205). C'est ce que synthétise très bien une fort curieuse miniature du ms. fr. 387, f° 13, représentant le diplomate, sous forme d'un homme à cheval, assis de côté et non à califourchon, portant à la main un rameau de paix. Cette miniature a été exhumée par M. Léon Gautier et reproduite par lui dans son bel ouvrage *La Chevalerie*, p. 712. Il a eu l'obligeance de nous autoriser à la reproduire en tête du présent volume.

1) Terme consacré, même dans les chancelleries. V. les instructions d'Alexandre VI, en 1498, *Procédures politiques du règne de Louis XII*, p. 1109 : *Grida* annonçant à Milan la paix entre la France et l'Empire, 1501, *Diarii di Sanuto*, IV, 190. « Rei Christianæ monarchia, » dit Bernard André (*B[i] Andreæ Vita Henrici* VII, edited by James Gairdner, p. 47).

2) *Les Juifs dans les États français du St-Siège*. En Espagne où les juifs vivaient en bonne harmonie avec les Sarrazins, ils se trouvèrent assimilés et expulsés vers la même époque. Jean d'Auton (édit. de la Soc. de l'Histoire de France, II, p. 17, 18) raconte que l'escadre française partant en juin 1504, pour la croisade de Mételin, rencontra près de Gibraltar « deux brigandins de Juifz et Sarrazins venant de Lisbonne en Portugal », pleins de petits enfants et d'émigrants. On les laisse aller après avoir pris leurs biens et brûlé leurs livres.

3) Telle est l'opinion dominante. Toutefois, la question de la légitimité de la souveraineté des Infidèles souleva de longues controverses ; c'est la question classique de l'école au Moyen-Age, et on la résout diversement. Les juriscon-

que le coran prêche de son côté la guerre aux non-croyants [1]

sultes, qui, comme Wyclef, soutiennent la thèse du *fief divin*, admettent en conséquence la privation de ce fief pour cause de crime contre Dieu : les Infidèles ne peuvent posséder licitement aucun domaine. Christine de Pisan enseigne (*Le livre des fais d'armes et de chevalerie*) que le sauf-conduit qui serait accordé à un Sarrazin n'oblige personne, pas même les vassaux de celui qui l'a accordé, étant nul de plein droit. D'autres, au contraire, admettent les Musulmans dans le droit des gens : St Bernard déclare qu'on ne peut tuer les païens qu'à titre défensif, c'est-à-dire dans le cas où toute guerre devient légitime... « On ne peut enlever par violence des biens possédés justement *et Deo auctore*, même par des Sarrazins » (Ant. Corseti, *De potestate regia*, p. V). Honoré Bonet, dans *l'Arbre des Batailles* (édit. Nys, c. II), s'en réfère au pur droit naturel. Tout en reconnaissant que Dieu départ les biens de ce monde aux bons et aux méchants, qu'il fait mûrir les moissons des uns comme des autres, il ne va pas jusqu'à contester au pape le droit d'accorder des indulgences pour une croisade, Dieu étant, en somme, le maître du monde, et le pape plus que son prophète, son « vicaire et son prévost général », c'est-à-dire qu'il attribue au pape, outre les clefs du ciel, un certain droit de police terrestre. Le pape peut, seul, suivant lui, autoriser la guerre contre les Sarrazins ; il peut punir les Infidèles péchant contre la loi de nature, mais non les forcer de croire à l'Évangile. Il est la sauvegarde et le défenseur des chrétiens en pays musulmans : il peut revendiquer contre l'Islam les territoires du pape ou de l'Empire romain usurpés par lui, et notamment Jérusalem. Mais là se bornent son rôle et son pouvoir. Claude de Seyssel dit (*Hist. du roy Loys XIIe*, édit. 1585, p. 17 vo) : « Nostre foy et religion chrestienne ne permet pas qu'un prince face la guerre pour la gloire mondaine ne pour agrandir sa seigneurie, mais tant seulement pour la défendre et pour se garder d'outrage. Et mesmement n'est pas loisible indifféremment de faire la guerre aux infidèles, pour les contraindre de venir à nostre foy, ou pour avoir leur terre... » Mais il dit, dans *la Grant'monarchie* (p. 60) : « Tous bons princes... doivent aimer et cercher la paix avec tous voysins et estrangers qui ne sont par nature ou par diversité de loy ennemys, comme sont les infidèles ». Quant à Erasme, il hésite : « Ego nec in Turcas bellum temere suscipiendum esse censeo » (*Insto principis christiani*, § De bello suscipiendo). Cf. Lopez, *De confederatione principum*, édou de 1511, fos 57 ro-58 vo.

1) Le sultan ottoman, comme khalife, est chef spirituel suprême de son peuple, vicaire du prophète et grand *imam*, conservateur des lois musulmanes, souverain absolu. Il doit maintenir dans son intégrité la loi du Prophète, suivant cette parole de l'apôtre céleste : « Toute loi nouvelle est une innovation, toute innovation est un égarement, et tout égarement conduit au feu éternel ». La guerre aux ennemis de la foi est une obligation universelle et permanente. Toute paix avec les Infidèles est une trève forcée, qu'on peut toujours rompre. Le coran dit : « Combattez les Infidèles, vos voisins ; qu'ils trouvent dans les

et interdit les rapports avec eux [1].

Hors de ce cas, le devoir de maintenir la paix constitue le premier élément du droit naturel. Les jurisconsultes ont essayé de chercher aussi dans le droit romain des théories analogues de fraternité : mais ils n'arrivent qu'à regretter la disparition d'un autocrate universel, régissant un empire composé de nationalités diverses, hors duquel tout est barbare. Le droit du Moyen-Age, très favorable, au contraire, à la liberté individuelle des peuples, des groupes et des individus, place

fidèles des ennemis implacables. Jeunes et vieux, marchez à la guerre et sacrifiez vos jours et vos richesses à la défense de la foi. Il n'est point pour vous de sort plus glorieux : oh ! si vous le saviez ! — Prédites à ceux qui entassent l'or dans leurs coffres et qui refusent de l'employer au soutien de la foi, qu'ils subiront d'affreux tourments. Encouragez les vrais croyants au combat : vingt braves d'entre eux terrasseront deux cents Infidèles, cent en mettront mille en fuite, parce que ceux-ci ne sont assistés ni de la sagesse ni de la grâce divine. — Ne dites pas que ceux qui sont tués sous les étendards de la foi sont morts : au contraire, ils vivent ; il reçoivent même leur nourriture des mains du Tout-Puissant. Lorsqu'une partie du peuple s'acquitte du devoir de porter les armes, ce devoir est censé rempli par tout le corps politique ; mais si tous s'en dispensent, tous sont également coupables d'un énorme délit » etc. Il en résulte : 1° que toute guerre, pour être légitime aux yeux du Musulman, doit être motivée, ou au moins colorée, d'un motif religieux ou de défense politique. Le Prophète a dit : « Ne soyez pas les premiers à rompre la paix : Dieu hait les agresseurs ». Il ordonne une sommation préalable. Les *martyrs*, soit civils, soit militaires, sont ceux qui donnent leur vie pour la foi. Des légions d'anges assistent à leur mort et ils entrent de suite au Paradis. Le martyr est le musulman qui tombe et expire sur le champ de bataille, sans avoir pu former une pensée mondaine ; à moins de quelque souillure majeure, il n'y a pas de lotion pour le martyr, ni de linceul : le sang dont il est couvert est sa lotion et l'habit militaire est son linceul.

1) Un musulman ne peut pas se fixer à l'étranger. Il ne peut y aller que comme voyageur, sous la sauvegarde publique. Il doit être fidèle à sa loi et respecter l'étranger, sauf en cas de légitime défense. Il s'abstiendra de tout commerce avec une femme étrangère, et même avec sa femme si elle était captive des ennemis. Il n'emportera le coran que s'il a toute certitude de sécurité, car il est responsable de toute profanation. Le droit de propriété d'un patron sur son esclave est suspendu en pays étranger : en conséquence, à l'étranger, un patron n'a droit qu'au lit de la femme esclave qui jouit d'un affranchissement non-absolu.

plus haut sa notion de souveraineté ; il la met dans la loi morale. Sa préoccupation sera donc de respecter l'indépendance des nations et de travailler à leur harmonie. Dans ces conditions, la grande question qui se pose d'abord est celle de la guerre.

Avant que ne s'établisse la doctrine de la paix, des siècles se passent à étudier la guerre ; la guerre est-elle légitime ? dans quelles conditions [1] ? quels droits confère-t-elle, et où commence l'excès ? Voilà le gros problème qu'envisage le *Décret de Gratien*, cinq siècles avant Grotius : problème d'une grande urgence pour la civilisation, difficile à résoudre, et surtout à poser pratiquement dans le fracas des passions brutales. Deux moines, St Thomas d'Aquin, et le prieur Honoré Bonet [2] ; une femme, disciple de ce dernier, Christine de Pisan [3], se sont acquis d'inoubliables titres au souvenir de l'humanité, en l'abordant nettement : ils l'ont sondé, éclairé, dé·

1) « Il faut être juste envers ses ennemis » (*De regimine principum*. Ms. lat. 13964, fo 10 vo).

2) Honoré Bonet ou Bonor, prieur de Selonnet, était un bénédictin qui s'occupa très activement des affaires du Grand Schisme et se mit ainsi en évidence. Il accomplit aussi diverses missions pour le compte de la reine de Sicile à la fin du XIVe siècle (V. Valois, *Bulletin de la Société de l'Histoire de France*, 1890, p. 208 et suiv. : *Bibl. de l'École des Chartes*, t. II, liv. 3, p. 265 : cf. Jarry, *Vie de Louis de France..*, p. 81). Ses œuvres ont été plusieurs fois publiées. Son *Arbre des batailles* notamment jouit d'une grande réputation. Christine de Pisan s'en est visiblement inspirée. *Le débat des héraulx d'armes de France et d'Angleterre* (publ. par MM. Paul Mayer et Pannier) le cite avec honneur (ch. xxiv). Il eut plusieurs éditions au XVe siècle : la seconde a été donnée à Paris par Jean du Pré, le 22 juin 1493, en in-fo, à une époque où les questions de guerre étaient fort en honneur. M. Nys en a donné une édition critique, à laquelle nous nous référons, à cause de la rareté des éditions gothiques.

3) Son *Livre des fais d'armes et de chevalerie* a été imprimé par Vérard, en in-4o s. l. n. d. Brunet en cite aussi une édition anglaise de 1489. Christine de Pisan a emprunté la trame de son livre aux auteurs précédents, notamment à Végèce et à Bonet ; elle y a seulement ajouté quelques idées nouvelles.

fini, ils ont élevé la voix près des princes, des chefs d'armée, des soldats. Autour d'eux et après eux, d'autres canonistes ou d'illustres jurisconsultes viennent également limiter l'emploi de la force [1]. Leur doctrine se pare çà et là d'emprunts au droit romain, mais elle est d'essence toute chrétienne [2]. Isolées, alors, par la difficulté des communications, par les préjugés de races, par les convoitises militaires, les nations semblaient bien éloignées de la mansuétude évangélique, et, même dans les temps les plus pieux du XIIIe siècle, on paraît, en matière internationale, partir du principe de l'hostilité réciproque; les prescriptions du droit d'aubaine et autres le prouvent assez. Le peuple subissait la guerre comme une nécessité, l'aristocratie l'entourait d'un grand prestige : c'est un fait assez constant que la bravoure, l'énergie, la foi en l'immortalité, s'éprennent facilement de la haute noblesse du métier des armes, et que, sans aller jusqu'à déclarer, comme le maréchal de Moltke, la guerre « sacrée et nécessaire, » l'on arrive vite à exagérer les plus belles qualités du patriotisme. Il fallait donc que de nobles esprits discernassent, dans la tranquillité des cloîtres, les limites raisonnables, et que d'autres, en prêchant la croisade, rendissent à l'Occident l'immense service de déverser sur l'Orient l'exubérance belliqueuse. On a vé-

---

1) « Le droit de guerre, noyau du droit international, fut, a très bien dit M. Nys, durant le Moyen-Age l'objet de nombreux travaux, et plusieurs des questions qui surgissent dans les relations hostiles des peuples reçurent des solutions que l'avenir devait ratifier... Belli, Ayala, Gentil passent pour avoir les premiers consacré au droit de la guerre des traités plus ou moins complets. Cette gloire et cet honneur doivent leur être enlevés, et c'est au delà du XVIe siècle qu'il faut reporter les plus anciens écrits systématiques sur ce sujet » (*L'arbre des batailles*, d'H. Bonet, *Introd.*).

2) « Il suffit d'un coup d'œil sur les plus anciennes autorités du droit international, sur le *De jure Belli et Pacis*, de Grotius, par exemple, pour constater que le droit des gens est essentiellement moral, et jusqu'à un certain point religieux. Grotius fait presque aussi souvent appel à la morale et à la religion qu'aux simples précédents... » (Sumner Maine, *La guerre...*, p. 62).

cu sur ces données jusqu'au commencement du XVI° siècle ; à cette époque, nous constatons un grand changement. Sauf dans une partie de la noblesse, vouée par honneur au métier des armes, appauvrie et féconde en illustres capitaines, le goût de la guerre ne domine plus le monde. De même qu'on ne fortifie plus les châteaux, les relations diplomatiques prennent un tour actif et pacifique. Malgré bien des vicissitudes, l'idée de république chrétienne tend à s'implanter. L'Espagne et le Portugal, par enivrement de leurs conquêtes d'outremer, l'Angleterre et l'Allemagne, par nécessité, restent volontiers tranquilles : la France ne veut plus la guerre chez elle et la porte en Italie. Le seul gros point noir de l'Europe paraît la question d'Orient, qui prend un caractère tout politique. On parle encore journellement des croisades, mais par acquit de conscience ; c'est une formule de chancellerie, une tradition. Personne n'y croit plus, excepté les Portugais et les Espagnols qui rêvent du partage de l'Afrique, ou les Vénitiens qui veulent étendre leurs comptoirs en Orient. Le droit de la guerre a cessé d'être l'essence du droit des gens ; il devient une science spéciale à l'usage des capitaines. Nous n'en parlerons donc point. Nous laisserons de côté ce qui se rapporte à l'état de guerre déclarée, pour nous borner à l'examen de ce qui a trait au règlement des affaires internationales par voie amiable, par négociation, c'est-à-dire en temps de paix, de neutralité ou tout au moins de trêve.

CHAPITRE II

Le pape est la première autorité internationale[1]. De ce que les rois sont « vicaires de Jésus-Christ en sa temporalité, » il résulte que le pape est le roi des rois[2]. St Jean de Capistran (*De auctoritate papæ*, p. II) enseigne la primauté du pape sur le monde entier, comme représentant du Christ que, comme dit le Psalmiste, toutes les nations adoreront.

Le pape tient son autorité de Dieu, l'empereur tient la sienne des hommes, du peuple, dit encore Capistran[3]. Sans doute, on fait la part de ce qui revient à César et de ce qui revient à Dieu : et pourtant, malgré les épreuves cruelles du Grand Schisme, malgré tout, la doctrine survit aux moments de plus grande faiblesse de la papauté[4]. On voit à la fin du XIVe siècle Clément VII, faisant fonctions d'empereur pendant la vacance du siège, donner la sanction impériale à un acte d'une haute portée politique, le mariage de Louis d'Or-

[1] Pour tout ce qui suit, on peut notamment consulter un traité développé, *Le Jardin des Nobles* (ms. fr. 193), composé en 1464 (f° 41) par Pierre des Gros, frère mineur, pour le célèbre Yves du Fou, grand veneur, chambellan et homme de confiance de Louis XI. Ce traité comprend un traité de la tyrannie (f°s 194, v[o] c.2,-200, c. 1), de l'hérésie (f° 185, c.1,-194 v°, c. 2), de l'empereur et du roi (173 v°-185), du pape (166, c.2,-173 v[e]).

[2] *Le Songe du Vergier* (XIVe siècle).

[3] *De auctoritate papæ*, p. I, *in fine*.

[4] « Romanus Pontifex, in quo potestatis plenitudo consistit « (Bulle d'Innocent VIII au roi d'Angleterre, 1486, dans Campbell, *Materials for a history of the reign of Henry* VII, I, 392),

léans et de Valentine de Milan [1]. En Allemagne, on accusait
formellement le roi de France Charles V d'avoir convoité la
tiare, en 1378 ; et pourquoi ? parce que, disait-on, Charles
devenu pape eût donné la couronne impériale à son fils, et
l'empire se fût ainsi transféré en France [2]. Le jurisconsulte
Martin de Lodi maintient aussi le principe : « *Princeps supe-
rior debet deponere tyrannos,* [3] » qui faisait du pape le maître
des rois.

Mais laissons de côté ces théories sans intérêt pratique. Le
pape reste du moins, cela n'est pas douteux, le gardien des
traités, et par suite le contrôleur de la vie internationale. Le
Souverain Pontife n'est pas un roi, le chef d'un gouvernement terrestre ; il est un magistrat international indépendant,
chef du tribunal suprême qui doit régler les difficultés internationales et veiller à l'exécution des engagements [4]. Il dispose
dans ce but d'armes nécessairement toutes morales, mais
très puissantes : les conseils, la censure, l'excommunication.
« Le pape, dit encore Martin de Lodi, peut obliger les
princes à observer la paix conclue [5]... Le crime de rupture de
paix entre les princes ressort de la justice ecclésiastique [6]. »

Presque tous les traités, en effet, sont consacrés par un
serment, et le pape seul peut dispenser de tenir un serment.
Louis XI, en 1471, envoie une ambassade à Rome prier Sixte
IV de maintenir le serment par lequel le duc de Guyenne
s'était engagé à ne pas épouser Marie de Bourgogne [7]. Dans
le serment qu'ils échangent le 22 août 1477, Louis XI et le

---

1) Orig. Arch. nat. K. 553, IV.
2) Weizsæcker, *Deutsche Reichstags Akten*, III, n° 23.
3) *De Confederatione...*, q. 13.
4) Appel de Marguerite de Bourgogne au pape en 1495, publié par J.
Gairdner, *Historia regis Henrici septimi*, Appendix A, p. 393 et suiv.
5) *De Confederatione...* q. 19.
6) *Ibid.*, q. 22.
7) Bibl. nat., fonds Bourré, L. 13.

duc de Bretagne jurent de ne pas se faire dispenser de ce serment par le pape[1].

On peut même sanctionner directement un traité par l'excommunication. Le traité de 1510 entre la France et l'Angleterre stipule que chacune des deux parties devra demander au pape, dans un délai de deux mois, cette sanction[2]. A vrai dire, la mention expresse de pareilles stipulations présente peu d'utilité : la sanction est de droit ; on peut toujours réclamer l'excommunication contre un violateur de pacte international, sans se préoccuper de l'importance du pacte, car l'excommunication est une peine morale, destinée à châtier un fait illicite et non à sauvegarder des intérêts. Ainsi, qu'un sauf conduit soit violé ; à défaut de garanties matérielles (et d'ordinaire il n'y en a d'autre que l'honneur des parties), « fais excommunier » le coupable, dit l'auteur du *Jouvencel*[3]. L'excommunication a pour effet, comme on sait, de retrancher plus ou moins complètement le coupable de la communion des fidèles, de prononcer une exclusion de la république chrétienne. Elle intervient donc très logiquement comme sanction du droit.

Elle présente aussi ce haut caractère de civilisation d'être une sanction purement morale, basée sur l'opinion, sur l'idée de justice, émanant d'un pouvoir tout intellectuel. Après Nicolas V, qui avait pris délibérément la direction du mouvement scientifique et artistique, Calixte III monte sur le trône pontifical. On lui demande s'il redoutait ses adversaires : « Non, dit-il. L'Eglise du Christ a plus de 3,000 hommes lettrés, dont les conseils et la sagesse sont de taille à arrêter fa-

---

1) Fr. 2811, 182, 183. Le cardinal Ascagne Sforza avait juré, en 1503, à Louis XII de retourner en France. Néanmoins, il n'y revint pas, s'étant fait, disait-on, secrètement délier de son serment par le pape (Guichardin, liv. VI, ch. II).

2) *Ordonnances des rois de France*, XXI, p. 555, 556.

3) Edit. Favre et Lecestre, II. 29.

cilement et à réprimer les efforts de tous les princes de l'Europe ! [1] » Admirable parole, dont la diplomatie de tous les temps peut faire son profit. Malheureusement les influences purement morales nécessitent une culture assidue : ce sont des plantes d'une santé bien délicate.

L'excommunication est encore, au commencement du XVIᵉ siècle, avant les abus de Jules II, une arme assez puissante. Heureux ceux qui peuvent en frapper leur adversaire ! Le pape en sait le prix et se fait prier. En 1495, lorsque Ludovic Sforza, allié d'Alexandre VI, sollicite les *censures* pontificales contre Charles VIII, le pape lui répond : « Nous ne pouvons pas, nous y avons fort réfléchi, nous nous sommes entourés des plus graves conseils ; c'est l'avis unanime ; il n'y a ni motif ni moyen... Charles VIII a dû prendre la fuite ; pour donner prise à une censure, il faudrait au contraire qu'il attaquât un de nos confédérés. Mettez-vous à ma place, vous ne feriez pas autrement. » Alexandre VI offrait seulement d'adresser à Charles une ambassade, pour lui représenter le malheur d'une lutte entre chrétiens à la vue des Turcs et insinuer la menace de censures [2]... Bientôt après, Alexandre VI excommuniait l'armée française... Aussi, lorsque l'année suivante, une ligue se forma contre la France, et qu'on en vint à supputer le concours de chacun, le nonce pontifical suggéra que son maître ayant accordé une excommunication, pensait avoir payé sa quote-part [3]. En 1474, Louis XI obtient, en grand secret, de Sixte IV des bulles d'excommunication contre le duc de Bourgogne : ces bulles sont portées en France par l'évêque de Viterbe à l'insu des cardinaux. Le duc se hâte d'en appeler en cour de Rome : la consulte des cardinaux chargée de

1) Pontanus, *De Principe*, édit. de Lyon, 1514, Gᴵᴵᴵ.
2) 24 juillet 1495. Chmel, *Notizenblatt*, 1856, p. 467-468.
3) *Id.*

l'affaire opine très diversement [1]. Charles le Téméraire insiste
avec son énergie habituelle. Il menace... Mais de quoi menacer le pape ? De faire rappeler de Rome tous les prélats bourguignons, anglais, allemands, même espagnols..., c'est-à-
dire d'un schisme. Le St-Père ne s'en inquiète pas [2]. La menace d'un concile est la seule qui puisse faire réfléchir les
papes ; c'est le seul appel contre leurs décisions, et un appel
peu praticable. Lui-même, le duc de Bourgogne n'ose pas aller jusque là. L'Empire, la France, l'Angleterre, l'Espagne,
à tout froissement diplomatique, menacent de cet appel, mais
la menace n'aboutit pas ; dangereuse dans les premiers temps
qui suivent le concile de Bâle, elle devient rapidement inof-
fensive ; les divisions extrêmes qui déchirent la république
chrétienne (car, jamais, à aucune époque, on n'a vu l'Europe
entièrement d'accord) ne fournissent au pape que trop de motifs de ne rien craindre. Il est admis que le pape seul peut
convoquer un concile et que les princes ne peuvent y suppléer que sur le refus du pape. En 1511, Louis XII allègue
l'exemple du concile de Constance, mais vainement ; on lui
répond qu'on ne veut plus de schisme [3].

La cour de Rome devient ainsi le foyer principal de la diplomatie. C'est là qu'il faut, en premier lieu, entretenir des
ambassades permanentes. Le roi de France ne peut se dispenser d'avoir toujours à Rome un ambassadeur, car « les adversaires pourroient en ce lieu pratiquer ce qui vouldroyent, sans
qu'on en sût rien [4]. »

1) Gingins la Sarraz, *Dépêches des ambassadeurs milanais*, I, 3-4.
2) Gingins la Sarraz, *Dépêches...*, I, 5.
3) *Lett. de Louis XII*, II, 301. Cf. Intervention du pape pour la paix intérieure de l'Angleterre, et menace d'excommunication contre quiconque l'en-
freindra (Bulle d'Innocent VIII, 1486. W. Campbell, *Materials for a history
of the reign of Henry VII*. I, 395)..
4) *Lettres de Louis XII*, II, 302.

Le pape reste le grand arbitre :

> « Tout au sommet du hault estage
> Ou noustre sire a héritage,
> Par le chemin de juste vie,
> Assist Saint-Pierre..., »

comme le disait, à l'époque de schisme, le *Livre de Mutation de Fortune*[1]. Il reste un grand notaire des contrats internationaux. Les engagements entre peuples sont reçus, constatés et libellés par les notaires apostoliques, « *apostolica auctoritate notarii* », institués près de toutes les cours. Pour renforcer leurs serments, « *ad majorem firmitatem,* » les princes déclarent, en jurant des pactes, auxquels, d'ailleurs, ils manquent souvent, qu'on fera reproduire ces pactes par des lettres apostoliques mûrement élaborées : « *lictere apostolice super ipsis forciores et meliores dictamine sapientum, substancia tamen non mutata, easque tradere teneamur ac etiam teneantur successores nostri,* » à première réquisition. Au bas de ces actes, les notaires mettent avec leur paraphe les clefs croisées de Saint Pierre[2].

Outre ce grand rôle purement diplomatique, nous croyons presque inutile de faire observer que, comme juge suprême du for intérieur, et en vertu de son pouvoir purement spirituel, le pape occupait aussi une place majeure dans les questions internationales[3]. Les mariages entre princes nécessitent presque toujours des dispenses de parenté[4] ; le pape pouvait les faire attendre, et plus d'une fois, on le croira facilement, les

1) Bibl. de l'Arsenal, ms. 3172, fo 95 ro.
2) Convention du 15 janvier 1494-95, entre la France et l'Espagne. Arch. nat., K. 1368, d. 2.
3) V. dans cet ordre d'idées, les procédures du concile de Constance sur le meurtre du duc Louis d'Orléans (not. ms. lat. 1486 c., 1485).
4) Exemple : K. 1639, d. 3. Dispenses pour le mariage de Germaine de Foix et Ferdinand le Catholique (1505).

puissances adverses intriguèrent dans ce but. Le mariage
d'Anne de Bretagne, héritière du duché de Bretagne, donna
lieu, auprès d'Innocent VIII, à des efforts désespérés. On sait
qu'Anne avait épousé, par procuration, le roi des Romains
Maximilien, qu'elle portait le titre de reine des Romains, et
que néanmoins Charles VIII l'épousa en fait, un peu brusquement, sans aucune autorisation ni dispense, mais non sans
un certain scandale. Il importait au roi de régulariser la situation. Il fit démontrer à Innocent VIII la nullité de la procuration du roi des Romains, ce dont Innocent « a esté très joieux ».
Mais le pape se faisait prier pour les dispenses ; à chaque solli-
citation du roi, il répondait en envoyant sa bénédiction, qu'il
adressa ainsi trois fois. Enfin, au bout de deux mois d'efforts,
l'ambassadeur de France écrit au roi que le pape est « délibéré vous bailler la dispense, plombée de la date que je luy
en feiz la requeste, qui fut le lundi cinquiesme décembre [1], ung
jour avant la solempnisacion de vostre mariage, vous priant
qu'il vous plaise le tenir fort secret, car l'empereur et le roy
ont jà envoié plusieurs messagés, qui, avec grant nombre de
messieurs les cardinaulx, font continuellement très grande
instance pour y donner empeschement... [2] ». C'était aussi une
tradition que les causes intéressant les personnages princiers
ou souverains échappassent à la juridiction habituelle de
l'*ordinaire* pour ressortir directement à Rome. C'est ainsi
qu'Alexandre VI se trouva juge de la demande en divorce
formulée par Louis XII contre Jeanne de France, et constitua
pour rendre la sentence une commission extraordinaire où

---

1) La dispense d'Innocent VIII et les actes relatifs à la clause qu'Anne de
Bretagne « rapta non fuerit », se trouvent dans le *Corps* de Dumont, t. III, p.
II, p. 274 et suiv. Cf. Marino Sanudo, *La spedizione di Carlo VIII in Italia*,
p. 20.

2) 17 février (1492), ms. fr. 15541, f° 201.

figurait le nonce apostolique [1]. Alexandre tira grand parti de cette affaire qui produisit dans les relations internationales des conséquences très importantes [2]. Une question du même genre mit Alexandre VI en présence des Moscovites ou Russes, en 1501, malgré la séparation de leur église. Le duc de Lithuanie, gendre du duc de Moscovie, se trouvant en guerre avec son beau-père et voulant divorcer, envoya au pape pour cette affaire une ambassade qui fut reçue avec de grands égards [3].

Enfin, le pape tenait tous les rois en respect, comme chef du clergé de chaque État.

Bien que, dans une partie des classes élevées, la foi ne subsistât plus guère et que le paganisme, avec le débordement des mœurs, envahît l'Italie et l'Europe, tous les hommes politiques se trouvent d'accord pour considérer la religion comme la base irréfragable, comme la seule base de la société, le vrai rempart de l'ordre et de la prospérité publique [4]. Et

---

1) *Procédures politiques du règne de Louis XII*, Procès de divorce.

2) La demande de divorce du roi de Hongrie, finalement agréée par Alexandre VI, dura plusieurs années.

3) Sanuto, III, 101, 135, 1349.

4) Dans les idées du Moyen-âge, le pouvoir n'étant que la mise en pratique d'une autorité divine, a lui-même un caractère divin. C'est un sacerdoce, le sacerdoce des ressorts intellectuels et moraux du pays. C'est l'incarnation de la justice et de la foi, la substitution d'une justice supérieure aux désordres et aux violences qui naîtraient chaque jour entre les hommes, si leurs rapports résultaient d'une sorte de contrat tacite, et s'ils n'étaient réglés que par leur intérêt. Le contrat qui lie les hommes les uns avec les autres n'est pas libre et ne peut jamais l'être, parce que leurs rapports sont forcés. Les passions et les intérêts de chacun ne pourraient produire que trouble et anarchie. La force supérieure qui les lie les uns aux autres, c'est la Providence ; mais la Providence est essentiellement juste. Le gouvernement de la Providence doit donc se manifester sur cette terre par un gouvernement fait à son image. Ceux qui, par la coutume et l'ordre naturel des choses, se trouvent avoir entre les mains le dépôt sacré de l'autorité, c'est-à-dire l'homme ou les hommes les plus élevés du pays, doivent se conformer à ses lois. De là vient

nous ne parlons pas ici des princes philosophes, d'un tempérament religieux, libéral, humanitaire, comme Louis XII, ni, naturellement, des hommes d'église (c'est peut-être à Rome qu'on
songe le moins à ces questions). Nous parlons des sceptiques,
des prédicants de la force matérielle. Quel sceptique plus
complet que Machiavel ? Qui a été plus dénué de préjugés que
l'auteur de la *Mandragore*, cette comédie cynique et grossière
à qui sa gaîté valut d'ailleurs l'honneur d'être représentée au
Vatican ? Machiavel écrit : « Il est fort nécessaire de prier.
Bien fou, celui qui interdit au peuple les cérémonies et toutes
ses dévotions ; ces dévotions, c'est la garantie de l'union, du
bon ordre et par conséquent de la prospérité [1] ».

Et qu'on ne voie pas là une de ces boutades, dont Machiavel
est coutumier et qu'il contredit quelques pages plus loin. Non.

que le pouvoir présente trois caractères intrinsèques, qui sont de son essence : la paix, la justice, la foi. Les rois de France, à leur sacre, prêtent le
serment de maintenir la paix et la justice, de réprimer l'iniquité. A ce vieux
serment, nous trouvons joint, en 1365, celui de l'inaliénabilité des droits
de la couronne et le serment d'exterminer l'hérésie (crime public). En 1484,
le serment de Charles VIII ne mentionne pas l'inaliénabilité, et il ajoute la
miséricorde à la justice. François Ier, Henri IV prêtent le serment de Charles VIII. La promesse de chasser les hérétiques remonte au concile de Latran,
de 1215. En France, il n'y a pas, à proprement parler, de droit public comme
en Angleterre. Les rois ne reçoivent que des conseils moraux. St Thomas
d'Aquin a écrit un livre *Du régime des princes,* Guill. Perrault, *Le livre du
gouvernement des roys* (fr. 1728). Mais l'œuvre essentielle en cette matière est
celle de Gilles Colonna, plus souvent nommé Gilles de Rome. Colonna, pré-
cepteur du fils de Louis le Hutin (Philippe le Bel) composa pour lui le traité
De Regimine principum. Ce traité demeura classique dans tout le Moyen-Age.
Il fut imprimé à Venise en 1473, à Rome le 9 mai 1482. Traduit en espagnol
pour l'éducation de don Pedro, fils du roi Alphonse de Castille, il fut publié
sous cette forme à Séville le 20 octobre 1494.

    1)   « E son ben necessarie l'orazioni :
                  E matto al tutto è, quel che al popol vieta
                  Le ceremonie e le sue divozioni ;
                  Perchè da quelle inver par che si mieta
                  Unione e buon ordine, e da quello
                  Buona fortuna poi dipende... »

Il revient souvent sur la même idée [1] : « Il faut, dit-il, qu'un prince soit religieux, dévot. Je m'explique : il faut qu'il le paraisse, car le monde ne se soucie que de l'extérieur et ne juge des choses que par leur effet, non par leur essence. Si quelques intimes pénètrent le défaut de sincérité du prince, qu'importe? ils n'oseront pas aller contre l'opinion générale ». — « Un prince sage, dit-il encore, ne doit pas craindre d'ajouter foi à de faux miracles, peut-être même d'en supposer. On ne gouverne les peuples que par la foi. Est-ce que les anciens capitaines romains croyaient à leurs oracles, aux vols d'oiseaux, à la nymphe Egérie ? Certes, ils en savaient la valeur ; c'était, à leurs yeux, le ressort que rien ne remplace [2] et qui seul donne aux peuples la force d'où naissent les exploits [3] ». Le jurisconsulte Pontanus considère aussi comme le strict devoir du prince de faire publiquement acte de foi, par exemple de baiser tous les jours en public l'Evangile [4]. Dociles à ces principes, Charles VIII, Louis XII ne manquaient point d'assister régulièrement à la messe tous les jours, même en campagne [5]. Quant à Louis XI, on sait qu'il poussait la dévotion beaucoup plus loin [6]. Soutenu par cette doctrine [7], en même

1) *Discorsi*, liv. I, ch. 11 et suiv. V. *Le Prince*, c. 13 et 18.

2) Un Etat ne subsiste et prospère que par le courage et la prière (Machiavel, *L'Ane d'or*, chant V, *in fine*).

3) *Discorsi*, l. I, c. 12, 13, 14.

4) *De Principe*, édit. de Lyon, 1514, G v°.

5) André de la Vigne : *Reg. des offrandes de Louis XII*, Arch. nat., KK. 88 : nombreuses dépêches d'ambassadeurs.

6) La grande ordonnance sur la justice, de Blois, 1498 (*Ordonnances*, XXI, p. 178), porte, article 1 : « Et pour ce que la première et principale partie de justice est religion, pour laquelle faire garder et observer ont esté faites plusieurs belles constitutions contenues es saints décrets de Basle et pragmatique sanction dont sommes protecteurs. » Louis XII cherche à secouer le joug de Rome, il se considère comme chef de son église nationale, même comme son réformateur (V. la lettre d'Henri VII d'Angleterre, fr. 2961, f° 1), comme son défenseur.

7) François Ier menaçant l'ambassadeur du pape de permettre la religion de

temps que par son influence intellectuelle, et par son immense
fortune, le clergé représentait en France environ le tiers de
l'Etat [1]. L'Eglise de France comprenait onze archevêchés et
cent-un évêchés, largement dotés [2], sans compter d'innombra-
bles bénéfices. Depuis l'ordonnance de Louis XI qui avait
abrogé la Pragmatique Sanction, le roi et le pape s'entendaient
pour disposer, à eux deux, des évêchés, sans tenir compte des
élections par les chapitres. De là une source incessante de
correspondances diplomatiques du plus haut intérêt pour le
gouvernement [3].Tous les corps de l'Etat étaient intéressés dans
ces négociations, surtout le parlement qui, sous le couvert des
principes de l'Eglise gallicane, « *quorum rex protector et cus-
tos est* », avait introduit l'usage d'attribuer au chancelier,
aux présidents, maîtres des requêtes, conseillers, greffiers,
notaires, avocats du roi, procureurs au parlement, la bonne
part des bénéfices et des privilèges [4].

Quant à la police à exercer sur ce grand et puissant corps
du clergé, elle rendait nécessaire l'accord intime du gouver-

---

Luther, celui-ci lui dit : « Sire, vous en serez marry le premier ; et vous en
prendroit très mal, et y perdriez plus que le pape ; car une nouvelle religion
mise parmy un peuple ne demande après que changement du prince. » —
« A quoy songeant incontinent le roy, dit Brantome, il embrassa ledist nonce
et dist qu'il estoit vray... Voilà pourquoy le grand sultan Soliman deffendit
celle de Luther comme la peste, se fondant sur ces mesmes raisons » (Brantome, t. IV, p. 294).

1) Comme propriétaire foncier, d'après Claude de Seyssel. Son ordre intervenait, dans les Etats, pour le tiers.

2) Discours de Cousinot au pape, dans Duclos, *Hist. de Louis XI*, t. IV,
p. 342, 351.

3) On trouve partout des pièces de ce genre : V. not. fr. 2811 ; *Chronicon
archiepiscoporum Rothomagensium* (lat. 5659) ; Archives de la Seine-Infé-
rieure, G. 1142, du Puy-de-Dôme, Evêché, G.18,de la mairie de Bourges, AA.
13, etc., etc. Cf. l'opuscule de Thomas Bazin, *Mémoire sur le rétablissement
de la Pragmatique sanction*.

4) *Gallia Christiana*, II, *Preuves*, p. 176, no XIX ; fr. 2917, 16, 16 vo.

nement avec Rome [1]. On s'en aperçut bien en France, quand Louis XI voulut poursuivre le cardinal Balue et l'évêque de Verdun [2], quand le gouvernement de Charles VIII fit arrêter les évêques de Montauban et du Puy [3] : de même, sous Louis XII, quand le cardinal d'Amboise, quoique légat en France, voulut entreprendre la réforme des monastères [4]. La cour de Rome pouvait faire naître mille difficultés, et elle y excellait [5]. Nous n'insisterons pas sur ces matières délicates, qui intéressent plutôt la politique intérieure et religieuse : remarquons simplement quelle importance et quelle force elles donnaient à la diplomatie romaine.

Ajoutons que les questions de juridiction ecclésiastique présentaient quelquefois un intérêt tout politique. La nomination de l'évêque de Tournai donnait régulièrement lieu à de graves difficultés, parce que l'empereur prétendait cette ville terre impériale et ne reconnaissait à la France qu'un droit de

1) On vivait, en principe, sous le régime de la bulle *Unam sanctam* de 1306 (*Extravagantes communes*, lib. V, tit. VII, c. 2).

2) V. Duclos, *Hist. de Louis XI*, IV, p. 303 ; *Archivio storico Lombardo*, 1885, p. 17 et s.

3) *Histoire de Louis XII*, tome II.

4) Louis XII demande à Alexandre VI de priver de l'archevêché de Vienne en France le cardinal de San Severino, juin 1500 (Sanuto, III, 403).

5) Cela ne se produisait pas qu'en France. Alexandre VI mécontent de la conduite de Ferdinand le Catholique envers César Borgia, « fa difficulta de concedere lo arbitrio ricierchato de reformare tutti li monasterii de Hispania. » Réformer les couvents, répondait-il, est chose louable, « ma el reformare le intrate loro (les revenus) et le beni, como vorriano le Alteze Regie che fusse concesso arbitrio a tre vescovi, è cosa perniliosa, ne le quale quelle Alteze mirano solo a guadagno. » Il accusait ouvertement le roi et la reine d'Espagne de vouloir s'emparer des biens des couvents pour eux-mêmes, d'en faire « marchandise » sous prétexte de réforme, etc. (Dépêche de l'ambass. milanais, 1499 ; ms. Ital. 1592, f⁰ 264). Cependant, le cardinal d'Amboise était investi, par bref spécial, du droit de réforme sur les monastères de France (L. 327, n⁰ 8).

garde sur elle, bien qu'elle fût française, et très française, de temps immémorial [1].

En Bretagne, le clergé se faisait le rempart de l'esprit d'indépendance. Très dévoué au pays, il affectait même de se séparer de la France dans les questions religieuses. Pendant le grand schisme, il refusa de reconnaître, avec la France, les papes d'Avignon ; plus tard, il repoussa la Pragmatique [2]. La Bretagne est représentée à Rome, par un procureur spécial. A chaque avènement de nouveau pape, elle envoie directement son obédience ; le pape la reçoit, et maintient le rang de l'envoyé ; quand il adresse une bulle ou un bref au clergé français, il en expédie une copie séparée au clergé de Bretagne. En général, la cour de Rome traite la Bretagne avec une prédilection toute spéciale [3]. A un moment seulement, en 1490, lorsque la Bretagne succombait, Innocent VIII préféra, pour l'évêché de Nantes, le candidat français, Robert d'Epinay, qui ne réussit pas d'ailleurs sans beaucoup de difficultés [4].

Le Dauphiné refusa aussi d'admettre la Pragmatique. Pour mettre fin aux difficultés, Sixte IV, en 1472, abandonna aux *ordinaires* « pour six mois » la nomination aux bénéfices [5]. Il y avait là des questions de nature à préoccuper un gouver-

1) *Thesaurus* de doms Martène et Durand, II, c. 1760, 1765, 1767 ; discours de l'ambassadeur d'Allemagne, lettres du pape et du Sacré-Collège.

2) Dupuy, *Hist. de la réunion de la Bretagne,* I, p. 10.

3) Jules II, par *motu proprio* en faveur d'Anne de Bretagne, confirme les engagements de Nicolas V et de Pie II de ne nommer aux bénéfices bretons que des bretons (18 kal. jan. 1504. Archives du Vatican, *Reg. secreta Julii II,* n° 984, f. 220 v°).

4) Dupuy, *ouvr. cité,* II, 196. En 1499, on ne reçoit à Rome l'obédience séparée de la Bretagne que sur une lettre directe et spéciale de Louis XII, qui recommandait au pape l'envoyé de la reine pour l'obédience et le renouvellement des privilèges de la Bretagne (Lettre de Baugé, 14 février : *Epistolæ Illustrium,* class. X, cod. clxxiv, à la Marciana, à Venise).

5) *Extravagantes communes,* lib. I, tit. IX, c. 1, *De Treuga et pace.*

nement sérieux, résolu à assurer l'unité du pays ; aussi peut-on supposer qu'elles entrèrent en ligne de compte lorsque Louis XI résolut de couper court aux dissensions religieuses et fit sa paix avec Rome en sacrifiant la Pragmatique.

En Provence encore, les papes conservaient de leurs anciens rapports avec ce pays l'habitude d'*évoquer* volontiers les affaires. Les évêques « suivaient ce train », comme disait M. de la Trémoïlle, qui concluait à la nécessité d'y veiller [1]. Dans le même ordre d'idées, l'alliance de Louis XII avec le pape lui valut, en 1500, des bulles qui donnaient pouvoir au cardinal d'Amboise en Milanais d'*avertir*, par voie personnelle ou générale, les ecclésiastiques hostiles à la France, et d'agir contre eux jusqu'à privation de leurs bénéfices [2] : mesure fort importante, car le haut clergé milanais avait donné le signal de la résistance nationale, et il était fort nécessaire de modifier son esprit [3].

Bien plus, la cour de Rome se trouvait le conseil-né de certains pays, et c'est par elle qu'on pouvait les aborder le plus aisément. C'est ainsi que, le 11 mai 1496, l'empereur s'adresse au pape pour se plaindre des agissements de l'évêque-comte de Valais [4], et plus tard Louis XII fait de même. En Hongrie, en Pologne, la papauté jouait un rôle vraiment tutélaire, parce qu'elle défendait les frontières. Elle avait même possédé autrefois sur les établissements religieux de Pologne « un droit de protection », sorte de nu-propriété indivise, qui les rattachait directement à Rome et donnait au pape une

1) Fr. 2928, fº 30.
2) 10 kal. sept., 6 kal. oct. Orig. J. 506, nᵒˢ 11, 17.
3) Le pape conféra directement à Julien de la Rovère la grande abbaye de Chiaravalle, dont était jusque-là titulaire le cardinal Ascagne Sforza, qui, « pro dicti ducatus Mediolani pace, quiete et tranquillitate, ad presens detinetur » (Arch. du Vatican, reg. 872, fº 142).
4) Chmel, *Notizenblatt* de 1856, nᵒ 80.

part directe d'influence dans les affaires du pays : ce droit tomba en désuétude vers la fin du XIV° siècle [1].

Par suite de cette haute autorité, la diplomatie pontificale se trouve mêlée à presque toutes les négociations du Moyen-Age. Même aux temps difficiles de sa relégation, les documents relatifs à Urbain V [2], par exemple, nous montrent son activité et son influence. Urbain V n'était pas un génie, mais simplement un homme soigneux et attentif. Nous le voyons négocier un mariage, le mariage de Jeanne, reine de Sicile, avec le duc de Touraine : intervenir pour la paix entre les comtes de Comminges et de Foix, et s'adresser dans ce but à tous leurs partisans, organiser un arbitrage ; veiller sur le sort fait au comte d'Armagnac prisonnier, et négocier sa délivrance ; négocier la paix entre les rois de Navarre, d'Aragon et de France ; régler les décimes ; prêter de l'argent au roi de France ; défendre les droits et le patrimoine des églises ; agir contre les compagnies ; solliciter du roi de France des dégrèvements de fouages pour les provinces ravagées ; lui recommander le sénéchal de Beaucaire, les habitants de Carcassonne et de Narbonne... ; pacifier des différends locaux en Dauphiné et en Valentinois ; s'opposer au mariage du roi d'Angleterre avec Marguerite de Flandre ; régler, par voie d'arbitrage, un différend entre la France et l'Angleterre.

On juge par cette simple énumération la place que tenaient dans sa diplomatie les négociations de paix et d'arbitrage. Le pape, en effet, exerce dans le monde les fonctions traditionnelles et continues d'arbitre : « L'empereur et le pape, dit

1) Blumenstok, *Opieka papieska w wiekach s'rednich* (La protection papale au Moyen-âge), dans le *Bulletin de l'Académie des sciences de Cracovie*, janvier 1889, p. xv.

2) Maurice Prou, *Etude sur les relations diplomatiques du pape Urbain V avec les rois de France Jean II et Charles V.*

Sumner Maine, et plus encore le pape que l'empereur, étaient incontestablement, en définitive, des auteurs de paix, » et cette constatation de l'illustre professeur anglais est répétée avec éclat par un diplomate de ses compatriotes, David Urquhard, dans son « *Appel d'un protestant au Pape pour restaurer la loi des nations.* » Oui, jusqu'à la fin du XVᵉ siècle, la grande influence des papes en matière internationale s'est ainsi exercée [1]. Que de fois, par exemple, dans la guerre de Cent Ans, les papes interviennent entre la France et l'Angleterre ! C'est le grand et beau côté de la doctrine que nous avons indiquée, d'aboutir à un arbitrage permanent, indépendant et autorisé. Les exemples abondent. Le bullaire de Martin V, conservé aux Archives nationales de Paris, est rempli d'exhortations à la France et à l'Angleterre. On remarquera aussi avec quel soin les brefs pontificaux respectent les droits des nationalités. Quelques années avant que Jeanne d'Arc vînt, au nom de l'autorité divine, sauver l'indépendance de son pays, le pape Martin V adressait au dauphin Charles, en **1422**, après la mort de Charles VI, à l'heure la plus critique, un bref d'une admirable élévation. En saluant roi un prince qui l'était à peine, il l'exhorte à se montrer le père de sa patrie, à se dévouer complètement, à faire son devoir [2]. Les diplomates d'Eugène IV furent les principaux artisans de la paix d'Arras, qui mit fin à la guerre de Cent Ans [3].

On reconnaît tellement le pape à ce rôle d'arbitre [4] que,

1) Citons, comme exemple, une très-curieuse bulle d'Alexandre V, faisant appel à l'équité du roi de France (J. 734, nᵒ 14).

2) Douet d'Arcq, *Choix de pièces*, I, 447.

3) *Mém.* d'Olivier de la Marche, I, 204.

4) Vers 1435, le duc de Savoie, Amédée VIII, devint, par sa sagesse, par la haute considération dont il était entouré, le médiateur de l'Europe. Il fut accepté comme tel par la France et l'Angleterre. Aussi pensa-t-on à lui comme pape et il porta quelque temps la tiare sous le nom de Félix V.

pendant le Schisme, quand la chrétienté désorientée se demandait où était son véritable chef, chaque représentant de la papauté s'affirme par des interventions pacifiques. Le récit des désordres qui se produisirent à Montpellier en octobre 1379[1], à propos d'impôts, nous en offre un curieux exemple.

De même aussi, il n'est pas besoin d'instructions spéciales pour que les envoyés du pape prennent d'office un rôle de conciliateurs, et qu'on le leur reconnaisse[2]. Les exemples sont nombreux. Le cardinal-légat d'Estouteville, en route pour rentrer à Rome après l'accomplissement de son mandat, accourt s'entremettre entre la France et la Savoie[3]. Le 9 mai 1412, un nonce de Jean XXIII, frère Thomas de Fermo, général des frères prêcheurs, proroge la trêve entre Gênes et le roi de Sicile, en vertu de pouvoirs que lui confère ce prince[4]. On voit par ce détail typique que le nonce, quoique représen-

---

En 1483, Sixte IV intervient comme médiateur entre Milan et la Suisse (D[r] von Liebenau, *Papst Sixtus IV als Vermittler zwischen Mailand und der Schweiz*, 1483, dans l'*Anzeiger für Schweizer Geschichte*, n° 6, 1891), etc.

1) Le jour même où il reçoit la nouvelle, le pape « envoya par deçà Monsieur le cardinal d'Albanie, frère du pape Urbain de saincte mémoire, » pour consoler le peuple et faire cesser toute rumeur et mettre la ville en paix. Arrivé le 29 octobre, le cardinal repartit pour Avignon le 22 décembre et revint le 28 avec « conseil du pape, de luy et mandement du Roy », de se soumettre à l'ordonnance du duc d'Anjou, lieutenant du roi. » Soumission fut faite le 1er janvier ; le cardinal repartit le 4, revint d'Avignon le 7 pour notifier l'ordonnance du duc. Le lundi 16 janvier, le duc vint avec mille lances et beaucoup d'arbalétriers ; au devant de lui sortirent à pied tous les ordres mendiants et autres, les religieuses et grande quantité d'enfants mâles « innocents », puis les consuls et le peuple, criant, à haute voix et avec larmes : *Miséricorde* ; les dames sortirent devant la porte St Gilles. Le mardi 24 janvier, le duc rendit publique sa sentence ; le 5 février, il prit la baillie, nomma un bailli, et repartit avec sa gendarmerie le 17 février. La sentence prive Montpellier de consulat (Ms. fr. 18433, n° 2).

2) Dans le bref où il confirme au cardinal d'Amboise la légation de France, Jules II appelle un légat « tanquam pacis Angelum » (L. 328, n° 1).

3) Favre, Introduction du *Jouvencel*, p. CLXXXII.

4) Saige, *Recueil de documents relatifs à la principauté de Monaco*, I, 1.

tant en fait un pouvoir étranger, ne passait pas pour étranger aux parties, puisque l'une d'elles en fait son propre mandataire et que l'autre l'accepte pour tel sans hésitation et même volontiers. Un incident de 1475 nous montre encore l'élasticité du rôle des envoyés pontificaux, et le parti à en tirer. L'empereur était d'accord de faire la paix avec le duc de Bourgogne [1] ; mais, retenu par une clause de traité qui lui interdisait d'y souscrire sans la participation de Louis XI, il s'arrête à l'expédient suivant : Le légat du pape intime aux deux parties l'ordre de poser les armes, sous peine d'excommunication. Dans ces conditions, on passe une trêve d'un an, qui est signée, et jurée entre les mains du légat [2].

Sumner Maine, rendant, en vrai Anglais, un plein hommage aux avantages pratiques et élevés de ce rôle de la papauté, ajoute : « Mais l'explosion des grandes guerres de religion, des guerres entre catholiques et protestants, mit un terme à ces influences pacifiques. Le pape, bien entendu, se trouva nécessairement d'un côté des combattants [3]. »

Les guerres du XVIe siècle ne pouvaient plus, en effet, laisser la papauté neutre, elles terminaient son rôle arbitral : en fait, cependant, ce rôle avait presque disparu à la fin du XVe siècle, et il n'en restait de traces que dans la chancellerie, dans des formules auxquelles personne ne croyait plus [4]. Sous

---

1) En 1474, un légat apostolique va chaque jour d'une armée à l'autre pour traiter la paix. Le roi de Danemark, logé dans une petite ville près des deux armées, travaillait aussi à la paix (Commines, l. IV, c. II).

2) Gingins la Sarraz, *Dépêches des ambassadeurs milanais*, I, 157.

3) *La guerre*, I, 20.

4) « Nous sommes affoiblis de toute foy et loyauté les uns envers les autres. On ne sait plus par quel lien s'assurer », dit Commines (l. II, c. VI). Et il développe éloquemment la pensée suivante (l. V, ch. XIX) : Les plus grands maux viennent des plus forts, car où est le juge international ? C'est faute de foi. L'homme puissant ou pauvre ne peut être régi efficacement que par la justice de Dieu, la crainte de l'Enfer, l'espoir du Paradis.

Alexandre VI, sous Jules II, la papauté prit les allures diplomatiques et politiques d'une principauté temporelle. Le mouvement s'acheva avec Jules II, qui ne se piquait pas du titre d'apôtre de la paix. Cette confusion des pouvoirs se manifesta d'abord, au XV⁰ siècle, par l'offre de la tiare à des princes, tels que le comte d'Angoulême ou Amédée de Savoie, qui fut un moment pape sous le nom de Félix V. A tort ou à raison, un mauvais renom entoura bientôt les conclaves ; on prétendit qu'on s'y livrait à un trafic de votes, les ambassadeurs se complurent à répéter ces accusations de simonie [1]. La tenue même de la cour prêta, par des détails souvent insignifiants, à la médisance. Innocent VIII, Alexandre VI, Jules II aimaient la chasse, et se livraient à ce plaisir comme les princes les plus séculiers [2]. Jamais un pape n'admettait de femmes à sa table ; on se scandalisa de voir Innocent VIII donner, le 16 novembre 1488, pour le mariage de sa petite-fille, un banquet où assistaient, avec des cardinaux, la nouvelle mariée, sa mère qui était fille du pape, et quatre femmes de la famille [3]. Alexandre VI alla plus loin, ses mœurs étaient mauvaises, et, malgré son grand sens gouvernemental, il ne sut pas assez garder les apparences ; un ambassadeur écrit, le 20 février 1503, qu'on est en plein carnaval et qu'on ne peut voir le pape : le pape assiste aux courses, aux comédies et à tous les plaisirs, avec quelques cardinaux, les uns en soutane,

---

1) L'ambassadeur de Venise écrit, le 9 octobre 1503 (conclave de Jules II), que les votes se vendent publiquement ; que c'est un effroyable opprobre de ravaler la papauté à une mise aux enchères (Villari, *Dispacci di A. Giustinian*, II, 255). Philippe Valori, Bernardino Corio donnent des détails analogues sur le conclave d'Alexandre VI, ils accusent le cardinal Ascanio Sforza d'y avoir gagné 100,000 ducats (Dépêches publiées par Thuasne, *Diarium*, II, p. 610-611, 612, 615).

2) Burckard, *Diarium*, I, 323 ; *Diarii di Sanuto*, VI, 536, VII, 748.

3) Burckard, *Diarium*, I, 321-323.

les autres travestis; il mène dans sa voiture des femmes travesties. Deux jours après, le 22, l'ambassadeur vénitien sollicite pour sa ville un *pardon* de St Antoine, c'est-à-dire un bref d'indulgences : Alexandre VI le lui fait faire séance tenante, en riant [1]. Aussi le pape Alexandre est-il très déconsidéré.

Peu après son avènement, on ne parlait à Rome et ailleurs que d'une réforme nécessaire de l'Eglise, qui commencerait par son chef. Mais Alexandre était fin diplomate; il profita de l'inexpérience de Charles VIII, qui, après avoir annoncé à grand fracas de vastes plans de réforme, après avoir ouvert l'oreille aux projets de la majorité des cardinaux de « faire un autre pape [2], » finit par écrire qu'il arrivait en fils soumis, prêt à lui-même obédience et ne s'entendit pas avec l'Allemagne. Louis XII n'aimait point Alexandre; un de ses premiers actes, comme roi, fut d'écrire à Florence en faveur de Savonarole. La politique les rapprocha et les rendit alliés intimes. Jamais les Français, cependant, ne purent dissimuler leur haine et leur dégoût pour César Borgia : et l'on vit même les Vénitiens représenter à Louis XII, par pur souci de sa gloire, disaient-ils, « qu'il ne convenait pas au glorieux titre de Très-Chrétien de soutenir le fils du pape [3]. » Quant à Jules II, il marque l'extrême décadence du siège apostolique, parce qu'il y installe, par un étrange contre-sens, le goût et le règne de la force [4]. C'est un grand et fougueux capitaine ; on lui confère la prêtrise après son élection sur le St-Siège. Violent,

1) Sanuto, IV, 767,
2) La Pilorgerie, *Bulletins de la grande armée*, p. 135.
3) 1502. Guichardin, l. V. ch. IV.
4) Le jurisconsulte Rigault examine sérieusement, en 1512, cette question : « *An sit licitum Romano pontifici inferre bellum regibus christianis* » (*Allegationes Vincentii...*, f°s XI et suiv.).

impétueux, changeant, il ne se plaît qu'à la tête des armées :
malgré le vent et la neige, quand il ne peut marcher, il se
fait porter ; il aime à passer des revues [1] ; il bénit des étendards [2], il lance, sous forme de brefs latins, des ordres de
jonction et de concentration de troupes [3]. Un jour, au camp
de Corneto, il dînait avec le provéditeur vénitien ; un arbalé-
trier vient solliciter son absolution, pour avoir (du temps où
Venise était excommuniée par le même Jules II) tué quelques
soldats pontificaux. Le pape la lui accorde, à condition qu'il
tuera le même nombre de Français. Puis Jules admet au baisement des pieds tous les marins de l'escadre vénitienne [4].
Voilà en quoi Jules II est pape, quand il s'agit de conquérir
des territoires pour la principauté romaine, comme pourraient
le faire les gouvernements de Venise, de Florence, de Naples,
de Ferrare... Hors de là, il chasse à cheval, en grandes bottes;
il va en mer pêcher [5]. Il aime peu les offices, surtout les
longs. On remarque qu'il va à la messe le jour de Pâques
1510, « parce que c'était le jour de Pâques ; » mais, auparavant, il mande le cardinal Grimani qui va la dire, et il a avec
lui un long entretien politique [6]. Il apprécie peu l'art de ca-
cher ses sentiments, de les envelopper avec onction, cet art
diplomatique qui trouvait à Rome son académie. En apprenant, au mois d'août 1509, la capture du marquis de Mantoue, il s'emporte et jette sa barrette par terre, en blasphé-
mant St-Pierre [7].

De leur temps, Alexandre VI et Jules II furent, sans aucun

1) Sanuto, XI, 730, 782.
2) Sanuto, XI, 214.
3) Sanuto, XI, 509.
4) Août 1510. Sanuto, XI, 262.
5) Sanuto, VIII, 23.
6) Sanuto, X, 416.
7) Sanuto, IX, 81.

doute, les plus grands princes de l'Italie, mais ils furent simplement princes. La papauté succombait à des tentations, naturelles d'ailleurs, et même séduisantes : le souci de reprendre d'anciens états, puis celui de rendre à l'Italie la paix et l'homogénéité. Comme suzerain féodal de Naples, le pape se trouvait depuis 1492 personnellement mêlé à la question politique la plus grosse et la plus difficile [1]. Il avait certainement un grand rôle à prendre en Italie. Dans ce flot de petits états divisés par des intérêts commerciaux, par des lois de protectionnisme à outrance, pas d'esprit national possible : les états italiens ne songeaient qu'au commerce; ils se faisaient concurrence. Une seule autorité morale s'élevait au-dessus d'eux, et pouvait donner à l'Italie quelque cohésion : le pape [2]. De là, cet éternel projet de ligue italienne, *liga de Italia*, dont le pape serait le protecteur et le chef, « capo è protectore [3]. »

C'est ainsi qu'en 1496, Alexandre VI devient le lien de la ligue générale avec l'empereur, l'Angleterre, l'Espagne, Venise, Milan, contre la France, dans un but de sauvegarde italienne [4]. C'est ainsi qu'à partir de 1498, sa diplomatie raffinée et habile va jouer avec Louis XII une partie compliquée, dans le but de remanier à son profit la carte d'Italie.

Une caricature de 1499 représente le pape cherchant à voir

1) Ferdinand de Naples, dans une longue dépêche à L. de Paladinis, son envoyé à Rome, lui expose que les Français s'apprêtent à envahir Naples, d'accord avec le duc de Bari (Ludovic le More). Bari sollicite le pape de seconder cette entreprise, lui promettant d'augmenter aussi son pouvoir et celui de ses fils. D'accord avec le cardinal de Naples, faites tout, lui dit-il, pour entraîner le pape à abandonner ce parti et à revenir à l'amitié de Naples; 1462 (Trinchera, *Codice aragonese*, t. II, p. II, p. 421).V. Delaborde, *Expédition de Charles VIII en Italie*.
2) Perrens, *Histoire de Florence*, t. VI.
3) Réponse de François Sforza à l'ambassade de Jean de Croy, 1461 (Archivio Sforzesco).
4) Ms. Moreau 708, p. 185.

des cartes que tient le roi de France, pour savoir de quel côté il doit se déclarer et l'enjeu qu'il faut mettre [1]. Ayant ainsi ses affaires, ses intérêts, son territoire, le pape de Rome se trouve dans la mêlée au rang commun, et méconnaît sa raison d'être au point de vue diplomatique.

Aussi s'aperçoit-on que les princes à leur tour se considèrent comme les chefs de la religion dans leurs propres royaumes, et traitent avec le St-Siége d'égal à égal. Henri VII d'Angleterre se met en tête de faire canoniser Henri VI, son prédécesseur de la maison de Lancastre. Dans une lettre fameuse du 18 septembre 1512, l'empereur Maximilien écrit à sa fille qu'il a résolu de « ne jamès plus hanter fame nue », qu'il veut résigner l'Empire en faveur de son petit-fils Charles [2], devenir coadjuteur du pape, et ensuite pape lui-même, « et, après, estre saint, et que yl vous sera de nécessité que après ma mort vous serés contraint de me adorer, dont je me trouveré bien gloryoes. » Il commence, dit-il, à pratiquer les cardinaux, et il pense en venir à bout avec deux ou trois cent mille ducats. Le roi d'Aragon fera en outre voter les cardinaux espágnols en sa faveur [3].

Le fait le plus surprenant peut-être, au point de vue spécial qui nous occupe, est de voir, en 1511, le roi d'Écosse intervenir pour la paix et envoyer un ambassadeur comme médiateur entre le pape, d'un côté, le roi de France et l'empereur, de l'autre. Les rôles sont ainsi renversés.

« Les papes, dit Guichardin [4], ayant établi leur puissance temporelle, oublièrent peu à peu le salut des âmes et les préceptes de Jésus Christ. Uniquement livrés aux grandeurs de la

---

1) *Musée de la Caricature* (Paris, 1834), I, pl. 3.
2) Le futur Charles-Quint, futur empereur et futur moine.
3) *Lettres de Louis XII,* IV, 1.
4) Liv. IV, ch. V.

terre, ils ne se servirent, dans la suite, de l'autorité spirituelle que comme d'un moyen pour étendre leurs États, et la chaire de St-Pierre parut plutôt remplie par des rois que par des pontifes... On ne pensa plus aux successeurs, ni à perpétuer la majesté et la dignité du pontificat ; chaque pape en particulier ne songea qu'à procurer à ses enfants, ses neveux, ses parents, non seulement une fortune opulente, mais des souverainetés et des royaumes... Leur puissance s'est néanmoins soutenue en partie par l'autorité de la religion, dont le pouvoir est si grand sur les esprits, mais surtout par la facilité que ces chefs de l'Église ont de gratifier les grands princes et leurs créatures par le moyen des dignités ecclésiastiques et des bénéfices. Certains du respect que leur concilie la dignité dont ils sont revêtus, ils savent encore qu'on ne peut les attaquer sans se couvrir de honte et qu'on s'expose par là à soulever tous les autres princes contre soi. Enfin, ils n'ignorent pas que, même après leurs défaites, ils sont toujours maîtres des conditions de la paix, bien résolus d'ailleurs de profiter de tout leur avantage, si la victoire est pour eux ».

A côté du pape centralisant l'empire des âmes, a toujours existé la théorie d'une monarchie universelle [1] : cette monarchie, c'est l'Empire, le Saint-Empire romain. Appliqués à l'étude des lois romaines dont ils sont les ardents admirateurs et que, pour beaucoup d'entre eux, rien n'a remplacé, les jurisconsultes se complaisaient dans une fiction, bien délicate, qui leur permettait de revenir sans cesse à l'application de leurs textes sacrés. Pour eux, la république chrétienne ne représentait pas un nouveau droit des gens ; ils y voyaient pour ainsi dire une ruine de l'Empire romain, sous une forme

---

1) F. P. Contuzzi, *Le leggi di composizione e decomposizione degli Stati,* p. 131.

de gouvernement, en quelque sorte fédérative, introduite par le malheur des temps. « Dans le droit romain, dit Bartole, nous ne trouvons pas mention de représailles. Plus tard, nos péchés ont mérité *(peccata nostra meruerunt)* que l'Empire romain tombât dans la poussière pendant longtemps, et alors rois, princes, cités même, surtout en Italie, ont cessé de reconnaître un maître temporel, du moins en fait ; dès lors, plus de chef suprême à qui recourir. Il a fallu se défendre, et les questions de représailles se sont présentées tous les jours [1] ». Ainsi, aux yeux des romanistes et des gibelins, l'introduction dans le monde des principes d'indépendance individuelle et nationale, réglée et contenue par un pendule purement moral, représente la subversion et l'abomination. Avec la monarchie universelle, point de difficultés internationales, puisqu'il n'y a plus de nations et que l'immense égalité de l'esclavage régit le monde [2]. Le droit des gens n'a pas cessé de les effaroucher, parce qu'on ne le trouve pas écrit dans le Digeste et les Pandectes, et le droit naturel n'est qu'un vain mot, comme le proclament aujourd'hui quelques bons esprits [3].

A défaut d'Auguste et de Tibère, qui étaient un peu loin, les jurisconsultes se rattachent à Charlemagne qui, quoique un peu barbare, incarnait pour eux le dernier retour du monde aux principes véritables. Charlemagne avait prétendu être un empereur romain : aussi quelle légende autour de ce nom à la fin encore du XVe siècle !

---

1) Traité *Represarium*, préface. Nous reviendrons, plus loin, sur cette matière des représailles.

2) Ne pas obéir à l'empereur est péché mortel, d'après Fr. Zoannetti, *De Romano Imperio*, dans Ziletti, *Tractatus tractatuum*, XVI, p. 28, nº 219.

3) Certains jurisconsultes en arrivent à appeler les divers Etats *sectiones Romani Imperii*, et à traiter les nationalités de fait impie et subversif, car, suivant la parole du Christ, il n'y a place en ce monde que pour Dieu, représenté par une Eglise unique, et pour César, auquel est dû tout tribut (Francisci Zoannetti, *De Romano Imperio*, p. 28, col. 1, nº 218).

Par un singulier concours des choses, le culte de Charlemagne trouve un acquiescement universel. Les chansons de geste célèbrent Charles à l'envie, comme le héros chevaleresque par excellence. La papauté le saluait elle-même, comme un empereur sorti de ses mains[1] et digne d'elle. On travaillait ainsi pour l'avenir, pour Charles-Quint. Présentement, la suprématie impériale n'était qu'un rêve ; sa décadence avait bien précédé celle de la papauté. A la fin du XIVe siècle, on pouvait encore la discuter, à titre d'exercice scolastique : Honoré Bonet, dans l'*Arbre des batailles*, se demande si le roi de France, si les rois d'Angleterre ou d'Espagne doivent obéissance à l'empereur, et facilement il répond : « Non[2]. L'empereur n'est que le plus haut des princes[3] ». Christine de Pisan va plus loin : elle dénie à l'empereur le droit de faire la guerre au pape, et le traite, comme Grégoire VII, de « procureur de l'Église et subgiet du pape », susceptible d'être déposé en cas de désobéissance[4]. A la fin du XVe siècle, on ne se demande même plus s'il existe un César international[5] ; pour chasser les Français d'Italie, l'empereur se ligue avec d'autres puissances, grandes ou petites, sur un pied d'égalité parfaite[6]. Dans une négociation, l'ambassadeur de France alléguera l'amitié traditionnelle de l'Allemagne et de la France[7]...

L'empereur allemand ne représente plus la force ; il règne sur un pays oligarchique, où les princes, ses électeurs,

---

1) Hergenröther, *Histoire de l'Eglise*, trad. Belet, II, 734 et s.

2) C. LXXXIII, LXXXIV.

3) C. V.

4) *Le livre de chevalerie*.

5) L'empereur est le « premier prince de la chrestienté et advocat de l'Eglise » (1511. Le Glay, *Négociations*, I, 417).

6) Ligue de 1496.

7) Créance de Louis XII, 23 novembre 1501. Fr. 16074, no 27.

n'éprouvent aucun embarras à suivre des voies fort diverses.
Dès lors, où est sa raison d'être ? L'Empire n'est qu'une
formule de chancellerie ; il ne demeure entier que sous ce
rapport. Rien de curieux comme les protocoles de la chancellerie allemande. Elle opère par diplômes solennels, où l'énumération sacrée des titres impériaux occupe une place incom-
mensurable. La correspondance est pompeuse, enflée, gour-
mée. D'après son style, l'empereur tient les destinées du monde,
il règne sur l'univers. Malheureusement pour lui, il gouverne
peu de chose. Il est censé incarner la force des Césars ; la
force lui manquant, que lui reste-t-il ? De vaines prétentions
de droit, ridicules, telles que ses vues sur l'ancien royaume
d'Arles [1] ! L'empereur est la grande victime du Moyen-Age.
Il a disparu devant le pape.

Le seul point grave de la politique impériale, c'est le trouble
permanent qu'elle se complaît à entretenir en Italie. Grâce à
la faiblesse et aux divisions des états italiens, l'empereur peut
encore y jouer quelque rôle, avec des investitures ou avec
des menaces, seules armes dont il dispose. Jusque dans les
temps modernes, l'empereur d'Allemagne traite la Maison de

---

1) V. fr. 3910, n⁰ 71. Bulle d'or de l'Empereur Charles VI nommant Charles, dauphin de Viennois, son neveu, son lieutenant au royaume d'Arles.
Paris,1378,id.januarii(en latin), avec indications,années du règne et d'empire.
N⁰ 72, id., portant dispenses au dauphin,malgré son âge. Paris,non.januarii
1378. Cf. Ludewig, *Singularia juris publici*,p.536 ; pour les droits prétendus
par l'Empire sur le Dauphiné, d'Achery, *Spicilegium*, III, 517 ; Leibnitz, *Codex*, p. 1, n. 48, p. 158. Pour Avignon, on soutenait que la cession au pape
avait dû être homologuée par l'empereur ; mais il est assez remarquable qu'à
Avignon, au XIIIᵉ siècle, on traitait les Français eux-mêmes d'Allemands.
Un acte de 1206 appelle le roi de France « rege Teutonicorum existente »
(*Cout. et règlem. de la Républiq. d'Avignon*, p. 13). Quant à la Lorraine, son
indépendance officielle paraît dater de 1541. Ces questions de droit historique, auxquelles on attachait jadis de l'importance, ont fait l'objet d'assez
nombreux travaux aux XVIIᵉ et XVIIIᵉ siècles, repris de nos jours, en dernier
lieu, par M. Fournier, dans son savant livre sur *Le royaume d'Arles*.

Savoie de vassale [1], et le Piémont de fief impérial [2]. A Florence, on se moquait de ses prétentions [3], mais il ne persistait pas moins à les émettre. A Asti, le duc d'Orléans, maître de ce pays, les avaient reconnues dans un temps où la France lui créait des difficultés ; depuis lors, il n'en était plus question [4]. La suzeraineté impériale sur Gênes figure encore, à titre de réserve générale, ou, si l'on peut ainsi dire, de *porte de sortie*, dans l'acte par lequel les Gênois se donnent à la France, en 1393 : depuis lors, on l'oublie totalement. Pendant toute la durée du XV° siècle, les Gênois ne pensent qu'à se donner tantôt à la France, tantôt au duc de Milan ; ils songent même au roi d'Angleterre, jamais à l'Allemagne. Ce qui n'empêche pas Maximilien d'écrire aux Gênois, le 6 décembre 1495, pour les exciter contre Charles VIII, qu'il « les absout du serment prêté par eux à la France [5] », absolution qu'on eût encore acceptée du pape, mais qui, venant de l'empereur, parut quelque peu surannée et ne produisit pas l'effet attendu.

Les ducs de Milan reconnaissaient, au contraire, tenir Gênes en fief de la France [6], et quand elle se soumit à Louis XII, il ne fut pas plus question qu'auparavant de la suzeraineté impériale.

A Milan, grâce aux événements, l'empereur intervint davan-

1) En 1700, l'Empereur Léopold met encore au ban de l'Empire, comme vassal, le duc Victor-Amédée, pour avoir pris le parti de la France.

2) Investiture de 1416, à Amédée VIII ; Guichenon, *Histoire de Savoie*, VI, 254 ; Lünig, *Codex Italiæ diplomaticus*, II, 687, 854. En 1475, l'empereur fait acte de suzerain en commettant le marquis de Saluces pour juger en son nom les débats des marquis de Ceva (KK. 526, f° 49), mais cette tentative échoue.

3) *Histoire de Louis XII*, t. III.

4) Investitures données à Charles d'Orléans le 18 sept. 1413, puis à Marie de Clèves ; *Hist. de Louis XII*, t. I ; Faucon, *Rapport de deux missions*, p. 59.

5) Ms. ital. 1441.

6) *Recueil de Simonetta* (ms. lat. 10133).

tage. Il commença par refuser son investiture à François
Sforza, qui s'en passa et la refusa ensuite quand on offrit de
la lui vendre. Ludovic Sforza avait bien des raisons d'être
moins difficile : il venait d'attirer les armées françaises en
Italie ; il passait pour avoir tenu en chartre privée, puis assassiné le duc de Milan, son neveu, et, en tous cas, il usurpait
le duché sur les fils de celui-ci. Mais les Sforza étaient tellement riches que l'empereur Maximilien avait épousé une sœur
du malheureux duc, Bianca-Maria Sforza ; Ludovic pouvait
largement payer une investiture, il la paya largement. C'est
pourquoi il agit d'accord avec l'empereur [1] et pourquoi aussi,
en 1495, après quarante-cinq ans de possession des Sforza,
l'empereur leur accorde l'investiture dans la personne du
moins recommandable d'entre eux [2]. Cette formalité n'empêcha pas Louis XII de conquérir deux fois le duché de
Milan, en 1499 et en 1500 ; pour ne pas se brouiller avec l'Allemagne, Louis XII acheta à son tour, pour 200,000 écus, l'investiture impériale, passée ainsi à l'état de formalité fiscale.

Hors de là, le rôle de l'Empire en Italie se borne à des lettres
solennelles, à des affirmations altières, à des rodomontades
sans effet. C'est ainsi qu'au mois de juin 1495, lorsque Louis
d'Orléans occupe Novare, Maximilien lance au monde des
proclamations pompeuses et indignées. Il condamne le duc
d'Orléans, il envoie des ordres à Milan, à Ferrare, à Sienne [3].
Le 21 juin, il fulmine de Worms une proclamation aux Milanais. Les Français, dit-il, ont violé le territoire impérial
(le territoire de Novare) ; « nous voulons les punir rudement

---

1) Lettre menaçante de Ludovic Sforza à Louis d'Orléans, Milan, 3 janvier
(1495), invoquant la suprématie impériale (Arch. de Milan, Pot. este re,
Francia).

2) *Histoire de Louis XII*, t. III.

3) Calvi, *Bianca-Maria Sforza Visconti*, p. 112, 113.

(acerbe), les détruire de fond en comble ; nous réunissons les forces du S¹ Empire » etc., etc. Il fulmine sans cesse ; mais les Français ne rencontrent pas à Novare de troupes allemandes [1].

Le seul vestige de la puissance impériale consiste, avec le style de chancellerie, dans un droit honorifique de préséance. On admet très bien que l'empereur passe pour le premier des princes chrétiens [2] : à Rome, ses ambassadeurs ont le pas sur les autres [3] ; après eux, viennent les ambassadeurs de France [4].

1) *Hist. de Louis XII*, tome III. Il écrit en Espagne des lettres non moins altières ; on le dirait maître de l'Italie. De Worms, le 29 juin 1495, il fait part à Ferdinand et Isabelle de ses grands préparatifs. Suivant lui, tout sera prêt en peu de jours : il s'emporte en termes pompeux et véhéments contre *le français*, qu'il veut aller attaquer, partout où il le trouvera, « *in limitibus patriarum nostrarum* ». Il a reçu avec grand plaisir les ambassadeurs d'Espagne, Ant. de Fonseca et J. Dalbion, arrivant d'Italie ; l'ambassadeur espagnol à Venise lui a fait dire que la flotte espagnole, descendue à Naples, avait attaqué les Français. Maximilien l'approuve. Mais, dit-il, j'attends la confirmation de cette nouvelle pour marcher. En attendant, vous, marchez ! — De Worms aussi, il leur écrit, le 23 juin 1495, avec tout l'appareil gothique de sa chancellerie (duc de Bourgogne, comte de Flandre, etc.) : « Edocemur in dies certissimis nunciis et gravissimis undique querelis obtundimur Francorum Regem, victoria Neapolitani Regni elatum, usque adeo dominandi cupiditate allici, ut et nobilissimas Italie urbes que etiam sacro imperio immediate subjecte sunt, immo et Romam ipsam, solii nostri antiquum domicilium et catholice ecclesie nostre libertatem, una cum dominici gregis pastore, servitio premere et insolentie sue subdere enitatur. Quoque eo felicius votis suis fortuna respondeat, jam Mediolani statum per Aurelianensem ducem magnis copiis hinc aggredi, inde et Venetos et quidquid reliquum Italie superest forti exercitu impetere in hoc reditu suo meditatur ». La lettre continue ainsi par d'immenses phrases pour prouver la nécessité de s'entendre contre un « *insolentissimus victor* ». Et il s'excuse de ne pas être plus long (Orig. Arch. nat. K. 1482).

2) V. not., une estampe de 1501, présentant un faux monogramme d'Albert Dürer, dans la Collection Hennin, t. III, 208.

3) Burckard, *Diarium*, et ci-après.

4) On discutait toutefois s'ils ne devaient pas passer avant les ambassadeurs du « Roi des Romains », titre que l'empereur conservait jusqu'à son couronnement. Il y eut à cet égard un débat de préséance à Rome en 1486 : on admit l'ambassadeur allemand à passer le premier.

Entre le grand courant libéral, qui voudrait voir toute autorité humaine soumise à un contrôle moral, la tyrannie combattue par tous les moyens [1], les papes surveillants des rois, et le courant autoritaire, juridique, romain, qui veut une autorité unique, vigoureuse, sans partage, il y avait place pour une troisième théorie, moins absolue et, par suite, appelée à triompher sur les ruines des deux autres. Ce troisième système est celui d'une monarchie chrétienne et tempérée, c'est le système français.

La monarchie française, basée sur le consentement des peuples, allie en effet les deux éléments. Elle est essentiellement religieuse, plus que religieuse, sacerdotale, hiératique. Les rois de France se considèrent traditionnellement comme des pontifes [2], comme des oints directs du Seigneur : c'est par un miracle que, grâce à Jeanne d'Arc, le ciel a sauvé en leur personne la nationalité française. Des miracles, ils en font chaque jour, puisqu'ils ont reçu le privilège de guérir les écrouelles en les touchant [3].

La formule *Dei gratia*, qui ramène tout pouvoir à Dieu, selon le mot de St-Paul et la doctrine de l'Eglise, signifie aussi que les rois de France ne reconnaissent que Dieu comme maître [4] :

1) « Tyrannum occidere non modo licitum est, sed æquum et justum ».

2) Louis le Gros, dans le préambule de ses diplômes en faveur des serfs de Saint-Maur (1118) et de l'Eglise de Chartres (1128), s'exprime ainsi : « Cum juxta sacratissimarum legum instituta, Regia potestas, ex injuncto sibi officio, Ecclesiarum defensioni et honori plurimum vacare debeat : operæ pretium est eos quibus tanta permissa est a Deo potestas earum tranquillitati et paci attentiori sollicitudinis cura providere et ad laudem Dei omnipotentis, per quem Reges regnant, Ecclesias et earum res quodam honoris privilegio decorare ut in bonis actibus et regium morem exerceant et supernæ retributionis præmium indubitanter recipiant » (*Ordonnances*, I, p. 3, 5).

3) Nous nous sommes étendus avec plus de détail sur ce point dans notre livre : *La Veille de la Réforme*. Cf. Favyn, *Hist. de Navarre* (1612), p. 18-19.

4) V. *Allegationes Vincentii* (Rigault),... *super Bello Italico* (Paris J. Frel-

ils sont oints par une huile sainte, envoyée du ciel : c'est du ciel que Clovis reçut l'écu aux fleurs de lys, du ciel que les rois tiennent le don des miracles, du ciel que vient la translation de la couronne à Hugues Capet, selon la révélation divine de St Valery [1]. En même temps, ils sont essentiellement rois temporels. Comme les Francs, leurs aïeux, ne dépendaient de personne, pas même de l'empire romain, les Français ne reconnaissent aucun empire [2]. « Le roy de France se peut appeller roy franc, car la temporallité de son royaume il ne tient de nully fors que de luy mesmes [3]. » Dans ces conditions, il n'y a rien de plus haut qu'un roi dans son royaume. C'est pourquoi, ajoute un jurisconsulte, on appelle le Christ roi et non empereur, la Vierge reine et non impératrice [4]. Le roi de France participant ainsi du caractère spirituel et temporel, fils soumis du pape ou des conciles quant à la foi, cependant directement sacré, sans recevoir, comme l'empe-

---

lon, 1512). Le roi de France « *dicitur imperator in regno suo* » (f[o] xxix) ; il ne reconnait pas de supérieur : le pape ne peut pas l'obliger à donner sa parole par écrit (f[o] xxviii) ; la loi salique remonte à Pharamond, premier roi de France « *de vero stipite Troianorum* » (f[o] xxix) ; la Maison de France est sainte et consacrée par des miracles, parmi lesquels la victoire de Fornoue : Louis XII est le protégé de la Providence (f[o] xxxx).

1) Glose de Cl. Guymier, *Pragmatica sanctio*, Paris, Ed. Petit, déc. 1514, f° II r[o] et v[o].

2) *Id.*

3) *Débat des héraulx d'armes de France et d'Angleterre*, publ. par P. Meyer et Pannier, p. 133. Les rois de France, d'Espagne... ne reconnaissent aucun supérieur et exercent chez eux les droits impériaux (Ant. Corseti, *De potestate Regia*, pars IV ; Jo. Feraldi, Cenomanensis, *De juribus et privil. regum francorum*, I. Longues démonstrations que les rois de France, d'Angleterre, d'Espagne, ne sont pas sujets à l'Empereur, par H. Bonet, dans *L'arbre des batailles*, c. lxxxiii, et s. V. aussi le traité *Contra rebelles suorum regum, aureum singulareque opus Joannis de Terra Rubea..., cum postillis Jacobi Bonaudi de Sauseto...* (Lugd., Crespin, 1526) f°s 34, 32, 112, 27, 35, 45...

4) Joannis Redin, *De Majestate principis*, I.

reur sa couronne et son titre des mains du pape [1], ne devait pas évidemment être éloigné de jouer le rôle d'empereur chrétien.

Après Charlemagne, les royautés allemande et française étaient d'abord, pour ainsi dire, restées sœurs ; la scission ne s'opéra que par l'avènement de la dynastie nationale des Capétiens. La rupture se produisit sous Philippe Auguste [2]. Au XIIIᵉ siècle, les croisades, le glorieux règne de Sᵗ Louis donnèrent à la dynastie Capétienne un prestige extraordinaire, et l'on peut dire que, depuis lors, elle est sans cesse hantée par l'ambition de la couronne impériale. Philippe le Hardi, dès 1273, posait sa candidature [3]. Philippe le Bel, le sage Charles V, conçurent la même pensée. Charles de Valois, frère de Philippe le Bel, ayant épousé Catherine de Courtenay, héritière du trône de Constantinople, visait, quant à lui, à l'empire d'Orient [4]. Vers la fin du XIVᵉ siècle, cette ambition prend un autre tour. Les rois de France ne paraissent plus s'en préoccuper : ce sont les princes de la Maison de France qui la nourrissent. En 1393, Charles VI promet, si lui ou un prince de sa race est élu empereur, de donner à Galéas Visconti le titre que celui-ci voudra (le titre de roi) en Lombardie [5], et, en effet, d'après l'activité extrême déployée en Allemagne par le duc d'Orléans, on peut supposer à ce prince

1) Jusqu'à leur couronnement par le pape, les empereurs, tout en exerçant en fait leur autorité, ne portaient que le titre de Roi des Romains.

2) A. Leroux, *Recherches critiques sur les relations politiques de la France avec l'Allemagne.*

3) V. Champollion-Figeac, *Documents inédits*, 1841, t. I, nᵒ xxvii, Rapport des ambassadeurs au roi sur une entrevue avec le pape : *Coutumes et Règlements de la République d'Avignon*, p. 52.

4) V. Moranvillé, *Les projets de Charles de Valois sur l'Empire de Constantinople*, Biblioth. de l'Ecole des Chartes, LI, p. 63 : Ducange, *Histoire de l'Empire de Constantinople.*

5) Jarry, *Vie... de Louis de France*, p. 110.

des vues intéressées [1]. En 1473, Charles le Téméraire, négociant le mariage de sa fille avec Maximilien d'Autriche, proteste qu'il ne demandera pas à l'empereur d'abdiquer, comme le bruit en courait, qu'il lui demandera simplement le titre de roi des Romains, pour le transmettre plus tard à Maximilien, qui va devenir son fils [2]. Il semblait que le roi de France se jugeât désormais au-dessus de cette ambition. En octobre 1501, sur le désir de l'empereur, Louis XII souscrivit volontiers l'engagement formel de ne jamais entreprendre « d'estre empereur [3], » et il agit en conséquence. Le sénat de Venise a beau, en 1509, le dénoncer comme visant à devenir « empereur des Chrétiens.., monarque universel » (monarcha del mondo) [4], personne n'y croit.

Il n'est pas douteux que, réserve faite du pape et de l'empereur, le roi de France ne soit le premier des rois [5] : tout le monde le reconnaît et l'affirme. Après ou à côté de l'empereur, il occupe une place à part. Les témoignages sont nombreux à cet égard [6].

1) Vers 1397, Robert de Bavière, malgré sa parenté avec le roi de France, déconseille à l'empereur Venceslas toute entrevue avec le roi, « la France ne pouvant travailler qu'à l'affaiblissement de l'Allemagne et ne cherchant qu'à prendre l'Empire » (Weizsæcker, *Deutsche Reichstags Akten*, III, n° 23).

2) Chmel, *Monumenta Habsburgica*, 1re partie, p. 32.

3) K. 1639, d. 3. Louis XII, dit Seyssel, a refusé le titre d'Empereur et n'a pas voulu subjuguer toute l'Italie : il l'a défendue contre les tyrans, notamment contre César Borgia (*Hist. du roy Loys XIIe*, p. 22 v°, 23).

4) Instructions du 17 mai 1509 : Arch. de Venise, Secreto 41, f° 180 v°.

5) « Le plus noble des rois » (*Allegationes Vincentii* Rigault,... *super bello Italico*, Paris, J. Frellon, 1512 : f° xxviii), le plus puissant des rois chrétiens, dit Seyssel (*Hist. du roy Loys XIIe*, p. 64) ; « precedit in sedendo ceteros, dit J. de Terra Rubea » (f° 114 v°, 34 c. 1, 45).

6) « Je suis hérault du plus grant roy des crestiens », dit un hérault français (*Débat des héraulx d'armes*, publ. par P. Meyer et Pannier, p. 129). Cf. Ducange, *De la prééminence des rois de France au-dessus des autres rois de la terre*. Les juristes français se sont surtout emparés avec orgueil de deux textes de l'illustre Baldo, que nous citerons après eux : Balde (*Commentar. ad lib. de feud.*,

D'un autre côté, la France tenait alors le premier rang comme puissance militaire. On connaît le mot de Maximilien que, s'il était Dieu et qu'il eût plusieurs enfants, il ferait l'aîné Dieu et le second roi de France [1].

Etait-elle plus impopulaire en Europe que l'Allemagne? non ; lorsque le jeune Charles VIII, dans un moment de folie juvénile, descendit en Italie pour y chercher la couronne impériale d'Orient comme un autre Charlemagne [2], c'était à qui se presserait sur son passage [3]. On le reçut à Florence en souverain de la ville : on avait démoli un pan du mur d'enceinte pour lui livrer passage ; à Sienne également [4] ; à Lucques, les habitants, habillés de blanc, portaient l'écusson de France sur la poitrine [5]. A Rome, il agit en maître : la justice

---

tit. de prohibita feudi alienat. per frideric., circa finem) dit : « Quero utrum sicut debet in juramento fidelitatis excipi Rex, puta, dominus Rex Francorum qui super omnes reges est. Respondeo sic, cum sit dominus jurantis et ejus cui juratur, et quoad suos subditos ipse sit in regno suo tanquam quidam corporalis deus ».Balde dit encore (*Consilior.*3): « Super omnes reges christianorum rex Francorum obtinet coronam libertatis et gloriæ. » Dès le temps de Saint-Louis, Mathieu Paris écrivait : « Rex Francorum regum censetur dignissimus », et il racontait que,dans un banquet donné par Saint-Louis (1254), à Paris, le roi s'assit au milieu, ayant à sa droite le roi d'Angleterre, à gauche celui de Navarre. Au XVIe siècle, Thomas Campeggio, évêque de Feltre (*De auctor. sacror. concilior.*, cap. 16) dit également : « Omnium consensu receptum est christianissimum regem primum esse inter reges et primum ei deberi locum post imperatorem'». On peut voir sur cette question le savant mémoire de M. Alph. Rivier, *Note sur la littérature du droit des gens* (Bruxelles, 1883), p. 60. Nous avons eu souvent recours à cette savante bibliographie.

1) Cl. de Seyssel, *Hist. de Louis XII*, p. 69.

2) Sanudo, *La spedizione di Carlo VIII*, p. 22. Cf. Cantù, *Gli Sforza e Carlo VIII*, p. 30.

3) Flori, *De bello italico* : A. de la Vigne : Schiavina, *Annales Alexandrini* et autres.

4) Delaborde, *Expédition de Charles VIII*, p. 457 et suiv. : plaquette gothique de l'époque, in-4o, s. l. n. d., racontant cette entrée : *Le Vergier d'honneur* : Sanuto, *Spedizione*, 133.

5) Sanuto, *Spedizione*, 109.

s'y rend en son nom, il fait élever des fourches patibulaires ;
les proclamations portent sa signature [1]. A Naples, il entre
non en roi, mais en empereur, dans un costume théâtral, la
pomme d'or dans la main droite, le sceptre dans la gauche,
couronne en tête, sur les épaules un vaste manteau impérial
fourré d'hermines.[2] Charles VIII, quant à lui, laissait dire
qu'il visait à la monarchie universelle [3]. Personne ne s'en
étonne...

La France était-elle réconciliée avec l'Allemagne ? Tant
s'en faut. Louis XI, Louis XII ne trouvèrent jamais au-delà
du Rhin de voisins bienveillants, et, à la cour de France, tout
un parti, représenté surtout par l'amiral de Graville [4], par
Anne de Beaujeu, persistait à voir de ce côté l'ennemi héréditaire. En mai 1494, Charles VIII eut lui-même la sagesse de
refuser à l'empereur une participation bénéficiaire dans
l'expédition de Naples, malgré les objurgations de Ludovic
le More [5].

Pourquoi donc Louis XI, Louis XII [6] se désintéressent-ils
si nettement du titre impérial ? C'est qu'ils possèdent un titre
spécial, celui de Roi Très-Chrétien, qui, dans la république
chrétienne et au dehors, leur confère, à leur avis, un rôle
équivalent, sinon, même plus glorieux et plus actif. Grâce

1) Burckard, t. II, aux dates : A. de la Vigne.
2) Delaborde : A. de la Vigne.
3) M. de la Pilorgerie, 3, *La vision de Jehan Michel* ; prophétie répandue
dans toute la France, annonçant que Charles VIII reconquerrait Jérusalem
« et qu'il sera de tous les roys de terre le souverain et dominateur sur tous
les dominans et unique monarche du monde. »
4) Perret, *L. Malet de Graville*, p. 154.
5) Archives de Milan, Potenze Estere, Francia, 1494-95.
6) François Ier revint à la politique de Charles VIII. Déjà frère Jean
Thenaud, dans sa Relation de 1512 (*Le Voyage d'Outremer*, publ. par
M. Schefer) croit devoir appeler la comtesse d'Angoulême sa « très illustre
et impérialle dame » (p. 145), et le roi « le très chrestien... roy et empereur
de la sacrée monarchie » (p. 2).

aux croisades, grâce à ses admirables ordres religieux, la
France jouit, dans tout l'Orient, d'un prestige immense et exclusif. Tout européen, tout chrétien se couvre de son drapeau. Là bas, on ne connaît point l'empereur, on ne connaît
point le pape : tout étranger est un *franc* [1].

En Occident, les rois de France accroissent extrêmement
leur prestige, ils méritent leur titre quasi-impérial de très
chrétien, par leur prétention au rôle de protecteurs du St-
Siège [2], prétention souvent admise, parfois implorée par les papes [3]. Vis-à-vis de la papauté d'Avignon, le rôle était facile.
Quel beau temps pour le protectorat français, que celui où la
faiblesse de Benoît XIII nécessitait la garde du duc d'Orléans [4],
où Boniface IX invoquait le roi de France comme souverain
roi de la chrétienté et défenseur de l'Église [5] ! Plus difficile au
XVe siècle pour beaucoup de motifs, la même politique, convenablement maniée, donne encore de bons résultats.

1) Seyssel, *Hist. du roy Loys XIIe*, p. 73. Girol. Osorius, (*De gestis Ema-
nuelis regis Lusitaniæ*, lib. 5), écrit en parlant des Turcs : « Postea, cum Lu-
sitanos animadverterent eadem propemodum disciplina bellicas res adminis-
trare, *francos* nominarunt. Francorum enim nomen ex eo tempore quo Jero-
solyma duce Gothefredo capta est, per omnes solis orientis regionis maxima
cum gloria pervagatum est. »

2) L'Église « lugebat…, ut pia mater », de la désolation de la France, « cly-
peus et munimen singulare defensionis totius Christianitatis…. » (Th. Bazin,
liv. II, p. 97. Cf. Froissart, ch. 52, ch. 67).

3) Le pape Grégoire XI, réclamant le secours du roi et de l'empereur, dit
en propres termes : « Nec permittant ipsam Ecclesiam, prout nec progenito-
res eorum, — et presertim regis Francie — permiserunt suis in conspectibus
sic immaniter sub impiorum pedibus conculcari ; ad cujus defensionem et
auxilium idem etiam imperator specialiter juramento astringitur ac etiam
tenetur ». Bref du 12 janvier 1378 à l'archevêque de Rouen, *Inventaire…
des biens de Guillᵉ de Lestrange* (Paris, 1888, 4°), p. 155.

4) Bulle de Benoît XIII, proclamant que le roi de France croit utile un
concile général pour l'union de l'Église. Nous le désirions, nous l'acceptons.
La faveur des princes et rois est nécessaire pour ce concile. Le pape prie le
duc d'Orléans de s'en occuper (8 janvier 1404. Dumont, II, 296).

5) Froissart.

Charles VII lui-même, malgré tous les embarras de son règne, se laisse appeler « bras dextre de l'Église [1]. » Louis XI montra supérieurement tout le parti qu'on pouvait tirer de cette direction.

Comme on l'a bien dit, c'est par le calcul qu'il cherche le prestige impérial[2]. Il abandonne résolument toute velléité de séparation entre la France et Rome[3], il exalte le Souverain Pontificat, mais il se pose nettement en protecteur de Rome. C'est surtout en intervenant comme arbitre volontaire dans les affaires italiennes en 1478 qu'il prend la place jusque-là réservée, par la théorie, au pape ou à l'empereur. Il ordonne à ses ambassadeurs d'exposer que le roi de France, « comme imitateur de ses nobles progéniteurs, a esté et est tenu, entre les autres princes, le plus singulier et espécial protecteur de la foy. » Voilà le principe. Il en conclut que le roi doit aviser à la paix de la chrétienté, et que le pape, comme vicaire de Dieu, doit faire de même. Il croit utile de réunir un concile, et il pense que le Saint-Père, chef et pasteur de l'Église, père spirituel de tous, s'y prêtera, « auquel appartient principalement de pacifier les différends qui sont entre les princes chrestiens pour obvier à l'effusion du sang humain [4] ». Tel est le programme exact du rôle de la monarchie très chrétienne,

1) Remontrance *Verba mea auribus percipe*. Rigault rappelle, en 1512, le mot de Sixte IV que le roi de France est le fils « *validissimus* » de l'Église (*Allegationes Vincentii*, fo xxvi).

2) Delaborde, *ouvr. cité*, 214.

3) Personnellement d'ailleurs, il croit à la religion comme on croit aux *paroles*, dans certaines campagnes : il y voit un procédé sûr et facile de guérir ses maladies, de vaincre ses ennemis, de tromper ses voisins.... Comme roi, il juge qu'il a droit à des miracles. Il ne demandait pas le salut de son âme. Il prenait donc la foi telle qu'elle était, avec le pape à Rome. Il jugeait ridicule de prétendre disputer au pape ses attributions : il préférait se mettre bien avec lui, se poser, s'il se pouvait, comme son protecteur et se servir de son influence.

4) Instruction : copie, dans le ms lat. 11802.

d'après la France. Là, plus de querelles d'investiture, plus de
heurt radical entre deux pouvoirs absolus. Le roi très chrétien
est le protecteur de l'Eglise, c'est-à-dire le régulateur du monde, le vrai descendant et héritier de Charlemagne. Telle est
bien la pensée de Louis XI ; selon lui, « la monarchie de la
religion chrétienne consiste vraiment en sa personne.[1] » C'est
ce que ses ambassadeurs, dans leur discours au pape, vont
amplement formuler et développer : ils présentent le roi
de France comme le vrai empereur du monde chrétien,
non pas en vertu d'un vain titre, ou de traditions romaines, ou du seul principe de la force, à la manière allemande, mais en vertu de traditions chrétiennes, d'un droit
tout chrétien, opposable au pape lui-même[2] : « Si, disent-ils,

1) Cf. J. de Terra Rubea, *op. cit.*, f. 45, 114, 120.

2) « Sicut enim Dominus noster Jesus Christus Beatum Petrum principem
apostolorum et suos successores in pastorali officio instituit, ut gregem domi-
nicum in fide recta, pacis unione et Dei famulatu conservarent, etiam Reges
Francorum conservatores et protectores singulares et speciales fidei catholicæ
sanctæ Romanæ ecclesiæ et summorum pontificum constituit, adeo quod
tociens quotiens per infidelles oppressi fuere et aliqui ipsorum a sede apostolica expulsi, ipsi Reges Francorum accercita nobilitate et militia Franciæ
personaliter ad has et alias partes se transtulerunt, hostes debelarunt, et cum
Dei auxilio victoriam obtinuerunt, ipsosque summos pontifices in eorum sede
apostolica restituerunt. Propter quod nomen christianissimum et in eorum
regno imperium merito habere meruerunt et obtinuerunt. Plena est enim historia christianissimorum Regum preconiis; nulla unquam ætas gloriam illorum
obliterabit. Nam quis Aquitanos Normanosque religionem Christi per Galliam
persequentes edomuit ? Franci. Quis Saxones tociens fidei catholicæ rebellan-
tes perfregit ? Franci. Quis Boesmos atque Polonos christiano nomine subsul-
tantes in frena redegit ? Franci. Quis Ungaros Panonas devastantes coercuit ?
Franci. Quis Longobardos Romanam Ecclesiam diripientes contrivit ? Franci.
Quis Græcos ex Apulis atque Campania expulit ? Franci. Quis Saracenos ex
Tricassii (*Var.* Trinacriis) deturbavit ? Franci. Quis Antiochiam Ptolemaides
Alexandriam et nostræ salutis officinam Jerosolimam ex barbarorum dentibus
aliquando detrahere præsumpsit ? Franci. Quis usque ad Euphratem et Tygrin
signum Crucis portare et Edessem Mesopotamiæ urbem Christiano nomini
ausus est restituere ? Franci. Quis citeriorem Hispaniam ex Maurorum mani-
bus eripuit ? Franci. Quis laceratam, vexatam, conculcatam et omnibus modis

N.-S. Jésus-Christ a investi Saint-Pierre, prince des apôtres, et ses successeurs de l'office pastoral pour conserver les ouailles du Seigneur dans la vraie croyance, dans l'union, dans le service de Dieu, c'est lui aussi qui a constitué les rois de France conservateurs et protecteurs, particuliers et spéciaux, de la foi catholique, de la Sainte Eglise romaine et des souverains pontifes : à tel point que, chaque fois qu'on a vu le pape attaqué par les Infidèles ou même chassé du siège apostolique de Rome, on a vu aussi le roi de France appeler ses armées et sa noblesse, se transporter en personne près du pape ou ailleurs, attaquer l'adversaire, et, avec la grâce de Dieu, vaincre, et replacer les Souverains Pontifes sur leur siège. C'est pourquoi ils ont bien mérité et obtenu le titre de Roi Très Chrétien et l'empire dans leur royaume. L'histoire est pleine de la louange des rois très chrétiens ; le cours des siècles ne fera jamais oublier leur gloire. Qui a dompté les Aqui-

a tyrannis oppressam Apostolicam Sedem ad libertatem et gloriam perduxit ? Franci. Quis totam religionem christianam tunc fere infidelem existentem ad catholicam fidem et sanctæ Romanæ ecclesiæ obedientiam reduxit ? Franci. Non est ignota nec potest abscondi civitas supra montem posita. Nulla gens tam barbara, tam inculta, tam inhospita, ad quam Francorum Regum gloria non pervenerit : christianissimorum Regum nomen, Deo disponente, in omne permanebit ævum... Exegit sibi Francorum Regum (mot supprimé, dans le ms n° 3883) virtus monumentum ire per omnes quod nulla possit destruere vetustas. Ipsi enim soli christianissimi Reges Francorum oleo sancto a Cœlo et Patre luminum descendenti perunguntur armaque lilia cœlitus condonata defferunt, miraculis evidentissimis clarent, ac sanctam Ecclesiam amplissimis patrimoniis temporalibus plus quam omnes alii imperatores et principes seculi dotarunt... De domino nostro Rege Christianissimo, quid dicemus ? Certe post sanctum Karolum Magnum nullus fuit in hoc sæculo qui tam amplissima patrimonia Ecclesiæ dederit ut ipse et quotidie donare non cessat... Et super his et aliis fidem catholicam, sanctam Ecclesiam et Religionem christianam ac illarum subversionem concernentibus, Regi Christianissimo jure hæreditario post Sanctitatem Vestram pertinet concilium generale convocari facere » (copies, ms. lat. 11802 ; fr. 3883, 3880). — Ce discours sert de texte au *Panegyricus Jacobi Bonaudi*, imprimé à la suite du *Contra rebelles... op. J. de Terra Rubea*, fº 120 vº.

tains, les Normands, persécuteurs de la foi en Gaule? les
Francs! Qui a brisé la rébellion acharnée des Saxons contre
la foi catholique? les Francs! Qui a donné un frein aux Bohémiens, aux Polonais, insurgés contre le nom chrétien? les
Francs! Qui a arrêté les dévastations des Hongrois en Pan-
nonie? les Francs! Qui a réduit en poussière les Lombards,
lors de leur assaut contre l'Eglise? les Francs [1]! Qui a chassé
les Grecs d'Apulie et de Campanie? les Francs! Qui a re·
poussé les Sarrazins de la Sicile? les Francs! Qui donc a
cherché sans cesse à arracher aux griffes des barbares Antioche, Alexandrie, et le berceau de notre foi, Jérusalem? les
Francs! Qui a osé porter l'étendard de la Croix jusqu'à l'Eu-
phrate et au Tigre, et rendre au nom chrétien Edesse, ville de
Mésopotamie? les Francs! Qui a tiré des mains des Maures
l'Espagne citérieure? les Francs! Qui a rendu à la liberté, à
la gloire, le Siège Apostolique déchiré, opprimé, humilié,
accablé de toute manière par des tyrans? les Francs! Qui a
ramené à la foi catholique et à l'obéissance de la Sainte
Eglise romaine la chrétienté, presque entièrement-alors per-
vertie? les Francs! On ne peut pas ignorer, on ne peut ca-
cher une ville bâtie sur une montagne. Il n'y a pas non plus
une nation si barbare, si peu civilisée, si inhospitalière, où la
gloire des rois de France n'ait pénétré. Le nom des rois très
chrétiens vivra, Dieu aidant, jusqu'au dernier des âges... La
valeur des rois de France leur a élevé un monument que rien
ne détruira. Seuls, en effet, les rois Très Chrétiens de France
sont oints d'une huile sainte, envoyée par le Ciel, par le Père

---

1) On se demandait si Charlemagne était français ou allemand, et l'on
concluait en général qu'il était français, puisqu'il était roi de France et de
Lombardie avant de devenir empereur. C'est par lui toutefois que l'Empire
passa de France en Allemagne : « *postea Theutonici virtutibus promeruerunt* »
(R. Castaldi, de Pérouse, *De Imperatore*, quæst. vii).

des lumières, portent en armoiries des lys venus du Ciel, brillent de très évidents miracles ; et ils ont doté la Sainte Église de très amples patrimoines, bien autrement que tous les autres empereurs et princes du siècle... Quant à notre présent roi Très Chrétien, qu'en dirons-nous ? Certainement, depuis Charlemagne, aucun n'a tant accru le patrimoine de l'Église, comme il ne cesse de le faire chaque jour par ses dons. Pour tous ces motifs, et d'autres encore, qui intéressent directement la foi, l'Église, la religion chrétienne et leur existence, il appartient héréditairement au roi de France, après Votre Sainteté, de procéder à la convocation d'un concile général. »

Louis XI, on le voit, professait que, selon l'opinion courante[1], le titre de Très Chrétien venait de Charlemagne et en représentait l'hérédité. Il consacra ce principe par une dévotion particulière envers « ses grands aïeux », Charlemagne et Saint-Louis, dont il fit placer à Paris en 1477 les statues bien en évidence [2].

Cette doctrine ne rencontre point de contradicteurs. Dans le discours d'ouverture des États généraux de 1484, le chancelier de Charles VIII la rappelle. Il mentionne tous les service rendus par les Gaulois (*gallicis armis* : l'idée de Gaule substituée à l'idée de France marque seule une nuance) à la papauté. « C'est pour de tels motifs que le roi et le royaume ont reçu le nom de Très Chrétien. Quelle est la noblesse de notre magnifique couronne[3] ! » Quelques années plus tard, c'est le roi de France que Savonarole annonce, c'est lui qu'il appelle

1) Le nom de Roi très-chrétien passait pour venir de Charlemagne, en reconnaissance de ses bienfaits pour l'Église. Les rois de France étaient les héritiers de Charlemagne, pour tout le monde, quoique l'Empire eût passé à des princes allemands, dit Guichardin (liv. IV, ch. V).

2) Chronique de Jean de Roye.

3) *Journal des États-Généraux de 1484*, p. 40.

pour protéger l'Eglise. Et lorsqu'il s'adresse directement aux princes, pour réclamer un concile, comme cette pensée ressort! Savonarole, dans sa lettre à l'empereur, dit: « Sérénissime Empereur », et finit par ce mot sec: « Adieu (Vale!) » Aux rois d'Espagne, il rappelle leurs gloires personnelles, et la souscription marque plus de foi: « Soyez heureux dans le Seigneur, votre salut! » Quant au roi de France, il l'apostrophe ainsi: « Roi, vivez éternellement! » Il l'appelle « le plus puissant roi des chrétiens », roi « dénommé très chrétien, que Dieu a choisi pour ministre, à qui il a donné la force et le glaive[1] ». N'est-ce pas de tout point la théorie impériale de Louis XI? Cette théorie, que Charles VIII suit mal, Louis XII la reprend dès son avènement[2]. Dans une lettre adressée à la commune de Bologne, il parle comme « protecteur de l'église »[3]; il couvre de cette même idée sa campagne en faveur de César Borgia. La fiction se poursuit assez bien jusqu'à la mort d'Alexandre VI. Louis XII veut alors la consacrer (et il pensait, d'ailleurs, agir dans l'intérêt de l'Eglise) en faisant élire à la papauté le cardinal d'Amboise. Ayant échoué dans cette voie, ayant obtenu seulement une sorte de pape national[4] en la personne de Georges d'Amboise comme légat, bientôt en conflit militaire avec Jules II, il revint à la vieille idée des églises nationales, dirigées par le souverain, idée qui s'était développée lors du grand schisme, que Charles VII avait soute-

1) Perrens, *Vie de Savonarole*, 3e édit., p. 409, 411, 413 : Cf. Commines.
2) Le roi de France est tenu à prendre la tête de toute croisade, « tanquam princeps christianissimus et catholicus, atque fidei christianæ zelator eximius, » est-il dit dans le traité de Bude, de 1500 (Dumont, III, II, 443).
3) Lettre à la commune de Bologne, Milan 5 novembre 1499 : publiée par Alvisi, *Cesare Borgia, duca di Romagna*, p. 465.
4) « Comme se yl estoit le pape de Rome », note ms. de l'époque citée par M. de la Fons Mélicocq, *Bulletin de la Société de l'Histoire de France*, 1868, 1re partie, p. 185.

nue en France, et qui allait prendre corps définitivement sous
le couvert de la Réforme. Cependant, même dans cette dé-
viation, Louis XII conserve avec honneur le titre de Roi très
Chrétien[1], dont il est toujours permis d'arguer près de lui[2],
et, après son adhésion au concile de Latran, il retrouve à Rome
une situation privilégiée, au moins quant à la préséance. Dans
la chancellerie romaine, lorsqu'on parle des princes et rois,
on nomme l'empereur, le roi de France, et on mentionne en
bloc « les autres rois et princes chrétiens. [3]».

On comprend, par ce qui précède, qu'en traitant avec un
empereur, le roi de France avait la prétention d'agir sur un
pied d'égalité.

Des détails de la réception faite en 1378 au roi des Romains
par le roi de France, on voulait même conclure que le roi
avait pris le pas sur l'empereur. On chercha à tirer les mêmes
conclusions du cérémonial de la réception de l'archiduc
en 1501 ; car l'archiduc fit trois *honneurs*, c'est-à-dire trois
saluts profonds au roi, qui ne lui rendit que le dernier, et le
lendemain, à la messe, l'archiduc lui présenta l'écu pour l'of-
frande [4]... C'est, de bien petits détails de cérémonial, tirer de
grandes conséquences. En 1400, Charles VI reçut l'empereur

---

1) Rigault se demande encore, en 1512, si les rois chrétiens peuvent déclarer la guerre au pape : question souvent agitée, mais trop brûlante pour
qu'il y réponde (*Allegationes*, f° xxxiii).

2) Emmanuel, roi de Portugal, lui écrit, le 1er oct. 1510 : « Meminerit
Majestas Vestra se christianissimum ubique gentium sicut nomine ita et re
ipsa verissima judicari : qua gloria huc usque tam a vestris Majoribus quam
a Vestra Celsitudine conservata. »

3) « Christianissimus in Christo filius noster, Maximilianus, in imperatorem
electus, Julii papæ II prædecessoris nostri, nostro vero tempore, clarissimæ
memoriæ, Ludovicus Francorum, et cæteri reges et principes christiani....
Lateranensi concilio adhæserunt » (Bulle de Léon X, de mars 1516. Les bulles
de Léon X, de Paul III, suivent cet ordre).

4) Détails de cette réception dans la Chronique de Nic. Ladan (*Recueil des
Chroniques Belges*) : Molinet.

Manuel Paléologue à peine sur le pied de l'égalité. Le roi n'alla pas à son avance. Manuel trouva Charles sur son trône, entouré de courtisans et d'un orchestre bruyant. Ensemble, le roi et l'empereur ôtèrent, l'un son capuchon, l'autre son chapeau ; ensemble, ils se jetèrent dans les bras l'un de l'autre; ensemble, ils s'embrassèrent. Le moindre faux mouvement aurait pu compromettre cette parfaite égalité [1].

Les grands traits que nous venons d'évoquer forment le cadre où se meut la diplomatie, et dont elle ne peut se séparer. L'orientation de la politique générale en ressort. La rivalité des empires s'était trahie dans les croisades ; quoique l'esprit de croisade ait disparu à l'époque où nous nous plaçons, le peu qui en reste trahit encore cette rivalité. Lorsqu'au XVe siècle, le puissant duc de Bourgogne se met en tête des projets de croisade, qu'il n'exécute pas d'ailleurs, on peut lui supposer l'arrière-pensée de reprendre en sous-œuvre, pour son compte, le caractère très chrétien du roi de France. L'esprit de rivalité avec l'Allemagne amène surtout la France en Italie, d'où elle travaille, pendant plusieurs siècles, à chasser l'Empire. Quant à la malheureuse Italie, à force de servir de champ-clos à ces batailles, elle y a perdu son individualité. Elle oscille d'une influence à l'autre, suivant les temps, suivant les lieux; il n'y a plus chez elle qu'un esprit de bourgade ; on trouve des guelfes, des gibelins, mais pas d'Italiens. Le commencement du XVIe siècle est l'ère la plus critique des luttes entre les descendants de Charlemagne... De cet effort séculaire de la France en Italie, résultait une véritable puissance. La France se considérait comme suzeraine de Gênes [2], de Saluces [3], et des petites seigneuries de la

1) Chr. ms. latine, citée ms. lat. 9809, fo 56.
2) Ms. lat. 10133 etc. A plus forte raison, elle prétendait des droits sur Avignon (Seyssel, *Hist. du roy Loys XII*e, édition 1585, p. 52).
3) Arrêt du parlement de 1390. J. 609, nos 2, 3.

rivière de Gênes. Elle exerçait un protectorat sur le Montferrat. Florence, Pise, Sienne, Lucques se regardaient comme
ses satellites. Le roi de France se prétendait, en vertu de
droits tout particuliers, roi de Naples [1] et duc de Milan [2],
il était seigneur d'Asti. Le duc de Ferrare lui était dévoué. La
Maison de Savoie, tout en cherchant, par des voies silencieu-
ses, à se rapprocher de l'Empire, marchait dans son orbite et
se bornait à se mettre au meilleur prix possible [3]. La France
opposait ainsi aux prétentions antiques et vagues de la Maison d'Autriche tout un faisceau de faits récents et de droits
juridiquement établis. L'Allemagne n'était plus en état de
s'y opposer ; Charles Quint n'existait pas encore. Maximilien
dut homologuer, bien à contre-cœur, le fait acquis, à condition toutefois que Louis XII jurerait de ne pas travailler à
l'unité de l'Italie sous la protection de ses armes et de ne pas
« se porter ne nommer père du pays d'Itallye » [4].

La France et l'Allemagne auraient pu se rencontrer sur un
champ de bataille plus direct, sur les bords du Rhin. Certains
politiques, en France, soutenaient que la France ne devait pas
représenter seulement la France, mais bien l'ancienne Gaule,
et que conséquemment elle avait droit à ses frontières naturelles. Cet *irrédentisme* est très en faveur à la fin du XVe siècle,
grâce à la prospérité du pays : aussi avons-nous vu le chancelier de France toucher la fibre sensible, en parlant devant les
Etats généraux de 1484 des *Gaulois*, tandis que la diplomatie
de Louis XI, plus timorée, ne parlait que de *Francs* quelques
années auparavant. Au commencement du XVIe siècle, la

---

1) Orig. du Traité des droits du roi sur Naples, fr. 18567. Cf. fr. 18565,
4840-41, 4363 etc. : Godefroy, *Hist. de Charles VIII*, p. 476-483 : Dupuy,
Traité des Droits du Roy : Jacq. de Cassan, *La recherche des Droits du Roy*.
2) *Histoire de Louis XII*, t. I.
3) Carutti, *Storia della Diplomazia di Savoja*, t. I.
4) K. 1639, d. 3 (année 1501).

théorie gauloise ne se discute même plus ; elle règne sans
partage dans le patriotisme national[1]. L'historiographe officiel de Louis XII, Jean d'Auton, tout en écrivant qu'il va
« de Lyon en France », suivant une vieille locution, appelle
Gaule, ou *Gaules*, la réunion de tous les Français, et il comprend même sous cette étiquette certains pays de Suisse et d'I-
talie manifestement placés hors des frontières dites naturelles. On s'accordait à faire rentrer dans les Gaules l'ancienne
Gaule Cisalpine, suivant une théorie reprise plus tard par Napoléon Ier, et très bien vue des intéressés. Claude de Seyssel,
né en Savoie, et par conséquent spécialement touché par la
question, considère la Lombardie comme un pays ethnogra-
phiquement gaulois[2]. Les Lombards soutenaient cette théorie,
s'en vantaient même, et Guichardin l'accepte sans aucune difficulté[3]. Quant à l'Allemagne, il suffit de lire un manifeste
allemand de 1491, publié par M. Le Glay[4], pour voir qu'on y
appelait les Français « Francos Gallos » et pour y lire en toutes lettres l'aveu que « l'empereur et divers rois et princes
possèdent diverses parties de la Gaule. »

1) V. les détails que nous avons donnés à ce sujet dans *La Veille de la
Réforme.*

2) *Histoire du roy Loys XII*°, édit. 1587, p. 65 v°. Le royaume de France
« ne contient pas entièrement les deux parties des Gaules » (*id.*, p. 22) : cependant Louis XII étend son empire « hors des limites de Gaule » par Gênes,
la Corse, Chio (Seyssel, ici, cite même Milan : *id.*, p. 2 v°). Il est égal à
Charlemagne (p. 15 v°). Cf. une lettre de Decembrio à Inigo d'Avalos, contre
Panormita, qui lui reproche d'appeler *Celtica* la Gaule cisalpine, dans une
traduction d'Appien. Il invoque un passage de Silius Italicus (Argelati, *Bibl.
scriptorum Med.*, t. II, p. ii, c. 2104). Champier, dans son *Epistola trophei
gallorum* (Tractatus primus, c. i, de l'édit. de 1507) établit que la Gaule a
pour limites le Rhin et les Alpes. Plus tard, on verra des auteurs comme Favyn
(*Hist. de Navarre*, p. 463) considérer l'Allemagne comme un fief de la
France.

3) Liv. iv, c. iv.

4) *Négoc. de la France avec l'Autriche*, t. I, p. 3.

Louis XI et Anne de Beaujeu se préoccupèrent beaucoup de la frontière du Nord. Mais, de ce côté là, l'intervention rencontrait de bien gros obstacles. Louis XII se contenta d'un succès diplomatique, de l'hommage que lui prêta l'archiduc pour le comté de Flandre en 1499 [1], et les vues sur l'Italie l'emportèrent. Du reste, il agissait comme ses prédécesseurs : Charles VII s'était comporté de manière à mériter la reconnaissance des Sforza, qui le portaient aux nues [2], et Louis XI lui-même s'efforçait sans cesse de se créer des attaches au-delà des Alpes, par des mariages, [3] des alliances, des pensions [4], des négociations [5]...

Pour compléter le tableau des Autorités, il faut, en présence

---

1) *Cérémonial François*, II, p. 644. Cf. fr. 17909, f⁰ˢ 41-116.

2) Philelphe l'appelle le plus grand des rois, l'effroi des Turcs, grand dans l'histoire et dans tout l'univers :

    « Patritoque omni regno spoliatus et auro,
        Solus eras, soli spes erat una Deus.
    Nam tibi relligio, pietas quam recta tuetur,
        Se comitem semper, se sociam tulerat.
    Hec tibi fiducie tantum dedit omnia prorsus
        Ut tibi non dubio pectore susciperes. »

(*Carmina* : exemplaire venant de la bibliothèque de Pavie, ms. lat. 8127, f⁰ 43 v⁰).

    « O secli decus,........... omnis
        Virtus se comitem fatetur ultro..... (*id.*, f⁰ 12).

3) Louis XI fit épouser à Galéas Sforza sa propre belle-sœur, Bonne de Savoie ; il voulut marier son fils à la fille du roi de Naples, bâtard d'Aragon, lequel refusa.

4) Louis de Saluces venait à la cour et recevait une pension (not. ms. Clairambault 223, f⁰ 297) ; François d'Este, marquis de Ferrare, était chambellan (Clair. 222) ; Frédéric d'Aragon, plus tard roi de Naples, mort en France en 1504, quitta la cour de Bourgogne à la veille de la bataille de Morat (1476) et vint à la cour de France. Il s'y fit des amis et devint un véritable seigneur français. On a de lui une lettre fort amicale au sire du Bouchage (en bon français ; publiée par M. de Mandrot, *Ymbert de Batarnay*, p. 322).

5) Florence était l'alliée héréditaire de la France. Après la mort de Galéas Sforza, Louis XI s'allia aux Vénitiens.

du système français, placer le système ottoman, sa contre-
partie classique.

Machiavel a mis très fortement en relief l'antinomie absolue, selon les idées du temps, des deux systèmes, l'un libéral
et chrétien appuyé sur des éléments libres, l'autre autocrate,
appuyé sur l'esclavage. « Les exemples modernes de ces deux
gouvernements, sont, dit-il, le Turc et le roi de France ».
En France, ajoute-t-il, on trouve moins de cohésion apparente ; il y a des mécontents, et une foule de seigneurs indépendants, influents, sur qui un pouvoir étranger peut avoir
prise ; néanmoins, on ne conquerra jamais la France parce
qu'on y rencontre trop d'éléments, et qu'il faudrait successivement faire le siège de chacun. La Turquie, elle, présente plus d'unité ; c'est un vaste corps, très discipliné. Pour
l'attaquer, on ne peut compter que sur ses propres forces.
Mais si l'on atteignait la tête, si le Grand Turc disparaissait
dans un désastre, tout tomberait : on pourrait détruire sa
famille, et tout serait dit[1].

Claude de Seyssel développe avec fierté le même parallèle[2],
au nom de la France[3].

De plus, on admet qu'entre ces deux antinomies aucun rapprochement n'est possible, bien que la suite des temps dût
prouver surabondamment le contraire[4]. Peu importe qu'on
discute en théorie sur la légitimité de la guerre aux Turcs et
Sarrazins ; en France, comme en Espagne, on trouve cette

1) *Le Prince*, ch. IV.
2) V. aussi l'opuscule de Symphorien Champier, *Domini Symphoriani
Champerii et Sebastiani Coppini Mollissionensis in legem Machometicam Dialogus*, fº XVII, édit. de 1511.
3) *Histoire du roy Loys XII*, p. 70 et s.
4) Une ambassade turque arrive en 1483, chargée de reliques et d'argent,
pour demander au roi de reprendre Djem au pape. Louis XI refuse de la recevoir (Commines, l. VI, c. X).

guerre toujours juste. Dans une encyclique d'Alexandre II aux évêques espagnols insérée au Décret de Gratien, le pontife distingue entre les Sarrazins et les juifs. Contre les premiers, disait-il, on doit lutter, parce qu'on se trouve dans le cas de légitime défense : ils nous attaquent, ils s'emparent de villes et de possessions chrétiennes. Contre les seconds, c'est-à-dire les juifs, rien de pareil : « ceux-ci sont toujours et partout prêts à servir [1] ».

Telle est encore la formule officielle : il est convenu de voir dans le Turc l'ennemi commun. L'hostilité du Turc est la première des formules de chancellerie ; c'est ce qu'on nomme techniquement « *materia christiana, res christiana* [2] », et l'on ne saurait imaginer toute l'utilité de cette formule, qui est l'ABC du diplomate. Veut-on faire la paix ou la rompre, intervenir dans les affaires d'autrui ou repousser une intervention, masquer un projet, se mettre en tête d'une négociation, déranger des projets gênants..., agir, en un mot, d'une façon quelconque et quel que soit le but à atteindre, on mettra en avant la *materia christiana*. Cette mise en œuvre varie peu : « Nécessité de s'unir contre le Turc menaçant, progrès des Turcs, excès des Turcs... Constantinople... Jérusalem... ». On peut, au besoin même, s'étendre, parler des femmes violées, des autels renversés, des chrétiens réduits à l'esclavage..., mais d'ordinaire on n'en prend point la peine. A lire toutes ces variations diplomatiques sur le concert contre les Turcs, et à considérer les voix qui s'élèvent de toutes parts, depuis un sombre mandement du comte de Charolais, du **20 décembre 1454**, qui, à la suite de la chute de Constantinople, dépeint par avance le Turc réduisant tous les royaumes, détruisant la

---

1) « Hii ubique servire parati sunt ». *Décret de Gratien*, secunda pars, causa XXIII, quest. VIII, c. XI (édit. Friedberg, I, c. 955).

2) *Diarii* di Sanuto, III, passim.

foi, supprimant le nom de J.-C. [1], jusqu'au tour aimable des poëtes qui convient les rois à délivrer Jérusalem en leur promettant la protection d'Apollon et les sourires de la Vénus de Paphos [2], on pourrait s'imaginer que l'Europe entière va partir en croisade. Il n'en est rien, et on ne s'entend pas plus contre l'empire ottoman que pour le reste. C'est, dans la pratique journalière, une pure allégation de chancellerie. Nous n'entreprendrons pas de dénombrer les services infinis qu'elle rend : citons-en sommairement quelques exemples.

Tout d'abord, elle tient une place prépondérante dans la chancellerie pontificale, et sert à tout. En 1490, les envoyés du pape appuyent la paix au nom du Turc [3] ; en 1494, Alexandre VI veut détourner de Naples l'expédition de Charles VIII, en parlant du Turc [4] ; en 1498, il charge ses nonces d'insister près de Louis XII pour « l'union des princes chrétiens, contre les Turcs, œuvre de tout son pontificat [5] », mais, comme il désire la conquête de la Romagne pour son fils, il estime maintenant que la première croisade doit s'effectuer en Italie et que Ludovic le More est un suppôt du Croissant [6]. Néanmoins, en 1501, lorsque s'ébauche un projet de croisade, l'évêque de Césène prononce à Saint-Pierre, le jour de la Pentecôte, un sermon qui célèbre l'alliance du pape, de la Hongrie et de Venise contre le Turc ; il annonce des indulgences, on chante le *Te Deum*, le pape lit les oraisons contre le Turc, donne la bénédiction solennelle [7]... Jules II y apporte

1) Gachard, *Analectes*, nô LII.

2) V. notre édition de *Jean d'Auton*, I, p. 400.

3) Rawdon Brown, *Calendar of State papers and ms. relating to english affairs preserved in the archives of Venice*, I, 192.

4) Instruction d'Alexandre VI au cardinal de St-Eustache, légat en France, sur la guerre contre les Turcs, 1494: ms. nouv. acq. lat. 2022, no 28.

5) *Procédures politiques du règne de Louis XII*, p. 1106 et s.

6) Rapports d'Asc. Sforza. Jean d'Auton, t. I, p. 327, 328, 340 et suiv.

7) Burckard, *Diarium*, III, 144.

moins d'ostentation. Il prélève pour la construction de Saint-Pierre un droit sur la dîme de croisade [1] ; il loue vivement le roi de Portugal de ses projets de croisade qu'il renvoie à une commission de cardinaux [2]. Un pape ne peut que louer un projet de croisade, mais on sent que les temps ne s'y prêtent plus.

C'est bien pis dans les autres cours.

Louis XI n'oublie pas les Turcs quand il morigène le pape en 1478, comme successeur de Charlemagne [3]. Craignant par dessus tout l'unité de l'Italie et redoutant de voir le roi de Naples prendre dans la Péninsule une influence décisive sous couvert des projets de croisade, il fait, en 1480, parcourir l'Italie par une ambassade chargée de mettre la future croisade (dont il se souciait fort peu) sous le patronage de la France et du pape [4]. C'était, en effet, l'honneur des rois très chrétiens d'être croisés-natifs, et ils ne pouvaient le laisser à d'autres [5]. Louis XI ne manque donc pas de protester, en 1478, que son plus grand rêve serait que lui ou son fils allassent combattre le détestable Turc : il supplie humblement la Vierge-Marie de lui accorder cette faveur [6]. Naturellement, en 1494, Charles VIII, dont Alexandre VI repousse énergiquement la venue en Italie au nom du Turc, n'agit qu'à cause du Turc. La crainte du Turc forme un des considérants

1) Les orateurs d'Espagne refusent la bulle du pape pour le décime du clergé contre les Infidèles, à cause de la clause de retenue à Rome du quart, pour la construction de St-Pierre (août 1508. Sanuto, VII, 606).

2) Mendes Leal, *Corpo Diplomatico Portuguez*, I, 93-95 (bref du 27 février 1506).

3) Kervyn, *Lettres et négociations*, I, 183.

4) Delaborde, p. 140.

5) Pie II écrit à Louis XI que l'honneur de combattre les Turcs revenait de droit à la France (*Mém de l'Acad. des Inscriptions*, cités par Delaborde, p. 313).

6) Ms. fr. 3863, fo 15.

de son traité préliminaire avec l'Espagne [1]. Comme il faut
de l'argent, il lève des impôts au nom du Turc et même du
pape : « Le roy, à l'exortacion et poursuite de Nostre Sainct-
Père le pape et de plusieurs roys chrestiens, a intencion de
mectre sus une grosse armée pour résister aux damnables
entreprinses des Infidelles... [2] », et il continue sur ce ton jusqu'à la fin de la campagne, — jusqu'à la fin de son règne.
Louis XII, discrètement questionné en 1508 par l'ambassadeur de Venise sur l'objet de la ligue de Cambrai, entièrement dirigée contre Venise, répond « qu'on a fait là une
bien bonne besogne contre les Turcs ». Dans les pouvoirs
donnés le 8 février 1512-1513 au sire de Lautrec pour traiter avec l'Espagne, on lit un long préambule sentimental,
sur l'utilité de la paix pour la chrétienté, les maux de la
guerre, le retard de la Sainte Union de l'Eglise et, « par conséquent, de l'expédicion necesserc contre les Infidelles ennemys de nostre saincte foy catholicque ». On peut ainsi demander la paix au nom du Turc, pour sauvegarder son
amour-propre ; c'est de style [3].

Les ducs de Bourgogne doivent beaucoup à l'idée de croisade. Ils avaient pris une part active à la malheureuse croisade qui se termina par la bataille de Nicopolis. Ils se cons-
tituèrent de même les alliés des rois de Castille et de Léon[4].
Philippe le Bon tint toujours à être considéré comme le chef
des croisés. La fête extraordinaire qu'il donna en 1454 aux

1) 11 octobre 1494. K. 1368, d. 2.
2) Cédule des États de Languedoc (Boislisle, *Etienne de Vesc*, p. 80, n.4).
Pendant ce temps, Alexandre VI écrit en Allemagne, en Espagne, à Venise,
pour organiser une ligue contre la France (*id.*, p. 79).
3) K. 1639, d. 3.
4) 29 oct. 1405, lettre de Jean Sans Peur à Henri IV, roi de Castille et
Léon. Il accepte volontiers ses ouvertures pour renouveler l'affectueuse alliance
entre leurs deux maisons, il est prêt à le soutenir contre le roi de Grenade
(Gachard, *Analectes*, II⁰ série, cccxiv).

ambassadeurs et chevaliers de la chrétienté pour les **exciter**
à la croisade est restée mémorable sous le nom de fête du
Faisan [1]. En 1463, le duc de Bourgogne se mit encore
avec éclat à la tête des nouveaux projets de croisade. En
1468, Venise, traitant avec lui, s'en excuse près de Louis XI
par la crainte du Turc ; mais Louis XI refuse de prendre
cette allégation au sérieux [2].

Le roi de Naples, à un tout autre point de vue, ne manque
pas de se mettre de la partie : sa passion de croisade lui sert
de rempart contre la France. Dans une longue dépêche du 5
décembre 1493, il prescrit naturellement à son ambassadeur
à Rome d'approuver hautement et d'appuyer le pape, qui oppose à Charles VIII l'idée du Turc [3]. En 1501, au moment de
perdre son royaume, il proteste que, lui aussi, il veut attaquer les Turcs [4].

Bien que les gouvernements connaissent les difficultés
d'une croisade, et qu'en conséquence ils fassent des réserves
intérieures, la politique de *materia christiana* comporte des
avantages pratiques et certains : 1° elle consacre et maintient à
la France le titre de Très Chrétien ; 2° elle excite l'enthousiasme
des peuples, elle répond à l'opinion publique [5]. Tout gouvernement qui prononce le mot de croisade fait admettre ce qu'il

---

1) V. not. Beaune et d'Arbaumont, *Olivier de la Marche*, p. xxxv : Math.
d'Escouchy. A cette fête, un sire de Pons fit vœu de ne pas coucher un
samedi dans son lit jusqu'au jour où il combattrait les Turcs.

2) Perret, *Bibl. de l'Ecole des Chartes*, LI, p. 114.

3) Trinchera, *Codice Aragonese*, t. II, p. II, p. 322.

4) Sanuto, III, 1380.

5) La France était parcourue par des apôtres volontaires ; en 1459, un chevalier d'Aragon vient *ennorter* les princes de la chrétienté à résister au
Turc. A son passage à Orléans, le duc d'Orléans lui fait offrir chaque jour dix
pintes et une chopine de vin : les gens de l'université et de la ville reçoivent
l'ordre d'aller lui faire officiellement la révérence (Arch. municipales d'Orléans,
CC. 666, compte de 1459-60 ; 28 mars, 24, 25, 26 juin 1459).

veut par ses sujets et en tire de l'argent. Un certain scepti-
cisme a envahi les hautes classes, le monde lettré, le haut
clergé ; l'évêque de Condom, dans son livre *Le Régime d'un
Prince*, dédié à Louis XII, se réjouit fort des projets de croisade, comme doit le faire tout bon chrétien ; mais il conseille
au roi de ne pas prendre la direction de l'entreprise et de la
laisser au roi d'Aragon ou à un cardinal [1]. Érasme émet aussi
l'avis de ne jamais commencer la guerre d'un cœur léger,
même contre les Turcs [2]. Mais dans le peuple, dans le bas-
clergé, on retrouve, au mot de croisade, tout l'enthousiasme
des premiers jours [3]. Grâce à ce mot, on fait payer au clergé
de fortes contributions [4]. 3° Cette politique crée des relations
et des alliances. C'est par elle que la France se trouve l'alliée héréditaire et intime du Portugal, de la Castille et de
l'Aragon, au midi, et, à l'Est, de la Hongrie, de la Pologne.
La Russie, ayant à se défendre contre les Tartares, entre
aussi dans ce concert [5]. Or l'alliance profonde de la France

1) Ms. fr. 1219, f°s 36, 40, 42 v°.

2) *Institutio principis christiani*, § De bello suscipiendo.

3) V. not. la *Chronique de Benoist Mailliard*, publiée par M. Guigues.

4) Dont il était exempt, autrement. Les levées de décimes ecclésiastiques en
1500 soulevèrent d'ailleurs des protestations et des procès. Quant à l'argent
qui en résulta, il donna lieu à l'essai de croisade de 1501, mais il n'y fut pas
entièrement consacré. Le cardinal d'Amboise, chargé, comme légat, de centra-
liser les fonds du décime français, prêta au roi sur cette caisse des sommes
considérables pour l'expédition d'Italie (V.*La Veille de la Réforme*).Les Vénitiens accusèrent Alexandre VI de n'avoir dépensé en préparatifs militaires
qu'une faible partie de leurs décimes. D'après le P. Guglielmotti (*La guerra
dei Pirati*, I, p. 10), Alexandre dépensa 1.000 ducats d'or pour la construction des galères. En Portugal, le roi obtint la disposition du décime et orga-
nisa une flotte (Mendes Leal, *Corpo Diplomatico*, I, p. 18-24). On a vu qu'en
1506 Jules II émettait la prétention de garder, pour l'érection de Saint-Pierre,
le quart du décime de croisade.

5) V. not. Sanuto, III, 1604. En février 1501, le légat du pape en Hongrie
négocie la paix entre la Lithuanie et la Moscovie, pour résister aux Tartares
(*id*). En 1499-1500, deux ambassadeurs russes arrivent à Venise avec une
lettre de leur roi, et sont honorablement reçus; à leur départ, le doge leur

et du pape, avec la Hongrie et la Russie, produit en Europe des conséquences de premier ordre. La Hongrie devient comme une sorte de seconde France ; elle a été longtemps gouvernée par une dynastie française, et, au commencement du XVI° siècle, le roi Vladislas, pour se marier, demande [1] à Louis XII une princesse française. Hongrois, Bohémiens, Slaves forment une barrière compacte ; tout en se défendant bravement contre les Turcs, ils prennent l'empire d'Allemagne à revers et le réduisent à l'impuissance [2].

Enfin, la haine du Turc assure à la France en Orient l'appui de tout ce qui partage les mêmes sentiments. Par l'entremise du métropolitain d'Orient, Tamerlan, après avoir battu Bajazet, écrit à Charles VI qu'il a dû combattre le sultan, malgré l'identité de religion, et lui propose de reprendre les bonnes relations de leurs prédécesseurs, d'établir des rapports de commerce. Charles VI répond, le 15 juin 1403, en acceptant la liberté réciproque de commerce ; il ajoute qu'il est utile et convenable que des souverains, même de foi différente, s'unissent par la bienveillance, quand il peut en résulter des avantages pour leurs sujets [3]. La Perse, séparée du sultan, comme on sait, par un schisme [4], entretient

remet une lettre de réponse, et exhorte la Russie à continuer la guerre contre les Turcs (id., c. 61, 272).

1) Cl. de Seyssel : Jean d'Auton, t. II de notre édition.

2) En 1485, la Hongrie occupe l'archiduché d'Autriche. On sait quelle énergie déploya, au XV° siècle, Mathias Corvin. Il remue toute l'Europe. V. Epistolæ Mathiæ Corvini. M. le D° Fraknoï vient de publier une magistrale histoire de Corvin, à laquelle nous ne pouvons que renvoyer.

3) Flassan, Histoire de la Diplomatie française, I, 189.

4) En Perse, régnait le sophi Ismael Châh, descendant d'Ali, petit-fils de Abu 'il Kassem Al Kawarini (un des premiers serviteurs d'Uzun Hassan et son beau-frère, massacré dans une émeute dans le Shirvan) : le fils d'Abu 'il Kassem, Haydar, s'établit à Ardebil et périt en guerre, avec toute sa famille, sauf ses fils Yar Ali et Ismael, qui furent fait prisonniers. Ali périt par la suite. En 1500, Ismael, à la tête d'une armée levée par lui, envahit le Shirvan, puis

à cette époque de très bons rapports avec l'Occident [1].

Le gouvernement ottoman se trouvait donc profondément isolé de l'Europe. Sa constitution théocratique toute d'une pièce, les divisions que la coexistence de quatre rites entretient autour de lui, la différence radicale des mœurs, enfin la situation de fait qu'il occupait en face de l'Europe comme un conquérant menaçant et très-redoutable, tout se réunissait pour consacrer cet isolement. De plus, le sultan représente une loi immuable, qui ne reconnaît pas aux hommes le droit de légiférer ; elle n'admet qu'un droit d'interprétation. Or cette loi s'oppose aux relations diplomatiques, puisqu'elle interdit aux croyants un séjour fixe en pays infidèle. Le coran prescrit d'ailleurs la guerre sainte en quarante versets fort explicites [2], de sorte que, si l'évangile, qui prêche la paix, produit l'esprit de croisade, on peut aisément comprendre comment un même esprit animait beaucoup plus violemment les populations soumises au coran qui prêche la guerre [3].

Mais, depuis 1453, la puissance absorbante de l'Islamisme, toujours menaçante, a cependant bien décru. Un tassement s'est produit. Il a fallu s'assimiler de vastes territoires et des

---

s'empara de Tauris. Ce grand capitaine, de 1501 à 1508, conquit chaque année une province avec d'affreux massacres : en 1510, il prit Alep, le Diarbekir, Bagdad, en 1511 le Khorasan et le Mawara'lnahr : en 1514, il lutta avec le Grand Turc Selim 1er, qui le battit en 1515 et lui reprit Alep. Ismael mourut en 1523 ; c'est l'auteur des châhs actuels de Perse.

1) V. les dépêches de Jos. Barbaro, envoyé vénitien en 1473-1474 près de Uzun Hassan, châh de Perse, publiées par H.Cornet, à Vienne, 1852. Fr.Sforza noue des relations avec elle, en 1461 (Bibl. nat., Arch° Sforzesco). Sous Louis XII, le sophi de Perse, terreur des musulmans et des juifs, voulut établir des rapports avec la France et l'Allemagne ; les Vénitiens, par jalousie, arrêtèrent ses envoyés au passage. V. Le Maire de Belges, *L'histoire moderne du prince Syach Ysmail* (1511).

2) V. not. sour. XLII, v. 35, 38, 39 : sour. XVI, v. 130.

3) Cf. d'Ohsson, *Tableau de l'Empire Ottoman*, Code politique, ch. IV ; Code militaire. Cf. Seignette.

populations non converties. Dans les premières années du
XVI° siècle, l'empire du sultan est profondément troublé par
les entreprises du Sophi de Perse, sectateur d'Ali, qui occupe
Alep [1] et une partie de la Syrie au cri de : « Un seul Dieu, un
seul Mahomet, un très-saint Ali ! [2] », qui traite Bajazet II
d'hérétique, et fait manger du porc aux musulmans ! [3]

La nécessité des choses obligea donc à nouer des relations
avec les chrétiens, relations inavouées de part et d'autre,
mais qui ne tardèrent pas à devenir très intimes. Déjà Mahomet II était plus diplomate que soldat : « Il usait plus de sens
et de cautelle que de vaillance ne hardyesse », dit Commines [4].
Son fils, Bajazet II était un prince doux, timide, philosophe.
Les états italiens entretinrent avec lui des rapports fort
suivis [5]. Si, en 1480, les rapports de Venise avec la Turquie
avaient fait scandale [6], ce fut bien pis par la suite. Bajazet
eut, comme on sait, une longue lutte à soutenir contre son
frère Djem, et, lorsque Djem se trouva en pays chrétien, il
fallut entrer en rapports [7]. Bientôt d'ailleurs, quand Charles

---

1) Sanuto, *Diarii*, IV, 353, 354 (1502).
2) *Id.*, VI, 304 (1506).
3) *Id.*, VI, 221 (1505).
4) *Mémoires*, II, 285.
5) Gius. Müller, *Documenti sulle relazioni delle citta Toscane coll'oriente cristiano e coi Turchi.*
6) Delaborde, *Expédition de Charles VIII*, p. 143.
7) Zizim (Djem) arriva à Rome le soir du 13 mars ; le personnel laïque inférieur de la cour alla seul au devant de lui ; il entra accompagné de l'ambassadeur de France, M. de Faucon, du commandeur d'Auvergne et de la
garde du pape. L'ambassadeur du soudan alla aussi au devant de lui et l'aborda,
après avoir baisé la terre à ses pieds. Le lendemain matin, après consistoire,
les officiers du pape et les ambassadeurs laïques vinrent chercher Djem dans
sa chambre au palais, et le conduisirent solennellement à l'audience pontificale. Djem avait obtenu la faveur de ne pas baiser les pieds du pape en audience publique ; il lui baisa l'épaule et lui adressa un compliment aussitôt
traduit par interprète. Il alla ensuite avec sa suite visiter les cardinaux ;
mais il les aborda tous en leur mettant la main sur l'épaule, ce qu'on trouva

VIII annonça qu'il allait descendre en Italie pour réformer
l'Église, conquérir Naples, et attaquer Constantinople, un même
sentiment d'effroi réunit les personnages si dissemblables qu'il
menaçait. Le sultan eut peur[1]. Quoique le pape continuât à
prêcher les croisades, et que le doux Bajazet fît brûler, en
cette année même 1494, quelques missionnaires chrétiens[2],
Alexandre VI et lui s'entendirent ; sous les auspices du pape,
qui le recommanda au Grand Seigneur, le roi de Naples entra
dans la combinaison. Après un premier échange d'ambassades, le roi de Naples reçut en grand apparat, non pas à Naples,
mais à Trajetto, le 26 novembre 1494, un ambassadeur turc,
accompagné d'une suite pompeuse. Le roi était entouré de sa
cour, d'un grand nombre de barons du royaume, et assisté
de l'ambassadeur vénitien[3]. L'ambassadeur promit l'appui
des Turcs. Pendant ce temps là, Alexandre VI envoyait un
agent secret nommé Buzardo[4] solliciter près de Bajazet, non
seulement cet appui hypothétique, mais de l'argent : Buzardo
revint peu après, avec un ambassadeur turc et 40,000 ducats ;
par malheur, un adversaire du pape, Jean de la Rovère, au
courant du fait, dressa une embuscade près de Sinigaglia,
arrêta Buzardo, saisit la correspondance, qu'il envoya à Florence pour en répandre des copies, et l'argent, qu'il garda.
La Rovère fut désavoué par les Vénitiens, anathématisé par
le pape[5] : mais le cardinal de Gürck, outré de la conduite

fort impertinent (Dépêche de l'ambass. milanais à Rome, 14 mars 1489. Archivio Sforzesco). L'ambassadeur du soudan offrait au pape 150 à 200.000
livres et son alliance contre les Turcs, en échange de la personne de Djem
(Dép. du 18 mars 1489, *id.*).

1) Seyssel, *Hist. du roy Loys XII*, 70 v° ; Benedetti, Malipiero.

2) Sanudo, *Spedizione*, 213.

3) *Id.*, 120.

4) Créance pour Buzardo, dans Sanudo, *Spedizione*, p. 45-47.

5) Alexandre VI se plaint violemment, en 1498, de l'injure que lui fait le
préfet de Rome (La Rovere) : « Famam nostram maculare conatus est, con-

d'Alexandre VI, se chargea avec le cardinal de la Rovère d'ébruiter le scandale [1].

L'archevêque de Durazzo, assuré de l'appui financier de la France, préparait, à ce moment, une insurrection formidable en Albanie. On eut l'édifiant spectacle de puissances italiennes, Venise et Milan en tête, conjurées avec le Souverain Pontife et le sultan pour étouffer ce réveil des chrétiens [2]. Andrea Gritti, depuis lors si célèbre, mais à ce moment simple marchand vénitien à Pera, fit ses débuts dans la diplomatie en négociant l'entente. C'est par lui que Venise fait passer au sultan l'heureuse nouvelle de la mort de Djem [3]. Deux jours plus tard, Venise envoie « en toute hâte » au sultan par un agent spécial, toute sorte de protestations d'amitié, et surtout la demande d'établir à Constantinople une ambassade permanente [4]. Aussitôt après Fornoue, on fait passer à Constantinople l'avis d'une victoire italienne ; le sultan rend grâce à « Dieu [5] », considère Venise comme une alliée, et lui offre, par ambassadeur spécial, un peu tardivement il est vrai, « toutes ses forces [6] », ou au moins une bonne

tra nos fingens quod cum Turcis sentiremus » (Instructions d'Alexandre VI, dans les *Procédures politiques du règne de Louis XII,* p. 1106 et s. Cf. Delaborde, p. 479).

1) Bertrand, *Catalogue de la Bibliothèque impériale de St Pétersbourg,* histoire, 4°, papier, 36 D. Copie de..... Instructions d'Alexandre VI à G^e Buzard, nonce près de Bajazet ; cinq lettres de Bajazet au pape. Copie du XVIIIe siècle. — D'après des notes et la notice préliminaire, cette copie est faite sur les originaux de la bibliothèque de Citeaux, en 1717. Les pièces avaient été données à Citeaux par Raymond Pérault, évêque de Gurck.

2) Malipiero, *Annali Veneti.*

3) Arch. de Venise, reg. Misto 26, p. 144. Une copie de ces pièces par M. de Musset appartient à la Bibliothèque nationale, qui possède aussi la précieuse transcription, faite par M. le comte de Mas Latrie, des dépêches des ambassadeurs vénitiens en France.

4) 6 mars 1495. Arch. de Venise, reg. Misto 26, p. 145.

5) Benedetti, *Il fatto d'arme del Taro.*

6) Benedetti (édit. de 1863, p. 149) ; Sanuto, *Spedizione,* p. 646.

6

armée [1]. Il envoie même un cheval aux deux principaux capitaines vénitiens, comme gage de satisfaction [2].

Dès lors, en dépit des principes, on traite et on se brouille
avec le Turc comme avec toute autre puissance. Dès le commencement du règne de Louis XII, pendant que le monde
retentit des appels à la croisade, les rapports sont très actifs.
Attaqué par la France, Ludovic Sforza en appelle au Turc,
son ami [3] ; l'ambassadeur de Naples est si bien vu à Constantinople que Bajazet passe une grande revue en son honneur [4].

Au moment le plus actif de la préparation des croisades,
quand le pape expédie ses bulles, en plein jubilé, un ambassadeur turc arrive à Rome, en février 1500. Il venait offrir
au roi de Naples l'appui de son maître, en échange de
Tarente [5]. Il entre, nous devons le dire, sans éclat ; mais
les prélats ont l'étonnement de voir un diplomate turc se rendre à cheval au Vatican, le 24 février 1500, dans l'appareil
ordinaire, et escorté de l'ambassadeur vénitien [6].

Personne ne poussa plus que Venise à la croisade de 1501 :
la république faisait retentir le monde entier de ses clameurs.
Pendant ce temps-là, un de ses secrétaires se trouvait à Andrinople, pour négocier la paix. Il en rapporta des nouvelles

1) Malipiero.
2) Malipiero.
3) Instructions à Ambr. Buzardo et Martino da Casale, fr. 2927, fᵒˢ 94-97,
publiées par Corio, édit. de Venise, 1554, *Historia di Milano*, pars VII,
p. 498 et suiv.; *Le grant jubillé de Millan*, plaq. contemporaine ; correspondance diplomatique, publiée à la fin de notre édition de Jean d'Auton,
t. I ; Sanuto, *Diarii*, II, 1088, 1089. Après la chute de Ludovic, son envoyé revint à Naples ; Sanuto, III, 403. Sanuto assure (III, 63) que, lors de
son exil de 1499, Ludovic répétait partout : « Il n'y a de bonne foi que chez
le Turc. »
4) Sanuto, *Diarii*, III, 419.
5) Sanuto, III, 132.
6) Burckard, III, 16.

terribles ; il avait vu de formidables armements ; il avait
trouvé les pachas admirablement au courant de la situation
de l'Europe, et de l'Italie en particulier ; on lui avait parlé
de lettres écrites contre les Vénitiens par un cardinal résidant à Rome, par un prince italien, par le grand-maître de
Rhodes[1] : « les pires ennemis de Venise en Turquie, dit-il, ce
sont les autres Italiens[2] ». Aussi avec quels honneurs le gouvernement vénitien reçut, le 3 avril, un envoyé de la Sublime-
Porte[3] ! Le mois suivant, arrive une ambassade turque régulière[4] et elle séjourne à Venise jusqu'au 21 août, très hautaine
jusqu'au dernier moment[5].

Quant à la Hongrie, dans cette même année 1500, elle est
pour ainsi dire en coquetterie avec son puissant voisin. Le roi
de Hongrie envoie un ambassadeur. Un représentant Turc arrive à Bude, avec une suite de cent trente chevaux[6] ; il passe
devant les ambassadeurs chrétiens envoyés pour conclure une
ligue contre lui[7], et, pendant qu'on négocie cette ligue, il va voir
les magnats et joue un rôle très actif[8]. Le sultan voulut notifier
lui-même par une lettre au roi de Hongrie la conquête de
Modon sur les Vénitiens[9] : « Je vous écris cela comme à mon
ami, lui dit-il, pour que vous vous réjouissiez avec moi ! »
Que lui écrit-il ? que les Vénitiens sont lâches, que, quant à

1) Mars 1500. Sanuto, III, 179 et suiv.
2) En apprenant la prise de Modon sur les Vénitiens par les Turcs, le cardinal de Ste-Praxède s'écrie : « Voilà les Gênois satisfaits, ils vont pouvoir
commercer » (Sanuto, III, 843).
3) Id., 192-194.
4) Id., 315.
5) Id., 652, 660.
6) Sanuto, III, 77, 117, 132, 453.
7) Id., 356.
8) Id., 596.
9) Le sultan était entré à Modon au milieu des plus grands honneurs de la
population chrétienne (Sanuto, III, c. 901).

lui, « Ma Majesté Impériale », il est protégé par le Dieu céleste et la force du Tout-Puissant, que pas un homme de Modon n'a échappé, qu'il a distribué à son armée les biens et les personnes conquises [1]... Enfin, la ligue conclue, on congédie l'ambassadeur turc, mais en le couvrant de cadeaux, en l'entourant de petits soins, avec d'infinies précautions [2].

L'empereur lui-même, malgré sa hauteur, n'échappe pas à la contagion. Il envoie en 1500 un ambassadeur, que les Turcs se donnent le plaisir de faire attendre à Raguse [3].

L'Espagne et le Portugal [4], parmi les puissances occidentales, restent seules en dehors du mouvement, ainsi que l'Angleterre. La France faillit au contraire y prendre part, à son insu ; elle envoya deux hérauts porter un ultimatum à la Sublime-Porte. Mais elle était conseillée et représentée en Orient par les chevaliers de Rhodes, dont le grand-maître était français [5]. L'ordre de Rhodes jouissait auprès des Musulmans de la plus haute considération [6]; il faisait la police des mers avec le plus noble sentiment de justice : il entretenait avec la Porte des rapports de fait convenables, même cordiaux [7], et connaissait à merveille les intrigues des Vénitiens. Le grand-maître jugea l'attitude de la France beaucoup trop raide; il vit son pays s'engager dans une mauvaise aventure, où tout le monde l'abandonnerait pour en tirer les profits. Il donna donc pour guides aux hérauts deux chevaliers, qui négocièrent par dessus leur tête l'envoi d'une ambassade turque en France ; les deux chevaliers devaient reve-

1) *Id.*, 797-798.
2) Sanuto, IV, 50 ; III, 1267.
3) Sanuto, III, 180, 286.
4) Instructions, publiées par Mendes Leal, *Corpo Diplomatico*, I, p. 1-5.
5) Cl. de Seyssel, *Hist. du roy Loys XII*, p. 74.
6) Lettres adressées au grand-maître, citées par Sanuto, III, 563 ; IV, 405.
7) Sanuto, IV, 405.

nir en France également et faire connaître au roi la situation
véritable. Malheureusement, il leur fallut passer par Venise,
et là se joua une comédie sans nom. On mit sous bonne garde
les ambassadeurs turcs ; on les sépara des Français et on ne
leur laissa voir que des Vénitiens ; on arracha à la complicité de l'ambassadeur de France l'ordre aux chevaliers de
Rhodes d'attendre à Venise la réponse du roi à une lettre
qu'on lui adressait. Cette réponse arriva, telle qu'on l'avait
préparée ; c'était un refus de recevoir l'ambassade ottomane.
Le doge la promulgua aussitôt devant tout le corps diplomatique, et l'ambassadeur de France renchérit encore ; il prononça un beau discours, où il rappelait le caractère Très
Chrétien de son roi. Le premier des deux chevaliers de Rhodes, français fier et impétueux, ne put se contenir ; il répliqua énergiquement, et il s'en suivit une scène regrettable.
On le traita « d'homme du diable, d'ami des Turcs ». Les
autres ambassadeurs, même l'ambassadeur de Naples, prirent tour à tour la parole pour approuver brièvement le refus
opposé par la France. Après la séance, l'altercation recom-
mença violemment entre le chevalier et l'ambassadeur de
France, qui formula quelques plates excuses. Le doge intervint, chassa les chevaliers de Rhodes de la manière la plus
rude. Les ambassadeurs turcs furent aussi fort rudement con-
gédiés de cette Venise où l'on recevait si bien leurs pareils [1].
Ajoutons qu'en France on trouva la conduite du roi digne de
son titre Très-Chrétien, et que Claude de Seyssel lui en fait
un titre de gloire.

Cette incroyable scène, dont on pourra lire les détails ra-
contés avec joie par l'annaliste vénitien Sanuto, coupa court,
en effet, aux relations de la France avec la Porte [2]. Elle nous

1) Sanuto, III, 338, 570, 571, 572, 577, 647, 648.
2) Venise arrêta aussi des ambassadeurs envoyés par le Sophi de Perse à

dispense d'insister sur le véritable rôle de l'Europe à l'égard des Turcs.

On peut lui donner comme pendants les scènes pénibles qui se produisirent au conseil de Venise, en 1503 et 1504. Bajazet avait envoyé à Venise un certain Mustafa, avec une liste d'esclaves de Ste-Maure que le sénat s'était engagé à restituer [1]. Il fallut, selon la volonté du sultan, rechercher sur tout le territoire de Venise ces malheureux, hommes, femmes, enfants. Ils ne se retrouvèrent pas aisément, on le comprend. L'envoyé turc n'avait pas mandat de transiger. Il vint à plusieurs reprises au conseil, réclamer ceux qui manquaient ; il lui manquait une femme, et les femmes ont du prix, leurs maîtres possédant, comme on sait, tous droits sur elles ; puis ce sont des enfants. On introduit au conseil les enfants réclamés ; et alors se produit un incident douloureux. Pendant qu'on les délivre aux Turcs, les enfants crient qu'ils ne veulent pas aller « avec des chiens ! » Enfin, le **27** février **1504**, l'envoyé turc vient prendre congé ; on lui fait des présents, on lui offre un bateau, cependant il murmure parce qu'il manque encore des esclaves sur sa liste. Il part..., non, il se ravise et revient au conseil réclamer un esclave « que possède » sier Marco Zantoni. On le lui livre : l'envoyé s'em-

l'empereur et au roi de France. V. le discours de Louis Hélien, ambassadeur de France, contre les Vénitiens (plaquette contemporaine, en latin ; ce discours a été ensuite republié en français). Cf. Le Maire de Belges, *L'histoire moderne du prince Syach Ismaïl.*

1) On ne se faisait pas faute alors, dans les Etats italiens, de posséder des esclaves. V. une lettre de François Sforza au roi de Naples, le priant de faire rendre à un Gênois une esclave qui lui a été enlevée et conduite à Naples (2 mars 1466. Archivio Sforzesco). Au XVe siècle, les Gênois et les Vénitiens se livraient en grand à la traite des esclaves et les vendaient jusqu'en Allemagne (Heyd, *Hist. du commerce dans le Levant*, édit. franç., II, p. 560 et suiv.). Les chiffres variaient : une belle femme valait 80 à 90 écus d'or (*id.*, p. 562).

barque et part. Puis il reparaît, débarque de nouveau et se rend au conseil. Le dernier esclave a une fille, que possède encore Zantoni ; il lui faut cette fille, il la veut [1]...

Après la courte expédition de Métélin en 1501, dont la France supporta tout le désastre, Venise fit, en effet, la paix avec la Porte et entretint avec elle les rapports les plus chaleureux. De part et d'autre, les ambassadeurs reçoivent des honneurs extrêmes, uniques [2] ; on s'adresse de magnifiques présents [3]. Des pièces de soie turque, offertes au nom du sultan en 1503, deviennent les devants d'autel de l'église St-Marc [4]. Bajazet et le doge échangent les témoignages les plus courtois [5]. Une escadre turque entre, en 1505, dans le port de Modon, saluée par toute l'armée vénitienne, et le provéditeur vénitien lui envoie des rafraîchissements [6]. Lorsqu'un ambassadeur de Tunis va, en 1504, avec une suite nombreuse, implorer l'appui du Grand Seigneur contre l'Espagne qui menace les musulmans d'Afrique, ce sont les galères vénitiennes qui le transportent ; il est reçu à Venise par le conseil, on lui a fait préparer, aux frais de la République, une maison et des barques [7]... En 1509, Venise cherche à conclure une ligue avec le Grand Turc contre l'Empire, la France et l'Espagne [8]. Elle y réussit : et, un instant, l'Orient put se croire à la veille d'en finir avec les Francs ; une forte escadre ottomane s'arma dans le port de Jaffa pour attaquer Rhodes. Les chevaliers de Rhodes la surprirent le 21 août 1510, avant qu'elle

1) Sanuto, V, 762, 915, 868, 899, 904, 937, 947.
2) Sanuto, V, 456 et s., 947, 36, 990, 750, 991, 993, 1001.
3) Id., et VII, 649.
4) Id., V, 27, 29.
5) Sanuto, V, 42, 915, 454.
6) Sanuto, VI, 238.
7) Id., VI, 26.
8) Id., IX, 356.

n'eut pris la mer, et la détruisirent complètement. Ce hardi
coup de main rétablit le prestige de la France [1]. L'année suivante, Louis XII recevait à Lyon un ambassadeur du soudan
d'Égypte et de Syrie[2], Quanson Ghoury, qui lui offrait le protectorat des Lieux-Saints [3] et en garantissait le libre accès à toute
caravane religieuse ou commerciale sous pavillon français [4].
Louis XII fit publier aussitôt cette nouvelle, à la foire de Lyon
(mai 1511), en présence de l'ambassadeur. Ainsi se produisit, au moment (curieuse coïncidence) où Jules II excommuniait le royaume, le plus grand évènement diplomatique du
XVI⁰ siècle, d'où devait naître l'union intime, et maintenant
séculaire de la France avec les pays ottomans [5].

1) Aussi, le 8 octobre, en répondant amicalement aux lettres du Grand
Turc, le gouvernement vénitien avise le baile vénitien de Constantinople de
se tenir sur la réserve, et si on rappelle les promesses de secours, de parler
vaguement. Le 15 février 1514, il écrit de nouveau au baile et à l'orateur
d'implorer des secours, une descente en Frioul, des subsides d'argent. Le 22
mai 1514, il leur écrit : « Ne sollicitez plus ni subsides, ni secours ; étouf-
fez l'affaire dans le silence. Répondez par des faux fuyants », etc. (Arch. de
Venise). Le 10 juin 1523, le conseil des Dix donne à ses capitaines des ordres
effroyables ; d'après le traité conclu avec la Turquie, on devait rendre les
prisonniers turcs : il ordonne de couler les galères capturées et de massacrer
très secrètement tous les prisonniers jusqu'au dernier, afin d'éviter des rapports qui envenimeraient les choses (Arch. de Venise).

2) Châh Ismaÿl, *soudan* d'Egypte et de Syrie. On peut voir sur lui les savantes notes de M. Schefer dans sa publication *Estat de la Perse en 1660*
(Paris, Leroux, 1890), pages 262 et suiv., notes.

3) La lettre du soudan d'Egypte à Louis XII se trouve dans Sanuto XII,624
et suiv.; elle est moins absolue que ne le dit Le Maire de Belges. Le formulaire en est très développé. Louis XII est appelé « Louis de Valois, défenseur
des royaumes de la chrétienté, ennoblisseur de la loi chrétienne, exaltateur
du peuple chrétien », etc., etc. Le sultan déclare assurer la sécurité des Francs
et leur commerce, et leurs consuls, et ne vouloir que la paix. Il se plaint d'attaques et de pirateries, fomentées à Rhodes, qu'il indique en détail.

4) En Egypte et Syrie régnait la 2e dynastie des Mamelucks, ennemie des
Turcs depuis qu'elle avait donné asile à Djem : elle possédait le sultanat de
Damas (Lieux-Saints).

5) Pour le moment, il n'eut pas de suite par la faute de la diplomatie fran-

Du reste, on entretenait avec les pays musulmans du
nord de l'Afrique des relations très anciennes de paix et
commerce [1], troublées seulement par la piraterie privée.

L'un de ces pays attire toutes les convoitises européennes, c'est l'Égypte. Tenu en respect par l'ordre de Rhodes,
le soudan d'Égypte n'a de recours contre lui qu'auprès de
la France : le soudan garantit la sécurité des Francs, leur
commerce et la personne de leurs consuls [2]. Auprès de
lui, s'agitent vivement les rivalités européennes. Le gouvernement de Venise ne néglige rien pour asseoir au Caire son
influence ; envois d'ambassades avec un apparat extraordinaire, intrigues consulaires, présents réciproques [3]... Après
la victoire des chevaliers de Rhodes et la défaite des Vénitiens
en 1509, la France prit au Caire la prééminence ; son consul
reçut officiellement le titre de premier des consuls [4]. Le consul catalan exerçait aussi un grand empire sur l'esprit du sultan. En 1511, on nourrit en Espagne de vastes projets [5] : la
France fournirait des vaisseaux à l'Egypte, et il se formerait
une coalition pour chasser les Portugais des Indes [6].

çaise, supplantée par la diplomatie vénitienne. V. à ce sujet M. Ch. Schefer,
Le voyage d'outremer, de Jean Thenaud (Paris, Leroux, 8°).

1) V. M. le comte de Mas Latrie, *Traités de paix et de commerce et documents divers concernant les relations des chrétiens avec les Arabes de l'Afrique septentrionale*, Paris, 1865, 4°. Louis XI, particulièrement, chercha à augmenter le commerce avec l'Afrique et négocia avec le roi de Bone.

2) V. l'opuscule de Le Maire de Belges, *Le sauf-conduit donné par le Souldan aux Francois*, à la suite du *Traicté intitulé : De la différence des scis-
mes et des conciles de l'Eglise...*, 1511, in-4.

3) Dès 1502, Venise cherche à soulever l'Egypte contre les Portugais, à obtenir son intervention dans les Indes, et en 1509 et 1510, on l'accusa absolument de fournir à l'Egypte des munitions (Heyd, *Hist. du commerce dans le
Levant*, édit. franç., II, p. 520, 537 et suiv.). V. le *Voyage d'outremer*.

4) Le Maire de Belges, *Le sauf conduyt donné par le Souldan...*

5) Sanuto, V, 49, 50, 887-890 ; VII, 122, 182; XII, 307. Sur l'ambassade
de Pierre Martyr en Egypte, V. Schumacher, *Petrus Martyr, der geschichts-
schreiber des Weltmeere*, New-York, 1879, p. 50 et suiv.

6) Sanuto, XII, 307.

La possession des Indes, la sûreté du passage par l'Égypte, ce sont là les questions vitales du commerce de l'Europe, et la découverte du Cap de Bonne-Espérance n'a fait que les exaspérer.

Somme toute, l'antimonie théorique du Turc ne sert, en pratique, que de formule de chancellerie, et, en fait, les États musulmans sont entrés dans le concert diplomatique des nations chrétiennes.

CHAPITRE III

Le pouvoir est la manifestation pratique de l'autorité : il se rattache donc, par elle, aux principes que nous venons d'indiquer. La force peut donner le pouvoir, l'autorité seule peut le légitimer et le consacrer ; le pouvoir qui s'appuie uniquement sur le fait, ou même qui transgresse les limites de l'autorité chrétienne, n'est point légitime et s'appelle tyrannie. On ne lui doit pas obéissance au dedans ; et, dans la vie internationale, on ne reconnaît pas son existence.

C'est là qu'éclate dans tout son jour la dissidence des deux théories en présence. Machiavel, homme pratique, vivant au milieu des variations populaires, témoin et victime des excès de la foule qui passe d'une liberté sans frein à l'oppression, accoutumé à plier devant des pouvoirs successifs qui, dans leur durée éphémère, se préoccupent peu d'interpréter la justice et croient qu'une loi est une loi, parce qu'elle résulte de leur volonté ou de leur caprice, Machiavel, ainsi ballotté, ne trouve de remède que dans le pouvoir d'un *condottiere* ; non seulement il juge la tyrannie légitime par le fait de son existence, il la considère comme désirable. Claude de Seyssel [1], au contraire, ecclésiastique, moraliste, né en des contrées à autorité stable et indiscutée, n'admet point la tyrannie dans le concert des nations. Pour lui, elle fait tache, comme une atteinte à la justice. Ni Machiavel, ni Seyssel, n'estiment

---

[1] *La grant' monarchie de France.*

nécessaire le consentement du peuple à la confection des lois ;
pour le premier, la loi existe dès que le pouvoir a la force de
l'imposer ; pour le second, elle ne devient loi, qu'après une
vérification à l'étalon, si j'ose ainsi dire, de la justice, et cette
vérification résulte de l'avis de trois conseils techniques ; le
clergé, c'est-à-dire la théologie, la morale, la métaphysique
du droit, ou droit naturel ; la magistrature, versée dans le
droit naturel et dans la jurisprudence ; la noblesse enfin,
c'est-à-dire, selon lui, l'élite du pays, la classe apte à témoigner des besoins pratiques.

Ces distinctions théoriques produisent d'importantes conséquences ; en Italie, on ne refuse jamais de traiter avec un
pouvoir de fait. Les adeptes de la théorie française se montrent plus susceptibles, plus méticuleux, et n'admettent la
transmission du pouvoir que dans des cas très définis. Ainsi,
ils n'admettent point le droit de conquête, même à l'égard de
territoires faisant déjà partie intégrante du pays ou relevant
de la couronne. Louis XI, élève de la doctrine italienne, ne
se préoccupe pas de tels scrupules [1] ; ses successeurs, Charles VIII, Louis XII, les éprouvent, au contraire, à un degré
excessif. Les moyens matériels, la guerre, l'achat... ne paraissent
que des moyens pour soutenir un droit, ils ne produisent pas
de droit. L'achat de territoires n'a jamais procuré une occupation durable. En un mot, on ne trafique pas de l'autorité, on
ne vend pas les hommes.

Louis XI avait acquis le Roussillon, en gage d'un prêt de
300.000 écus : Charles VIII le rend à l'Espagne, sans même
exiger de remboursement. Guillaume de Chalon vend à
Louis XI en 1475, pour 40.000 écus d'or, la souveraineté d'O-
range : Louis XII, en 1500, rend cette principauté gratuite-

1) Zurita (cité par Cazeneuve, *La Cathelogne françoise*, Toulouse. 1644,
in-4°, p. 192) prétend cependant qu'au moment de sa mort, Louis XI avait
résolu, sur les conseils de St François de Paule, de rendre le Roussillon.

ment à Jean de Chalon [1]. L'historien éprouve quelque embarras à apprécier de tels actes, vraiment trop généreux, et peut-être impolitiques au point de vue de l'intérêt immédiat; il faut pourtant reconnaître, en considérant les choses de plus haut, qu'ils ont valu à la France l'unité la plus solide à l'intérieur, et à l'extérieur un prestige libéral, chevaleresque, qui lui a été fort utile. Car, dans les pays même, où l'on admettait des contrats d'argent [2], ces contrats paraissent peu glorieux. Le sire de Monaco pensa deux fois à vendre sa seigneurie, d'abord au dauphin (Louis XI) en 1452, puis aux Vénitiens en 1505. Tout en offrant de la lui acheter, le gouvernement gênois [3] lui écrit que la cession « lui sera de peu d'honneur [4]. »

La France donna, en 1488, le plus mémorable exemple de ses principes, dans l'affaire de Bretagne. La Bretagne était gouvernée par une dynastie contestée, et la France possédait les droits de la dynastie rivale, par suite d'un achat de Louis XI passé en 1480 ; bon nombre de seigneurs bretons, réfugiés en France, acceptaient authentiquement le roi comme seigneur direct : enfin, le duc de Bretagne, vassal de la France, semblait frappé de déchéance pour cause de rébellion. Victorieuse à St-Aubin-du-Cormier, la France tenait le duché à son entière discrétion. Anne de Beaujeu, en digne fille de Louis XI, et une grande partie du conseil du roi, étaient d'avis d'achever tout simplement la conquête. Le

1) *Ordonnances*, XXI, 263.

2) On les pratiquait couramment en Savoie, en Bourgogne, en Dauphiné. V. not. Guichenon, *Hist. de Bresse*, pr., p. 255.

3) Le duc d'Orléans avait ainsi acquis à prix d'argent, en 1394, toutes les seigneuries de la Rivière de Gênes, appartenant à des Gênois, et Gênes elle-même (V. Faucon, *Rapport de deux missions*, p. 53 ; M. le comte de Circourt, *Louis d'Orléans*; Jarry, *Vie... de Louis de France*).

4) Saige, *Documents*, I, 228 ; II, 36. Le prix était de 12.000 écus d'or en 1452.

chancelier Guillaume de Rochefort (lui-même bourguignon, récemment annexé à la France) s'y opposa : il fallait, disait-il, avant tout, bien établir les droits du roi. Si ces droits n'étaient pas certains, « ce seroit chose trop damnable et ouvrage de tyran et non de roi preux, de conquérir ainsi le pays par force de guerre. Ce seroit contrefaire Alexandre de Macédoine, Julius César, et autres capitaines païens, qui sans foi et sans loi vivoient et triomphoient. Et combien que le pays de Bretagne fût bien profitable pour le royaume, si ne seroit pas chose convenable ne licite de le conquérir contre droit et raison [1]. » Le conseil adopta cet avis, et renonça à la conquête. L'affaire fut évoquée à une conférence internationale, à Avignon (domaine du pape) [2].

On ne reconnaît le droit de conquête que vis-à-vis des Ottomans, parce qu'on se trouve là hors du droit et qu'à la force on oppose la force. Mais encore, outre les tempéraments que nous avons déjà indiqués, on professe que le conquérant de-

1) Alain Bouchard.
2) On voit combien Montesquieu s'est mépris, quand il écrit, dans l'*Esprit des lois* (liv. X, ch. III): « Un Etat, qui en a conquis un autre, le traite d'une des quatre manières suivantes : il continue à le gouverner selon ses lois et ne prend pour lui que l'exercice du gouvernement politique et civil ; ou il détruit la Société et la disperse dans d'autres ; ou enfin il extermine tous les citoyens. La première manière est conforme au droit des gens que nous suivons aujourd'hui ; la quatrième est plus conforme au droit des gens des Romains : sur quoi je laisse à juger à quel point nous sommes devenus meilleurs. Il faut rendre ici hommage à nos temps modernes, à la raison présente, à la religion d'aujourd'hui, à notre philosophie, à nos mœurs. Les *auteurs de notre droit public*, fondés sur les histoires anciennes, étant sortis des cas rigides, sont tombés dans de grandes erreurs. Ils ont donné dans l'arbitraire ; ils ont supposé dans les conquérants un droit, je ne sais quel, de tuer : ce qui leur a fait tirer des conséquences terribles comme le principe... Du droit de tuer dans la conquête, les politiques ont tiré le droit de réduire en servitude ; mais la conséquence est aussi mal fondée que le principe. » Venant après le XVIe siècle, où la doctrine de Machiavel triompha pleinement, Montesquieu ne voit qu'elle, et, comme Grotius, il pense découvrir des principes nouveaux, en produisant des principes bien anciennement professés et même en allant moins loin.

vra gagner ses peuples par la douceur. Le grand maître de
Rhodes, à qui Charles VIII avait demandé conseil pour ses fu-
tures conquêtes, lui écrit : « Le prince conquérant ne doit
avoir locquet en sa porte ne sarrail en sa bourse » ; il doit
tout voir, tout entendre, être accessible et généreux, « hon-
nourer les estrangés en leur monstrant amour [1]. »

On s'attache avant tout à rendre le pouvoir inattaquable,
suivant la formule si exacte de Montesquieu : « La vraie puissance d'un prince ne consiste pas tant dans la facilité qu'il y
a à conquérir que dans la difficulté qu'il y a à l'attaquer, et,
si j'ose ainsi parler, dans l'immutabilité de sa condition [2]. »

Comment s'acquiert cette immutabilité? par le droit, répond
l'école anti-machiavélique.

Et comment s'acquiert légitimement le pouvoir ? Nous
croyons pouvoir résumer la réponse d'un seul mot : Par statut personnel, et point par statut réel. Un prince ne peut monter sur le trône que par suite d'un droit résidant en lui-même,
c'est-à-dire par sa naissance, par son mariage, par un testament fait en sa faveur...

La naissance tient, évidemment, le premier rang : « la
haulte seignorie » vient de ce que Dieu a « élevé la nativité
des rois sur les aultres [3], » et il est assez plaisant de voir
Claude de Seyssel, tout en faisant l'éloge de Louis XII, traiter
encore Hugues Capet d'usurpateur. A cet égard, on remonte
sans hésiter le cours des siècles : car, plus le droit est ancien,
meilleur il est : les jurisconsultes royaux du XVI°, et même du
XVII° siècle, en établissant avec soin le patrimoine des droits
royaux, reviennent à Eléonor d'Aquitaine, à la Maison d'An-

---

1) « Aucuns advertissemens donné au Roy nostre sire par son humble sub-
get l'ospitalier de Rhodes »,fr. 2922, 51.

2) *Esprit des lois*, l. ix, ch. vi.

3) Beaune et d'Arbaumont, *Olivier de la Marche*, xcvii.

jou, à Valentine de Milan [1]... A plus forte raison au XV° siècle, quoique les droits personnels du roi Louis XII sur le Milanais pussent, en 1498, passer pour prescrits [2] et parussent
plutôt du domaine de l'érudition [3]. Bien plus : l'héritage
même d'un droit-nu constituait un titre sacré, inaliénable [4], qu'un
roi devrait défendre jusqu'à la mort. Seyssel représente
les campagnes de Louis XII en Milanais comme une nécessité
morale, comme l'accomplissement d'un simple devoir royal [5].
Plus tard, en 1539, un conseiller du roi, soutenant la théorie
des frontières naturelles, c'est-à-dire de la frontière de la
France, marquée par le Rhin [6] selon César, Ptolémée, Stra-
bon, Pline, Tacite et même par des historiens plus modernes,

1) Ms. fr. 18565 : Dupuy, *Traité des droits du Roy* : mémoires de Du Tillet,
dans Commines, édition Godefroy, V, 497 : fr. 4363, f°s 24, 30 v°, etc.

2) Encore en 1796, on fit paraître à Florence une petite brochure populaire, sous ce titre : *Istoria compendiata delle vittorie riportate dalle ar-
mate francesi dal principio della presente guerra...* etc., dans laquelle, avant
le calendrier républicain et sa concordance avec les saints de l'église de
Rome, est un article qui établit les droits de Valentine de Milan et de ses
ayant-cause. Elle conclut : « Da tutto ciò che abbiamo accennato, questa
vincitrice nazione non avrebbe fatto, dopo 4 secoli, che riacquistare i suoi
antichi diritti. Possa essa godergli lungamente, con quelle leggi d'equità e di
giustizia che formano il pregio più bello del Vincitore. » Sans doute, dans la
rigueur féodale, on était un peu embarrassé pour admettre la transmission
du fief de Milan par une femme : cependant, le droit français la justifiait (Du
Tillet, fr. 4363, f° 30 v°),

3) On fait remonter les droits du roi sur le royaume de Sicile à Charles
Martel (Godefroy, *Histoire de Charles VIII*, mémoire inséré p. 476 et suiv.).

4) « Corona non potest dividi » (J. de Terra Rubea, *Contra rebelles....*,
f° xiiii v°).

5) Cf. le traité « Le Régime d'un Prince », par l'évêque de Condom (fr. 1219,
f°s 20, 24). D'après lui, le duché de Milan et Gênes et autres appartenant au
roi, il a le devoir de les garder, malgré la discordance de mœurs qui rend la
paix difficile. Cf. J. de Terra Rubea, *Contra rebelles....*, f° xvii.

6) Aux Etats de 1484, on se vante que la France possède des provinces que
n'avait pas Charles VII : duché et comté de Bourgogne, duché d'Anjou,
comté du Maine, Dauphiné, Provence, Roussillon, Cerdagne, presque toute
la Picardie (Masselin, *Journal des Etats*, p. 380).

ajoute : « Comme le roi est divin, le royaume est sacré : on doit périr sur la frontière pour le défendre [1]. » C'est pourquoi les rois agissent, non comme conquérants, mais comme héritiers, quand ils revendiquent ce qui doit leur appartenir. Ainsi, en 1459, Charles VII fait revendiquer par une ambassade en Allemagne le Luxembourg, en vertu des actes d'engagement consentis par son père [2] ; le même roi déclare Stras-

[1) Remontrances de Jacques Cappel, lat. 17664.

2) Quicherat, *Chronique* de Th. Bazin, IV, 349 et suiv. Un des premiers actes de Louis XI fut de réclamer confirmation de la cession : « Confirmacio ducis et ducisse Saxonie super cessione et transportu supradictis.—Wilhelmus Dei gratia dux Saxonie, lantgravius Thuringie et marchio Missine, et Anna, dni Alberti, Romanorum, Hungarie et Bohemie regis ac etiam Serenissime domine Elisabeth, filie gloriosissimi Sigismundi, Imperatoris Romanorum nec non Hungarie et Bohemie regis, ducis Lucemburgensis et comitis Chiniensis et de Rupe in Ardenna, ac ipsius Alberti, regis legitime conthoralis, primogenita et antedicti ducis Wilhelmi consors legitima. Et præsertim nos Anna prefata, de et cum auctoritate dicti domini Wilhelmi ducis, domini et mariti nostri, ad specialiter et expresse ad infrascripta per eum auctorisata. Quoniam rationis ordo exigit ut ea que de mente et certa scientia nostris per ambaxiatores et pro curatores nostros gesta, acta et facta sunt nostre ratificationis munimine roborentur. Idcirco notum facimus universis presentes litteras inspecturis quod, cum nuper ab Illustrissimo Domino Ludovico, Francorum rege christianissimo, consanguineo nostro carissimo, intellexerimus quoties jus proprietatis et dominii quod Inclitissimo genitori suo domino Carolo, felicis memorie, Francorum regi christianissimo, in ducatu Lucemburgensi et comitatibus de Chiny et Rupe in Ardenna nostris vendi[di]mus, cessimus et transportavimus pro se et heredibus suis perpetue habendis, tenendis et possidendis in persona Illustrissimi principis domini Philippi, Burgundie, Brabantie, Lymburgie, etc., ducis, consanguinei nostri carissimi, heredumque et successorum suorum ac tamen ab eo habentium vel habiturorum, transferre illudque sibi credere et transportare deliberavit. Nos igitur, ex naturali inclinatione propter jura sanguinis que inter predictum Dominum Philippum ducem, consanguineum nostrum et nos sunt, et aliis quam plurimis bonis respectibus moti, egregium virum decretorum doctorem dominum Petrum Knorren, prepositum Wetzflariencem, Trevirensis, et nobilem Rudolffum Schencken, dominum in Tutemberg, Nurimburgensis, diocesum, ambaxiatores et procuratores nostros ad dictum dominum ducem mittere decrevimus eisque injunjendum duximus ut cum illo agerent, negociarent et concluderent super subrogatione, translatione, cessione et transportu juris et proprietatis dictorum ducatus et comitatuum predictorum ac super ipso ducatu et comitatibus eorumque pertinenciis, attinentiis et appendiciis quibus-

7

bourg ville française, et son fils le dauphin Louis, exagérant la thèse, entend conquérir Bâle et autres terres « soustraites à l'obédience de la couronne[1]. »

On comprend que le droit d'hérédité, ainsi entendu et élargi, rapporté à de lointaines origines, prête fort à la discussion[2] : nous devons mentionner que, sous Louis XII, le roi d'Angleterre s'intitule encore « roi de France », malgré la loi

cumque ; nec non omnibus et singulis obligationibus ypothecie, exceptionibus, aliisque punctis quibuscumque jam initis et factis inter eundem Ducem et dictos ambaxiatores et procuratores nostros, prout in forma litterarum corumdem desuper confectarum et mandati eis, ut premittitur, traditi plenius continetur. Quarum tenor sequitur et est talis. Incipit tenor litterarum procuratorum : Nos, Petrus Knorr, decretorum doctor, etc., *ut supra, fo quinto, usque in finem.* Incipit tenor litterarum mandati : Wilhelmus, Dei gratia, dux Saxonie, etc., *ut supra, fo secundo, usque in finem.* Nos igitur, dux et ducissa, et præsertim nos, ducissa, de et cum auctoritate dicti domini Wilhelmi ducis, domini et mariti nostri, ac specialiter et expresse ad infrascripta per eum autorisata, omnia et singula preinserta inter præfatos ambaxiatores et procuratores nostros et precarissimum consanguineum nostrum dominum ducem predictum, sicut prescriptum est, acta, facta, gesta, avisata, conclusa, passata, melioribus via, jure et ordine quibus possumus et debemus, nostra mera et libera voluntate, ex certa scientia, cum omnibus clausulis et conditionibus in eisdem procuratorum nostrorum litteris preinsertis, expresse laudamus, ratificamus, confirmamus et approbamus : eaque omnia et singula rata, grata et inviolabiliter perpetuo observare volumus et promittimus bona fide nostra, sub verbo principum, et modo ac forma in prefatis litteris et contractu superscriptis contentis, appositis et comprehensis. Et ut ea omnia et singula premissa perpetui roboris firmitatem obtineant, sigilla nostra presentibus duximus appendenda. Datum et actum in castro nostro Eckersperge, quarta die mensis octobris, anno Domini millesimo quadringentesimo sexagesimo secundo. Sic signatum : Wilhelmus, dux Saxonie, manu propria scripsit. » (Archives générales du royaume de Belgique : *Copie de très anciennes lettres touchant le pays de Luxembourg,* reg. 32 de l'Inventaire des Registres des Chambres des Comptes, fol. 20).

1) Favre, *Introduction* du *Jouvencel,* p. cxvii, n° 7 : *Chr.* de Mathieu d'Escouchy, I, 30.

2) On l'appuie sur des mémoires détaillés. V. l'original du *Traité des droits de Charles VIII au royaume de Sicile,* fr. 18567. V. aussi Jacques de Cassan, *La recherche des droits du roy et de la couronne de France sur les royaumes, duchez, comtez, villes et pays occupez par les princes estrangers,* 1646, 8° ; les traités de Du Tillet, etc.

salique qu'on travaille toujours à justifier : l'Allemagne comprend la Lorraine parmi les Cercles de l'Empire, et elle n'oublie pas ses prétendus droits héréditaires sur l'ancien royaume d'Arles, c'est-à-dire Lyon, Avignon et tout le Sud-est de la France ; c'est là une question classique, sans cesse débattue. De manière que le droit héréditaire, en apparence si simple, si immuable, couvre bien des éléments de mutabilité, et qu'en fait les théories opposées de Seyssel et de Machiavel se rapprochent singulièrement.

Quant aux transmissions par testament ou contrat de mariage, on peut en citer des exemples fameux : le testament du roi René en faveur de Louis XI, le testament de Louis XII léguant à sa fille Milan et Gênes[1], le testament d'Etienne, comte de Montbéliard, léguant, en 1397, son comté à sa fille, femme d'Eberard V de Wurtemberg ; le contrat de mariage de Valentine de Milan, portant cession détaillée du comté d'Asti, et transmission éventuelle du duché de Milan. Ce dernier contrat, approuvé par l'empereur comme suzerain[2], fut confirmé en outre par un testament de Galéas Visconti. Le fameux jurisconsulte Jason del Maino, qu'on appelait alors « le prince des docteurs modernes », écrit à Ludovic Sforza, le 10 janvier 1496, qu'on a découvert à Pavie une copie du testament, qu'il en existe d'autres, et il l'engage, sans scrupule, à les faire disparaître, ce qui eut lieu[4].

Ces contrats peuvent donner lieu à des difficultés infinies ; juridiquement, on les résout suivant les règles du droit commun, comme on le ferait pour des actes civils de la vie privée.

1) *Ordonnances*, XXI, 323.

2) D'après Antonio Astesano, *De origine et vario regimine civitatis Mediolani.*

3) *Contra rebelles suorum regum, aureum singulare que opus Joannis de Terra Rubea...*, Lyon, 1526, 4°, f, 17.

4) Faucon, *Rapport de deux Missions*, p. 41.

Nous avons un exemple de discussion de ce genre dans l'examen des droits prétendus par le duc de Lorraine sur la Provence. Cette affaire, commise par le duc et par Louis XII à un arbitrage, donna lieu à de longues discussions juridiques sur la teneur de divers testaments : Louis d'Anjou, institué héritier par la reine Jeanne, institua son fils Louis II, et celui-ci, à son tour, institua son fils Louis III, avec substitution à son second fils René ou aux enfants de celui-ci, au cas où l'aîné mourrait sans enfants, ce qui eut lieu. C'est cette substitution qu'il fallait définir ; nous n'analyserons pas ici, car ce serait sortir de notre sujet, les volumineux mémoires échangés de part et d'autre, à grands renforts de textes, le procureur du roi soutenant que cette substitution était vulgaire, non compendieuse ou fidéicommissaire, et que l'accession du roi René l'avait épuisée[1].

En dehors de ces principes, les cessions de fait, basées simplement sur une clause de traité, que ce soit achat, engagement ou sous toute autre forme, présentent un caractère précaire, irrégulier ; tel fut, au XIV° siècle, l'achat par la France des droits de l'Empire sur Lucques. La France, qui pourtant descendit souvent en Italie, ne les fit jamais valoir. Le gouvernement de Charles VI essaya, en 1406, de s'en défaire, en les cédant au connétable d'Albret, qui refusa. Plus tard, Louis XI pensa à les reprendre, mais il ne donna pas suite à son projet[2]. Tel fut encore l'acte bizarre par lequel André Paléologue céda à Charles VIII ses droits au trône de Constantinople ; les rois de France ne songèrent jamais à l'invoquer[3].

Quant à la volonté des peuples, les jurisconsultes roma-

1) Copies, ms. Dupuy 195. En cas de litige, la transaction est admise. V. une transaction de ce genre entre Lucien Grimaldi et René bâtard de Savoie, relativement à Menton, le 5 juillet 1515, publiée dans le *Recueil*, de M. Saige, II, 149.

2) Dupuy, *Traitez touchant les droits du Roy*, p. 71.

3) Ms. lat. 10408, f. 87-95. Cf. le *Mémoire* de M. de Foncemagne, sur le

nistes ou impériaux s'en soucient peu. « Une ville, **un peuple
ne peuvent reconnaître par traité**, dit l'un deux, un autre seigneur légitime[1]. » Sur ce point encore, la doctrine française
se sépare nettement de la doctrine germanique. Pour toute
annexion, même justifiée, elle exige la volonté du pays. « Ce
n'est pas toujours par tels fleuves que se limitent les royaumes;
c'est avant tout par l'esprit national et patriotique, par l'habitude immémoriale d'obéir au même prince[2] ». — Le souverain, disent les jurisconsultes, ne peut céder une ville malgré la volonté du pays, « *invitis civibus* » ; un tel contrat est
nul de plein droit[3]. — « L'intérest de changer de seigneur
souverain est si grand et si notable, de si grand poids et de
telle importance, qu'il touche et concerne chacun des sub-
jects en particulier et, comme nous disons, *singulos ut singulos, non singulos ut universos* » ; c'est pourquoi, comme il inté-
resse chacun, chacun doit approuver[4]. L'honneur de la France[5]
fut de suivre cette règle.[6]

La Bretagne fut réunie à la France par le mariage de sa

voyage de Charles VIII « et particulièrement sur la cession que lui fit André
Paléologue du droit qu'il avait à l'empire de Constantinople » (*Mém. de l'Acad.
des Inscr.*, 1751, XVII, p. 539).

1) Martini Laudensis, *De Confederatione...*, quest. 8.

2) Réponse des procureurs de Philippe le Bel au clergé de Lyon, récemment annexé : 1307. Leroux, *Recherches.. sur les relations politiques de la
France avec l'Allemagne*, p. 146 : Bonnassieux, *Essai sur la Réunion de Lyon
à la France*.

3) J. de Terra Rubea : Ant. Corseti, *De potestate regia*, I. C'est la théorie de
Jeanne d'Arc. Très correctement Jeanne d'Arc n'a jamais invoqué la loi salique
ni les subtilités qui s'y rapportent. Elle a invoqué le droit purement national.

4) Remontrances de Jacques Cappel au roi (1539), lat. 17664, f° 290.

5) En Angleterre, on proclame aussi que le pouvoir royal peut venir de
conquête, d'hérédité et d'élection par le parlement, ce dernier mode à titre de
reconnaissance et de consécration des deux autres (Bulle d'Innocent VIII, 27
mars 1486. W. Campbell, *Materials for a history of the reign of Henry
VII*, I, 393).

6) Claude de Seyssel pourtant, dans sa théorie de la Conquête, ne mentionne

duchesse avec le roi et par le vœu formel des États du pays
réunis à Vannes ; la Provence, par dévolution testamentaire et
par les vœux instants des États. Bien plus ; à l'avènement de
Louis XII, les États de Provence tinrent à envoyer une députation au nouveau roi pour renouveler leur serment de fidélité. Cette députation « requit » le roi, dit l'Ordonnance de
juin 1498, que « pour le bien, prouffit et utilité de nous, des
gens desdits Estatz et de nosdiz pays, voulsissions tousjours
tenir soubz nostre main et coronne lesdits pays…, en noz
mains et soubz nostre seigneurie et obéissance, sans jamais les
aliéner… ne démembrer… en quelque manière que ce soit,
mais les adjoindre, unir et incorporer inséparablement à nos-
tredite coronne[1]. » Louis XI, lui-même, en commettant ses
commissaires à recevoir le serment des duché et comté de
Bourgogne, après la mort du duc, invoque la volonté du pays
représenté par les gens des trois États (patentes du 19 janvier
1476-77). Le serment du duché fut en effet prêté sans aucune
difficulté. Pour la *Comté* de Bourgogne, la vicomté d'Auxonne
et les terres d'Outre-Saône, au contraire, les commissaires durent alléguer la nécessité de défendre les frontières, l'inconvénient de séparer la Franche-Comté du duché de Bourgogne.
La *Comté* ne se soumit pas en sujette ; les gens des États passè-
rent à Dôle avec les commissaires royaux un « traictié », où
ils stipulèrent leurs conditions, et peu après le pays se ré-
volta. Quant aux États du Charolais, ils suivirent l'exemple du
duché de Bourgogne, et prêtèrent serment le 17 mars 1476[2].

point la volonté du peuple, il n'exige que le juste titre. Il s'étend longuement
sur les précautions à prendre pour gouverner un pays conquis. Mais il écrivait après les déboires de la France en Italie (*La grant' monarchie de France*,
not. p. 68, 72 v°, 77).

1) JJ. 231, f° 188 : *Ordonnances*, XXI, p. 39.

2) L. de la Tremoïlle, *Archives d'un serviteur de Louis XI*, p. 93, 95, 102,
106, 118.

Mais la France dut manquer à ses principes en abandonnant parfois des parties de son territoire malgré leurs réclamations; ainsi firent Louis XII pour Arras et Tournay [1], Charles VIII pour Perpignan [2].

La volonté nationale constitue, en tout cas, un facteur si important qu'il est impossible de ne pas en tenir plus ou moins compte en fait. La Suisse même, qui, très libérale à l'intérieur, représente alors dans les relations internationales l'appoint de la force, se pique d'y croire : après qu'une poignée de Suisses a occupé, sans aucune espèce de droit, Bellinzona, on affirme dans la diète fédérale que cette occupation a eu lieu « sur la prière et avec l'aide des citoyens » [3].

En Italie, la même préoccupation se fait jour, quoiqu'on s'attache moins au pur droit; les pouvoirs des Visconti, des Sforza, de la branche bâtarde d'Aragon à Naples, des Bentivoglio, des Médicis, et, on peut le dire, de tous les seigneurs, ne reposaient que sur un fait, et se transmettaient par testament, ou par le statut personnel de chaque famille. Là encore cependant, on recherchait avec ardeur tout ce qui pouvait légitimer le pouvoir au nom d'une autorité supérieure, en même temps qu'il fallait compter, jusqu'à un certain point, avec le consentement populaire. Les populations italiennes avaient l'esprit républicain et le goût du changement : ce vieil

---

1) Déjà en 1475, sur le bruit que Tournay doit être aliéné de la couronne de France, les consuls multiplient les réclamations et se ménagent même contre argent comptant des appuis près du roi (Kervyn de Lettenhove, *Lettres et négociations de Phil. de Commines*, I, 129).

2) Ms. fr. 25541, f⁰ 76 : lettre des consuls de Perpignan au roi, le remerciant de les défendre et les garder, orig. (vers 1488). Cf. f⁰ 93-94 ; f⁰ 183, lettre de Jaubert de Perpignan contre le projet de rendre Perpignan. Bibl. de l'Institut, ms. Godefroy, 254, f⁰ 47 : orig., 4 juin 1493, lettre des consuls de Perpignan à la duchesse de Bourbon, lui demandant de rester sujets du roi et de n'être point rendus à l'Espagne.

3) *Recès fédéral,* du 3 mai 1500 : V. notre mémoire *La conquête du Tessin.*

esprit, sacrifié aux intérêts commerciaux, se réveillait quelquefois. A en croire Philelphe, dans sa *Sforzias*, les Milanais firent acte de citoyens libres en se donnant à Francesco Sforza : « Nous ne sommes pas un troupeau, dont l'empereur dispose à son gré ; nous descendons du sang des hommes libres, nous n'obéissons à personne » [1]. On prétendait que le dernier Visconti, en mourant, avait conseillé à ses peuples de se gouverner eux-mêmes [2]. Le duc d'Orléans prit même cette idée au sérieux, et tenta de décider les Milanais par des ambassades à reconnaître librement son droit [3] ; il ne pouvait faire autrement et il essaya en vain de mettre une armée sur pied. Le Milanais donc, comme dit M. Cantù, « reprenait la plénitude de ses droits » [4] ; il en usa pour se donner un maître.

Louis XII conquit Milan, mais aidé par un parti puissant, que représentaient Trivulce et les Borromée [5] ; il y régna comme souverain local, respectueux de l'autonomie du duché que amais il ne fut question d'incorporer à la monarchie.

Quant à la prise de possession d'Asti par le duc d'Orléans, nous ne reviendrons pas sur ce que nous avons indiqué à ce

---

1) Réponse de Nic. Arcimboldi, livre I.
2) *Chroniq*. de Mathieu d'Escouchy, I, 125.
3) *Sfortias*.
4) *Histoire des Italiens*, traduction Lacombe, VI, 316. M. Cantù expose à ce sujet une théorie plus rapprochée du droit moderne que du droit contemporain ; il estime que les Visconti, en possession d'un pouvoir héréditaire de fait, ne pouvaient même pas le transmettre par testament. Tous les documents de cette époque nous montrent que, conformément au droit germanique, on reconnaissait aux Visconti, puis aux Sforza, le droit de disposer de leur souveraineté en réglant le statut de leur famille. Citons seulement deux patentes de Louis XI, de Chartres 5 nov. 1467, approuvant la désignation par la duchesse de Milan de son fils aîné Galéas M^a pour succéder à son père dans les fiefs de Gênes et Savone et lui accordant un délai pour foi et hommage (orig. J. 496 n° 7. Copie dans le Recueil de Simonetta, lat. 10133, f°s 227, 228).
5) Les archives de Milan contiennent des ordres relatifs à la soumission de

sujet au tome I de l'*Histoire de Louis XII*[1]. Elle fut difficile
d'abord et ne répondit pas aux vœux des populations. Bientôt,
au contraire, ce pays s'attacha fortement à la maison d'Orléans, et nous avons dit sous quelles conditions, librement
stipulées[2], il crut nécessaire de se réunir à la Lombardie pendant la captivité de son seigneur[3].

la ville à Louis XII en 1499 : on n'épargne rien pour lui donner le caractère
d'une soumission volontaire : 6 sept. 1499, Lettre des gouverneurs de Milan
à Trivulce, pour accréditer des envoyés, l'archevêque de Bari,les protonotaires
de S. Celse et Cribelli, dom Jacques Bilia, Erasme Triultio, Ambroise del
Maino, Jean-François de Marliano, Gaspard Visconti, Louis Gallarate, Nicolas Arcimboldi, le protonotaire Biraga, Jérôme Carcano, Philippe Conte, secrétaire, Jean Marc della Croce : Instruction aux mêmes, du même jour, pour
« se *congratuler* avec Trivulce, se rendre,dire la joie de Milan,la gloire de Trivulce, ce parangon de l'honneur. Trop flattés d'obéir à Louis XII, maître légitime, etc., etc. : » 23 sept. 1499, Invitation expresse des gouverneurs à toutes
autorités civiles et religieuses des villes du pays, de venir à l'entrée de
Louis XII : 6 sept., Galeas Fossato est nommé commissaire des victuailles
pour l'arrivée de l'armée « victorioso » du roi de France. Mesures pour l'entrée
du roi ; cinquante des principaux citoyens sont choisis pour lui faire la révé-
rence.On demande à Trivulce le jour et l'heure.Si le roi va à Pavie,prière qu'il
n'accepte pas la séparation du Comté. Cinq billets collectifs d'ordre,à divers,
d'être à cheval demain pour le cortège (24 sept. 1499). Organisation des dépu-
tations.Les collèges des jurisconsultes,des médecins, des marchands,de la soie
et de la laine, etc., envoient chacun quatre délégués, plus les préteur de Milan,
capitaine de justice, vicaire des provisions, juge des routes : à chaque porte,
sont répartis des délégués. Liste de délégués. 4 octobre, Rendez-vous à certains
citoyens honorables et de bonne maison à S. Eustorchio, dimanche, à la 19e
heure, pour aller « alla staffa » du roi, avec les « primarii » de la ville, tous
habillés de même, en damas « cremexino » avec « fodra » honorable, et vêtus
à la française (Arch. de Milan, Sez.e Storica, Pot. Sovrane, Lodov° XII).

1) Cf. M. Faucon, *Le mariage de Louis d'Orléans et Valentine Visconti*,
p. 9, n° 4.

2) Ms. lat. 10133, fos 251 à 260.

3) K. 62, n° 2 (parchemin long, volumineux, très développé), orig. du
Procès-verbal,du vendredi 2 octobre 1422, par lequel les ambassadeurs d'Asti,
accrédités par lettres du 18 septembre, mettent leur ville sous la protection du
duc de Milan, le seul qui puisse les défendre. Explications très loyales : le duc
d'Orléans est prisonnier en Angleterre, le comte d'Angoulême aussi : depuis
sept ans, l'État périclite. Il s'agit de conserver le domaine du duc. On lui a envoyé des ambassadeurs.

A Gênes, la question paraît plus complexe, parce qu'elle se mêle de questions d'argent[1] : mais cette complication ne répugne pas à la diplomatie raffinée d'Italie, familière avec la pratique des affaires commerciales. C'est ainsi que François Sforza admettait pleinement l'idée de racheter, pour une bonne somme d'argent, les droits de Charles d'Orléans sur la Lombardie, et que Ludovic Sforza prétendit longtemps que ce marché s'était effectué[2]. Pour Gênes donc, le roi Charles VI, lors de sa prise de possession de 1396, reconnut devoir au duc d'Orléans 300,000 fr. en or, avancés, sous toutes les formes[3], pour cette conquête[4], et il donna de plus 40,000 ducats au doge Adorno[5]. En 1487, lorsque Charles VIII accepte la dédition des Gênois, il prescrit à ses envoyés de ne pas employer la force, mais, s'il y a quelques paiements à effectuer, de n'y pas « faire difficultés »[6]. Ces dernières instructions caractérisent bien la situation : l'argent joue son rôle, mais la France croit pouvoir faire remonter ses droits sur Gênes à l'ancien royaume de Bourgogne, dont Gênes aurait fait partie, ainsi que la Provence, y compris Nice[7] : ce droit se complète par l'accession volontaire de la population. En effet, fatigués de la guerre civile et de désordres prolongés, les Gênois, qui avaient alors l'humeur changeante, avaient délibéré de se donner un maître, soit le duc d'Orléans, le duc de Milan ou le roi de France ; on opta fina-

1) En 1396, Charles VI achète la soumission des Gênois en distribuant 50,000 francs. Il acquit ainsi « dominium et superioritatem » (comte de Circourt, *Le duc Louis d'Orléans*, III, 65).

2) *Rozier historial* : la *Légende des Flamens*.

3) Ms. fr. nouv. acq. 3655, 140, 150 : Jarry, *ouvr. cité.*

4) Douet d'Arcq, *Pièces inédites*, I, 134 : *Tit.* Orléans, n° 184.

5) Rosmini, *Dell' istoria di Milano*, t. II, p. 187.

6) Instruction du 26 mai 1487 à ses délégués et autres. Mandrot, *Ymbert de Batarnay*, p. 338 à 341.

7) Du Tillet ; ms. fr. 4363, f° 16 v°, 17.

lement pour le roi, qui lui-même ne se décida pas sans hésiter [1]. Plus tard, Gênes revint encore à la France dans les
mêmes conditions. Mais Louis XI, après avoir hésité, lui aussi,
à user de son autorité [2], se résolut à ne pas garder un domaine
si éloigné et si turbulent. Il annonça, par une proclamation
aux Gênois, qu'il ne pouvait s'occuper de leurs affaires et qu'il
leur rendait le service de les donner au duc de Milan. Il les
invitait à accepter : « François Sforza, dit-il, en toute matière,
surtout dans l'art d'assurer la prospérité des villes, est passé
maître ; son incomparable hauteur d'esprit, sa prudence parfaite, son expérience consommée le mettent au premier rang ».
Savone, qui s'en souciait fort peu, partagea le sort de Gênes [3].
Enfin, en 1499, Gênes se soumit encore librement [4].

Ajoutons qu'en Italie et dans les parages voisins, l'esprit
particulariste et populaire ne redoute pas les changements de
gouvernement, et qu'il part avant tout du principe des intérêts locaux, ou des passions locales : la volonté populaire peut
donc passer pour un titre suffisant. En 1466, le duc de Savoie
ne fait aucune difficulté d'agréger à ses États, sur leur demande,
les habitants de Menton et de Roquebrune révoltés contre leur
seigneur Lambert Grimaldi [5]. Le duc de Savoie admet aussi
des échanges de territoires [6].

Une fois le souverain sur le trône, les autres États doivent
reconnaître son existence légale, pour entrer avec lui en rap-

---

1) Ag° Giustiniano, *Castigatissimi Annali* (4°, 1537), p. cLIX.
2) *Lettres de Louis XI*, II, 41, 43.
3) Ms. lat. 10133, f°ˢ 36, 37, 56 ; J. 947, n° 27.
4) A Naples, la France s'appuyait à la fois sur un droit et sur la volonté
d'une partie du pays. Charles VIII était entouré de Napolitains. Déjà en 1451,
lorsque Charles VII envoie Louis d'Anjou à Naples, les barons de Naples lui
offrent la couronne, et l'on s'attendit à une expédition jusqu'à la mort de
Charles VII (Varese, *Storia... di Genova*, p. 316).
5) Saige, *ouvr. cité*, I, 359.
6) *Lettres de Louis XI*, I, p. 204.

ports : ici commence le rôle de la diplomatie proprement
dite, qui s'inspirera des principes énoncés plus haut.

Dans les cas ordinaires, le nouveau souverain notifie son
élection par une lettre[1]. La notification consiste habituellement en une simple lettre de chancellerie, avec assurances
d'amitié plus ou moins banales[2].

Quant à la réponse, elle varie extrêmement: c'est une lettre
plus ou moins chaleureuse, plus ou moins empressée[3] : parfois, une ambassade[4]. Robert de Bavière notifie, en 1400,
son élection au trône impérial à la place de Venceslas : l'A-
ragon, Padoue, Florence, Lucques y acquiescent ; Modène
se réserve, Venise reste neutre, le pape pose des conditions,
la France hésite, Mantoue refuse, le roi d'Angleterre offre la
main de sa fille pour le fils aîné du nouveau potentat. Voilà
toute la gamme parcourue[5]. Quand la situation fait prévoir des
difficultés, on ne doit rien négliger pour les prévenir. Maître du
royaume de Naples, conformément à ses droits, Louis XII
négocie néanmoins avec le roi détrôné Frédéric ; il lui donne
en France le rang de prince du sang, un apanage héréditaire
de 20,000 l. de revenu, une pension de 30,000 liv., et Frédéric

1) Mais, en 1331, Philippe de Valois envoie en Angleterre une ambassade
pour sa reconnaissance par le roi d'Angleterre, composée « de son plus espécial conseil », de deux évêques, de quatre grands seigneurs et de chevaliers et
clercs en droit (Froissart, édition Luce, 1, 96) : ces ambassadeurs attendent
tout l'hiver et n'obtiennent de réponse qu'en mai (p. 97).

2) De même quand il s'agit d'une annexion (Notification de Louis XI à
Florence, de traiter les marchands du Roussillon comme français, 1463.
Lett. de Louis XI, II, 129). Dans ce cas, la notification est adressée au pays
cédé par le prince cédant (Mandement de Louis XI aux habitants de St-Quentin, Corbie, Abbeville, Doullens et autres lieux, qu'il a transporté ces villes
et terres au comte de Charolais, auquel ils prêteront hommage. St-Genois,
Inventaire des chartes des comtes de Flandre, supplément).

3) Instructions de l'ambassade pontificale de 1498, dans les *Procédures politiques du règne de Louis XII*.

4) Bref d'Alexandre VI à Ludovic Sforza, du 9 novembre 1494.

5) Jarry, *Vie... de Louis de France*, p. 243.

renonce à toutes ses prétentions[1]. Le parlement fit des difficultés pour enregistrer un don si considérable : le roi dut lui députer le sire de Clérieux et le premier président Couthardi pour en expliquer verbalement les motifs[2]. Quant à François Sforza, qui doit son élévation à son épée, il en prend son parti et écrit en condottiere : « ... Enfin, avec l'aide de Dieu, j'ai été élevé au titre de seigneur de Milan, et, soutenu par ma volonté, je suis sorti vainqueur de toutes les difficultés... J'ai voulu indiquer mon élévation d'abord à ceux que j'ai depuis longtemps acceptés comme supérieurs, et qui prennent part, aussi hautement que moi-même, à ma dignité, à ma grandeur... La très-invincible et très-chrétienne Maison de France a toujours désiré l'honneur des Sforza[3] ! »

L'absence de reconnaissance n'empêche pas, du reste, les relations de fait, les envois d'ambassades. Le roi de Naples a un ambassadeur en France jusqu'à la veille de l'expédition de Charles VIII[4]. En 1476, l'empereur, qui n'a pas encore reconnu la dynastie des Sforza et qui leur refuse l'investiture, envoie pourtant à Milan un ambassadeur[5] demander l'appui du duc à Rome. Cet ambassadeur n'a pas de lettres de créance, parce que, dit-il, l'empereur craindrait de blesser le duc de Milan en ne lui donnant pas son titre. Le duc de Milan, naturellement, déclare qu'il n'appuiera à Rome la politique impériale que s'il reçoit son investiture[6].

1) Déclaration de mai 1502, fr. 17695, p. 153-155 : fr. 22386, f° 197.
2) Ms. fr. 10237, 79.
3) *Lett. de Louis XI*, I, 225.
4) Trinchera, *Codice Aragonese*.
5) Cf. Math. d'Escouchy, II. En 1459, le duc de Bourgogne envoie au pape une ambassade, à la tête de laquelle était le duc de Clèves ; le duc de Milan au passage lui fait une réception princière, que Clèves accepte d'autant mieux qu'elle est agrémentée de fort jolies femmes (p. 376 et suiv.). A peine si quelques membres de l'ambassade traitent tout bas Sforza d'usurpateur (p. 379).
6) Gingins la Sarraz, *Dépêches des ambass. milanais*, II, 120.

Quand un pape est élu, la notification en est faite aux princes chrétiens par lui ou par les cardinaux. Le bref est transmis soit par l'ambassadeur accrédité à Rome[1], soit par un courrier spécial ; il est adressé des brefs aux chefs d'Etat, même à de simples princes du sang[2]. Depuis que le Grand schisme a cessé, la reconnaissance du pape élu ne donne lieu, en elle-même, à aucune difficulté. Dans certains pays, on fête la nouvelle par des démonstrations de joie[3].

Tout état chrétien est tenu de faire acte d'obéissance envers le pape. C'est ce qu'on appelle l' « obédience » ou « obéyssance filiale[4] ». Elle est due par tout monarque à son avènement, et il doit la répéter à l'avènement de chaque pape. Il la doit aussi, s'il vient personnellement à Rome[5]. L'acte d'obédience consiste en une déclaration de soumission filiale « vraye, pure et entière », du roi, reconnaissant, au nom de tous ses sujets et de tous ses domaines, le pape comme « vray recteur de l'église universelle, et vray vicaire de Dieu en terre », et promettant obéissance. En prêtant obédience, les ambassadeurs français déclarent, en outre, s'en rapporter aux précédents et formulent une réserve sur les « droictures et prérogatives » du roi et de l'église gallicane, concédées jadis ou passées en coutume par le fait d'une possession immémoriale[6].

1) L'élection de Jules II est notifiée à Venise par un bref, qu'envoie l'orateur de Venise à Rome (Sanuto, V, 292).

2) Au duc d'Orléans (seigneur d'Asti, il est vrai). *Hist. de Louis XII*, II.

3) A Venise, on illumine, on fait des processions, et le doge en ordonne dans tout le territoire (Sanuto, V, 89).

4) Le mot obédience est remplacé par *obéissance* si le prince n'a que le titre de souverain et non de roi, dit un mémoire du XVIIe siècle (ms. fr. 10724).

5) Obédience de Charles VIII, Burckard, II, 226. En 1498, Alexandre VI aime à rappeler que Charles VIII « obedientiam nobis supplex personaliterque exhibuerit » (Instr. à ses nonces près de Louis XII, 1498. *Procédures politiques,* p. 1107).

6) Instruction de Louis XII, 4 fév. 1500 (1499, st. français), publ. par Thuasne, *Diarium,* II, 514 note.

La réception d'obédience a lieu d'ordinaire en consistoire public : les « avocats du consistoire » prennent la parole et formulent pour la forme trois ou quatre *commissions* ou *propositions*, d'ordinaire trois [1]. Pendant ce temps, les maîtres des cérémonies introduisent les ambassadeurs, qui attendaient dans la salle ou la chapelle voisine. Les ambassadeurs ecclésiastiques sont en chappe. Chaque membre de l'ambassade entre successivement, entouré d'*assistants*, c'est-à-dire ayant un archevêque ou évêque à sa droite et un à sa gauche : le chef de l'ambassade présente ses pouvoirs qui sont lus par un secrétaire et vérifiés. Il prononce ensuite une harangue et l'ambassade est admise à baiser le pied du pape, — parfois la main, mais par abus ! L'ordre de ces formalités peut, du reste, varier. Le discours constitue la partie difficile. L'ambassadeur doit toujours parler de la dévotion de son maître et d'un zèle extrême pour la défense de l'Église ; mais cette donnée comporte bien des nuances [2]. Le pape répond ; la séance s'achève par la réquisition d'un prélat aux notaires apostoliques d'en dresser les *instruments* [3].

Il est de règle qu'à l'avènement d'un nouveau roi, ou à son propre avènement, le pape attende l'obédience : mais cette règle souffre bien des exceptions. Informé, dans la nuit du **14** au **15** avril **1498** [4], de la mort de Charles VIII, Alexandre VI décida d'envoyer de suite à Louis XII une ambassade de compliments et d'affaires, composée de trois nonces : un archevêque, un protonotaire, un chanoine. Ces envoyés quit-

---

1) Mention d'une de ces propositions, sur l'incarcération d'un évêque, — à propos de l'obédience anglaise : *Diarium*, III, 355.

2) Le discours est imprimé à Rome, en plaquette, d'ordinaire in-4°. Hain cite bon nombre de ces plaquettes, passées à l'état de curiosités bibliographiques.

3) Burckard, II, 513-514, 11 mars 1499, et *passim*.

4) Burckard, II, 474.

tèrent Rome le 4 juin et l'ambassade française d'obédience n'y arriva que le 17 août [1].

Quant à l'obédience directement prêtée par les rois, c'est une matière exceptionnelle, dont à Rome même, cette patrie de l'étiquette, le cérémonial ne semble pas rigoureux. Charles VIII, en 1494, ne voulut pas se conformer au cérémonial des ambassadeurs. Il fit lui-même le baisement de pied, de main, de visage, puis se mit debout près du pape : avant l'obédience, le président de Ganay postula, en son nom, trois grâces : le pape répondit d'une manière dilatoire ; alors Charles VIII prononça de sa place, en français, la formule d'obédience. Ganay la reprit en latin, et le pape répondit suivant l'usage [2].

L'ambassade d'obédience est une ambassade spéciale, et du caractère le plus solennel. Elle comprend, en général, un élément ecclésiastique, mais il n'y a pas de règle pour sa composition. Elle comporte habituellement trois ou quatre membres [3] ; le chiffre varie d'un [4] à douze [5], ce dernier nombre étant, du reste, jugé excessif et presque ridicule [6]. L'ambassade d'obédience de France, en 1499, comptait sept membres, et, chose bizarre, dans son désir d'y placer des personnages agréables, le roi en avait presque éliminé l'élément français ; elle avait à sa tête, un cardinal italien, plus ferme que sympathique à la cour de Rome, le cardinal de la Rovère, le futur Jules II ; puis elle comprenait César Borgia (le fils du pape, adopté par la

1) Id., 493. On peut voir particulièrement sur ces matières d'obédience le récit par Burckard des obédiences à Jules II.

2) Burckard, II, 226-230.

3) Ambassades d'obédience à Jules II, de France, de Savoie, de Pologne, de Portugal, de Rhodes, de Lucques, de Ferrare...

4) Ambassade delphinale de 1447 (Lettres de Louis XI, I, 216).

5) Ambassade de Gênes (Jules II était presque Génois) : Sienne et Florence envoient six ambassadeurs, Venise huit, l'Angleterre cinq, le Montferrat deux...

6) Burckard nous dépeint les douze ambassadeurs « marchant ensemble, comme un seul homme » (Diarium, III, 333).

France), les évêques de Fréjus (génois), de Famagouste, de Tréguier (breton), un maître d'hôtel du roi, un « commandeur d'Avignon », un secrétaire [1]. L'ambassade génoise, en 1504, était toute laïque [2] ; l'ambassade de Montferrat, en 1504, comprend un évêque, un comte et un docteur, mais l'évêque est resté malade en route [3] ; l'ambassade de Savoie, quatre membres (un évêque, un docteur, un protonotaire, un seigneur), suivis de quatorze voitures de bagages et formant un train de quatre-vingts chevaux [4].

La date des envois d'obédience varie beaucoup : élu le **31** octobre 1503, Jules II recevait encore des obédiences en 1506. L'obédience de France n'arriva qu'en avril 1505. Beaucoup de circonstances très diverses peuvent motiver ce retard. Les premières obédiences sont celles des États voisins, d'Italie.

On doit aux ambassades d'obédience la réception la plus solennelle. Mais comme tout prince ou toute ville libre envoie une ambassade, le service des arrivées devient matériellement si accablant que le désordre s'y glisse et que le cérémonial lui-même en souffre, au moins pour les ambassades secondaires. L'ambassade de Savoie à Jules II, arrivée seulement en avril 1506, fut reçue par les ambassadeurs de Gênes, de Rhodes, de Bologne, mais la maison du pape se rendit trop tard à son avance, « *propter multitudinem advenientium* » [5]. Quant à l'ambassade de Gênes, on la reçut seulement à la porte de la ville, et non sur la route, contrairement à toutes les habitudes.

1) Thuasne, *Diarium* de Burckard, I, 514, n° 2.
2) *Id* , III, 333.
3) *Diarium*, III, 360.
4) *Diarium*, III, 421.
5) 13 avril 1506. *Diarium*, III, 421.

8

L'étiquette est extrême. L'ambassade de France près de Jules II, composée de l'archevêque d'Embrun, d'Aimar de Prie, de Michel Riz (conseiller au parlement de Paris, d'origine napolitaine), et de Guillaume Budé, secrétaire du roi, arrive à Rome le 15 avril 1505. Guibé, ambassadeur de France à Rome, l'accompagne. L'archevêque entra par la porte du Verger, entre le préfet et le gouverneur de Rome ; devant eux, marchaient le prince de Salerne, le sénateur et des sergents d'armes ; derrière, Aimar de Prie, entouré d'un prélat et de l'ambassadeur de Pologne. Vingt prélats du palais suivaient. Le pape, absent de Rome, était revenu tout exprès pour cette entrée, à laquelle il assista du château St-Ange. Mais on se moqua beaucoup du train des ambassadeurs, qu'on trouva vraiment trop modeste [1] : cinquante chevaux seulement, assez médiocres, et onze voitures de bagages [2]. Peu après, le 28, l'ambassade de Venise arriva en pareil honneur, mais en équipage plus convenable : soixante-douze voitures de bagages la précédaient ; elle avait trois cents chevaux. On ne se priva pas de faire ressortir la différence [3]. Quelques jours plus tard survint l'ambassade de Portugal : celle-ci se fit précéder d'un tambourin et de cinq ou six trompettes [4] ; innovation hardie, à laquelle le maître des cérémonies, scandalisé, chercha vainement à s'opposer ; les Portugais, pour se faire remarquer, n'avaient rien trouvé de mieux et s'étaient assurés de l'autorisation du pape. On admira beaucoup la magnificence et la singularité de l'ambassade de Pologne [5], l'élégance des

1) *Diarium*, III, 385.
2) Giustinian.
3) Burckard : Giustinian.
4) *Diarium*, dimanche 1er juin 1505.
5) *Diarium*, III, 379.

gens de Savone, qui furent reçus avec une cordialité toute
particulière [1].

Cette pompe doit se retrouver à l'audience solennelle d'o-
bédience. Toute la suite des ambassadeurs étant admise au
baisement des pieds, il est bon que cette suite paraisse aussi
nombreuse que possible. En 1504, à l'obédience de Venise,
cent quarante-neuf personnes vinrent, après les ambassadeurs,
baiser les pieds [2]. L'ambassadeur d'Espagne tint à assister à
l'obédience de France, et, pour bien montrer que son pays mé-
ritait autant d'honneur que la France, il s'était fait accompagner de douze ou treize prélats, évêques et archevêques [3]. De
son côté, l'ambassade de France avait senti le mauvais effet
produit par son entrée ; elle s'était fait suivre de gens ra-
massés un peu partout et habillés à la hâte. Malgré cette précaution, l'audience marcha assez mal : les pouvoirs étaient libellés en français, contrairement à la règle ; plusieurs des ambassadeurs désignés dans ces pouvoirs manquaient [4] ; le cérémonial lui-même fut suivi avec un certain désordre.

Après l'obédience a lieu un banquet chez un cardinal de la
nation [5].

Les prestations d'obédience donnent toujours lieu à des
difficultés prévues ; car il faut qu'elles émanent de pouvoirs
réguliers et indépendants. Aussi toutes les contestations internationales ou même intérieures se donnent rendez-vous sur
ce champ de bataille.

Le pape peut refuser de recevoir l'obédience d'un pouvoir
qu'il ne considère pas comme régulier : mais la diplomatie

---

1) III, 340. Jules II était de Savone.
2) *Diarium*, III, 387.
3) III, 386.
4) *Diarium*, III, 385-86 : Giustinian, III, 495.
5) Ambassades de Venise, de Pologne... Burckard, III, 378 ; Giustinian.

romaine est trop perfectionnée pour opposer des refus absolus. Le refus prend la forme d'un délai courtois [1], ou bien le pape reçoit l'ambassade en consistoire dit *secret*, pour formuler *in petto* ses réserves. Le mot *secret* ne représente d'ailleurs rien de mystérieux (nous voyons les ambassadeurs de France, d'Angleterre, de Ferrare, assister à un de ces consistoires [2]), il sert seulement à donner un caractère privé à la démarche des ambassadeurs.

Le pape décline très rarement une obédience. En octobre 1498, Alexandre VI reçoit sans difficulté l'obédience de Ludovic Sforza [3], bien qu'à ce moment on négociàt son renversement. Jules II refuse le serment d'obédience de l'ordre de Saint Jean de Jérusalem et n'admet les ambassadeurs qu'en consistoire secret [4], parce que l'ordre, par sa règle même, doit obéissance au pape, et, par conséquent, ne représente pas un pouvoir indépendant, bien qu'il exerce à Rhodes tous les droits de la souveraineté.

Laplupart du temps, l'obédience sera ou pourra être contestée par un tiers, qui déniera à l'obédient le droit d'agir au nom de tel ou tel pays, ou qui même prétendra la souveraineté sur cet obédient. Ainsi Louis XII, portant le titre de duc de Milan, aurait pu faire contester l'obédience de Ludovic Sforza. Nous avons de nombreux exemples de ces protestations. Elles ne mettent pas obstacle à la réception en audience publique. Le pape s'en tire ou par le silence, ou par une réponse vague, ou par la formule ordinaire « *sine alterius prejudicio* ». Nous

1) Obédience de Venise à Jules II, longtemps retardée parce que, Venise détenant des provinces du St-Siège, le pape ne considérait pas sa situation comme régulière. Néanmoins il y avait à Rome un ambassadeur vénitien, qui négociait activement.

2) Burckard, 14 octobre 1504.

3) *Diarium*, II, 495.

4) Burckard, 14 oct. 1504.

voyons, par exemple, le **20 mai 1504**, à l'obédience d'Angleterre, l'ambassade de France protester contre le titre de « roi
de France » pris par le roi d'Angleterre. A la prestation d'o-
bédience française en 1505, le chef de l'ambassade espagnole,
informé que le roi de France prendrait le titre de roi de Naples, fait préparer d'avance une protestation en règle, convo-
que tous les prélats de nation espagnole, tous les détenteurs
de bénéfices espagnols, les tenants des partis Colonna et
Orsini, et, à leur tête, lit lui-même sa protestation aussitôt
après le discours d'obédience et demande acte notarié de sa
protestation. L'ambassadeur français réplique. Le pape prend
la parole, formule quelques généralités en réponse au discours
d'obédience du roi de France (sans mentionner Naples) et déclare le consistoire clos[1].

L'obédience d'Anne de Bretagne, en 1498, donna lieu à des
incidents singuliers. Redevenue duchesse de Bretagne par la
mort de Charles VIII, Anne, pour affirmer son indépendance,
se hâta d'envoyer à Rome une ambassade d'obédience ; quand
l'ambassade arriva, Anne avait épousé Louis XII et la Bretagne avait fait retour à la France. L'ambassadeur de
France et le cardinal de Gürck s'opposèrent donc à la réception de l'obédience, et la cour de Rome refusa en effet de
l'admettre. Mais les ambassadeurs bretons (l'évêque de Tréguier, le grand maître Coetmen, le protonotaire du Bouchet),
venus *incognito* négocier à Rome avant leur entrée solennelle,
produisirent une autorisation du roi : on dut s'incliner[2]. Ils firent
donc leur entrée solennelle, à laquelle prirent part les ambassadeurs de France, de Milan et de Florence, le **22 février
1499**. Le 11 mars, ils prêtèrent obédience, et l'évêque de

1) *Dispacci di Giustinian*, III, 495.
2) Et même une recommandation. Cette lettre se trouve dans les papiers
de Podocataro, à la Marciana.

Tréguier prononça un discours fort habile, où il rappela les obédiences prêtées de tout temps par la Bretagne [1].

On peut dire qu'à cette époque la réception de l'obédience à Rome constitue le meilleur acte de reconnaissance.

1) *Diarium*, II, 510.

CHAPITRE IV

De l'autorité naît le pouvoir ; quand on a exactement établi où réside le pouvoir, il importe, en matière internationale, d'en fixer l'étendue. Cette matière se résume en deux formules : 1° chacun est maître chez soi ; 2° personne n'est maître chez autrui.

Examinons la première. En France, le roi, qu'on se plaît à représenter, au point de vue intérieur, comme un « berger[1], » incarne le pays à l'égard de l'étranger. Ce principe prévaut, d'ailleurs, dans toutes les monarchies, sauf en Angleterre où l'on considère l'intervention des États du pays comme nécessaire pour garantir un traité[2]. La direction des négociations dans les monarchies présente donc un caractère personnel : les ambassadeurs trouvent devant eux un monarque avec lequel il faut compter et qui commande le respect : ce roi a une famille, il a en Europe des parents, des amis, et, par suite, des moyens d'action ou d'information que l'ambassadeur peut redouter. Sa politique est connue ; il en résulte des alliances, et un esprit de crainte chez les adversaires. Libre

1) *Lunettes des princes*, par Meschinot.
2) Les rois (par exemple les rois de France et d'Espagne), qui ne reconnaissent, en fait, aucun supérieur, peuvent déclarer la guerre. Un tyran, un usurpateur, une personne privée ne le peuvent pas (J. de Terra Rubea, *op. cit.*, fº xcv). Mais on discute si une déclaration de guerre exige, pour être légitime, le consentement des peuples ; les jurisconsultes admettent l'affirmative (Joannis Lupi, *Tractatus dialogus de Confederatione principum*, édit. 1511, 63 vº, 65 vº, 67 vº).

de ses mouvements, un roi peut prendre rapidement un parti, frapper un coup, décider une démarche. D'autre part, la direction des affaires tient à une personne humaine ; c'est dire qu'elle dépend de la maladie, de la mort, des caprices, des influences et notamment des influences de femmes. En France, l'influence de la reine Anne de Bretagne se fait constamment sentir. Dans les républiques, la direction est plus uniforme, mais elle subit de fréquentes oscillations, et il n'y a de républiques qu'en Italie, dans de petits états essentiellement commerciaux. Les rois garantissent le commerce par des actes politiques ; les républiques ne se préoccupent que du négoce et y assujettissent la politique, elles traitent les négociations comme une affaire commerciale, avec réflexion, avec précaution, avec tenacité, souvent avec timidité. La diplomatie florentine offre rarement de grands mouvements. La diplomatie vénitienne, très âpre, très active, montre seule, dans certains moments, une singulière énergie.

Le gouvernement (nous l'appellerons le roi, pour rester en France) le roi, donc, a le droit [1] absolu de régler les rapports avec l'étranger, que ces rapports soient généraux ou individuels. Il peut empêcher de sortir et d'entrer [2] tout homme et toute

1) Le devoir même, d'après Claude de Seyssel, de ne jamais laisser ses voisins entrer en armes, tirer de son pays harnais ni vivres outre raison, ni avoir avec les capitaines de la frontière des relations autres que de courtoisie (*La grant'monarchie de France*, p. 60, 61, 61v°).

2) Les frontières sont constatées par un bornage. V. en 1490, une enquête par ordre du conseil de France sur la frontière de Lorraine, consistant en une information sur les bornes placées autrefois vers la rivière de la Meuse. Des vieillards déposent par ouï-dire qu'autrefois Philippe le Bel et l'empereur sont venus eux-mêmes faire planter des bornes profondément fichées en terre et des bornes de cuivre au milieu de la Meuse, à l'endroit où elle est frontière (Leibnitz, *Codex juris gentium*, p. 453 et suiv.). Pour les délimitations de frontière, on nomme de part et d'autre des commissaires spéciaux qui agissent comme experts, avec pleins pouvoirs (1461. *Lett. de Louis XI*, II, 13). — Le roi de France charge trois commissaires de borner les territoires

chose [1], ou régler les conditions de la sortie et de l'entrée ; il peut même, au besoin, en vertu de son pouvoir discrétionnaire, exproprier les domaines voisins de la frontière, pour assurer le respect de ses ordres [2], car il répond de la sécurité et de la vie matérielle du pays.

1° Il a le droit d'empêcher de sortir. Quand il redoute une guerre, le roi, par mesure générale, par simple *cri*, ordonnera, s'il le veut, « que nul baron, chevalier, escuier, gentilhomme ou homme d'armes, de quelque estat, provenance ou condition qu'il soit, sur quanque il se puet meffaire envers nous, et sur paine de corps et avoir, ne se parte ou voise hors de nostre royaume », à moins d'autorisation spéciale et écrite, fût-ce pour un pèlerinage, pour une entreprise d'armes..., et cela sous les peines les plus sévères [3]. Le roi défend de même l'exportation du salpêtre et du matériel de guerre [4].

en litige entre les comtes de Flandre et de Hainaut (Vidimus de l'évêque de Cambray, 1312. *Monum. pour servir à l'hist. des prov. de Namur, de Hainaut et de Luxembourg*, III, 642-643).

1) L'ordonnance du 5 avril 1480 qui institue Boffille de Juge vice-roi du Roussillon pour Louis XI, lui confère même le droit d'élargir, ouvrir et ordonner liberté, clore, restreindre et modérer le fait du commerce et fréquentation et communication des marchands et marchandises desdits pays avec ceux ou celles du pays de Catalogne » (Perret, *Boffille de Juge*, p. 43).

2) Une déclaration du 8 juillet 1512 met sous la main du roi la seigneurie de Valdaure (dépendant de la succession d'Armagnac), au nom de la défense du royaume (*Ordonnances*, XXI, p. 478), et saisit diverses autres terres de la même succession, tout en laissant les revenus au propriétaire, qui en recevra du trésorier de Toulouse le montant (*id*, p. 477).

3) 1er avril 1383. Fr. 20588. L'empereur (allié de la France) a fait *crier* par toute l'Allemagne qu'il donnait licence à tous *compaignons* de pouvoir aller servir le roi de France, ce qu'il n'avait voulu *souffrir* jusqu'à présent (janv. 1512. *Lett. de Louis XII*, III, 134). Défense du roi à ses sujets de sortir du royaume, le roi d'Espagne se plaignant que les Français font soulever contre lui ses sujets (23 juillet 1566. Fr. 20588, f° 41, copie anc.).

4) Défense de Louis XI d'exporter du salpêtre en Languedoc (1469. Ms. fr. 25714, 133). Défense d'exporter des armes et munitions en Bretagne, etc. (*Catalogue du fonds Bourré*, C. 133. 1464). Rémission à Guy Dimenches dit

Il peut aussi, par mesure de police, interdire nominalement
à qui bon lui semble la sortie du royaume, ou l'interdire en
général dans telle direction déterminée.

Louis XI, brouillé avec le pape en 1478, fait arrêter aux
frontières les personnes qui se rendent à Rome sans son autorisation, donne leurs biens à leurs dénonciateurs et les fait
punir[1]. Le sénat de Venise, sur la nouvelle que le marquis de
Mantoue envoie en France sa sœur Claire avec un gentilhomme
vénitien, Pierre Gentile, défend à Gentile d'aller plus loin que
la frontière[2]. Louis XI défend aux marchands de Lyon de se
rendre aux foires de Genève, sous peine d'amendes énormes
(10,000 francs par tête)[3].

Quant aux denrées, il entre dans le système du Moyen-Age
de prohiber habituellement l'exportation des blés et même
d'autres produits alimentaires ; mais ici nous touchons à un

Le Lombart, d'Amiens, après une longue détention. Il avait fait venir de chez
un marchand de Paris 2,400 liv. de salpêtre, à 4 liv. 15 s. le cent, en quatre
tonneaux, par charrette : et, pensant faire acte commercial, disait-il, les a
revendus à maître Yngle, « serviteur de notre cher cousin et bon ami le sieur
d'Aiguemont, gouverneur de Hollande ». Il en a déjà fait mener 1,100 au port
de Saint-Valery. Il ignorait nos défenses, ordonnances et *inhibicions* d'envoyer du salpêtre hors du royaume (Lyon, août 1504. JJ 235, 105). Reçu
par Germain de Marle, trésorier et garde « des salpestre, souffres et plomb
appartenants au Roy notre sire, servans à son artillerie », aux héritiers de
feu Henry Perdrier, « en son vivant commis à requeullir et amasser les
salpestres de l'Isle de France », Soissonnais, Champagne et Picardie, de
49.763 livres de salpêtre, net, pesées au poids du roi, en 200 caques, trans-
portées à Paris à leurs frais (2 janvier 1499. Fr. 26406, 136).

1) Kervyn, *Lettres et négociations*, I, 220. Ordonnance de Charles VI inter-
disant à ses sujets d'aller au jubilé de Rome sous peine d'être arrêtés, et,
pour les gens d'église, sous peine de voir leur temporel saisi, « parce que le
royaume menacé a besoin de ses hommes et de son argent » (Leibnitz, *Codex
juris gentium*, 262).

2) 11 avril 1497. Arch. de Venise, Secreto 36, p. 125.

3) Un certain Thomassin de Grimault (Grimaldi), qui avait mis ses biens
en sûreté, est arrêté (1470. Fonds Bourré, C. 115). Cf. l'ordonnance de 1472
sur cette matière (*Ordonnances*, XV, 571).

ordre d'idées différent, aux conceptions économiques, dont nous dirons quelques mots à propos du commerce.

Le fait de prendre parti pour les ennemis du dehors, en sortant du royaume, — ou même sans en sortir, — constitue le crime de lèse-majesté, ou haute trahison, ou rébellion, punissable de la peine capitale. Ce crime met le coupable hors la loi [1], même hors la loi de la guerre [2], sans égard à sa personne. On en trouve de nombreux exemples, dont plusieurs s nt assez illustres pour se présenter à toutes les mémoires. Rappelons seulement celui du duc d'Orléans, cité avec le duc de Bretagne, devant la cour des pairs en 1487 : l'avocat du roi conclut à l'application du crime de lèse-majesté. Comme dans cette matière, il s'agit de droit politique intérieur, on s'appuie sur la loi romaine ; c'est à elle qu'on recourra en cas de lèse-majesté [3], car le Moyen-Age aime les législations toutes faites.

Le premier effet de la trahison avérée ou simplement soupçonnée est la main-mise, la destruction même des biens des coupables, soit par jugement, soit par mesure administrative. On a voulu rattacher cette pénalité de la confiscation au système féodal, d'après lequel le seigneur, coupable de forfaiture, se trouve naturellement déchu du fief qu'il est censé tenir du prince. Cette explication ne saurait s'appliquer à bien

---

1) La rébellion suspend *de facto* tout privilège, statut ou coutume des rebelles (Martinus Laudensis, *De legatis*, quest. 7).

2) Comme l'a remarqué Sumner Maine, le fait d'Edouard III voulant faire pendre six bourgeois de la ville de Calais, lors de sa reddition, n'est pas isolé. A Rouen, à Montereau, à Meaux, Henri V n'accepta point la reddition sans l'accompagner d'exécutions ; mais cet excès s'explique (s'il peut s'expliquer) par le caractère de la guerre qui était une guerre de succession. Henri V, se considérant comme roi de France, traitait en rebelles, non en ennemis, ses adversaires (*Le droit international ; La guerre*, p. 201). En 1469, le duc de Bourgogne, à Liège, fait noyer les prisonniers (Commines, l. ii, c. xiv).

3) V. not. le procès du maréchal de Gié (*Procédures politiques du règne de Louis XII*).

des cas, notamment à l'ordre usuél de raser les maisons, même urbaines, des coupables [1]. Quoi qu'il en soit, il y a un nombre considérable de confiscations pour trahison, édictées à titre individuel ou à titre général [2].

Les biens confisqués n'entrent pas dans le domaine du roi, ce qui les rendrait inaliénables. Le roi les distribue [3] dans la

1) Le duc de Bretagne déclare les barons rebelles hors la loi. Il fait raser leurs maisons, couper leurs bois, saisir leurs revenus (Dupuy, *Hist. de la réunion de la Bretagne*, II, 30. Ordres de Charles VIII, les 22 et 23 avril 1487, de faire raser la maison de Denis Le Mercier, chancelier du duc d'Orléans, et celles des personnes émigrées comme lui en Bretagne. Ms. fr. 21717, fo 197).

2) Odet d'Aidie, serré de près à Blaye, en 1486, obtient de devenir serviteur du roi et de garder ses biens, en s'engageant à faire rendre au roi toutes les places fortes de son frère, le sire de Lescun (*Hist. de Charles VIII*, p. 36). — Rémission à Bernard d'Abzac, du Périgord, qui a pris le parti des Anglais sous Charles VII, a émigré en Angleterre, a contribué à la reprise de Bordeaux par l'ennemi, et enfin a pu s'échapper et se retirer en Angleterre, puis en Espagne (Janvier 1500, contresignée : Dasnières. JJ. 235, 26.).

3) Patentes du 9 juillet 1369, par lesquelles Charles V donne à Guy de la Tremoïlle divers châteaux confisqués sur A. de Tastes, chevalier, partisan des Anglais. — Patentes du 5 novembre 1380, par lesquelles Charles VI lui donne les biens confisqués sur Pierre de Bar pour cause de forfaiture (L. de la Tremoïlle, *Guy de la Tremoïlle*, p. 145, 160). Louis XI donne à la duchesse d'Orléans tous les biens des partisans du duc de Bourgogne dans ses domaines (12 mars 1470-71. Ms. Moreau 405, fo 263, vo) : au sire du Bouchage les biens du sire de Fay qui a pris parti pour la Bourgogne (1470. Ms. fr. 2912, fo 4 :), à Philippe Pot le seigneurie de Guéry, confisquée sur Charles, Louis et Liénard de Chalon (28 septembre 1477. K. 72, no 9), à Jean de Daillon une rente que possédait en Orléanais le prince d'Orange (quitt. de 1481. Collect. Bastard, 943), etc., etc. Cf. (Ms. Dupuy) lettres-patentes, datées de Mirecourt, 22 avril 1477, en conseil, par lesquelles le duc René de Lorraine donne à Henry de Ligneville, chevalier, les biens de demoiselle Ysabel de Ligneville, femme de Nicolas de Baudoncourt, lesdits biens échus par confiscation, parce que M. et Mme de Baudoncourt « *tiennent party à nous contraire* ». Voici une formule de patentes de confiscation : « Comme Alain Lelay et Ysabel, sa femme, aient tenu et encores tiennent le party du roy d'Angleterre, nostre ancien ennemy et adversaire, et lui aient fait foy et hommage, pourquoy ilz aient méfait envers nous et nostre majesté royal, en commettant crime de lèze majesté, et autrement délinquant en plusieurs

famille royale, parmi les courtisans, et les bons serviteurs, quelquefois dans la famille du coupable [1]. Les bénéficiaires de ces largesses ne sont considérés que comme dépositaires, et le roi peut, quand il le juge bon, restituer à leur vrai propriétaire ou à ses héritiers les biens saisis [2]. Les bénéficiaires, étant d'ailleurs des gens influents, opposent à cette restitution mille entraves cachées et font une résistance héroïque [3].

Plus tard, on appliqua la peine de haute trahison aux capitulations injustifiées [4]. On étendit aussi la procédure de lèse-majesté aux poursuites contre les évêques [5]. Bref, cette matière de lèse-majesté fournit la formule élastique qui permettait d'atteindre « les grands » dans leurs entreprises et de les mener jusque sur l'échafaud. Elle avait été établie pour le Moyen-Age par Bartole [6]. On l'étudia avec le plus grand

diverses manières...., tellement que nous en povons ordonner à nostre bon plaisir et voulenté. Nous, considérans les grans, notables et prouffitables services de...., nous l'investissons des biens... » (Pat. du 6 octobre 1418. Preuves des *Mémoires de Fenin*, xiii).

1) Soumission de Marie, comtesse de Ponthieu, dont le mari, le comte d'Alençon, avait été condamné pour lèse-majesté. Le roi lui rend ses propres pour elle et ses enfants (1225. Bry de la Clergerie, *Hist. des pays et comté du Perche*, liv. iv, p. 234).

2) Le roi ordonna, en 1302, que tous les biens provenant de confiscation, ou l'équivalent, seraient distribués dans l'année. Quant au délai de restitution aux véritables propriétaires, il dépend de la volonté royale (Chopin, *De dominio*, lib. I, t. 8, n° 7, citant l'espèce du connétable de Saint-Pol : Cf. Le Bret, *Traité de la souveraineté*; l'*Institution* de Coquille; *Stylus curiæ parlamenti Parisiensis*, Paris, 1558, etc).

3) Chatelleraud, donné à Anne de France par Louis XI, ne fut rendu qu'en 1491 (1492) aux d'Armagnac (Lalanne, *Hist. de Chatelleraud*, t. I, p. 348; Cf. La Mure, *prevves*, p. 214). V. les *Procès-verbaux du conseil de régence de Charles VIII*, publiés par Bernier, passim.

4) Ms. Dupuy 494. Cf. Dupré Lasalle, *Michel de l'Hospital avant son élévation au poste de chancelier*, Paris, 1876.

5) V. Ms. fr. 18425, Traité du crime de lèse-majesté imputable aux évêques : fr. 18426, Recueil de procès contre les ecclésiastiques pour lèse-majesté.

6) *Tractatus* iii. Cf. Pauli Sentent. ad leg. Jul. Majestatis, tit. xxxi, dans Hænel, *Lex Romana Visigothorum*.

soin au XVI⁰ et au XVII⁰ siècles. Les jurisconsultes s'effor-
cèrent de cataloguer les grandes condamnations politiques
encourues depuis le commencement de la monarchie ; ils
remontent au commencement du VI⁰ siècle, à Prétextat,
archevêque de Rouen, accusé de complot contre Chilpéric, à
Brunehaut ; ils dressent des listes, où l'on arrive par le comte
d'Eu, par Olivier de Clisson, Jacques Cœur, le connétable de
St-Pol, Jacques d'Armagnac, le comte du Perche, à Pierre de
Rohan, au connétable de Bourbon, à l'amiral Chabot, au sire
de Vervins [1].., pour essayer d'extraire un principe. Il n'en

---

[1] V. ms. f. 16535. Voici une liste de ce genre, avec un choix de peines,
extraite, telle quelle, du ms. Dupuy, 550, fᵒˢ 50 et suiv. « Mémoire de princes
et seigneurs condamnés pour lèse-majesté » :

619,	Sous Clotaire II, Brunehaut.	
620,	L'évêque de Lyon, pour avoir prédit la mort du roi dans l'année et avoir engagé la reine à épouser un seigneur de Bourgogne	(Tête tranchée).
786,	Hardrade et autres : conspiration.......	(Yeux crevés).
788,	Tassillon.........................	(Monastère).
792,	Pépin, bâtard de Charlemagne	(Monastère).
812,	Gannelon	(Tiré à quatre chevaux).
818,	Bernard, roi de Lombardie	(Monastère).
829,	Archevêques de Reims, Lyon, Vienne, évêques d'Amiens, Troyes, etc.......	(Monastère, tonsure pour les laïques).
832,	Bernard Goth, comte de Catalogne......	(Bannissement).
851,	Charles et Pépin, roi d'Aquitaine.......	(Monastère).
874,	Carloman	(Yeux crevés et prison).
882,	Comte Gauthier....................	(Tête tranchée).
942,	Hébert, comte de Vermandois.........	(Prison).
1201,	Jean-sans-Terre	(Confiscation).
1307,	Les Templiers......................	(Brûlés vifs).
1313,	Robert, comte de Flandre.............	(Confiscation).
1314,	Gauthier et Philippe d'Annoy.........	(Écorchés vifs).
	Les femmes du roi et de son frère.....	(Emmurées).
1315,	Eng. de Marigny....................	(Pendu).
1323,	Jourdain de l'Isle, neveu de Jean XXII ..	(Tiré à quatre chevaux).
1333,	Robert, comte de Beaumont...........	(Banni).
	et sa complice, une demoiselle qui avait abusé du sceau royal.,........	(Brûlée vive).

résulte pourtant rien de précis, sinon qu'à partir du XVIe siècle, le pouvoir royal s'arme de lois formidables, qu'à la fin du XVe siècle on cherche à retremper pour son usage les vieilles lois romaines de lèse-majesté, et que jusque là il a vécu d'expédients, de mesures d'exception appliquées au nom du salut de l'État [1].

1342, Olivier de Clisson, le sire d'Avaugour, etc., pour félonie	(Tête tranchée).
1350, Raoul de Presle, connétable, id. (en conseil privé)...........................	(Même peine).
1378, Connétable de Saint-Pol, pour avoir épousé la sœur du roi d'Angleterre..........	(Bannissement).
1378, Le duc de Bretagne..................	(Confiscation).
1392, Olivier de Clisson, pour extorsion	(100.000 marcs d'amende, bannissement).
1409, Le seigneur de Montagu, surintendant des finances	(Tête tranchée).
1416, Divers seigneurs du duc de Bourgogne, pour avoir ravagé les terres alliées du duc d'Orléans....................	(Bannissement, confiscation).
1441, Alexandre, bâtard de Bourbon, pour paroles injurieuses..................	(Jeté à l'eau dans un sac).
1455, Le seigneur de Lesparre, pour trahison envers l'Anglais..................	(Tête tranchée. En Guyenne, il n'y a pas de confiscation ; ses hoirs lui succédèrent, sauf des amendes).
1468, Charles de Melun, seigneur de Normanville, bailli de Sens, accusé de trahison après une procédure d'un jour devant Tristan l'Ermite..................	(Tête tranchée).
1473, Jean, duc d'Alençon	(Décapitation, confiscation).
1475, Connétable de Saint-Pol..............	(Décapitation).
Mai-4 août 1476, Jacques d'Armagnac, duc de Nemours........................	(Prison perpétuelle).
1542, Chancelier Poyet, pour concussions.....	(Mort et confiscation)....

1) Parmi les documents cités, se trouve une abolition du roi Jean à la noblesse de Guyenne pour avoir suivi le parti des Anglais (1337), qui distingue entre la rébellion et la lèse-majesté : elle pardonne la première et réserve la seconde (ms. fr. 18433, no 13).

Nous n'insisterons pas sur une matière aussi complexe.
Ajoutons seulement que le roi de France trouva en Italie le
système des confiscations pour cause de rébellion bien établi,
du moins en fait, sinon en droit [1]. Charles VIII n'hésita pas à
l'appliquer à Naples sur une large échelle ; Louis XII n'y
recourut guère lors de la première occupation de Milan :
mais à la seconde, en 1500 [2], un grand nombre de procédures
sommaires aboutirent à la confiscation [3]. A Milan, à Naples.
le roi peut confisquer, confirmer [4] ou attribuer les biens par-

---

1) Les Borromeo virent leurs biens confisqués par Ludovic Sforza, et l'un
d'eux condamné à mort, à cause de leurs rapports avec le duc d'Orléans
(*Hist. de Louis XII*, t. III : Co Magenta, *I Visconti e gli Sforza nel castello di
Pavia*, I, 558 ; chr. inédite de Sanuto, ms. ital. 1441).

2) Et plus tard à Gênes. V. Patentes royales du 28 mars 1511, accordant
leur grâce à Ansaldo Grimaldi et Stefano Doria qui ont persisté dans le parti
adverse, même après l'amnistie : mettant à néant tous actes et appels contre
eux (K. 79, 1⁴).

3) Patentes de Blois, décembre 1501, portant que le capitaine de justice de
Milan a fait citer comme rebelles François « de Portu » et Jean Barthélemy Lan-
zano. Condamnés par défaut à mort et à confiscation, ceux-ci se cachèrent dans
le château d'Ottaviano Mis Palvesino (Pallavicini). Le capitaine l'apprend, les
cite : ils ont peur et sollicitent leur grâce. que le roi leur accorde (JJ. 235,
36 v°). Rémission à Augustin-Marie de Baccaria, citoyen de Pavie (qui est du
parti de Sforce), condamné pour lèse-majesté à confiscation (Blois, février
1510. Fr. 5503, 79).

4) Archives du duc de la Tremoïlle, *Lettres d'Italie*, s. d. (1500). Supplique des comtes Eleuthère, Galéas et Franchin de Ruscha, comtes de Lo-
carno et de Val-Lugano, etc., etc. : « Le comte Jean, leur père, après avoir
prêté serment de fidélité au roi, a été réinvesti de ses terres par privilège du
15 oct. 1499, contresigné : Et. Petit. Il est mort deux mois après. Son fils
bâtard Hercule a fait enlever tous les meubles de la maison paternelle de
Milan et veut s'emparer des terres. Recours au roi des fils qui demandent à
prêter serment et à recevoir investiture (Copie originale en triple expédition). Fr. 5504, 125 v°, 5503, f° 77, Rémission à Jérôme Damye, de Milan,
pour lèse-majesté, Blois, févr. 1510.; fr. 5504, 119 v°, Rémission à Louis de
Marcillan, de Milan, pour rébellion, s. d.: JJ. 235 f° 119 v°, Confirmation de
biens au royaume de Naples à Jérôme Michael, Dijon, mai 1501, et à Al-
phonsine de Bubal, veuve Terrent d'Estorrente, id.; f° 120, à Angel d'Estorrente, id., à Camille Descorciatis, docteur *in utroque jure*, id.; f° 120 v°, à

ticuliers[1], par simple mesure administrative [2]: il peut aussi, en

Nicolas de Toccho, et Achille son fils, chambellan, id.; f° 26, Motu proprio
remettant aux maisons Caraffa et Piccolomini (c'est-à-dire au cardinal de
Sienne) le crime de lèse-majesté et leur restituant les biens confisqués lors de
l'entrée de l'armée française au royaume de Naples, Blois, déc. 1501 ; f° 115,
Confirmation de biens à François Zupule (Coppola), chambellan, comte de
« Necheys » et de Montoro, au royaume de Naples, Dijon, mai 1501 ; f° 123 v°,
confirmation de ses domaines à Jean-B^ta de Mersano, prince de Rossano, au
royaume de Naples, Dijon, mai 1501 ; f° 29, patentes confirmant aux héritiers
de feu Jean-François de S. Severino, comte de Caïazzo, ses biens, Blois, déc.
1501 (contre-signées du cardinal d'Amboise) ; JJ. 234, f° 60, Lyon, juin 1500,
Patentes acceptant la soumission de *Dommaine* Tornielli, à la requête de son
frère, le chambellan Mainfroy Tornielli, par le motif que Domenico, *nourri*
par Ludovic, « occupateur » du duché de Milan, dès son jeune âge, avait cru
de son devoir de « nous » combattre.

1) V. Jean d'Auton, tome II, p. 328, *Etat des rebelles du Milanais*, t. I,
p. 378. Cf. JJ. 233, n°^s xxvi et xxviii, dons de domaines en Milanais à
Yves d'Alègre et à Jean de Saint-Prest ; JJ. 235, 118, Don à Cathelan de *Tre-
voul* (Trivulzio) de la maison dite de *Pigeal*, à Milan, porte Cosmane, appartenant à feu Louis de Tresac, secrétaire de Ludovic ; *Vigesve* (Vigevano), novembre 1499, don des biens du comte Ludovic Bargamin et de Charles Bargamin, son cousin, confisqués comme du parti de Ludovic, id.; 124 v°,
Patentes de Vigesve, novembre 1499, donnant à Bernardin de *Trevoulse*,
chevalier, pour ses services, et moyennant 300 liv. qu'il remet au nom du
roi à Aymé d'Orvillac dit Pocquedenare, la *plebe* de *Berbat*, confisquée par
la chambre ducale sur Charles, dit le baron de Ferrart, qui est du parti de
Ludovic ; 60, Don à *Théode Trivoul* de la terre de *Glareaq*, comprise la ro-
quette de *Pizican* (s. d.) ; 135 v°, Don à Ant. Mª Pallavicini des terres de
Nexio, Dongho, Grabedona, Sorno, Rezoingho, la *daxe* de la ville de Parme,
la *dacte* du péage du fer à l'entrée de la ville de Come, qui appartient à
dame Lucrèce *Corbelle,* partie avec nos adversaires, Chalon, 15 avril 1501 ;
123, Lyon, 13 juin 1501, Don à maitre Angelo *Sac,* secrétaire royal à Milan,
pour ses services sous Trivulce, des pont, port et passage de *Gere* sur l'Adda,
en face de *Pengueten,* donné jadis par Ludovic à Jean de Bentivoglio, et
l'hôtellerie de Chasteauneuf, près dudit pont, donnée par Ludovic à Bassan
Bonvin, le tout déjà donné jadis par nous à Sac ; JJ. 231, f° 59 v°, Loches,
novembre 1498, patentes donnant à Jean-Antoine Roboan, portier de la cita-
delle d'Asti, les biens de feu *Nicole Picol* de *Baptifoul*, au marquisat de
Seive, échus par son trépas, suivant la cession par lui faite de son vivant.

2) « Après la prise de Milan, nous avons fait certain rôle et décerné
lettre de pouvoir à l'évêque de Luçon, président du sénat, pour récompen-
ser nos serviteurs sur les biens des rebelles. L'évêque a donné à Jacques

9

les attribuant, stipuler certaines clauses ; la plus usuelle
est l'obligation de résider, lorsque le bien passe à un Français
(le Milanais et Naples étant des territoires soumis au roi, mais
non français) ; parfois, la clause de rendre les terres à première réquisition [1] : l'obligation, en cas de vente, de céder
au fisc partie du prix.

2° Le roi a également un pouvoir absolu pour régler l'entrée
dans le royaume des hommes et des choses. Nul ne peut traverser en armes le royaume, sans une autorisation expresse
du roi [2]. Quiconque se présente sans armes entre librement,
sauf le bon plaisir du roi, auquel il reste toujours soumis [3].
Les marchandises, de même, entrent sous le bon plaisir du roi,
à qui il appartient de les prohiber, de les frapper de taxes

de Romelin, dit Lalande, capitaine de Trezzo et des ordonnances, des terres
valant 300 ducats par an, notamment les biens de Ant° M¹ᵉ de Saint-Aloze,
rebelle. Confiscation contre celui-ci vient d'être prononcée (Confirmation,
Auxonne, 15 mai 1501. JJ. 235, 117).

1) Arch. nat, J. 499, n° 38. Paris, 4 février 1505. Engagement d'Ant° Mᵃ
Pallavicini que « messer Sacramoro et fratelli de Vesconte », ses neveux,
rendront au roi à toute réquisition les terres de Castellazo et Galera, que le
roi sur sa demande veut bien leur confirmer ; n° 39, Blois, 3 déc. 1506, Engagement de Galéas de S. Séverin de ne jamais rien réclamer de la Roque
d'Alcese de Voghera ni des autres terres du feu comte Pierre dal Verme, à
lui données par Ludovic, quoique le roi nous « remette en noz biens » ;
JJ. 224, 25 v°, Montargis, août 1500, Patentes confisquant tous biens de Jean
Mᵃ Visconti, qui, avec ses quatre ou cinq enfants, a pris le parti du More, et
dont les enfants sont encore absents du duché, les donnant tous à la dame
Barbe, fille de Jean-Jacques, pour sa fidélité et ses dépens au service du roi.
Lui donnant aussi les forteresses de Fontenete, Sagnaut et Albiza, dont la
moitié est à Jean Mᵃ Visconti, jusqu'à ce qu'il soit ordonné autrement.

2) Patentes de Charles VIII, autorisant le duc de Lorraine à traverser librement le royaume pour aller à la conquête de Naples, et notant qu'il lui a
promis une compagnie (copie ancienne. Ms. Dupuy 590, f° 13. 4 août 1486).

3) Ordre circulaire du sénat de Venise aux podestats, du 8 octobre 1499.
« Le cardinal Ascagne doit passer par la Lombardie pour se rendre à Rome.
Ordre très secret de l'empêcher de passer ; s'il était arrêté incognito, ren-
voyez-le à la frontière allemande. Prenez cela sur vous, sans alléguer aucun
ordre » (A. de Venise, Secreto 37, 140 v°).

ou de les laisser libres, sauf, bien entendu, dans le cas [de traités [1].

L'étranger, entré en France, y circule, négocie, s'y établit, à ses risques et périls : il est assujetti aux lois de police et d'impôt, mais son statut personnel le suit, il ne bénéficie pas plus, en matière civile, des lois du pays, que s'il se trouvait encore dans sa patrie ; il reste étranger, et ne peut invoquer que le droit des gens. A ce titre, on lui reconnaît le droit de posséder, mais point celui de tester ni de transmettre par héritage. On voit même, dans des pays chrétiens, où cependant l'esclavage n'est pas admis, l'esclave importé des pays musulmans rester esclave. Nous avons précédemment indiqué des exemples de ce fait à Venise ; on en a cité à Gênes et ailleurs. Il paraît qu'il en fut de même dans le comtat Venaissin, soumis à l'influence italienne [2].

Aucune législation ne présente moins d'unité que la législation sur les étrangers. Dans les républiques italiennes où le commerce amène un véritable cosmopolitisme et des rapports perpétuels avec l'étranger (qui lui-même est la plupart du temps un voisin et un italien), les principes sur la nationalité diffèrent totalement de ceux de la France. L'idée de patrie, dans ces petites républiques à étroites frontières, ne représente guère qu'une idée d'association d'intérêts ou d'affaires. On s'assimilait d'autant plus facilement l'étranger que dans certains états on exigea même longtemps du *podestat*, c'est-à-dire du chef de l'Etat, la qualité d'étranger, pour garantir son impartialité.

---

1) Nous reviendrons sur ce sujet à propos des traités de commerce.
2) Un inventaire, dont nous n'avons pu vérifier l'exactitude, mentionne dans la Collection Tissot, F. 40 (Bibl. de Carpentras) un acte par lequel un changeur italien, Jacques Pellegrini, affranchit, le 23 septembre 1435, son esclave Marthe, parce qu'elle entre dans la religion chrétienne.

L'italien de cette époque couvre le monde entier de son commerce ; en France, dans les Pays-Bas, il a presque le monopole de la banque : il est donc très rompu aux rapports internationaux. Aussi l'Italie est-elle le pays où l'étranger trouve le meilleur asile. De même, à Avignon, ville constituée sur le patron des républiques italiennes [1], l'étranger jouit de tous les droits civils, moyennant une très légère taxe supplémentaire [2]. La naturalisation ne représente alors qu'une formalité rare et assez vaine [3] : les biens des étrangers sont placés sous une sauvegarde absolue, même en temps de guerre. La nationalité n'est point affaire de race ou de naissance ; elle tient au principal établissement. L'on appartient au pays où l'on a son domicile, son *lare* et la plus grande partie de ses biens [4]. Un changement de domicile emporte la perte de la nationalité. En un mot, c'est le droit civil qui règle la matière, et non le droit politique.

Ce système, conforme au dernier état du droit romain, cadre à merveille avec l'idée de république chrétienne : cependant, en France, on a conservé des principes tout opposés. La nationalité tient au lieu de naissance, et aucun acte civil et politique ne saurait la modifier, si ce n'est une lettre expresse de *naturalité*, décernée par le roi. Ainsi, un mercier d'Etampes, nommé Jean Aguillant, est considéré comme étranger parce qu'il a été conçu et qu'il est né en Espagne, au cours d'un pè-

1) Et, plus anciennement, à Arles, à Marseille...

2) Pour plus de détails, V. notre livre *Coutumes et Règlements de la République d'Avignon*, p. 55, 56, 57, 68.

3) Un étranger pouvait même avoir intérêt à rester étranger. Un certain François Ricci (de Ricciis), marchand à Avignon, obtient, en 1419, un certificat d'un auditeur de la Chambre apostolique, constatant qu'il est originaire d'Asti et resté Astesan. L'acte raconte comment il s'est fixé à Asti (ms. lat. nouv. acq. 2124, pièce 10).

4) Anciens statuts d'Arles, *Coutumes et règlements*, p. 77 ; d'Avignon, p. 56, note.

lerinage qu'y faisaient ses père et mère, français et établis en France [1]. Un avocat d'Arras, Jean Vincent, épouse Marguerite de Fontaines, fille de Jean de Fontaines, alors avocat à Amiens, puis conseiller au parlement de Paris. Vincent s'attache au parti bourguignon : il accepte, vers 1469, un poste de conseiller au parlement de Malines, et meurt à Malines, en 1477, laissant sa femme enceinte d'une fille, Jeanne, qui naît à Malines. Sa femme, très attachée à la France, et dont le frère Tristan de Fontaines avait succédé à son père sur un siège du parlement, s'empresse, aussitôt après ses couches, de revenir à Arras avec sa fille : elle l'y élève, plus tard elle la marie avec un Français, Guillaume Postel, écuyer, à Abbeville. Il est remarquable que, même par le mariage, une femme ne change pas de nationalité, elle n'acquiert pas celle de son mari. Jeanne reste donc étrangère : grâce aux démarches de son oncle, elle obtient une lettre de naturalité [2]. Bien d'autres textes nous confirment la rigueur de ces principes : ainsi, Marguerite de Verlemont, femme de Jean de Viéville, bailli de Gisors, reste étrangère, comme native du Hainaut, quoique femme d'un fonctionnaire [3]. Un acte de 1414 tire de ces principes des conséquences fort curieuses : pendant la guerre avec l'Angleterre, un écuyer anglais s'éprend d'une jeune fille bourgeoise, de Périgueux, dont les parents se trouvaient totalement ruinés par la guerre : il donne une somme au père et à la fille, que par ce moyen il épouse. La jeune fille est restée française ; à ce titre, elle se trouve avoir commis le crime de trahison en passant à l'ennemi. Néanmoins elle obtient sa grâce, en considération des circonstances [4].

---

1) JJ. 230, fo 205 vo.
2) JJ. 235, 37.
3) JJ. 231, fo 188.
4) Mai 1414. Douet d'Arcq, *Choix de pièces*, I, 154.

Aussi, Français et étrangers paraissent se marier assez rarement[1]. On ne rencontre fréquemment de mariages internationaux que lors des expéditions françaises d'Italie : à ce moment, des seigneurs français contractent en Italie d'opulentes alliances[2].

S'il en est ainsi pour le mariage, à plus forte raison aucune qualité n'efface le résultat de la naissance : un fonctionnaire[3], un personnage attaché à la cour[4], un seigneur même[5], nés hors du royaume, demeurent étrangers. Après la mort de Charles le Téméraire, Louis XI s'empara de la Bourgogne en vertu du droit d'*aubaine*, parce que la princesse Marie de Bourgogne, fille unique et héritière de Charles, se trouvait étrangère, étant née à Bruxelles[6].

Engilbert de Clèves, cousin-germain du roi Louis XII, capitaine de gens d'armes français, et depuis de longues années vivant à la cour de France avec l'état de prince du sang, soutint un procès, long et fameux, pour la possession du comté de Nevers. On lui opposait sa qualité d'étranger[7], comme né hors du royaume : détail curieux, Engilbert avait été naturalisé en 1486, mais personne ne s'en souvenait, pas même lui.

Observons, enfin, que les conquêtes de Milan, de Naples n'eurent point pour effet de naturaliser français les habitants

1) Cf. ci-dessus, page 13, note 2.

2) Plusieurs gouverneurs d'Asti pour le duc d'Orléans se marièrent richement : Renaud du Dresnay, Hector de Monteynard (*Histoire de Louis XII*). A Naples, le comte de Ligny, Charles de Rohan, le sire de Clérieux.....

3) Jean Le Mercier, conseiller du roi, est « du pays d'Escoce » : ms. fr. 20590, n° 69.

4) Naturalité pour Isabelle de Chassa, demoiselle d'honneur de la duchesse de Berry, native de St-Claude (JJ. 235, fo 75, vo 1501).

5) JJ. 232, 12.

6) Dupuy, *Traité des droits du Roy*, p. 653 : conclusions du procureur général en 1478.

7) Dupuy, *ouvr. cité*, 653.

de ces contrées. Elles n'établirent entre eux et les Français
qu'un lien en quelque sorte fédératif, résultant de la sujétion
au même prince. Les Milanais, les Napolitains, restèrent milanais et napolitains comme auparavant, et ne purent jouir,
en France, de la qualité de français, qu'en vertu de lettres
expresses de naturalité [1].

Par contre, Avignon et son territoire pontifical, bien que
restés en dehors du royaume, ne sont pas considérés comme
pays étranger. Ses habitants jouissent en France de tous les
privilèges de la nationalité [2].

L'étranger ne peut posséder en France qu'en vertu d'un
fait personnel. S'il ne peut transmettre ni recevoir par héritage, par testament ou par donation [3], c'est par une nouvelle
et étroite application du droit romain, qui ne reconnaissait
en dehors de l'Empire que des barbares, et en matière de testament, que le droit de Rome. Ainsi, un diplomate accrédité
en pays étranger devra tester selon la loi de son pays [4]. La
succession d'un étranger ou dévolue à un étranger appartient
au roi en vertu du droit d'aubaine, et s'appelle un *aubenage* [5].

1) Lettres de naturalité pour Gir. Pallavicini, fr. 2917, 150.
2) Cependant la propriété des îles du Rhône donna lieu à d'interminables
procédures entre les officiers du roi et ceux d'Avignon, au parlement de Toulouse, devant le sénéchal de Provence (V. Arch. de Vaucluse: *Reg. du Conseil
de Charles VIII*, etc.). Cf. une lettre du gouverneur d'Avignon à Louis XI (1482),
nouv. acq. fr. 1231, 58. Louis XI occupa Avignon pendant quelques années,
pour témoigner au pape son mécontentement (Charpenne, *Histoire des réunions
temporaires d'Avignon*, t. I, p. 10).
3) Dupuy, *ouvr. cité*, p. 653 : JJ. 230, fo 205 vo ; 231, fo 188 etc.
4) Martini Laudensis, *De legatis maxime principum*, quest. 7. Un marchand
testant dans les terres du soudan de Babylone, par exemple, doit se conformer
au statut de son pays.
5) Le roi en dispose souvent en faveur d'un tiers. Ainsi Philippe IV ordonne
de vendre au comte de Flandre l'aubenage de Raymond d'Asti, changeur
lombard à Solesmes, 22 oct. 1295 (Arch. du Nord, Trésorerie des comtes de

Un étranger n'a pas le droit de posséder en France des bénéfices ecclésiastiques.

L'étranger peut être expulsé du royaume, par simple mesure administrative. En cas de guerre, l'autorité royale a souvent même fait arrêter les commerçants étrangers résidant dans le royaume et séquestrer leurs biens [1]. Cette mesure de haute police, plus fréquente dans les états du sultan [2], présente certainement un caractère excessif qui la rend discutable : elle suppose un soupçon d'espionnage, qui n'est pas toujours chimérique, car les comptoirs des banques italiennes en France constituaient, au vu et su de tout le monde, de véritables agences de renseignements [3]. Nous

---

Hainaut, B, 375). JJ. 234, 14 v°, 1500. Don à Gallais de *Sallezart*, sᵍʳ de Las, et à Jacques de Cardonne, gentilhomme de l'hôtel, de la métairie de Douzonville à Manchecourt, près Yèvre, advenue par *aubenaige*, pour leurs services (Sallazart et Cardonne étaient, tous deux, d'origine étrangère). Cf. Bernier, *Reg. du conseil de Charles VIII*, p. 117 : le sʳ de Saint-Maurice, serviteur du sire d'Albret, réclame l'aubenage d'un étranger, on le lui donne (M. Bernier dit : «Serviteur de monseigneur d'Albret de Lanbenage... » lire : « de l'aubenage... »). En Russie, le droit d'aubaine fut supprimé en 911 par le traité d'Oleg. Les étrangers y jouissaient d'une entière liberté et du droit d'exercer leur culte (S. de Westmann, *Revue d'Histoire diplomatique*, année 1890, p. 196).

1) Ordre de Louis dauphin d'arrêter tous les marchands de Savoie, et de saisir tous leurs biens ; aux consuls d'Embrun (28 juin 1454. *Lettres de Louis XI*, I, n° xlv). Ordre de Louis XI de confisquer les biens de trois marchands (Fonds Bourré, I, 44). Lyon, 15 juillet, Supplique des marchands florentins demeurant à Lyon, à Robertet. Le sénéchal, sur l'ordre du roi, les a fait arrêter, eux et leurs biens ; ils ne savent pourquoi, si ce n'est que le pape s'est déclaré contre le roi : f° 104, les mêmes demandent un sauf-conduit, suivant ce qu'a accordé le roi dernièrement à Autun. Suit la liste de ces marchands, assez nombreuse (fr. 2961, f° 103).

2) En 1510, lors de sa guerre contre Rhodes, le soudan fait arrêter et enchaîner tous les marchands chrétiens d'Egypte et de Syrie, au nombre d'un millier, et les religieux du Saint-Sépulcre (Le Maire de Belges, *Le sauf-conduit donné par le Souldan*)... Bajazet fait brûler en 1494 des missionnaires chrétiens (Sanuto, *Spedizione*, 213).

3) Sur les marchands florentins résidant en France, V. not. Ch. V. Lan-

n'avons pas à l'examiner ici, elle ressort du droit de la guerre[1].

Dans les cas d'infraction aux ordres du roi, l'étranger peut être appréhendé dans sa personne ou dans ses biens[2] : sur ce point aucune difficulté.

En pratique, la rigueur des principes subit d'extrêmes atténuations, à l'époque du moins où nous nous plaçons. La France est parcourue dans tous les sens par mille étrangers qui exercent leurs métiers sans obstacle ; leur qualité d'étrangers les met même à la mode[3]. Les *pifferari* italiens, les charlatans, jongleurs ou autres personnages de toute provenance reçoivent bon accueil dans les cours princières, où ils donnent, au passage, un échantillon de leur savoir-faire[4]. On n'expulse

glois, *Une réunion publique à Paris sous Philippe-le-Bel*, 24 juin 1303 (*Bull. de la Soc. de l'Hist. de France*, 1888, 3e livr.). A Avignon, même en cas de guerre, on ne peut saisir ce qu'un étranger apporte dans la ville pour s'y réfugier et y négocier (*Coutumes et règlements...*, p. 89).

1) La restitution est généralement stipulée à la paix. V. Restitution aux gens du Hainaut de leurs biens en France, confisqués par suite de la guerre (8 juin 1343. *Monum. pour l'hist. des prov. de Namur, de Hainaut et de Luxembourg*, III, 200).

2) Ordre de sequestrer le temporel de l'évêché de Fréjus, parce que l'évêque (qui est génois) n'a pas encore fait serment de fidélité au roi, et qu'il n'a pas de lettres de naturalité pour posséder des bénéfices (*Reg. du Conseil de Charles VIII*, p. 165). Cf. Vaesen, *Catal. du Fonds Bourré*, n° 670 : Thomassin Grimaldi, en 1470, est condamné à 10,000 l. t. d'amende pour avoir été aux foires de Genève, malgré l'ordonnance de 1462 : plusieurs autres marchands ont subi la même peine, mais Grimaldi, bien qu'on estime sa fortune à 40.000 ducats, a tout fait disparaître, et on n'a pu rien saisir. On le fait arrêter, pour l'obliger à payer. Louis XI compte d'ailleurs sur ces amendes pour solder diverses dépenses.

3) Don de 12 l. par la duchesse d'Orléans à la femme de Georges Legree, pour son accouchement ; la duchesse d'Orléans est marraine et paie le baptème (Tit. Orléans XII, 781 ; oct.-déc. 1475). Georges de Paléologue de Bissipart, dit Legree, reçoit, moyennant 31 l. par an, l'office de mesurage et de minage des grains de Gisors, Lyon, 25 mai 1494 (ms. Clair. 782).

4) *Titres* Orléans, comptes, *passim* : not. t. XII, pièce 847 : don de 24 sous t. à « deux jeunes filz ytaliens, joueurs de souplesses » (1484).

que les gens sans aveu [1], les bohémiens qui couvrent le pays de leurs méfaits [2], et encore faut-il des motifs.

Quant aux commerçants étrangers, ils s'établissaient en France fort paisiblement et y prospéraient, parfois à la faveur de privilèges. Les banquiers lombards étaient autorisés à pratiquer l'usure à Tournay, moyennant une taxe spéciale [3]. Un grand nombre d'Espagnols se trouvaient fixés en Languedoc. « Sans avoir vouloir ou désir de atirer les subgectz d'autruy Roy contre la volonté des princes et seigneurs desdits païs, combien que les hommes estans en leur liberté puissent venir demourer et séjourner ou bon leur semble, en eulx gouvernant loyaulment et honnestement, et que la terre soit commune à ceulx qui y peuvent trouver moyen de vivre, « Charles VIII, dit une ordonnance de juillet 1498, leur donna des privilèges et sûretés, « en les prenant et réputans aux condicions que dessus ses vrays subgectz. » A la nouvelle d'une alliance avec

---

1) Bannissements de gens sans aveu qui exercent la médecine en Languedoc (1486, 1507. *Ordonnances*, XXI, 123, 364).

2) Ordres du roi (ou plutôt du conseil du roi, car ces ordres sont datés de Blois, et le roi se trouvait en Italie), la guerre étant déclarée, d'appeler le ban et arrière-ban, et de chasser du royaume les bohémiens et vagabonds : Malgré mes ordres, dit le roi aux sénéchaux, de ne point souffrir « ceste nacion vaccabonde, vulgairement appellée Bouémyens », coutumiers de larcins et de pillage, vous les supportez. Pour défendre mon peuple, je vous donne l'ordre absolu de faire immédiatement *crier* l'invitation qu'ils quittent le pays, dans le délai fixé par vous, sous peine de confiscation de corps et de biens; s'ils ne le font pas, chassez-les, mettez-les dehors par la force, « en leur courant sus comme sur ennemys de la chose publicque ». Ce qu'ils auront, chevaux, etc., appartiendra à ceux qui les chasseront « et pourront destrousser » (1509, 1510. Ms. fr. 26111, nos 989, 973, 995). « Voyez les grands hommes de la Renaissance ; ils n'étaient ni français, ni italiens, ni allemands. Ils avaient retrouvé, par leur commerce avec l'antiquité, le secret de l'éducation véritable de l'esprit humain, et ils s'y dévouaient corps et âme. Comme ils firent bien ! », dit Renan (*Bull. de l'Association scientifique*, mars 1882, p. 412).

3) *Ordonnances*, XVII, 191.

l'Espagne, en 1498, ils demandèrent confirmation de leur privilège qui leur fut accordée [1].

Comme les conciles interdisaient le prêt à intérêt et le commerce de l'argent, les banques étaient peu en honneur en France. Le commerce d'argent se trouvait donc en la possession exclusive des Italiens ou des juifs, et, par suite, ces deux catégories de personnes encouraient doublement l'animosité populaire, comme étrangers et comme enrichis. Aussi se tenaient-elles volontiers à part, selon l'usage, d'ailleurs, de presque toutes les industries, car, au Moyen-âge, on procédait par groupes, par corporations, par localisation [2]. Aux noces de Charles le Téméraire avec Marguerite d'York, en 1408, pompeusement célébrées à Bruges, les maisons « des Cathelans, des Céciliens, des Lucois et des Portugalois, sur le marché », se faisaient remarquer par leur étalage de tentures et de tapisseries [3]. Les Vénitiens, les Florentins, les Espagnols, les Gênois, les *Ostrelins* avaient organisé un cortège spécial de chaque nation, où tous les marchands figuraient en habits pompeux [4].

Quant aux juifs, Portalis résumait d'un mot l'ancienne manière de voir, lorsqu'il disait encore en 1802 : « Les juifs forment bien moins une religion qu'un peuple », un peuple sans patrie, dont les représentants disséminés dans le monde se considèrent comme des parties d'un seul tout. Leur foi contribue à les isoler dans des contrées où l'on professe que l'Etat a pour base la loi commune [5]. Néanmoins on les reçoit confor-

1) *Ordonnances*, XXI, 74, 255.

2) Bourquelot, *Mémoire sur les foires de Champagne*, p. 137 et suiv. (dans les *Mémoires de l'Académie des Inscriptions et Belles-Lettres*).

3) Olivier de la Marche, IV, p. 103.

4) *Id.*, 104, 105.

5) A. Mussafia, *Trattato de regimine rectoris* di fra Paolino (Vienna, 1868), art. CLXXIX et CLXXX.

mément au droit des gens et on les défend souvent contre
les violences du peuple [1]. Ils jouissent même de privilèges :
à Avignon, ils forment une communauté reconnue indépendante qui s'administre en toute liberté, qui a ses tribunaux [2].
Ils échappent au droit d'aubaine, ou du moins ce droit ne
s'applique qu'en cas de conversion [3]. Cependant, par tout
pays, ils restent soumis au bon plaisir du gouvernement, qui
peut les expulser, leur faire payer leur séjour, ou leur interdire certaines professions. On sait assez que, pour consacrer
l'unité nationale de l'Espagne, Ferdinand et Isabelle les ex-
pulsèrent en 1497-1498. La république de Venise leur donna
ordre, en avril 1511, de quitter le territoire dans le délai d'un
mois, sauf pour les juifs banquiers, réfugiés du dehors à Venise, à qui l'on accorde le temps nécessaire pour leur liquidation [4]. Il était, du reste, absolument interdit d'attenter à la personne ou aux biens des juifs [5].

En Portugal, le roi Emanuel s'en prit à leur foi et voulut les
convertir. Les juifs se prêtèrent en apparence à cette exi-
gence, mais on s'aperçut bientôt de leur peu de sincérité. Le
roi don Jean procéda contre eux par voie d'inquisition, sans
tenir aucun compte de leur caractère d'extranéité [6].

1) V. les textes publiés par nous : *Les Juifs dans les Etats français du St.-
Siège*.

2) *Les Juifs dans les Etats français du St-Siège*.

3) Patentes de 1382. Douet d'Arcq, *ouvr. cité*, I, 26.

4) Sanuto, XII, 141.

5) En 1380, il y eut une insurrection contre les juifs à Paris, à Nantes. La
populace les pilla. Le roi fit crier l'ordre de leur restituer tout (Douet d'Arcq,
Choix de Pièces, I, 57).

6) La Bibliothèque du Vatican contient à ce sujet diverses pièces dans le
fonds Ottobonien, not., n° 1439, un mémoire, dont un autre exemplaire se
retrouve au fonds Vatican, n° 852, sur la conversion des juifs de Portugal,
de 1497 à 1545. L'extrait suivant, tiré du reg. Vatican, expose cette curieuse
affaire si contraire au droit des gens : « *Informatione sommaria del principio,*

Les juifs vivent à part et ne sortent point des sphères commerciales. Mais les autres étrangers peuvent arriver à tout.

et progresso della conversione che hanno havuto i Giudei nel Regno di Portogallo : et l'occasione che hanno dato in far mettere l'inquisitione sopra di loro, l'anno (sic). Gia LXV anni, poco più o meno, il Rè don Emanuel di fe. me. di Portogallo converti i giudei ch'erano ne i Regni suoi alla nostra santa Catholica fede ; i quali, essendo giudei, erano poveri, et dopo fatti christiani diventarno ricci, perche, con il beneficio della fede, si sono fatti medici, chirugici e spetiali, et cominciarno à traficare in ogni mercantia grande e picciola come gli altri Christiani ; di maniera che l'accriscimento delle ricchezze et l'incredulità loro nativa causarno che ritornassero al giudaismo, osservando secretamente nelle loro case tutte le cerimonie giudaiche et insignandole a i suoi figli et tenendo nella citta di Lisbona una sinagoga, ove celebravano tutti gli uflicii suoi, come fanno qui in Roma ; et nientidimeno si confissavano et communicavano all'usanza de Christiani, et molti di essi portavano il sacramento a casa sua secretamente, et lo gettavano nelle stalle. Ne volendo più patir nostro sgre Dio questo et molti altri (sic) che facevano alla fede Catholica, volse scoprire per mezzo di un di loro, chiamato dai Christiani Fermafede, per che lui mori per la fede catholica come buon Christiano ; il quale, vedendo che tutti erano giudei in secreto, scopri, al Rè Don Giovanni 3º figlio di Don Emanuele, Rè di Portogallo, per mezo di un Theologo chiamato Mastro Pietro Margaglio, il quale menò al Rè il detto Fermafede et l'informò ampiamente come passava la cosa ; et havuto consiglio sopra di questo, si risolse il Rè di mettere l'inquisitione sopra il Regno suo ; et accioche questo ufficio della inquisitione si facesse ordinatamente, mandò quel medesimo Fermafede, per essere huomo di buono spirito et geloso della Catholica fede, all'Imperator Carlo Vº Rè di Castiglia et di Aragona, perchè s'informasse del modo che havesse a tenere in detta inquisitione, laquale il Rè Don Ferdinando Cattolico Rè suo avo haveva ordinata in tutti li Regni suoi, intendendo come tutti i Marrani giudaizavono ; costui non poté si secretamente andare et trattare il negotio che non fusse scoperto dalli Marrani per mezzo degl'intrinsechi et consiglieri del Rè, i quali erano corrotti da detti Marrani con oro et altri presenti a fine che li revelassero i secreti che si trattavano in materia dell'Inquisitione ; et scoperto questo trattato, providero di due giovani Marrani gagliardi, et aspettarno che questo Fermafede fosse spedito per ritornarsene con l'informatione et mandarno questi due giovani fuora ad incontrarlo, et, incontrato, gli togliarno la testa et li pigliarno l'informatione et tutte le lettere che seco portava dategli dall' Imperator Carlo Vº ; et poi se ne andarono in Portogallo, et portarno questa testa agli Hebrei over Marrani, et fecero sopra di questo grandissima festa et allegrezza : et trovandosi vicino ad una terra questo corpo morto, la giustitia fece diligenza et avisó il Rè, il quale fece fare inquisitione sopra di

Il serait difficile de dresser la liste des étrangers parvenus à
de hautes positions en France vers la fin du XVᵉ siècle ou
au commencement du XVIᵉ. On en trouve partout, dans la
diplomatie, dans l'armée, dans la magistrature, dans les
conseils du roi. L'armée française qui attaque le Milanais en
1499 et 1500 a pour généraux J. J. Trivulce, le comte de Ligny, Stuart d'Aubigny, tous trois étrangers.

Il y a toujours eu des étrangers au service de la France [1],

questa morte, et ritrovarno i malfattori, et presi li diedero la corda, et con-
fessarono ogni cosa, a i quali fu determinato questo per giustitia, che gli
fussero squartati, et cosi fu fatto. Di modo che per lo successo di questo caso
il dissegno dell' inquisitione laquale haveva animo il Rè mettere nel Regno
suo, non hebbe allhora effetto et stette sospeso un poco di tempo ; nel quale
tempo accadè che'l Vescovo di Septa, frate Francescano, ritrovò nella terra
di Olivenza sua diocesi cinque Marrani, che giudaizavano et osservavano la
legge di Moisè, et processò contra di loro per giustitia et li fece abbruciare ;
et il detto Vescovo andò al Rè et essortò sua Maestà a mettere questa Inquisitione, rinovando nella memoria del Rè la morte di quello Fermafede, laquele
insiemi con li cinque marrani che'l vescovo haveva fatto abbruciare causò
che'l Rè si risolse à supplicare à Paulo 3° l'Inquisitione, laquale fù concessa
da Sua Santità. Et vedendò li Marrani essere concessa l'Inquisitione contra
di loro, con pauro di essere abbrugiati impetrarno dal Papa una perdonanza
generale di tutti li crimini, che havevano commessi contra la nostra santa et
Catholica fede fin al di che si publicasse la bolla della Inquisitione nel Regno di
Portogallo. Havuta la perdonanza et publicata la bolla dell' Inquisitione,
stettero in paura due o tre anni et non giudaizavano, ma di poi comme nella
verita fussero di natura Giudei et affettionatissimi alla lege di Moisè, *redie-
runt tanquam canes ad vomitum suum*, et cominciarono di nuovo a giudai-
zare, ma furono scoperti per mezo dell' Inquisitione et molti di loro furono
abbrugiati et altri condendati a carcere perpetua, cosi nella Città di Lisbona,
come in quella di Evora, di coimbra, del Porto di Tomar et di molte altre
terre del Regno. Continuandosi poi l'Inquisitione per spatio di VII o VIII
anni ne i quali furono abbruciati et condendandi molti : vedendo loro come
la cosa passava, impetrarno del Papa un'altra perdonanza generale di tutti
i crimini suoi di tal modo,che quelli che erano in pregione furono liberati per
virtù della detta perdonanza... » (Bibl. du Vatican, fonds Vatic. Urbin., reg.
852, fᵒˢ 425 et s.).

1) Jean Le Mercier (*Jehan Mercer*), écossais, comme nous l'avons dit, joue
un rôle important à la fin du XIVᵉ siècle. Dans les textes mêmes relatifs à
des missions administratives ou maritimes que lui confia le roi, sa nationalité
est rappelée (1377. Ms. fr. 20590, nᵒˢ 67, 69).

mais **Louis XI**, le premier, éleva l'emploi des étrangers à la hauteur d'un système. En cela, comme en bien d'autres choses, il se conformait aux mœurs italiennes ; en Italie, prendre du service hors de son pays paraît la chose la plus naturelle. Lorsque le duc de Milan s'allie avec le duc de Bourgogne en 1475, un milanais au service de la Bourgogne écrit au duc de Milan pour le féliciter et pour l'assurer de son profond dévouement [1]. Trivulce, entré au service de Naples, et sommé par le duc de Bari de rentrer à Milan, déclare fièrement que, s'il n'a pas encore envoyé sa réponse, c'est qu'il devait la soumettre à ses maîtres, « que je sers avec la même loyauté que je vous ai servi » [2]. Du service de Naples, Trivulce passe non moins loyalement au service de la France.

Familier avec ces pratiques [3], Louis XI excella dans l'art de débaucher les serviteurs d'autrui, dans son royaume ou au dehors. Il s'y appliquait sans cesse, au grand déplaisir de ses voisins. Il faillit se brouiller avec le duc de Milan qui ne se prêtait pas à ce qu'un personnage assez habile, nommé Donato de Conte, quittât le service de Milan pour celui de la France [4]. Il attira une foule de Bretons, des Italiens, des Espagnols, des Écossais..., Philippe de Commines, Jean de Cardonne, le maréchal des Querdes, Boffile del Giudice et autres [5]. François d'Este, duc de Ferrare, était gouverneur de Montpellier [6]. Sous Charles VIII, on voyait à la cour des Napo-

---

1) Gingins la Sarraz, *Dépêches des amb. milanais*, I, 101. Il se nommait Ant. de Lignaga et fut tué à Granson.

2) Rosmini, *Vie de J. J. Trivulce*, II, 203 ; 26 sept. 1494.

3) Cf. Lettre de recommandation de Louis XI pour Georges d'Amancy, qui veut entrer au service du duc de Milan (1463. *Lett. de Louis XI*, III, 46).

4) Kervyn, *Lettres et négociations*, II, 34 (1478).

5) Commines fut souvent chargé par lui du service des affaires étrangères : Boffille de Juge également (ms. lat. 11802b).

6) Ms. fr. 26097, 1727, 1763.

litains : le lombard Théodore Guarneri, plus **connu sous le** nom
de Théodore de Pavie, était un médecin du roi. Nous ne **mul-**
tiplierons pas ces exemples [1]. La maison de Clèves ouvrit la
série des princes étrangers ayant rang à la cour de France,
innovation qui devait aboutir à la puissance des Guise.

Avec un tel état-major d'étrangers, on comprend qu'en fait
les étrangers devaient vivre en France sur le pied d'égalité
avec les régnicoles : les lettres de naturalité perdirent leur importance, au point que nous avons vu Engilbert de Clèves oublier qu'il lui en avait été accordé. Louis XII accorde de nouvelles lettres de **naturalité** à Robert de Lénoncourt, archevêque de Tours, qui déclare avoir perdu celles qu'il tenait de
Louis XI [2]. Depuis longtemps, le droit d'aubaine n'était plus
rigoureusement appliqué. Un marchand milanais établi à
Toulouse offre au roi trois cents écus pour obtenir l'exemption du droit d'aubaine, qui n'avait été appliqué ni à la mort
de son père, ni à la mort de son grand père [3]. Les imprimeurs de Mayence Pierre Scheffer et Conrart Hannequys
avaient à Paris un dépôt, dirigé par un commis allemand
nommé Stateren. Ce commis étant venu à mourir, les livres
furent vendus au profit du roi, par *aubenage*, et produisirent 2425 écus d'or. Louis XI fit restituer cette somme aux
imprimeurs, par annuités de huit cents livres [4]. On agit
même par mesures générales : une ordonnance de Louis XI,
confirmée par Charles VIII et par Louis XII, concéda aux

1) Un des récits qui nous restent de l'expédition de Charles VIII, *Historia*
profectionis Caroli VIII, Francorum regis (ms. lat. 6200, orig.), fut écrit
par le napolitain Michel Ris, professeur de droit à Naples, qui prit du service en France et y devint conseiller au parlement, avec le titre d'avocat de
Naples.
2) Ms. fr. 2917, 15 (1500).
3) Væsen, *Catal. du fonds Bourré*, nᵒ 1276.
4) Ms. fr. 10187, 35 vᵒ ; mandement du 21 avril 1475.

Suisses au service de la France le droit de posséder et de tester comme les Français [1], en restant suisses : Louis XII accorda à leurs veuves une exemption de tout impôt pendant leur veuvage [2]. Les étrangers établis à Saint-Quentin pouvaient posséder et tester [3]. Nous trouvons un lombard titulaire de seigneurie dans le Poitou [4]. Bref, la lettre de naturalité ne devient plus qu'une formalité, ou, pour mieux dire, une sécurité en cas d'un revirement des choses. Souvent, on la donne à des hommes d'armes de la garde du roi, écossais, suisses, allemands [5] ; ainsi Louis de Menthon, seigneur de Lornay, grand écuyer de la reine, capitaine des cent-suisses de la garde, gouverneur de Montfort l'Amaury, obtient une naturalisation, et, outre ses titres, qui pourraient suffire à la justifier, l'acte fait valoir que Menthon, établi et marié en France, attaché à la France, est devenu un véritable français [6]. Un incident particulier montre les idées de Louis XII en matière de successions d'étrangers. Un écossais « Job Abernate », au service du sire de Graville, meurt à Marcoussis, en remettant au couvent de cette ville toute sa fortune, entièrement mobilière, composée d'effets de banque : il laissait un testament en faveur de trois de ses cousins. A la requête des cousins, le roi s'occupa personnellement de l'affaire et obligea le couvent, en termes très vifs, à rendre la succession aux légataires [7].

Les ecclésiastiques trouvaient seuls un grand intérêt aux lettres de naturalité, qui leur permettaient de recevoir en France

---

1) *Ordonnances*, XVIII, 699, XXI, 128 ; JJ. 212, nos 42, 43.
2) Pat. du 18 octobre 1498. *Ordonnances*, XXI, p. 128.
3) Ordonnances de janvier 1470 (*Ordonnances*, t. XVII, p.365, 368), d'août 1498 (*id.*, XXI, p. 116).
4) JJ. 232, 12 ; lettres de naturalité pour Jean Louis Delacroix, écuyer, seigneur de la Tricherie en Poitou (natif de Lombardie).
5) JJ. 234.
6) JJ. 234, 107.
7) 1504. Perret, *Notice... sur L. Malet de Graville*, nos 17, 18.

des bénéfices, prieurés, évêchés, archevêchés. Les naturalités de ce genre s'accordent même hors du royaume. C'est dans ce sens que Charles VIII confère la naturalité à Laurent Cibo, chanoine de St-Pierre de Rome et neveu du pape Innonent VIII [1], et Louis XII à Robert de Lenoncourt, à l'espagnol Jean Ferret, archevêque d'Arles [2], au castillan Come de Araio, médecin du maréchal de Rieux [3], à l'évêque de Novare Girotamo Pallavicini, déjà son sujet en Milanais [4], au poëte Fauste Andrelin [5]... Une ordonnance du 8 juin 1499 annulait, d'une manière générale, toutes lettres de naturalité souscrites par Charles VIII pour justifier la possession d'offices ou bénéfices dans le royaume [6], mais on ne continua pas moins à en accorder.

Quant aux naturalisés ordinaires, qui ne sont ni soldats ni candidats à des bénéfices, il en est qui appartiennent au service secondaire de la cour : Pierre Myron, contrôleur de la maison de la fille du roi, et Isabeau Benoiste, sa femme, natifs de Perpignan [7] ; Isabelle de Chassa, native de St-Claude, demoiselle de la duchesse de Berry (Jeanne de France) [8] ; Jean Bertrand, valet de pied du roi, navarrais [9] ; un *maistre d'ars*, Simon « de Martellis », piémontais [10] : le plus souvent, ce sont des marchands fixés depuis longtemps dans le royaume : Lyonnet de Roussy, marchand florentin, établi à Lyon [11] ; An-

1) 4 oct. 1484. *Reg. du conseil de Charles VIII*, p. 118.
2) 7 oct. 1499. Ms. fr. 2917, f° 15 v.
3) 1501. JJ. 235, 34 v°.
4) 1502. Ms. fr. 2917, 15 v°.
5) Belleforest.
6) *Ordonnances*, XXI, p. 228.
7) 1501. JJ. 235, 34.
8) JJ. 235, f° 72.
9) JJ. 218, n^o xlviii.
10) 1501. JJ. 235, f° 72.
11) 1484. JJ. 211, n° 610.

toine Riquet, piémontais, à Moulins [1] ; Gérard Raguenet, allemand[2] ; etc., etc.

Dans le droit moderne français, la naturalisation comporte la
qualité de citoyen français, et le permis de séjour est une mesure intermédiaire, une simple sauvegarde personnelle contre
l'expulsion. On ne distingue plus ce qu'on appelait jadis la
grande et la petite naturalisation.

A la fin du XVᵉ siècle, au contraire, on n'admet pas facilement qu'un acte royal puisse changer la nature des choses et
transmettre la nationalité française à un homme né hors du
royaume : l'étranger naturalisé ne devient pas toujours « bourgeois et régnicole », selon la théorie romaine et italienne[3] ;
il obtient une dispense, une faveur, une grâce (*gratia*) pour
habiter, acheter et posséder « comme un vrai sujet[4] ». Le plus
souvent, la naturalité prend un caractère encore plus restreint : c'est simplement une faculté de tester, « facultas tes-
tandi,[5] » ou une faculté de posséder des bénéfices.

Ajoutons que les seigneurs haut-justiciers prétendaient au
droit d'aubaine, et, par suite, au droit d'en dispenser [6] : circonstance qui contribua assurément à jeter une défaveur sur
le droit d'aubaine dans l'administration royale.

Les principes français ne s'étendirent point au Milanais ni
au royaume de Naples, où cependant il paraît qu'on redouta de

---

1) JJ. 235, fº 14.

2) 1498. JJ. 231, nº 73.

3) Urbain V prie Charles V, par un bref du 9 janvier 1366, de confirmer
des lettres de naturalisation accordées par le duc d'Anjou à deux marchands
florentins : « In burgenses, mansionarios et regnicolas dicti regni receperit
graciose » (M. Prou, *Relations politiques du pape Urbain V*, p. 146).

4) « *Tanquam* veri subditi. » JJ. 217, 18.

5) JJ. 218, nᵒˢ xxv, xlviii, etc.; 230, 231, *passim*.

6) Autorisations de posséder, données par le duc d'Orléans à un ancien
écossais de la garde du roi (1497), à un natif de Clèves établi à Blois depuis
vingt ans (1496). KK. 897, 245 vº, 264.

les voir appliquer : lorsque le comte de Caïazzo, capitaine de Ludovic Sforza, fit sa soumission à Louis XII, il demanda et obtint une dispense pour acquérir et posséder des biens en Milanais sans crainte du droit d'aubaine [1] ; seigneur de Caïazzo, dans la Terre de Labour, au royaume de Naples, il appartenait à un rameau de la famille napolitaine des San Severino, depuis de longues années fixé en Milanais, où son père avait joué un rôle prépondérant.

Nous avons encore à noter deux sortes de naturalité, très spéciales, et qui ne cadrent plus du tout avec la pratique moderne. Nous les appellerons des adoptions. Ce sont d'abord les naturalités collectives accordées à un état voisin, ou concessions de *civilitas*.

En 1475, Savone ayant rendu à Florence un service signalé à l'encontre des Génois, leurs ennemis communs, le conseil de Florence conféra aux gens de Savone, en bloc, la qualité de citoyens florentins, sauf l'éligibilité aux fonctions publiques et le droit d'acheter des propriétés sur des hauteurs d'importance stratégique [2]. Savone se montra très fière de cette adoption, qui lui valait surtout des avantages politiques pour son autonomie. Gênes ambitionna de recevoir en France de telles lettres de naturalité : Louis XII fit présent à Savone de la naturalité française en 1509 [3] ; il s'agit, on le comprend, de privilèges qui ne confèrent pas une naturalité effective à tous les citoyens de Savone et qui assurent seulement les droits individuellement possédés en France. Une naturalité effective résulte des lettres accordées par Louis XI aux habitants de la Bourgogne, qui, du reste, étaient incontestablement français [4].

1) JJ. 235, fo 166.
2) G. Filippi, *Relazioni tra Savona e Firenze*, dans le *Giornale Ligustico*, année 1889.
3) Filippi, *Del convento di Savona.*
4) Ms. fr. 25715, no 343.

Le second genre de naturalité consiste dans l'adoption, toute honoraire et purement politique, d'une famille régnante étrangère, à laquelle on accorde le droit de porter les Armes de France, et qui devient ainsi membre de la famille royale. Cette concession ne produit aucun effet juridique ; c'est un simple acte de courtoisie internationale. Nous n'en parlerons donc pas ici.

Résumons cette matière en constatant qu'au point de vue international, le souverain est le représentant et le chef absolu des sujets ; les étrangers ne pénètrent dans le pays que sous son bon plaisir. Toutefois un acte gracieux du souverain peut les assimiler aux régnicoles.

2° principe. — Personne n'est maître hors de chez soi.

Un état libre n'admet aucune ingérence directe d'un gouvernement étranger ; un état puissant cherche à s'ingérer chez ses voisins.

En France, nulle ingérence n'est admise, même sous forme de recommandation[1]. En 1486, Maximilien, comme beau-père de Charles VIII, croit pouvoir lancer un manifeste, où il exhorte le roi, au nom du royaume, à se séparer de Madame de Beaujeu. Le conseil du roi décida de répliquer par un contre-manifeste : indigné, un de ses principaux membres, l'amiral de Graville, s'emporta dans la discussion : « Il s'esbahissoit, disait-il, qui mouvoit le duc d'Austriche de vouloir corriger le Roy, et mettre l'ordre en France, veu qu'il ne lui touchoit en rien, attendu qu'il n'avoit aucune chevance dedans le Royaume ny alentour... Il avoit aucunes fois leu dans les Croniques et anciens faicts de France, et il n'y avoit point trouvé que les Allemans eussent jamais subjugué les François, ny mis ordre

---

1) Ludovic Sforza réclamant des pensions et des commandements pour ses protégés, Charles VIII l'écarte poliment (lettre de Vienne, 6 août 1494. Arch. de Milan).

ou donné ordre et police en leurs affaires ; mais qu'au contraire les François avoient subjugué et réduit sous leur obéissance les Allemans et mis et donné loix, ordre et police en leur pays, comme feit le Roy Charlemagne et plusieurs autres[1]. » Quelques années plus tard, Charles VIII dénonce hautement l'intervention anglaise en faveur de la Bretagne. Aussi rien ne froissa plus le sentiment public que de voir Louis XI, lors de la guerre du Bien Public, donner place dans son armée à un contingent milanais, et Charles VIII lui-même, en 1494, remettre pour ainsi dire la direction de la France pendant quelque temps à l'ambassadeur milanais comte de Caïazzo[2].

Il n'y a qu'une cour au monde où toute puissance chrétienne se croie le droit d'intervenir ouvertement : la cour de Rome. Il y va même de l'intérêt de chaque pays d'intervenir le plus possible ; on se fait gloire de tenir là, par des fondations, par des établissements, par des institutions, par des monuments nationaux, une grande place, pour paraître grand. De même qu'en vertu du principe de la république chrétienne, le pape s'estime partout chez lui, tout le monde aussi se trouve chez soi à Rome. C'est le foyer commun, où l'on se rencontre, comme des enfants, même ennemis, trouvent leur point de contact au foyer paternel. Que l'état pontifical soit faible ou fort, peu importe : il procure un terrain diplomatique neutre, un patrimoine commun, autant du moins que le pape reste pape et ne se souvient pas trop qu'il est roi.

En Allemagne, il y a en quelque sorte deux pouvoirs, l'empereur et la diète germanique. Cette dualité permet parfois, sinon une ingérence, du moins un recours de l'étranger. En 1496, pendant que Maximilien part, menaçant, pour l'Italie, Charles VIII adresse, le 11 août, à la diète germanique un

---

1) Jaligny (Godefroy, *Hist. de Charles VIII*, p. 5).
2) *Histoire de Louis XII*, t. III.

long mémoire, où il expose ses droits sur Naples et revendique, contrairement à l'empereur, la possession de Gênes, parce que le duc de Milan a violé les conditions de l'hommage qu'il devait pour cette ville[1]. Mais, bien entendu, il ne s'agissait pas des affaires intérieures de l'Allemagne.

En Italie, au contraire, par suite des vieilles prétentions de la suzeraineté allemande, l'intervention étrangère choque moins, et elle est souvent acceptée[2]. Les politiques italiennes ne gravitent que trop autour de deux pôles, dont ni l'un ni l'autre n'est national, l'intervention française et l'intervention allemande. Chaque état italien se croit trop souvent appelé à intervenir dans les affaires de son voisin avec un succès naturellement fort variable[3]. Mais cette matière est si délicate qu'un ambassadeur doit toujours s'en abstenir : il résistera aux sollicitations et n'agira que sur un ordre formel de son gouvernement. Philippe de Commines, en se rendant à Milan comme ambassadeur de France, reçoit à Turin la visite d'un exilé milanais de marque, Robert de San Severino, qui sollicite son intervention près du duc de Milan et jure, en reconnaissance, le concours le plus absolu. L'ambassadeur répond

---

1) Sanuto, *Diarii*, I, c. 285.

2) A la nouvelle de la mort de Fr. Sforza, le pape déclare (en italien) protéger Milan, soit par affection, soit « como capo della liga et de la pace et quiete Italica et a patre universale de tutti », contre les Turcs (dép. du 18 mars 1466. Archivio Sforzesco). Le roi de Sicile écrit aux Génois (16 mars 1466. Archivio Sforzesco) pour les inviter (en latin) à maintenir « italicum fedus » et à rester fermement attachés aux Sforza. Le même roi annonce la mort de François Sforza par une lettre générale à ses « veri amici et devoti » (Naples, 16 mars 1466. Archivio Sforzesco). Il témoigne de ses regrets, rappelle leur intime alliance. Il invite à rester fidèles à l'amitié de Milan, il énonce ses armements et annonce qu'il envoie à Gênes une escadre de douze galères. La nouvelle de la mort arriva le 19 ; le roi écrivit dès qu'il sut Sforza perdu. V. la lettre autographe de Louis XI aux Milanais, après la mort de François Sforza, leur déclarant qu'il défendra les Sforza (Orléans, 23 mars 1466. Arch. Sforzesco).

3) Quelques exemples au hasard : intervention du duc de Milan près du

« qu'il ne peut outrepasser ses instructions d'une syllabe » :
il fit bien, car l'ambassadeur de Milan, en Montferrat, apprend
aussitôt l'incident et se hâte de le communiquer à Milan[1].

Le pouvoir du prince s'arrête donc à la frontière : sa justice également. L'extradition des criminels ne peut être récla-
mée qu'en vertu d'un traité, ou d'une coutume valant convention tacite[2]. La France exerçait sur le territoire d'Avignon
une sorte de droit de suite, c'est-à-dire qu'on pouvait demander au viguier d'y faire juger par les tribunaux locaux les

---

duc de Savoie pour assurer la sécurité de Monaco (Saige, *Documents*, 1, 150).
Le duc de Savoie ayant demandé la démolition du château de Monaco, qui
appartenait au duc de Milan, Philippe-Maria répond, directement, qu'il a décidé de le conserver comme nécessaire. Mais il offre le serment du capitaine
envers le gouverneur de Nice de respecter la frontière (1434. *Id.*, 100).
Charles VIII prie Ludovic Sforza de maintenir dans sa situation Antoine-Ma-
rie de San Severino ; d'autoriser le duc de « Piperne » à rentrer en Lombardie et à reprendre ses biens (15 octobre, 28 mai. Arch. de Milan, Potenze
Estere, Francia, Corrispondenza). Regnauld du Dresnay, en prenant possession
d'Asti au nom de Charles VII, avise le roi que le duc de Milan va demander
le maintien de son podestat, au lieu de Boniface, que le roi vient de nommer ; il l'engage néanmoins à conserver Boniface, qui « est bien homme pour
vous servir » (ms. fr. 2811, 172). Dépêche vénitienne, du 19 juillet 1512, à
Vincent Guidoto (secrétaire en mission) : le pape propose, avec l'ambassadeur d'Espagne, de déposer le gonfalonier de Florence, de changer le gouvernement de la République, pour l'arracher par force à l'alliance française
et lui faire payer partie des frais de la guerre. Répondre à l'affection du vice-
roi, le remercier avec effusion de ses offres. Julien de Médicis propose la
déposition du gonfalonier de Florence. Nous acceptons pleinement de marcher dans cette voie (Arch. de Venise). Le roi de Sicile, à titre d'ami, fait
des représentations à la duchesse de Milan sur sa mésintelligence avec son
fils Galéas (lettre du 21 juin 1466. Archivio Sforzesco). Cf. lettre à l'ambassadeur de Milan à Rome, protestant contre ces racontars malveillants, dont le
pape a parlé (4 juin 1466. *Id.*). Louis XI écrit à Galéas qu'il doit obéissance
à sa mère (lettre de Galéas, 15 juillet 1466. *Id.*).

1) Kervyn, *Lettres et négociations*, I, 177.
2) C'est par un extrême abus que le gouverneur du Dauphiné somme la
Savoie (toute désemparée) de lui livrer deux seigneurs savoyards dont il se
plaint, sous peine de concéder des représailles sur toute la Savoie, puis de
faire « guerram expressam. » On n'extrade jamais des régnicoles (mars 1476·

gens qui s'y réfugiaient, pour un crime commis en France[1].

Il y a cependant des cas d'intervention légitime dans les affaires d'un état voisin : 1° en cas de tutelle ou de curatelle d'un souverain. Louis XI exerça ainsi les fonctions de tuteur du duc de Savoie[2]; Louis XII, comme tuteur de Gaston de Foix, dut prendre des mesures conservatoires pour sauvegarder les prétentions de son pupille au royaume de Navarre, envoyer une sommation aux roi et reine de Navarre, provoquer un arbitrage[3]; 2° en cas de protectorat : Charles VIII reçut en 1494 le protectorat de Montferrat; en 1501, le cardinal d'Amboise signa un traité qui mettait Lucques sous le protectorat de la France[4]. La France exerçait aussi un protectorat en Lorraine sur les Trois-Évêchés[5].

Gingins, *Dép. des amb. milanais*, I, 355). Oldrade Lampugnano, meurtrier du duc de Milan, étant caché à Venise, la duchesse charge son ambassadeur de le découvrir et de demander son arrestation et son extradition (1er janvier 1477. Arch. Sforzesco); elle fait la même demande au Mis de Montferrat (rapp. du 17 janv. 1477, *id.*); mais Venise n'accordait pas facilement d'extradition.

1) Mandement de paiement à un notaire de Nîmes envoyé à Avignon pour demander au viguier de faire citer, et pour faire arrêter en France, s'il se peut, Dlle Catherine de Levis, réfugiée à Avignon, renvoyée à la cour de Dijon comme accusée et véhémentement soupçonnée de l'assassinat de feu Joachim Coutor, seigneur de Brion (23 avril 1510. Ms. fr., nouv. acq. 3644, n° 992).

2) Philippe de Savoie, comte de Bresse, promet, sur son honneur, sur la foi et serment de son corps, que, nonobstant le gouvernement que lui a donné le roi comme tuteur et curateur du duc de Savoie, il ne pourvoiera pas aux offices et capitaineries de Chambéry, Montmélian et Suze, les laissera au roi et au duc de Savoie (12 mai 1482. Ms. fr. 15538, 25).

3) Copie (conforme) de l'avis du conseil du roi. Portefeuilles Fontanieu, 13.

4) *Chroniques de Louis XII*, par Jean d'Auton, II, 26, note 1.

5) La ville de Toul, quoique cité impériale, était placée sous la sauvegarde du roi, qui en devait protéger les habitants comme ses propres sujets, moyennant 400 liv. par an, et 100 l. au gardien, depuis Charles VII. V. not. *Ordonnances*, XXI, 146.

La notion générale de protectorat ne comporte pas de sens bien précis[1]. Après 1510, on considère que la France a le protectorat des Lieux-Saints, et on l'interprète comme conférant au roi : 1° la tutelle et la défense de toutes les caravanes occidentales qui s'y rendaient ; 2° l'administration et la direction des établissements chrétiens fondés ou à fonder dans les Lieux-Saints.

Pour le Montferrat, le protectorat consistait en ce qu'on appelait une « recommandation », alliance intime entre deux pays inégaux ; le marquisat, sous le sceptre d'un prince-enfant, dirigé par une femme et un tuteur, prêta de l'argent à Charles VIII, et Charles VIII promit de ne pas le laisser attaquer. Quant à Lucques et aux Trois-Evêchés, pays que la France aurait pu regarder comme siens, le protectorat ne représentait qu'une sorte d'union. Quant à Monaco, bien que Louis XI, comme seigneur de Gênes, eût affirmé les droits de Gênes sur cette seigneurie[2], elle faisait notoirement partie de la Provence, avec Nice[3]. Lors de la réunion de la Provence à la couronne de France, le duc de Savoie, détenteur de Nice, essaya d'autant plus de s'unir à Monaco, que Gênes faisait mine, à ce moment, de revenir aussi à la France. Le gouvernement français, engagé dans la guerre civile, n'insista pas : il se borna à faire notifier au seigneur de Monaco par le sénéchal de Provence le protectorat de la France, comme la confirmation d'un fait très ancien, comme un acte mixte, pour le pays, qui est provençal, et pour le seigneur, dont les « louables vertus » méritent une

1) Lettre de Louis XI aux Etats de Catalogne pour leur donner sa protection, en français (1461. *Lett. de Louis XI*, II, 19).

2) Pat. de Louis XI, Sgr de Gênes, confirmant au Sgr de Monaco un droit de péage sur les navires passant devant Monaco (avril 1462. Saige, *Documents*, I, p. 317).

3) Confirmation par le sénéchal de Provence, aux habitants de Monaco, de leurs privilèges (29 mai 1414. Saige, *Documents*, I, 7).

protection[1]. Peu après, Charles VIII précisa cette thèse par des lettres-patentes (du 25 février 1488-1489), dans la langue et le style usités par la chancellerie en matière d'administration intérieure, rendues en conseil, non signées du roi, où il déclarait les seigneurs de Monaco « bons et loyaulx serviteurs de nous et de la couronne de France » et les mettait « sous nostre protection et sauvegarde espécial[2] ». A ces lettres qui affirmaient implicitement le droit direct de la France et ne constituaient plus qu'une « sauvegarde », le duc Charles de Savoie se hâta de répondre par un acte de sa chancellerie extérieure, en latin, où il déclarait le protectorat de la Savoie sur le territoire de Monaco, tel qu'il se comportait : vrai acte de protectorat, en ce qu'il s'appliquait au territoire et non au seigneur, et qu'il proclamait l'indépendance du seigneur de Monaco, dans son château de Monaco, « *pro quo nullum superiorem recognoscit*[3] ». L'affaire en resta là ; Charles VIII se borna à confirmer, en 1495, le caractère pro-

---

1) 25 novembre 1488. Saige, *Documents*, I, 624. Le sr de Monaco est sous la sauvegarde de la France et la protection royale, « protectione regia », non seulement, « tam ratione ejus originis, qui Provincialis oriundus est, quam etiam laudabilium virtutum », etc. C'est d'ailleurs un fait très ancien. — Monaco et ses sujets sont menacés par des sujets de la Savoie. « Quod si sic, arbitramur ut ipsum christianissimum dominum nostrum Regem superegre gerere ac molestissimum sibi esse, tanquam gesta et comminata suo singulari servitori et familiari, et inter suos summe dilectos principaliter connumerato, et quem vult ac jubet Majestas ejus suis honoribus, auctoritatibus, et prerogativis fulsiri... » Invitation de faire cesser tout acte d'hostilité.

2) Saige, I, 629.

3) 20 mars 1489 (Saige, *Documents*, I, 630). Lettre latine, en forme de patentes ; elle allègue ses services, elle le prend « sub protectione, guidagio, et salvaguardia nostris », lui, ses biens, ses fiefs de Menton et Roquebrune, et « locus ipse Monachi, pro quo nullum superiorem recognoscit.... » Quocirca serenissimos reges aliosque illustrissimos principes, amicos, benevolos et confederatos nostros et ceteros ad quos presentes pervenerint, obnixe requirimus et rogamus », et elle ordonne à tous les sujets de Savoie, de traiter les Grimaldi « benevole, tanquam recomendatos et benevolos nostros. »

vençal de la seigneurie, par une sorte de lettre de naturalité
provençale [1]. Louis XII confirme aussi le protectorat de la
France sur Monaco, à la demande de Jean II Grimaldi :
mais cette nouvelle ordonnance du 10 juillet 1498 reste
conforme au caractère, pour le moins très mixte, des
actes de Charles VIII. Elle place sous la « protection et sauvegarde espécial » du roi, le seigneur de « Monègue », sa
femme, ses enfants, ses serviteurs, sa famille, ses sujets, ses
châteaux, ses terres et seigneuries, le tout en quelque lieu
qu'ils soient, et maintient les franchises ; ainsi c'est encore
une lettre de sauvegarde personnelle, et non une ordonnance
de protectorat [2]. Une autre lettre, du 11 mai 1507, ne permet
plus aucun doute. C'est un mandement, en français, garan-
tissant, sur sa demande, Lucien Grimaldi contre toutes « in-
jures », lui, sa femme, etc., et ordonnant de mettre sur tous
ses châteaux, places-fortes, maisons..., granges..., terres,
bois, prés, vignes, etc. les « panonceaux et bastons royaux » de
France [3] ; l'année suivante, le roi classe le péage de Monaco
dans la juridiction du chancelier de France. En 1511 et 1512,
à la faveur des embarras de la France, le seigneur de Monaco
cherche à arracher une déclaration d'indépendance. Louis XII
enregistre cette demande sans y acquiescer et se borne à
accorder quelques adoucissements pour le contrôle du péage

1) 22 octobre 1495. Ordonnance de Charles VIII, comme comte de Provence,
en considération des services de Jean Grimaldi, accordant à tous ses sujets
de Monaco, Menton et Roquebrune, congé et licence d'aller et venir en Provence,
vendre toutes marchandises non prohibées, les mener par terre ou par mer
sûrement et sainement, avec mêmes libertés et franchises que les sujets provençaux, sans qu'on puisse les inquiéter sous prétexte qu'ils sont provençaux
(Saige, *Documents*, II, 15).
2) Ordonnances du 10 juillet 1498, du 14 janvier 1499 (Saige, II, 18, 23),
scellées de cire jaune.
3) Gênes, 11 mai 1507 (Saige, *Documents*, II, 85).

sur les navires, qui formait la principale ressource financière de la seigneurie [1].

Le protectorat n'est pas la tutelle : le souverain protégeant ne se croit pas engagé, par ses lettres de protection, à répondre de tous les actes de son protégé. En 1511, des difficultés s'élèvent entre la France et Florence à cause d'un bateau florentin, capturé par Lucien Grimaldi pour avoir refusé le péage. Louis XII refuse nettement de s'en mêler, quoique le seigneur de Monaco, placé sous sa sauvegarde, appartînt personnellement à son service comme pensionnaire [2].

Quant au lien qui relie un vassal à son suzerain, quoique bien souvent nominal, nous ne pouvons le dénombrer parmi les attaches internationales, car il a en principe un caractère intérieur. Le suzerain fait acte de chef, et non acte de voisin, s'il intervient dans les affaires de son vassal, ou quand il réclame de lui office de vassal [3]. Lorsque le gouvernement de Charles VI écrit à la ville d'Ypres de lui livrer les « comuncuix » de Paris qui s'y réfugieront, il fait

1) Patentes de Louis XII, du 20 février 1511-12 (Saige, *Documents*, II, 122). En français, en forme de patentes, sur la demande du Sgr de Monaco, qui expose que, de toute antiquité, il n'a reconnu « souverain, roy ne prince, fors que à Dieu », — qu'il tient sa place « de Dieu et de l'espée », mais qu'il a toujours été protégé, et qu'il a toujours eu un droit de péage. Le roi confirme, en général, ses « droits » sans spécifier. Il l'exempte seulement de la juridiction du chancelier pour le péage ; mais le Sgr de Monaco donnera dans les quatre mois ses lettres, en bonne et due forme, d'être bon et loyal serviteur, lui et ses successeurs, ami des amis, ennemi des ennemis, et de se soumettre au chancelier pour le surplus, en cas d'augmentation du péage : patentes de chancellerie, non signées malgré leur clause de perpétuité. Confirmées par d'autres patentes du 14 mai 1512, signées *Loys* (*id.*, p. 126), et par François Ier, le 12 août 1515 (*id.*, p. 153).

2) Dépêche d'Accaiuoli, publiée par Saige, II, 104. Cependant, en droit, le protectorat oblige à défendre le protégé par les armes (Martini Laudensis, *De Confederatione*, quest. 43, 56).

3) Le duc de Milan agit en quelque sorte comme suzerain, quand il intervient près du doge de Gênes en faveur de la sécurité de Monaco, le 31 janvier 1445 (Saige, *Documents*, I, 155).

un acte de police intérieure, et non une demande d'extradition[1].

Au commencement du XVI° siècle, on ne distingue plus bien nettement les avantages de la suzeraineté sur un pays voisin. Ludovic Sforza avait acheté cher le diplôme impérial d'investiture pour le duché de Milan, dans la pensée que Maximilien pouvait lui faire sinon du bien, au moins du mal, dans la situation très précaire où il se trouvait[2]. En réalité, cette formalité ne servit qu'à tenir cruellement Ludovic en suspens; il rendit hommage le 5 avril 1495 seulement, cinq mois après la promesse d'investiture[3]. Louis XII ne fit aucune difficulté de se soumettre à la même cérémonie : le cardinal d'Amboise prêta hommage en son nom pour le duché de Milan, à Hagenau, le 5 avril 1505[4], sans qu'il en résultât aucun lien particulier.

Dans les Pays-Bas, l'empereur avait un droit d'hommage analogue sur la Hollande et la Zélande[5], et la France sur la

1) Grande lettre en conseil, sur parchemin, scellée du grand sceau jaune. Paris, 18 sept. 1413. Après un long et vif récit des désordres qui viennent d'avoir lieu à Paris par le fait des révolutions, le roi prie de croire son récit et nul autre. « Et s'il advenoit que aucun des dessus diz comuneulx ou de leurs complices fauteurs ou adhérens c'estoient retraiz ou se retroioient en voz villes ou autres quelzconques lieux ou forteresses de vostre seigneurie ou puissance, vous yceulx prenez ou faites prendre et les nous envoiez seurement par bonnes gardes en nostre bonne ville de Paris, à noz despens, afin de les punir comme faulx, traïstres, murtriers et rebelles à leur naturel seigneur, et coulpables de crime de lèsemajesté, et en faire telle et si apperte justice comme au cas appartendra et que tous autres y preignent exemple ». Il ordonne de crier ces lettres aux lieux accoustumés, pour que personne n'en ignore (Orig. mss. Moreau 1424, n° 57). Même lettre au duc de Bourgogne, n° 58.

2) Sanuto, Diarii, II, 29.

3) Ms. ffr. 16074, pièces de cette investiture.

4) J. 506, 122, 122 bis. Cf. à la Biblioth. de l'Institut, ms. Godefroy 129, fos 1-82.

5) Gachard, Analectes, 2e série, cccxv ; lettre des Etats de Hainaut, affirmant leur indépendance (1417).

Flandre[1]. Pour ne parler que de cette dernière, la suzeraineté, après avoir donné lieu à mille difficultés[2], ne consistait que dans le droit du parlement de Paris (droit toujours contesté) de juger en appel les cas réservés ou *cas royaux*. En 1498, Louis XII fit sa paix avec l'archiduc[3] et l'on considéra comme un grand succès diplomatique l'hommage que l'archiduc lui prêta en 1499[4]. Malgré cette démarche et un désir réciproque d'entente, les difficultés subsistèrent et arrivèrent, en 1505, à un point si aigu que le parlement de Paris ordonna la comparution à sa barre de l'archiduc, devenu roi de Castille[5]. L'archiduc Philippe le Beau reconnut les torts de ses officiers : il céda[6]. François Ier abandonna cette suzeraineté. Sous Louis XII, elle ne procura guère à la France que des avantages d'amour-propre. Lorsque l'archiduc, en 1501, arriva devant le roi au château de Blois, il le salua trois fois, lui fit « trois honneurs », et le roi répondit au troisième. La reine n'alla pas non plus au-devant de l'archiduchesse, qui fut simplement reçue à sa descente de cheval par des dames d'honneur[7].

La suzeraineté sur Gênes et Savone, imaginée par Louis XI, valut à ce prince l'hommage des Sforza par procureurs ; elle

1) Charles VI donne au duc de Brabant et à sa femme, Jacqueline de Bavière, l'hôtel du Porc-Epic à Paris pour y habiter lorsqu'ils viendraient (*Monuments pour servir à l'histoire des provinces de Namur, de Hainaut et de Luxembourg*, t. IV, p. 179).

2) V. not. une lettre de Philippe le Bon, 16 février 1447. Gachard, *Analectes*, ccxiv.

3) Ms. fr. 5300, f° cix v°; fr. 4770, f° 65 ; fr. 18728 ; fr. 3912, f° ii°, lxxvi, etc.; ms. Parlement 474, f° 85; fr. 10433, f° 155 v° et suiv. ; ms. Moreau 259.

4) Cimber et Danjou, *Archives curieuses*, I, p. 3 et s.; *Cérémonial françois*, II, 644.

5) Fr. 2926, f° 1.

6) Lettres du 21 octobre 1505. J. 915 B, 24.

7) Molinet.

donna lieu à de pompeuses correspondances et à de grandes
phrases; en recevant ce fief, les ducs de Milan déclaraient devenir « les plus fidèles, les plus dévoués, les plus obéissants vassaux et feudataires des rois de France, ayant ses amis pour
amis, ses ennemis pour ennemis, faisant la guerre et la paix
selon le gré du roi. » Cependant, l'ambassadeur de François
Sforza, en recevant pour la première fois l'investiture, ne prit,
en fait, que « des engagements limités », comme ses successeurs ne manquèrent point de le rappeler[1]; si limités que la
politique milanaise n'en parut pas sensiblement modifiée. Il
n'en résulta même pas autant d'honneur que de l'investiture
de Flandre, car en 1478 Louis XI, contrairement à toutes les
règles, envoya un ambassadeur recevoir l'hommage du duc à
Milan[2], au lieu de l'attendre en France, et les Gênois s'en
montrèrent peu touchés. En 1494, ils reçurent le duc d'Orléans avec les honneurs dus à son rang, ils délibérèrent de
recevoir également le roi de France, dont on annonçait l'arrivée, comme un puissant monarque voisin, sans parler
de suzeraineté[3]. D'autre part, l'empereur leur reprochait
d'oublier leur antique sujétion à l'Empire, d'abandonner tout
à la fois la cause italienne et la cause impériale[4]; le pape
admettait au contraire pour eux la suzeraineté de la France[5]
Qu'importe ! En 1499, Gênes se soumet à Louis XII, et la
combinaison de Louis XI s'évanouit.

1) *Recueil manuscrit* de Simonetta, fos 52, 58, 62, 457 vo; origin. de l'investiture de 1463, J. 946, no 2 ; lat. 14691, f. 134 ; *Ordonnances*, XVI, 146 ;
Lettres de Louis XI, II, 166, 167 ; fr. 6970, fo 481 ; ordonnance de 1468, J.
946, no 6 ; pat. de 1470, lat. 10133, 44 ; actes de 1474, *id.*, 380 ; de 1476,
J. 498, 36, 36 bis ; fr. 6983, fo 174.
2) Commines, édit. Dupont, III, 321.
3) Arch. de Gênes, *Litterarum*, 36/1812 : *Diversorum*, X, 1081, 150, 645.
4) Ms. lat. 1441 ; 6 déc. 1495, pat. de Maximilien aux Génois.
5) *Procédures politiques*, p. 1109.

Le marquisat de Saluces dépendait du Dauphiné, et par conséquent de la France, en vertu de droits immémoriaux, consacrés depuis un siècle par un arrêt du parlement et par l'intervention de la France sous Charles VIII pour la défense du marquis contre la Savoie. Très dévoué à la France, le marquis prêta son hommage à Charles VIII en 1486, à Louis XII en 1498 [1].

Il est de principe que le suzerain doit attendre l'hommage du vassal dans un lieu convenu. S'il n'habite pas ce lieu, le suzerain arrivera le premier et attendra : en cela consiste l'affirmation de sa souveraineté [2]. Les détails de cérémonial présentent une extrême importance, c'est le gain le plus réel de la démarche. Les droits du suzerain sont, en principe, inaliénables, comme droits régaliens ; l'aliénation serait nulle de plein droit. On ne peut pas non plus forcer un vassal à recevoir un suzerain moindre [3]. Ce dernier principe permit au parti d'Armagnac de protester contre le traité de Brétigny.

Nous ne rappelons ces principes que pour mémoire: au commencement du XVI⁰ siècle, un tassement s'opère dans la constitution des états. Quels que soient les arrangements, la notion des droits intermédiaires, débris du système féodal, tend à disparaitre complètement pour faire place à la souveraineté directe. En France, il n'y a plus de grands vassaux, plus de suzeraineté. La Bretagne [4], la Bourgogne, font directement corps avec la monarchie. Il n'a certainement pas tenu

1) J. 609, n⁰ 1, f⁰ LXXXXV.
2) Lat. 9809.
3) Lat. 17664.
4) Les hommages les plus incontestés donnaient lieu à d'incessantes discussions. A chaque avènement en Bretagne, se présentait une difficulté pour la forme de l'hommage dû au roi. Les mêmes difficultés se présentaient aussi pour les régales auxquelles prétendait le duc, et pour la compétence du parlement.

à Louis XI qu'il n'en fût de même pour la Flandre et l'Artois, et sa création du fief de Gênes n'était qu'un subterfuge, un abandon dissimulé, dont personne ne fut dupe[1].

1) Le dernier degré, dans les rapports internationaux, c'est de rendre compte de ses actes à un seigneur d'une cour voisine et de lui demander son approbation, comme fait Louis XI, encore dauphin, dans une lettre à un seigneur de Bourgogne (août 1457. *Lettres de Louis XI*, I, n° LXXII).

CHAPITRE V

LE DROIT D'AMBASSADE

Le *droit d'ambassade*, droit de recevoir et d'envoyer des agents diplomatiques, appartient essentiellement au souverain, au chef d'Etat, au corps qui représente et dirige le pays dans ses rapports avec l'Étranger. Le droit d'ambassade est corrélatif du droit de guerre et on ne saurait les séparer. Celui-là seul peut traiter qui peut faire la guerre. Or tout souverain a le droit de faire la guerre [1] ; ainsi tout souverain a le droit de traiter. Un sujet, un vassal ne peut traiter, puisque les guerres privées [2] sont interdites, et, au dehors, le premier devoir du vassal, à plus forte raison du sujet, est d'avoir pour amis, pour ennemis ceux de son seigneur [3]. Aucun sujet n'a donc droit d'ambassade [4].

« A nul n'apartient bataille ne guerre emprendre pour quelconque cause, se ce n'est aux princes souverains, si comme empereurs, roix, ducs et seigneurs-terriens, lequelz soient mesmement chiefz principaulz de juridictions temporeles, ne à baron quelconque ne à autre, tant soit grent, ne appartient, sans licence et voulenté de son souverain seigneur. Et que ceste loy soit de droit, la manifeste raison le démonstre assés [5] ».

1) H. Bonet, *l'Arbre des Batailles*, édit. Nys, c. ıv.
2) « Selon droit des gens » (Christine de Pisan) : Sᵗ-Thomas d'Aquin, *Summa*, p. ıı, quest. 40, De Bello.
3) Capitul. de Gênes.
4) Wicquefort, *Mémoires...*, p. 69.
5) Christ. de Pisan, *Le Livre des fais d'armes et de chevalerie*.

Les ligues de vassaux conclues sans l'autorisation du prince sont donc frappées de nullité radicale [1].

Seul, dans les monarchies, le roi a qualité pour signer les actes internationaux, par lui ou par ses délégués. Même en cas de minorité, d'incapacité, nul ne peut le suppléer. Les tuteurs ou gardiens peuvent simplement garantir en leur nom, comme « faisans forts et prenans », que le prince, une fois arrivé à l'âge « et estat de pouvoir contraire, quand requis en seront, il lui feront ratifier, gréer et loer les choses dessus dites et chacune d'icelles, et bailler lettres compétans signées de leurs sceaux [2] ». Aussi en pareil cas s'efforce-t-on d'obtenir du prince même au moins un serment que plus tard on puisse lui opposer personnellement [3]. Quand le souverain est une femme, elle figure personnellement dans les actes avec son mari : tel est le cas, en Espagne, à la fin du XVᵉ siècle, pour Ferdinand et Isabelle (l'un roi de Castille, l'autre reine d'Aragon) ; pour le roi de Navarre. La reine Catherine de Navarre signe avec son mari les actes internationaux, pouvoirs, ratifications, etc., et prête serment en conséquence [4]. Il va sans dire que les chancelleries étrangères sont parfaitement en droit de réclamer à ce sujet toutes garanties.

De même, dans les pays parlementaires (Allemagne, An-

1) Martini Laudensis, *De Confederatione...* quest. 20. Le même auteur dit : (*De legatis,* quest. 25) : « Decuriones civitatis subditæ principi non possunt mittere legatum ad alium principem sine licentia principis (l. fina., c. de legat.) ; et ambasiatores debent petere literas suæ legationis (l. I, c. de manu princi.). Cf. *ibid.,* quest. 34.

2) Traité entre la Bretagne et la Bourgogne, 18 novembre 1402. *Mém. de Bretagne,* II, 723.

3) Jean, duc de Bretagne, quoique n'étant pas « en âge parfait de pouvoir bonnement faire un contrat » et se trouvant sous le gouvernement de son oncle, jure, par la foi et serment de son corps et sur les saints évangiles de Dieu, que, sitôt venu en âge et en état de pouvoir contracter et qu'il en sera requis, il ratifiera l'acte (*id.*).

4) 1512, 1513. J. 619, nᵒˢ 28, 29.

gleterre), il y a lieu de s'adresser également aux pouvoirs publics dont l'action complète celle du souverain ; en Allemagne, dans les cas graves, il est d'usage de communiquer avec les princes ; c'est un moyen de faciliter en apparence la tâche de l'empereur et de la contrecarrer en réalité. A la nouvelle de la prise de Modon par les Turcs, Venise adresse à toute l'Europe une circulaire ardente, elle l'envoie aux électeurs de l'Empire, en même temps qu'à l'empereur [1]. En 1509, le doge Loredan, tout en protestant vivement de son respect profond pour l'empereur et pour l'Empire, en appelle directement à la diète d'Augsbourg des procédés de Maximilien [2]. En mars 1491 [3], en août 1496 [4], Charles VIII s'adresse à la diète germanique, aux électeurs et princes de l'Empire, pour leur dénoncer des violations de traité, qu'il impute à Maximilien et aux ducs de Milan et de Bretagne [5]. Ce sont là des actes réguliers : de même qu'il est régulier d'envoyer des ambassadeurs à chacun des électeurs de l'Empire [6], car ils ont le droit d'ambassade [7], ou même à la diète impériale [8].

En Flandre, nous voyons les Etats, assemblés à Gand le

1) 5 sept. 1500. Sanuto, III, 750.

2) J. 990, II[5].

3) Maximilien répond par une circulaire très violente (Dupuy, *Hist. de la réunion de la Bretagne*, II, 222).

4) 11 août 1496. Sanuto, I, 285.

5) Le 10 septembre 1496, l'empereur projette lui-même un manifeste à ses électeurs pour se justifier contre la France (Dépêches de Foscari, dans *l'Archivio storico italiano*, p. 868).

6) Envoi, par Charles VII, d'une ambassade circulaire en Allemagne (le 6 avril 1459), à l'archevêque de Trèves et à l'évêque de Metz, aux ducs Albert et Othon d'Autriche, Guillaume de Saxe, marquis Alb. de Brandeberck, marquis de Bade, Cte Olry de Wirtemberg, comte palatin (Th. Bazin, éd. Quicherat, IV, 341 et s.).

7) Leibnitz : Cæsarini Fürstenerii, *Tractatus de jure Suprematus ac Legationis Principum Germaniæ*, Londini, 1678.

8) Envoi d'ambassadeurs français, anglais..., à la diète de Francfort, en mai 1397, pour l'affaire du schisme (Jarry, *Vie de Louis de France*, p. 198).

28 février 1476-1477, empiéter sur le pouvoir exécutif au point de « commander et conclure » eux-mêmes les instructions données à l'ambassade en France. Il est vrai qu'il s'agissait de circonstances exceptionnelles ; ils légitiment leur intervention et rendent les instructions acceptables en y insérant la clause qu'on les a rédigées « du sceu, bon plaisir et consentement de madite damoiselle », Marie de Bourgogne [1], leur nouvelle souveraine [2].

Quand on négocie avec la Suisse, il faut prendre garde que, dans cette confédération, les pouvoirs sont très peu homogènes : les cantons d'Uri, Schwytz, Unterwald, et aussi Zug, c'est-à-dire les cantons forestiers, se séparent volontiers des autres, au point de négocier séparément à l'étranger [3], et même d'engager la confédération par leurs propres actes [4]. Ils se rapprochent volontiers du Valais. Les ambassades suisses comprennent des ambassadeurs de divers cantons [5].

Le Valais est une agglomération de communes sous la direction de l'évêque-comte de Sion, seigneur du Haut-Valais. L'évêque ne peut signer de traité qu'avec l'approbation de ses communes [6], et, comme on le pense bien, celles-ci ne sont pas toujours d'accord.

En France, où il n'y a pas ce qu'on pourrait appeler de droit public, le roi gère le royaume « en bon père de famille », comme un seigneur ou un usufruitier [7]. Son droit exclusif à

---

1) Gachard, *Analectes,* ccclxxv : Kervyn, *Hist. de Flandre,* V, p. 515-525.

2) Cependant Louis XI leur répond que leur princesse les désavouera (Commines, l. V., c. xvi).

3) Septembre 1475, avis donné à la duchesse de Savoie. Gingins la Sarraz, *Dépêches des ambass. milanais,* I, 222, 238.

4) V. notre mémoire *La conquête du Tessin.*

5) Ambassade de 1487. Mandrot, *Ymbert de Batarnay,* p. 342.

6) Gingins la Sarraz, *Dép. des ambassadeurs milanais,* I, 233.

7) Sauf un certain contrôle intérieur. V. Seyssel, *La Grant' monarchie de France.*

diriger les affaires étrangères est absolu : sa signature engage
le pays. Les Anglais comprennent difficilement un pareil principe ; dans le traité signé le 3 novembre 1492 avec la France (à
Étaples), ils stipulent expressément la ratification par les Etats,
dans les deux pays. Cette stipulation demeure en France lettre
morte. Pour donner satisfaction aux scrupules anglais, et consacrer la paix, Louis XII dut se livrer à une sorte de comédie.
Au moment de son mariage à Nantes, le 15 janvier 1499, il fit
signer un protocole, par un certain nombre de personnages
présents, « représentant les trois Etats du royaume de
France ». Il y avait de tout, parmi ces soi-disant représentants
de la France : des bretons, MM. de Rohan, de Rieux.... ; des
étrangers, MM. de Ligny, de Ravenstein, de Hochberg.... [1].

Le roi peut déléguer ses pouvoirs, même diplomatiques, à
des vice-rois, lieutenants-généraux, chefs d'armée ou amiraux. Le duc de Bourbon, lieutenant-général du royaume en
1494 et 1495, reçoit et envoie des ambassadeurs [2]. Anne de
Beaujeu, comme gardienne du roi pendant sa minorité, accrédite et dirige elle-même les ambassades. En 1489, les ambassadeurs de France en Angleterre écrivent « à Madame » qu'ils
ont remis au roi d'Angleterre *ses* lettres, qu'ils ont exprimé la
bonne volonté du roi et la *sienne* [3]. Le vice-roi de Naples, sous
Louis XII, a tout pouvoir d'« envoyer et déléguer ambassades
et autres messaigiers..., de recepvoir et oyr toutes manières
d'ambassades et recepvoir toutes manières d'estrangers [4] ». Il

1) *Mém. de l'Histoire de Bretagne*, III, c. 826-827.
2) Not. ms. fr. 20590, fo 53,60 ; 25717,178.
3) Ms. fr. 15538, no 188.
4) Pouvoirs du duc de Nemours, août 1501 (Jean d'Auton, II, 96 note).
Cependant on se demande à Rome, sous Jules II, « an orator proregis Neapolitani (espagnol) locum habeat in Capella », s'il a rang à la chapelle papale.
(Paris de Grassis. Lat. 5165, fo 467). Cf. les patentes latines du duc d'Orléans,
du 13 nov. 1394, instituant Enguerrand de Coucy « locumtenentem et pro-

correspond avec l'ambassade de France à Rome [1]. Le cardinal
d'Amboise, puis son neveu Charles d'Amboise, comme lieutenants-généraux du roi en Lombardie, ont mêmes pouvoirs [2].
A Venise, où la France entretient un ambassadeur résident,
ils envoient des ambassadeurs spéciaux, dont ils prolongent
la mission à leur gré [3]. Le cardinal d'Amboise signe même à
Milan des traités avec Florence et avec Lucques [4].

Le sire de Ravenstein et, après lui, Jean de Rochechouart,
gouverneurs de Gênes pour le roi, se crurent autorisés
aussi à user du droit d'ambassade. Ils correspondent avec
Florence, avec Rome, avec Venise par des lettres confiées aux
soins des ambassades de France, ou par l'envoi direct d'ambassades. En souvenir de leur ancienne indépendance, les
Génois aimaient à multiplier ces ambassades, et à leur donner
un certain éclat [5] : mais, comme nous l'avons vu, Jules II trouva
un peu singulier de recevoir une ambassade gênoise d'obédience, même accréditée par Ravenstein ; quant à l'ambassade
d'obédience de ses compatriotes de Savone, il ne l'admit qu'à
titre privé [6]. Les Génois n'avaient pas envoyé moins de douze
ambassadeurs, avec quatre-vingts voitures de bagages et
environ deux cents chevaux !

Néanmoins, tous les lieutenants-généraux n'ont qu'un
droit d'ambassade limité, pour l'expédition des affaires cou-

---

curatorem nostrum generalem ac nuncium specialem in partibus ultramonta-
nis », avec pouvoir de passer toute espèce de traité avec tout le monde et de
faire tout acte de gouvernement (Jarry, p. 438).

1) Sanuto, IV, 421.
2) V. l'Appendice.
3) Boislisle, *Etienne de Vesc*, p. 190-191 : Sanuto, III, 437.
4) Jean d'Auton, II, 26, n. 1.
5) Burckard, *Diarium*, III, 333 : Saige, *Documents*, II, 102, 112 : Sanuto,
III, 1498 : Archives du Ministère des affaires étrangères, Gênes 1, f° 69 et
s.. Archives de Gênes, *Diversorum*, nombreuses instructions.
6) Burckard, III, 334,

rantes, et aussi pour maintenir l'illusion de l'autonomie parmi des populations d'un amour-propre très chatouilleux. Ils ne peuvent pas engager le roi ; leur signature sur une convention, fût-ce celle du cardinal d'Amboise, ne vaut qu'*ad referendum*, jusqu'à ratification par le roi[1].

Les généraux d'armée ont le droit, au point de vue diplomatique, de « requérir et demander.... l'ayde et assistance de tous princes et seigneurs, nos amis et alliez et bienveillants », et traiter avec toute personne qui veut se rendre[2]. Un général en chef peut, pour toutes affaires de guerre, « envoyer et délaiguer ambassades et autres messaigiers », recevoir les villes à composition, « oyr toutes manières d'ambassades ; bailler et octroyer seuretez, saufconduictz, trêves et abstinence de guerre, recepvoir toutes manières de gens estrangés[3] ». Ainsi le marquis de Mantoue reçoit, en 1495, des ambassadeurs de Savoie, qui réclament contre les ravages de ses troupes sur les territoires neutres[4]. Parfois le général en chef, ayant souscrit une trêve et posé des bases de négociations, devient diplomate et mène la négociation jusqu'à la paix[5] ; mais, pour peu qu'il ait de prudence, il s'abstiendra autant que possible de prendre aucun engagement. En 1501, Stuart d'Aubigny, commandant l'armée française à Naples, accepte, conformé-

1) Ratification du traité avec Lucques. Jean d'Auton, *loc. cit.*

2) Jean d'Auton, II, 395.

3) Jean d'Auton, II, 82 note.

4) Benedetti, *Il fatto d'arme*, éd. 1863, p. 195. Cf. Pouvoirs de Lambert Grimaldi pour conclure une ligue (ligam et capitula) avec Jean Philippe de Fiesque, comte de Lavagna, amiral de Gênes, et faire « *quascumque promissiones* » avec Bernard Villamarina, capitaine général de la flotte d'Aragon (15 février 1454. Saige, *Documents*, I, 287). Louis de Bequetis, écuyer milanais, vient en ambassade près du duc d'Orléans de la part du capitaine Robert (de San Severino), et reçoit de lui 120 liv. (*Tit.* Orléans XII, 835, 14 juin 1484).

5) Paix avec le roi d'Angleterre conclue par le maréchal des Querdes (1492. Godefroy, *Histoire de Charles VIII*, p. 630).

ment à ses pouvoirs, la capitulation du roi Frédéric, à titre
provisoire, sous forme d'un sauf-conduit donné à Frédéric
pour se rendre en France et traiter lui-même avec Louis XII.
Pouvait-on agir avec plus de rectitude et de modération ? Cet
acte donna pourtant lieu à des récriminations, que Jean d'An-
ton nous expose tout au long [1]. Aussi, pour le droit d'ambassade, les délégations du pouvoir royal doivent s'entendre de la
manière la plus étroite.

Quant aux vassaux et aux protégés, le temps n'est plus,
comme nous l'avons dit, où le roi de France croyait pouvoir
faire condamner le roi d'Angleterre, comme son vassal pour
le duché de Guyenne [2] ; ces fictions n'existent plus [3]. Les vassaux ont été absorbés par leur suzerain, ou se sont émancipés ;
ils possèdent sans aucune contestation possible le droit d'ambassade. L'archiduc Philippe le Beau, quoique vassal de la
France, négocie couramment avec elle, souscrit des traités,
bref se meut, même vis-à-vis d'elle, avec la plus entière
liberté de relations. Le grand-maître de Rhodes, bien qu'il
exerce à Rhodes des pouvoirs souverains, n'est pas précisément admis en Occident au droit d'ambassade [4] ; en Orient,
ses envoyés près de la Sublime-Porte ont la qualité d'ambassadeurs [5].

Le despote de Serbie, prince indépendant, accrédite sans

1) Tome II. p. 77 et suiv.
2) 1313. Ms. fr. 18433, n° 7.
3) En 1339, l'ambassadeur anglais en France rend hommage au nom de
son maître, pour les terres qui doivent hommage, puis il remet un cartel de
défi qui déclare la guerre (Froissart, édit. Luce, I, 152, 439).
4) Comme nous le dirons plus loin, ses ambassadeurs n'obtiennent pas à
Rome le rang d'ambassadeurs. De même à Rome on refuse le consistoire public
et le siège en la chapelle aux ambassadeurs de l'évêque de Liège (Paris de
Grassis. Lat. 5164, f° 333).
5) Sanuto, IV, 405, lettre du fils de Bajazet (1502) : ms. ital. 898, lettre de
Bajazet.

difficulté de rares ambassades [1]. Quant au voïvode de Moldavie, vassal de la Hongrie, il agit avec une correction sans pareille : son ambassadeur est muni de doubles lettres de créance, l'une du voïvode, l'autre du roi de Hongrie [2].

Dans les pays musulmans, le bey de Tunis, le sultan d'Egypte agissent diplomatiquement en toute liberté. Tunis entretient des rapports très fréquents avec Gênes [3], l'Egypte avec Venise [4].

Le cas d'un souverain indépendant, entré comme *condottiere* au service d'un autre, offre plus de difficultés : il se rencontre en Italie [5]. Ce souverain conserve le droit de négocier pour son compte comme il lui plaît ; mais il peut être destitué de son engagement [6].

On admet parfois, par une sorte de tolérance, que, pour des questions toutes locales, pour des affaires de frontière, les autorités locales puissent passer des conventions. Le sandzach de Bosnie Mehemet bey traite, en janvier 1503, avec le provéditeur vénitien de Cattaro, pour la pacification de la frontière, et assure aux gens de Cattaro la libre

1) Sept. 1502. Sanuto IV, 458.

2) 1506. Sanuto, VI, 291.

3) Arch. de Gênes. Sanuto, VI, 26.

4) Sanuto, V, 887-890, 49.

5) Par exemple, le seigneur indépendant de Monaco, Jean Grimaldi, se met, en 1432, comme corsaire, avec une galère armée, au service des Niçois, pour purger la mer des pirates : « Vous ne toucherez pas à cinq pavillons, les pavillons vénitien, florentin, gênois, catalan, provençal », disent les Niçois : « J'attaquerai, répond-il, ceux qui vous attaqueront, et les Sarrazins » (Saige, I, 96).

6) 6 novembre 1495. Le sénat de Venise, ayant appris que le marquis de Mantoue veut rendre visite au roi de France, écrit à ses provéditeurs et à son orateur de l'en empêcher, avec ordre de garder cette dépêche, s'il est trop tard (Arch. de Venise, Secreto 35, p. 182). — 23 juin 1497. Le sénat ayant découvert que le marquis de Mantoue a traité avec le roi de France, le destitue (*id.*, Secreto 36, p. 137 v°).

circulation[1]. Les syndics de Monaco, Menton et Roquebrune
passent, le 28 octobre 1483, une convention avec les commissaires de Vintimille, pour l'exportation des grains[2] ; le 21 août
1511, Lucien Grimaldi traite avec le village de Sospel pour la
suppression des représailles[3]..... Ce sont là des exceptions
bonnes à noter, qui n'infirment en rien la règle générale et
qui s'expliquent par le peu d'importance de l'affaire.

Les principes que nous venons d'énoncer n'ont triomphé
qu'avec une peine extrême. Si l'on se reporte à un siècle en
arrière, on est surpris du progrès réalisé par la France en
cette matière. Rien n'a autant changé de face pendant le cours
du XVe siècle que le droit d'ambassade.

Au commencement de ce siècle, nous trouvons la France
dans la plus complète anarchie. Chaque prince, chaque grand
feudataire se croit en droit d'échanger des ambassades avec
l'étranger, de nouer des alliances et des intrigues, de s'unir à
ses pareils par des pactes. Le duc de Bretagne, par exemple,
passera un traité d'alliance avec le comte de Clermont[4]. La
reine Isabeau, elle-même, signera un pacte avec les ducs de
Berry et d'Orléans, et toutes ces parties, qui n'ont pas le droit
de traiter, échangeront, comme des souverains, l'une sa parole
de reine, les autres leurs paroles de fils de roi[5]. Chacun, en
outre, négocie de son côté ; le duc d'Orléans traite avec le duc
de Gueldre. Le duc de Bourgogne noue avec l'Allemagne des
relations secrètes contre les ducs d'Orléans et de Milan : la
reine est l'âme du complot, par son père le duc Etienne de

---

1) Sanuto, IV, 789.

2) « In presentia magnifici et potentes (sic) domini, Dⁿⁱ Lamberti de Gri-
maldis, Monaci [domini], ad infrascripta peragenda autoritatem suam eisdem
sindicis... dantis » (Saige, Documents..., I, 571).

3) Saige, II, 112.

4) 23 avril 1410. Mém. de Bretagne, II, 833.

5) 1er décembre 1405. Douet d'Arcq, Choix de Pièces, I, 283,

Bavière[1]. Les querelles des princes deviennent ainsi, non seulement des affaires d'Etat, mais des affaires diplomatiques, ou, pour mieux dire, pseudo-diplomatiques[2]. Il en résulte de véritables scandales ; pour en trouver des exemples, on n'est embarrassé que de choisir : tel l'étonnant arbitrage déféré aux ducs de Berry, de Bourgogne et d'Orléans, pour le règlement des difficultés pendantes entre le marquis de Moravie, d'une part, le comte de St-Pol et le roi, de l'autre[3] : telle surtout la lettre collective adressée, en **1412**, par le duc de Berry, le duc Charles d'Orléans, le duc de Bourbon, le comte de **Vertus**, à l'empereur pour lui demander d'intervenir en France[4].

---

1) 1401. Jarry, p. 252.

2) Not. Pouvoirs donnés par le roi à la reine pour apaiser la brouille des ducs d'Orléans et de Berry. 16 mars 1402. Douet d'Arcq, *Choix de Pièces*, I, 227.

3) 5 mars 1399. J. 608, n° 12.

4) Ce factum débute ainsi : « Serenissimo prepotentique principi consobrino et domino precarissimo, domino Sigismondo, Dei gratia Romanorum regi, semper augusto, ac Hungarie, Dalmatie et Croatie regi, Johannes Regis quondam Francorum filius, dux Bituricensis et Alvernie, Karolus, dux Aurelianensis et Valesii, Johannes, dux Borbonii, et Philippus Virtutum comes. Integerrimo vestre intime recommendacionis et gratificacionis officio vestre excellentissime Serenitati ante omnia presentato. Glorificetur omnes mundi per oras Majestatis vestre Cesarea Celsitudo. Glorificetur, inquam, Serenissime prepotensque princeps et domine, atque in excelsis exaltetur laudibus infinitis. Quippe que principes inter et gentes christicolas precipue regni hujus sapientissime novit optimum persuadere et imponere morem pacis que publicam Francorum concordiam et unanimitatem tantopere diligit, simultates et dissidia detestatur. O quam gratissime, quam suaves nobis et cordibus nostris pacifere lictere vestre fuerunt, quanta caritatis dulcedine, quanto sapientie et bonitatis fructu pregnantes exuberant, quam maximis laudum preconiis ubique celebrari merentur, quibus quidem Augusta vestre Sublimitatis amicitia perniciosissimam regie domus nostre dissensionem et discordiam intestinam amicissime condolendo deplorat, concordiam vero et pacem saluberrimam plurimum exoptando suscitat perefficaciter et hortatur. Quas autem tantis meritis dignas grates que debita rependia referemus. Sane nos in hoc reputamus tantos vestre beneficentie debitores, qui numquam satis liberales erga vos esse poterimus solutores » (Ms. lat. 15173, f° 234 et suiv., ms. du XVe siècle).

Il y eut alors, en France, un prince, bien doué par la nature, mais d'une ambition effrénée, qui conçut des rêves gigantesques : Louis Iᵉʳ d'Orléans. Il se peut que la réalisation de ses rêves eût apporté à la France de très grands profits ; l'histoire politique est libre de le louer, ou de l'absoudre, mais l'histoire diplomatique ne l'est pas. Même encouragé par d'autres exemples et par la complicité du roi, Louis d'Orléans n'avait pas le droit de faire ce qu'il a fait. Sa diplomatie fut prodigieusement active, sa générosité sans limites, sa puissance grande. Quel intérêt trouvait la France à avoir sur les bords de la Loire un prince indépendant, roi d'Adria, ou duc de Luxembourg, ou, que sait-on ? empereur d'Allemagne ? On peut se le demander. Si fortes que fussent encore les considérations dynastiques, elles ne dépassaient guère une génération, à supposer que l'amour de la race ait pu si longtemps rester en balance avec l'intérêt. Mais, en tout cas, le duc d'Orléans exerce, à tort, des droits régaliens : il crée un ordre, l'ordre du Porc-Épic, qu'il décerne même à des étrangers [1] ; il traite d'égal à égal avec les souverains ; il offre au roi des Romains l'« ymage d'or d'un Charlemagne » avec écusson d'Orléans [2], et de la vaisselle d'or [3], au pape des joyaux [4] ; il signe un traité pour son propre compte avec le duc de Lancastre, traité de ligue et d'alliance intime, greffé sur la trêve générale entre la France et l'Angleterre [5], une alliance avec Venceslas, roi de Bohême, envers et contre tous, sauf le roi de France [6]. Par un diplôme solennel et pompeux, du 6 octobre 1407, il dé-

1) Au maréchal de Hongrie, en janvier 1415 (*Catal. Joursanvault*, 537, 780).
2) A Mouson (*Joursanvault*, n° 765).
3) *Arch. du Collège Héraldique*, n° 491 (30 mai 1498).
4) *Joursanvault*, 422.
5) Douet d'Arcq, *Choix de pièces*, I, 157 (1399).
6) Douet d'Arcq, *ouvr. cité*, I, 140 (1398).

clare prendre sous sa protection, « sub nostris tuicione, protectione, gubernacione, et regimine », ses beaux-frères, le duc de Milan et le comte de Pavie ; remplissant ainsi, dit-il, le devoir de mutuel secours qui incombe à des princes « liés par le solide nœud d'une honnête confédération et de l'amitié[1] », mais nullement les devoirs d'un prince envers son roi.

Nous ne pouvons en quelques mots indiquer la situation extraordinaire qu'avait prise en Europe le duc d'Orléans[2]. Il projette d'abord de se constituer en Italie un royaume, composé des Marches, de la Romagne, de Bologne, Ferrare, Ravenne, Todi, Pérouse : de 1390 à 1394, les négociations se poursuivent ardemment, et, au moment où elles vont aboutir, la mort de Clément VII les annule. Aussitôt, Louis d'Orléans se met à conquérir la Ligurie : mais Gênes se donne au roi, et le roi l'arrête (1395). Il obtient la garde du pape Benoît XIII, et le voilà qui se met en tête de terminer le schisme d'Occident. Il négocie avec la Castille[3], il met indirectement le pape de Rome, Boniface IX, en demeure de se soumettre[4]. Il s'occupe activement des affaires d'Orient et des Tartares : après le désastre de Nicopolis, en 1396, il ne néglige rien pour avoir des nouvelles et soulager les prisonniers de Baja-

1) Jarry, p. 454-458.
2) V. le volume qui lui a été consacré par M. E. Jarry, *Vie politique de Louis de France*, et les travaux de M. le comte de Circourt, de M. Durrieu dans la *Revue des questions Historiques*, de MM. le Cᵗᵉ de Circourt et le Dʳ van Werwecke, *Documents Luxembourgeois à Paris concernant le gouvernement du duc Louis d'Orléans*, Luxembourg, 1886.
3) K. 1482 : lettre du 22 septembre (1398).
4) Le duc d'Orléans, devenu, sur le désir du pape, garde de Benoît XIII, écrit, le 24 juillet 1399, au frère du pape de Rome (Boniface IX) Giov. Tomacelli, qu'il invite à se faire donner pleins-pouvoirs par son frère et qu'il prie de venir traiter et régler le schisme, avant l'année jubilaire. Il lui offre sa protection près du roi de France (ms. lat. 10400, fᵒˢ 30 et 36-39).

zet. Il subventionne les chevaliers qui vont en Prusse combattre avec l'ordre teutonique [1]. Mais c'est surtout en Allemagne qu'il agit : il négocie très activement avec l'empereur,
en 1397 [2]. La présence d'Isabeau de Bavière à la cour ouvrait,
de ce côté, de nouveaux horizons : Venceslas, l'indigne empereur, se voyait ouvertement menacé de déchéance : Louis d'Orléans l'entoure de mille prévenances, de mille preuves d'amitié ; il négocie le mariage de son fils Charles avec une nièce
de l'empereur, il acquiert des domaines dans le Nord-Est et
même le duché de Luxembourg ; moyennant 25,000 livres
par an, des cadeaux, des titres, il s'assure d'un grand nombre
de princes allemands, les sires de Bade, de Nassau, de Wal-
deck, des Deux-Ponts...., de Clèves, de Gueldre [3]. Quand la
diète s'ouvre pour la déposition de l'empereur, les princes
allemands envoient une ambassade en France : Louis d'Orléans va sur la frontière se livrer à des démonstrations d'apparat, comme s'il n'attendait qu'un signal : sa grande intimité
avec la reine [4], dont on médisait, semblait le placer sur la
route de l'Empire : la diplomatie royale se mettait à son service [5]. Tout à coup le vent change, et le duc de Bourgogne
coupe court au projet [6].

1) Delisle, *Discours prononcé à la Société de l'Histoire de France*, 26 mai
1885.

2) Cf. Moranvillé, *Relations de Charles VI avec l'Allemagne en 1400*, dans
la *Bibl. de l'Ecole des Chartes* : Arch. nat., Cartulaire de la Chambre des
comptes de Blois, fᵒ ccccxv vᵒ.

3) Circourt et van Wervecke, *ouvr. cité* : ms. Moreau 405, fᵒˢ 247 et suiv.,
257 : KK. 267, fᵒ 77.

4) En 1401, il offre à Isabeau un émail entouré de saphirs, de balais et de
perles (Delisle, *Discours cité*).

5) Et même les courriers du roi, d'ordinaire si exclusivement réservés. Le
30 juin 1397, un chevaucheur du roi va en Bohème porter des lettres du duc
d'Orléans au conseil du roi de Bohème (Venceslas) « pour choses qui grande-
ment le touchent » (Jarry, p. 196).

6) Jarry, p. 195-196.

Ce rôle exorbitant finit avec la vie du duc d'Orléans, on sait dans quelles conditions. Son fils Charles hérite d'abord des débris de cette puissance : sa mère et lui maintiennent leur alliance avec la Bretagne [1]. En **1412**, Charles d'Orléans signe avec le duc de Clarence une convention d'amitié : les deux parties se traiteront, l'une l'autre, comme « vrai et bon parent, frère, compagnon d'armes, et ami », elles seront tenues de se servir, aider, conseiller... contre tous, sauf le roi [2]. La captivité du duc en Angleterre porte le dernier coup à cette diplomatie amoindrie : cependant, le **17 juillet 1427**, Dunois se croit le droit de conclure, au nom de son frère, une trève séparée avec les Anglais, pour garantir de l'invasion, jusqu'à la fin de **1428**, le duché d'Orléans, les comtés de Blois et de Dunois [3]. Après son retour, le duc d'Orléans reprend sa place ; il ne négocie plus comme duc d'Orléans ; il assiste aux réceptions d'ambassadeurs, à la première place près du roi, et il y prend part avec plus ou moins d'empressement [4]. Tout au plus, s'occupe-t-il activement, comme médiateur volontaire, de la conclusion de la paix entre la France et l'Angleterre. Il négocie directement en Angleterre le paiement de la rançon de son frère le comte d'Angoulême, mais c'est là une affaire d'ordre privé [5]. Bref, les choses sont changées et le duc d'Orléans ne conserve

---

1) Le 19 avril 1440, le conseil du roi envoie au duc d'Orléans un secrétaire en ambassade (fr. 20616, n° 18): Cf. les *Deffiances...* de Charles d'Orléans et de ses frères, au duc de Bourgogne (août 1411. Fr. 3910, n° 82), la réponse du duc (*id.*, n° 83), la *Défiance* de Jean, duc de Bourgogne, à Frédéric, duc d'Autriche (*id.*, n° 84).

2) Douet d'Arcq, *Choix de pièces*, I, 359.

3) Beaucourt, *Hist. de Charles VII*, II, 28 et s., 150.

4) M. d'Escouchy, II, 312, 313: Desjardins, *Relations de la France avec la Toscane*, I, 117.

5) Ms. fr. 2811, f° 19 : *appointement* avec le comte de Suffolk, à Tours (12 mai 1444).

d'existence diplomatique que comme seigneur d'Asti, en
Italie, pays qui ne relevait pas de la couronne [1], mais de
l'Empire. Aussi, la France l'aida plus que mollement à rentrer en possession de cette seigneurie : Charles VII n'agit que
sous le coup des démarches du duc d'Orléans près de l'empereur, et, alors, il voulut conquérir le comté d'Asti en son
nom [2]. Obligé de le laisser au duc d'Orléans, il essaya du
moins de le faire acheter par François Sforza [3]. Louis XI
renouvela très vivement les mêmes tentatives : en tout cas,
la rivalité du duc d'Orléans et des Sforza en Lombardie suffit à faire des Sforza les plus intimes alliés du roi de France.
Quoique souverain à Asti, où il battait monnaie, où il avait
conseil et chancellerie, le duc d'Orléans réduit donc sa diplomatie au strict nécessaire : quelques ambassades à Gênes, à
Milan, en Savoie, pour régler des questions de voisinage,
quelques rapports avec des princes italiens [4], l'envoi d'am-

---

1) Arrêt du parlement de Paris du 20 mars 1461, cité au tome I de l'*Histoire
de Louis XII*, auquel nous renvoyons pour justification des détails qui suivent.

2) En 1443, Charles VII, sur la demande des parties, ratifie le traité de réconciliation entre Milan et le duc d'Orléans (K. 67, nº 22 a, b, c), traité qui
ne fut jamais exécuté. Le 20 décembre 1446, une alliance directement conclue
entre le duc de Milan et le roi de France, porte (article XIII) que le duc de
Milan s'engage à remettre au roi ou à Théodore de Valperga, au nom du roi,
la ville d'Asti : le duc reste dégagé de toute promesse de rendre Asti au duc
d'Orléans. Le roi devra obtenir du duc d'Orléans son désistement d'Asti :
s'il ne peut, il lui remettra Asti, mais seulement avec l'agrément du duc de
Milan ; sinon, non (Osio, *Documenti*, III, 456-457). Le roi, en effet, agit
comme maître d'Asti ; il paraît qu'il y institua un comté en faveur de Thomas Tibaldo, chambellan et délégué du duc de Milan (fr. 4840), en 1446.
Nous le voyons écrire, plus tard, au duc d'Orléans une lettre relative au remplacement de feu Thibaut Caillau, capitaine du Château Vieux d'Asti (*Catal.
d'autogr.*, vente des 15-16 avril 1885, par M. Étienne Charavay, nº 1).

3) V. not. ms. ital.. 1589, fº 262, ital. 1649, fº 330 : *Lettres de Louis XI,*
II, p. 159.

4) Arrivée d'un ambassadeur de Ferrare, en 1459. Arch. municip. d'Orléans,
CC. 666.

bassades à l'empereur, en 1444 et 1452, pour réclamer l'investiture, l'entretien d'un procureur en cour de Rome [1], voilà le bilan de son action [2]. Pour rentrer à Asti, le duc d'Orléans avait essayé de négocier avec le duc de Milan, puis de s'allier avec le duc de Bretagne et le roi de Sicile [3], mais ces efforts demeurèrent infructueux.

Louis XI tint la main à la suppression de toute diplomatie orléanaise. Il ne put pas empêcher la duchesse d'Orléans d'envoyer à l'empereur, par les soins du duc de Clèves, une ambassade secrète, pour obtenir l'investiture d'Asti en faveur de son fils [4] ; ambassade naturellement accueillie par l'empereur. Mais il ne se présentait plus officiellement d'ambassadeurs au château de Blois ; les ambassades y envoyaient leurs joueurs de luth donner une aubade, ou quelque présent, un cheval, un faucon [5]... Avant de mourir, Louis XI exigea du duc d'Orléans le serment formel de ne s'allier à aucun prince contre son successeur [6].

Sous la minorité de Charles VIII, le duc d'Orléans revient aux vieux errements, et la France est cruellement troublée. Il s'agite fort à l'étranger, avec l'aide de son beau-frère Jean de Foix : il négocie activement avec la Bretagne : il envoie à Rome [7], il correspond avec l'ambassadeur d'Autriche [8], avec le légat. Comme du temps de son aïeul, il expédie en Savoie,

---

1) J. 545, II : K. 69, nᵒ 6 : K. 58, nᵒ 2 : K. 68, nᵒ 4.

2) Dans les comptes d'Asti, le chapitre des *légations et voyages* varie de 300 à 2000 livres, comprenant le paiement des voyages en France et des envois à Rome.

3) Champollion, *Louis et Charles d'Orléans*, p. 383 : Osio, *Documenti*, III, p. 351 : *Catal.* de Joursanvault, nᵒˢ 402, 438.

4) K. 70, nᵒˢ 41, 42.

5) *Tit.* Orléans, XII, 781 (oct.-déc. 1475).

6) Ms. fr. 2811, fᵒ 54 : fr. 6989, fᵒ 103.

7) *Tit.* Orléans, XII, 834.

8) *Tit.* Orléans, XII, 825.

en Montferrat, un émissaire accrédité par le roi[1] : comme autrefois, Maximilien, dans ses instructions à ses ambassadeurs en Bretagne, annonce qu'il va ouvrir des négociations avec M. de Beaujeu et avec les ducs de Bourbon, d'Orléans et le comte d'Angoulême[2].

Après 1490, il n'en va plus de même. Le seul privilège quasi-souverain que conserve le duc d'Orléans est de signer *Loys* tout court, et, sous Louis XII, cet usage a disparu. Le duc d'Orléans essaie encore, en 1497, d'ouvrir des négociations en Lombardie : le roi le menace d'exil.

Sous Louis XII, Louis d'Orléans, petit-fils de Dunois, devient, en 1504, comte de Neuchâtel, en Suisse, du chef de sa femme. Or ce prince n'est pas autorisé à se rendre dans son comté de Neuchâtel sans la permission du roi et même celle du chancelier[3].

La déchéance du droit d'ambassade s'applique aux autres feudataires, aussi bien qu'à la Maison d'Orléans. Eux aussi, avaient poussé loin l'abus, moins bruyamment sans doute, mais plus dangereusement, parce qu'ils l'appuyaient sur une force plus réelle. Quelle immense diplomatie que celle de Bourgogne ! comme dit un chroniqueur, « venoient au duc embassades de toutes pars[4]. » On sait le rôle qu'elle joua en France jusqu'en 1435, époque où la réconciliation avec le roi vint enfin inaugurer une ère nouvelle. Le duc de Bourgogne signa à Arras la paix avec son suzerain, et reprit sa place en France, à la tête des grands seigneurs. Néanmoins, il continue à agir de son côté avec un extrême éclat ; il négocie directement

---

1) *Tit.* Orléans, XII, 836, 844 : *Tit.* De la Tour, nos 8, 9, 10.
2) Commines, édit. Godefroy, V, 357 (1433).
3) Lettre demandant cette permission (1511) : *Lettres de Louis XII*, III, 57, 59.
4) Olivier de la Marche, I, 287.

en 1439 et 1440 la libération, par l'Angleterre, du duc d'Orléans. Comme « le plus puissant duc de la chrétienté », le duc de Bourgogne joue un rôle universel. Il se pose surtout en chef naturel des projets de croisade ; il avait pris cette situation en 1395 [1], il la conserva précieusement [2] : la cour de Bourgogne devint ainsi le centre naturel des ambassades d'Orient, de Rome, des princes héritiers [3]. Les projets de croisade prêtent, d'ailleurs, aux démonstrations d'apparat. En 1453, le duc devient le chef avoué et officiel : aussi les négociations se suivent ; en 1459, le duc de Bourgogne envoie au pape une ambassade, qui a pour chef le duc de Clèves en personne, et à qui on fait une réception princière [4]. En 1461, il adresse à Milan une ambassade commune avec celle de Louis XI : c'est un fait remarquable de voir Louis XI accepter cette situation et donner lui-même ses pouvoirs à l'ambassadeur de Bourgogne, Jean de Croy : en agissant ainsi, le roi intervertissait complètement les rôles, et laissait l'ambassadeur de son vassal diriger une longue négociation qui intéressait essentiellement le royaume, mais il trouvait intérêt, dans ce moment-là, à une pratique qui séparait le duc de Bourgogne du duc d'Orléans [5]. Le duc de Bourgogne se présente comme le protecteur de la chrétienté : il s'occupe des affaires de l'ordre de Rhodes [6]. A l'avènement de Charles le Téméraire, les Vénitiens, très engagés dans le même ordre

1) Delaville le Roulx, *La France en Orient*, I, 229.
2) Ms. fr. 1278, f⁰ 127. « L'an mil cccxl, Mgr de Bourgogne estant à Chalon, vint à luy ung ambassade de part l'Ampereur de Constantinoble, qui luy présenta de part ledit Ampereur pluseurs reliques et luy requist aide et secours contre les Turs. »....
3) Gingins la Sarraz, *Dépêches...*, I, viii.
4) Escouchy, II, 375 et suiv.
5) Rec. de Simonetta : Archivio Sforzesco.
6) Lettre au duc d'Orléans. K. 70, n⁰ 46.

d'idées, s'empressent de lui envoyer une ambassade spéciale de félicitations et, peu après, un résident [1].

Certes, les conseils du roi, d'accord avec la doctrine, n'avaient pas cessé de formuler, plus ou moins timidement, des réserves contre la diplomatie des feudataires. L'ordre du roi au duc d'Orléans, le 22 août 1412, de renoncer à l'alliance anglaise, déclare nuls de plein droit les traités entre ce prince et l'Angleterre [2].

Les patentes de réconciliation entre Charles VI et le duc de Bourgogne (2 février 1415) portent que, le duc de Bourgogne ayant fait protester de son affection par les Etats de Flandre, le duc de Brabant et la comtesse de Hainaut, le roi le considérera à l'avenir comme « bon et loyal parent, vassal, subgect et bienveillant [3], » et, même par le traité de Péronne, le duc veut bien promettre à Louis XI « de obéir, et faire obéir toutes ses terres, à la justice du roy comme souveraine [4]. » Mais, d'autre part, le duc de Bourgogne avait fait adresser aux « bonnes gens du pays de Flandre », en 1411, une proclamation du roi de France, qui les invitait à obéir, en tout et pour tout, à leur duc, comme à « leur seigneur naturel [5]; » Louis XI, lui-même, n'osa pas contester au duc de Bourgogne le pouvoir international, le droit d'ambassade. Lorsqu'il énumère, en 1470, dans des instructions diplomatiques, ses griefs contre Charles le Téméraire, il ne relève aucun grief de ce chef : il traite le duc sur le pied d'un sou-

---

1) Gingins la Sarraz, *ouvr. cité*, I, VII.

2) Douet d'Arcq, *Choix de pièces*, I, 352. « Les dictes aliances et confédéracions avons déclairé et déclairons nulles, de nostre autorité roial, et les avons mises et mettons à néant par ces présentes. »

3) Ms. Moreau 1424, nᵒ 64, orig.

4) C'est-à-dire laisser les appels suivre leur cours et les officiers du roi *exploiter* en ses terres (Instructions pour la Bretagne. Fr. 3884, fᵒ 278).

5) Orig. Arch. de Gand ; publ. par Gachard, *Analectes*, cxv.

verain voisin. Il lui reproche d'avoir exercé des représailles
« sans cause raisonnable », de s'être livré à des actes d'hostilité
contre la France en incendiant des vaisseaux, en faisant des
prisonniers, d'avoir pris les armes, d'avoir ordonné à ses « sujets » de quitter la France [1]...Aucune objection de principe, tirée
de l'état de vassalité [2] : en sorte que le droit d'ambassade des
ducs de Bourgogne subsista pleinement, et passa sans conteste
à l'archiduc d'Autriche pour la Flandre.

En Bretagne, il ne s'éteignit qu'avec l'existence du duché.
Quoique « sujette et vassalle » de la France [3], la Bretagne
tenait extrêmement à affirmer son indépendance internationale. Elle traitait activement avec tous les grands vassaux de
France [4]; elle traitait avec le roi et signait avec lui des ligues
ou des alliances [5] ; au besoin elle l'attaquait. Elle affectait,
pour maintenir son indépendance [6], d'envoyer aux États
généraux de France, non pas des députés, mais des ambassadeurs, assez mêlés aux États pour y créer des embarras,

1) Instructions aux ambassadeurs de Bretagne, 1er déc. 1470. Fr. 3884,
fo 280.

2) En novembre 1469, le roi renvoie de même un ambassadeur du duc de
Bourgogne, qui veut intervenir entre le duc de Bourbon et Philippe de Savoie
(Moreau 1426, no 175).

3) Ms. fr. 7079 (*Traité des différents....*), fo 199 vo.

4) *Mém. de Bretagne* : Arch. de la Loire-Inférieure, E. 177-181.

5) Caen, 23 décembre 1465. Traité de ligue offensive et défensive entre
Louis XI et François II, duc de Bretagne, comprenant les comtes de Dunois,
Ch. de Bourbon, Dammartin que le roi promet d'avoir en bonne grâce
(fr. 15538, no 2).Louis XI jure de ne jamais faire la guerre à « son neveu » le
duc de Bretagne, François II, tant qu'il vivra, pour quelque cause que ce soit,
pour *sa duchié* de Bretagne : 1470 (fr. 15538, no 311), etc.

6) Charles VI ayant envoyé aux seigneurs et barons du royaume des défenses de s'armer, plusieurs de ces lettres portant défenses parviennent à
des barons de Bretagne; Charles VI dut déclarer qu'elles avaient été envoyées
par inadvertance et qu'il n'avait pas voulu préjudicier au duc de Bretagne : 14
août 1410 (*Mém. de Bret.*, II, 841). Cf. nouv. acq. fr. 1231, 78, lettre de
François II de Bretagne à Louis XI, se plaignant de l'évocation par le parlement d'une affaire de Bretagne (Nantes, 28 octobre 1482).

assez séparés pour ne pas se confondre [1]. En 1445, il fut convenu que la France et la Bretagne adresseraient ensemble en Angleterre une ambassade commune : malgré la convention, les ambassadeurs bretons s'arrangèrent pour présenter leur créance à part, hors de la présence des ambassadeurs de France [2].

La Bretagne agissait par sa diplomatie en Allemagne et en Angleterre. Bien que dans le ressort ecclésiastique de l'archevêché français de Tours, elle défendait surtout son autonomie par l'appui de Rome : en 1434, l'archevêque de Tours, qui était alors un breton, faillit faire destituer par le duc le héraut d'armes de Bretagne, pour n'avoir pas suffisamment sauvegardé au concile de Bâle le rang de son pays [3]. Le dernier vestige du droit d'ambassade de Bretagne se trouve dans l'envoi d'un ambassadeur breton à Rome, en 1498, dès qu'Anne de Bretagne, veuve de Charles VIII, eût repris le titre de duchesse [4]. La Bretagne conserva seulement à Rome un procureur spécial [5].

Il nous faudrait énumérer tous les grands seigneurs, pour dénombrer ceux qui prétendent encore, au XVe siècle, exercer le droit d'ambassade : le duc de Lorraine, le roi René, Jean et Nicolas de Calabre, le sire d'Albret, le comte de Foix.., etc.

1) En 1484, le gouvernement breton envoie à Tours une ambassade près des États-Généraux et du conseil, composée de Pierre Landois, Pierre d'Urfé, et du sire de Rivière, avec une lettre pour Mme de Beaujeu l'invitant à bien traiter le roi (Dupuy, *Hist. de la réunion de la Bretagne*, II, p. 15).
2) Ms. fr. 3884, f° 180 v°.
3) Ms. fr. 4316, f° 28.
4) V. ci-dessus.
5) Un ambassadeur breton, accrédité en Angleterre par la reine en 1508, pour des questions de commerce et de navigation, n'a pas de réception solennelle ; mais aussitôt son arrivée il reçoit à son hôtel des visites et des compliments. Le chancelier, le trésorier et le conseil lui donnent audience privée dans un couvent, en présence de l'ambassadeur de France (*Bernardi Andreæ Annales Henrici VII*, p. 110).

La lutte de la royauté contre eux s'engagea sur leur existence même, mais non sur le droit de suivre des négociations ; le roi, tout le premier, négociait avec eux sans relâche.
Le droit d'ambassade ne donna lieu à difficultés qu'en cas
d'abus ; par exemple, lorsque, dans leur *Mémoire* justificatif
adressé à Charles VII, les comtes du Maine et de Foix avouent
avoir envoyé des agents en Angleterre, chez l'ennemi [1] ; quand
le sire d'Albret s'adresse aux villes de France pour les exciter
à la révolte [2]. En 1486, le gouvernement de Charles VIII n'hésite pas à prêter ses agents au duc de Lorraine pour négocier
la reprise de Naples [3].

Nous ne devons de mention spéciale qu'aux princes héritiers d'une couronne qui s'arrogent volontiers aussi le droit
d'ambassade. En 1404, en pleine guerre contre l'Angleterre, la
France négocie avec le prince de Galles une descente dans
son pays [4]. Le comte de Charolais négocie avec Louis XI, mais
sur un ton spécial d'infériorité. Il n'accrédite pas vers lui
des ambassadeurs », mais les « porteurs » de ses lettres. Il
les a chargés de parler « en toute humilité », et il ajoute :
« Vous plaise, de vostre grâce (c'est-à-dire à titre gracieux),
adjouster plaine foy et crédence comme à moy meismes, et
prendre mon petit advis [5]. » Même lorsqu'il envoie au roi
« une belle ambassade », bien conduite, bien annoncée,

---

1) Duclos, *Hist. de Louis XI*, IV, 242.
2) Ms. nouv. acq. fr. 1232, fo 12 (d'après les autogr. de Saint-Pétersbourg).
Nérac, 29 avril (1484), lettre du sire d'Albret aux gens de Montereau. Cf. ms.
lat. 17059, f. 179, orig. des lettres d'alliance du duc de Bourgogne et de Jean
de Calabre.
3) Boislisle, *Étienne de Vesc*, p. 45.
4) J. 426, no 30.
5) Créances du 15 janvier 1466, du 8 avril 1467 (Gachard, *Analectes*,
cxxii, cxxvi).

bien préparée, c'est avec des pouvoirs conçus en termes humbles [1].

En France, Charles VII eut, comme dauphin, une situation spéciale qui légitime en fait sa diplomatie [2]. On ne peut en dire autant de Louis XI qui donna comme dauphin les plus détestables exemples. Il se jeta à corps perdu dans les affaires italiennes : sa diplomatie est des plus actives et des plus compliquées [3]. Faute de traditions et d'expérience personnelle, il s'improvisa une chancellerie dont le protocole est fort curieux, quoique passablement fantaisiste. Il s'agite, il intrigue, trompe celui-ci, est trompé par celui-là, conclut des alliances, partage d'avance les territoires. C'est ainsi qu'en 1426 il remanie sur le papier la carte du Milanais, dont il convoite une bonne part sans le moindre scrupule [4]; il négocie avec la Suisse, avec l'Allemagne [5]. Les puissances les mieux disposées à seconder sa turbulence ne peuvent taire leurs réserves, tant on lui dénie le droit de négocier. En 1453, il propose aux Vénitiens, par le marquis de Montferrat, d'attaquer ensemble François Sforza, qu'il se fait fort de vite détruire, et de partager son duché [6]. Venise entre dans ces vues : elle offre de l'argent et le territoire au-delà de l'Adda et du Pô. L'ambassadeur de Venise en Savoie, chargé de la négociation, reçoit pourtant l'ordre d'en aller parler au roi, dès que le dauphin y fera allusion, car ce serait convenable. On voudrait négocier avec l'un et avec l'autre. Quelques années après, les relations les plus intimes s'établissent entre le dau-

1) 1468-69. Ms. fr. 2811, 75.
2) V. son ambassade au pape pour excuser l'assassinat de Jean sans Peur, en 1419 (Quicherat, *Th. Bazin*, IV, 280).
3) V. les *Lettres de Louis XI*, t. I.
4) M. de Mandrot, *Un projet de partage du Milanais, en 1446*.
5) Favre, *Introduction du Jouvencel*, p. cxx.
6) *Lettres de Louis XI*, I, 243.

phin et ce même Sforza qu'il voulait détrôner. Louis s'intitule et agit comme « fils aîné de France, dauphin de Viennois, futur roi de France. » Grâce à ses engagements pour
l'avenir, il obtient de Sforza des subsides et un bon traité d'alliance [1]. La chancellerie du dauphin Louis devient emphati-
que, pompeuse. Il appelle Sforza « Notre illustrissime honorable oncle, Illustrissime et Éminent Prince. » Sforza lui répond « Illustrissime prince, très excellent, très honorable
Seigneur [2] : » Louis le prie de lui écrire souvent, « pour sa
consolation. » On ne parle que de « si hauts et si sublimes
princes [3]. » Les patentes du dauphin, du 6 octobre 1460, ra-
tifiant le traité avec le duc de Milan, sont écrites de ce style
solennel : dans le préambule, Louis attribue au Créateur lui-
même l'amitié « très cordiale et très particulière » qui l'unit
au duc de Milan, comte de Pavie et d'Angleria, seigneur de
Crémone, etc. ; il s'engage comme futur roi, pour l'avenir :
« Nous traitons, dit-il, pour l'éternité, au nom de nos fils ! »
Cette emphase inusitée couvre mal les vices radicaux de ré-
daction de l'acte : les pouvoirs de l'ambassadeur de Milan sont
énoncés seulement et non annexés, le dauphin affirme son
propre serment sans le formuler ; les pouvoirs qu'il confère
à son « envoyé » Gaston du Lion pour aller recevoir le serment du duc de Milan ne sont pas libellés dans une forme
régulière [4]. Impossible d'imaginer un acte plus irrégulier de
tout point. Sforza le sent bien ; il envoie en France un ambassadeur protester près de Charles VII qu'il ne reçoit Gaston
du Lion qu'à titre privé : c'est un jeune homme, venu pour

1) Nicole Gilles : lat. 10133.
2) *Lettres de Louis XI*, I, p. 322, civ, cv : acte du 1er juin 1461, Archivio
Sforzesco.
3) Lat. 10133, fᵒ 31.
4) *Lettres de Louis XI*, I, 326 et s.

des joutes, on lui fait bon accueil par politesse [1]. Et l'année
suivante, quand le dauphin rebelle s'est réfugié en Brabant,
Sforza déclare encore, près du roi, traiter avec Louis par
affection pour le Sérénissime et Très Chrétien Charles, présent roi de France [2]...

A plus forte raison, le roi ne reconnaît-il pas à son fils le
droit d'ambassade. Il affecte de traiter avec lui par les ambassadeurs de Bourgogne, et non par des envoyés spéciaux [3].
Lorsque Louis charge les ambassadeurs de Bourgogne de parler en son nom ou qu'il adresse au roi des agents, ce n'est
point dans la forme diplomatique : ses créances sont en français, comme des lettres privées, en termes humbles : il prie
le roi d' « ouir » telle personne. Il termine avec les formules
des lettres ordinaires, en priant le roi de « me tenir en vostre
bonne grâce, ensemble me mander et commander voz bons
plaisirs. » Il signe : « Vostre tres humble et tres obéissant
fils, Loys. » Sa lettre ne porte pas toujours le contreseing d'un
secrétaire, réglementaire pour toute dépêche officielle. Il
écrit en même temps au conseil du roi. Il couvre ses démarches d'un prétexte de croisade et affecte de solliciter l'autorisation du roi [4].

Il résulte bien clairement de ces détails que le dauphin ne
se reconnaissait pas à lui-même le droit d'ambassade et que
tout le monde le lui refusait : aussi, à peine monté sur le trône,
il se hâta de renouveler ses engagements avec Sforza sous
une forme régulière [5].

---

1) Instruction du 24 mai 1460. *Lettres de Louis XI*, I, 323.
2) Pat. du 24 juillet 1461. Archivio Sforzesco.
3) *Lettres de Louis XI*, I, nº xc : fr. 23330, fos 1-23.
4) Duclos, *Hist. de Louis XI*, IV, 99 : *Lettres de Louis XI*, i, LV, LXI,
LXIV, LXV, LVII.
5) J. 496, nº 3.

Sous Charles VIII, sous Louis XII, on ne tolère plus de telles licences : la seule trace qui en subsiste constitue, au contraire, un progrès du droit international. Louis XII, n'ayant pas de fils, associe l'héritier du trône, François d'Angoulême, à un traité solennel, pour mieux en garantir la durée. Il donne au jeune François un tuteur *ad hoc*, le cardinal d'Amboise, afin qu'il puisse s'engager valablement [1].

Quant aux reines, bien entendu, elles n'ont aucun droit d'ambassade, bien qu'Isabeau de Bavière ait usé quelquefois [2] de ce droit.

Ainsi, en France, le XVe siècle marque l'époque d'une transformation complète du droit d'ambassade : au commencement du siècle, ce droit appartient on pourrait presque dire à tout le monde : à la fin, il est devenu un droit exclusivement royal. Et cette transformation résulte avant tout des faits intérieurs, car Louis XI lui-même ne déniait pas à ses vassaux le droit de négocier : il ne leur refusait que le droit de négocier contre lui [3].

Une mesure administrative de Louis XI contribua beaucoup au même résultat : c'est son règlement des postes. De tout temps, il a existé sur les routes des *coureurs*, et l'on a attribué bien à tort à Louis XI l'honneur de leur invention. Louis XI en fit simplement un monopole royal : il interdit, sous peine *capitale*, aux maîtres de poste de fournir un cheval à qui que ce fût, sans mandement spécial du roi ou du

1) Dupuy. K. 1639, d. 3.

2) 17 avril 1408. *Preuves de Fenin*, V : 17 déc. 1419, ms. Moreau 1425, no 90.

3) Le scellé baillé au duc de Bourgogne par le duc de Bretagne ne peut obliger celui-ci, dit Louis XI, car « mondit sgr de Bretaigne ne peut avoir tracté ne intelligence avecques personnes quelsconques qui se soient déclarez contre le Roy, le Royaume ne la couronne de France » (Instruction de 1470. Fr. 3884, fo 282).

grand-maître. A chaque frontière, un commis dépouille et lit la correspondance, et n'en laisse passer que ce qu'il juge sans inconvénients pour le service du roi. Tout courrier qui voudrait gagner la frontière autrement que par la grande route et le bureau-frontière, sera arrêté et subira la « confiscation de corps et de biens. » Il n'y a d'exception que pour les princes étrangers, amis du roi, qui continueront à pouvoir envoyer des courriers « conformément aux ordonnances » : il n'y en a point pour les princes français [1].

Les princes français, pour envoyer des correspondances à l'étranger, devaient donc user de subterfuges ; nous verrons qu'ils y réussissaient, non sans grande gêne, ni surtout sans grandes pertes de temps. On pouvait confier ses lettres à des personnes telles qu'un cardinal, un moine, un pélerin... Mais, en pareille matière, un cardinal est loin de valoir un courrier.

En Allemagne, Maximilien essaya d'établir une unité analogue à celle de la France, par sa promulgation de la Paix publique de 1495, qui créait une Chambre impériale de justice pour les différents états.

En Italie, on n'essaya pas. Les états, même assujettis, considéraient le droit d'ambassade comme indiscutable. Gênes, fief de l'Empire, fief de la France, sujette du duc de Milan, était habituée à faire elle-même ses affaires, à négocier pour son commerce avec l'Aragon, avec Tunis, avec qui bon lui semblait [2].

La qualité de sujet détruisait si peu ce droit aux yeux des Italiens, qu'en 1477 nous voyons Lambert Grimaldi, après avoir prêté serment à Milan comme citoyen de Gênes, conclure avec

1) Duclos, *Hist. de Louis XI*, IV, p. 260 et suiv.
2) Saige, *Documents*, I, 214 : lat. 10133, 266 v°, 312, 317 v° etc.

le même gouvernement de Milan une alliance, de cinq ans
comme seigneur de Monaco [1]. Les Génois députent à Charles
VIII leur chancelier Barth. de Senarega et se bornent à aviser
Ludovic Sforza [2].

Les belligérants acquièrent le droit d'ambassade par leur
qualité de belligérants. L'arbitraire règne dans cette matière ;
la qualité de belligérant est très facilement ou très difficilement reconnue, suivant le point de vue où l'on se place [3]. Dans
la guerre de Bretagne, Charles VIII accorde de suite aux
barons insurgés contre leur duc la qualité de belligérants ;
il traite avec eux à Montargis. Mais, peu après, vainqueur à
St-Aubin-du-Cormier, il refuse aux Bretons eux-mêmes cette
qualité [4]. Ses ordres rigoureux au sire de la Trémoïlle en témoignent.

Il est évident d'ailleurs que tout rapport international ne
suppose pas entre les deux parties le droit d'ambassade. On
peut écrire à une ville, à un particulier, près de qui on n'accréditerait pas une ambassade proprement dite. Il y a toute
une échelle de rapports internationaux privés, depuis les rap-

---

1) 14 juillet 1477 (Saige, *Documents*, I, 544). Lucien Grimaldi écrit au duc
de Savoie « Vostre très humble et très obéissant subgect et serviteur » (Menton, 1506. Saige, *Documents*, II, 57) : il charge un envoyé de « mettre tout
mon estat et personne et aussy mes galères » aux ordres du duc de Savoie, de lui
dire « qu'ils me peuvent comander aultant que gentilzhommes qu'ilz ayent,
car ilz peuvent autant ordonner et disposer de toutes mes places comme della
citté de Nice » (Inst. de Lucien Grimaldi, 15 oct. 1505. Saige, *Documents*, II,
36). — Lucien venait d'assassiner son frère et de prendre Monaco.

2) Archives de Gênes, Litterarum, 36/1812.

3) La reconnaissance est plus ou moins explicite. Des ambassadeurs anglais
accrédités à Gand, près du comte de Hainaut, négocient avec Arteveld et les
insurgés pour forcer la main au comte (1337. Froissart, édition Luce, I, 394,
129).

4) *La Chronique de Barthélemy de Loches*, communication faite par nous à
l'Académie des Inscriptions et Belles-Lettres.

ports, assez discutables, de Louis XI avec les Liégeois [1], jusqu'aux simples envois personnels [2] ou de courtoisie [3], sur lesquels nous croyons inutile d'insister.

[1] Ses « tres chers et espéciaulx amis » (fr. 1278, fo 213 vo) : lettre des Liégeois à Louis XI, accréditant des ambassadeurs (Gachard, *Analectes*, cxxxi, cxxviii).— Louis XII envoie son ambassadeur près le duc de Gueldre à deux villes indûment occupées par le duc, pour les inviter à faire retour à l'archiduc. Il donne à cet effet une lettre de créance, en français, sous forme de lettres missives, exposant l'objet de la mission (1511. *Lettres de Louis XII*, II, 289). Cf. *Articles* avec Octavien Fregoso, fr. 2961, fos 3-4.

[2] Lettres très-instantes du duc de Bourgogne et du comte de Charolais, datées de Bruges, le 1er juin 1467 et le 1er avril 1467, après Pâques, et de Gand le 2 juin 1467, à leur « tres cher et tres amé cousin le sire d'Aultray » : ils lui annoncent l'envoi de messire Jean Carondelet, conseiller et maître des requêtes de l'hôtel, et de Bernard de Cusigny, écuyer, sgr de Viauges, échanson, pour obtenir la main de sa petite-fille de Montferrand, en faveur de Jacques de Bourbon, leur cousin. — Champlite, 17 août 1467. Réponse de Charles de Vergy, sr d'Autrey. Il s'excuse respectueusement. La jeune fille, orpheline et fille unique de son feu fils, est promise à un de ses cousins. Il expose comment elle se trouve héritière, par suite de substitution, des biens des Vergy. Mais il a promis que ces biens suivraient le nom et les armes, et ne sortiraient pas de la famille (cop. anc., fr. 4055).

[3] Il y a aussi les cas exceptionnels ou de force majeure. V. la lettre de Louis XI aux habitants de Reims, approuvant vivement la réponse qu'ils ont faite, sur le conseil de l'archevêque, au duc de Bourgogne (*Lett. de Louis XI*, III, 8).

CHAPITRE VI

L'état de paix est la règle entre nations chrétiennes ; la guerre ne peut passer que pour une chose mauvaise [1] et exceptionnelle. Le prince chrétien doit maintenir la paix [2] à l'exemple du Christ qui l'a apportée aux hommes de bonne volonté. Qu'est-ce que la paix ? La tranquillité de l'ordre, dit saint Augustin ; la jouissance tranquille de la liberté, répètent les jurisconsultes [3], « *tranquilla libertas* ». Ainsi la liberté est la règle des rapports entre les nations, à moins d'exception formelle.

L'auteur du roman le *Jouvencel* se trompe donc lorsqu'il déclare [4] qu'en l'absence de traités on ne peut circuler ni commercer au dehors sans un sauf-conduit particulier [5]. La pratique ne justifie pas cette allégation : dans une instruction à ses ambassadeurs en Bretagne en 1470, Louis XI représente au contraire comme un acte d'hostilité, comme un *casus belli*, le fait que le duc de Bourgogne a invité les commerçants bourguignons en France et les commerçants français

---

1) Balth. de Castillon, *Le parfait courtisan*, trad. Chapuis, p. 568.

2) V. à ce sujet le chapitre de Claude de Seyssel : « Comme les princes doivent procurer la paix et en quel cas est licite faire la guerre » (*La grant' monarchie de France*, p. 60).

3) Ant. Corseti, siculi, *De Privilegiis pacis*, c. 1.

4) T. II, p. 28.

5) Ce qui est vrai, c'est qu'on en demande souvent. Sauf-conduit d'un an à Laurent Barducci, florentin, pour vendre en Angleterre de l' « aluminium de plombino » (W. Campbell, *Materials... of the reign of Henry VII*, II, 199).

13

dans ses états à se munir d'un sauf-conduit [1]. Le sauf-conduit ne présente en effet d'utilité réelle qu'en prévision d'une guerre. Hors de là, c'est une formalité dont on se passe, d'autant mieux que certaines demandes de sauf-conduit peuvent sembler blessantes (comme on le voit) à un gouvernement.

La première règle qui s'impose dans les rapports de fait en dehors des conventions est le respect des frontières [2]. Toute infraction à cette règle appelle une répression immédiate et amiable, sinon elle entraîne la guerre [3]. Quoiqu'on ait quelquefois cherché à poser en fait qu'une puissance en bonnes relations avec sa voisine ne doit pas donner asile aux insurgés ou aux rebelles de celle-ci [4], ce principe ne prévaut pas. Les réfugiés politiques sont reçus sans difficulté, sous la protection du droit des gens. C'est par un abus de la force qu'une puissance peut exiger d'une autre puissance plus faible l'interdiction du territoire à ses réfugiés, et elle se heurte alors à des faux-fuyants [5] ; le conseil de Venise écrit à Rome « qu'il

1) Ms. fr. 3884, fo 280.

2) Les eaux étroites sont considérées comme rentrant dans la frontière du pays voisin. Venise appelle l'Adriatique « notre golfe », et estime en avoir la jouissance. Le long de l'Océan ou de la Méditerranée, chaque pays prétend à la jouissance de ses eaux, c'est-à-dire d'une certaine étendue de mer en face de ses côtes. De là de fréquentes difficultés, surtout en matière de pêche. En 1429, les pêcheurs de Monaco se plaignent d'être inquiétés plus qu'à l'ordinaire, « plus solito », par ceux de la Turbie (Saige, *Documents*, 1, 87).

3) Cabinet des Titres, 2701, *Sforce*, nos 2 et 3 ; copies anciennes d'une lettre du 28 juillet 1490, de Ludovic Sforza à ses amis, les « vicario et locumtenentibus gubernatoris Hastensis. » Sur leurs réclamations contre ses gens d'armes qui ont passé la frontière et ravagé le pays, il déclare avoir donné des ordres formels pour que le fait ne se reproduise pas. Il aime les gens d'Asti comme des fils et écartera d'eux la guerre.

4) Invitation de la France au Mis de Mantoue, réponse du marquis (juillet 1500. Sanuto, III, 529) : le chancelier se plaint au secrétaire vénitien que Venise donne asile aux rebelles de Milan (1502. Sanuto, IV, 535).

5) Autorisation du Conseil des X de Venise au provéditeur Dominique Con-

ne veut point donner asile aux rebelles du pape, mais que
son territoire est grand et qu'on ne sait tout ce qui s'y
passe » [1]. En 1494, Pierre de Médicis, fugitif de Florence,
arrive aux portes de Venise, déguisé en valet. Les Vénitiens
hésitent à le recevoir de peur de déplaire à la France, et son-
dent l'ambassadeur de France, quoiqu'ils ne puissent, disent-
ils, « refuser, par raison ». Pierre attend deux jours hors de
la ville. L'ambassadeur, n'ayant point d'ordres du roi, lui
laisse faire une entrée fort honorable et va même le voir le
lendemain [2].

Un fait monstrueux et absolument contraire au droit des
gens serait de livrer au gouvernement intéressé des réfugiés
politiques ou belligérants. Il se produisit pourtant en 1500. A la
suite du désastre de Novare, nombre de Milanais partisans
des Sforza, et le cardinal Ascagne Sforza lui-même, avaient
trouvé asile à Venise. Il faut dire qu'à ce moment Venise était
l'alliée de la France et que le cardinal, livré à un capitaine
vénitien, avait été ramené à Venise comme prisonnier de
guerre. La France fit réclamer la remise de tous ces
réfugiés, le cardinal d'Amboise les envoya demander de
Milan, par une ambassade spéciale ; Venise ne crut pas
pouvoir résister : au bout de deux jours, le conseil se décida
à faire remettre aux Français, « *per consilium necessitatis* »,
le cardinal et deux de ses serviteurs [3]. Les autres réfugiés
trouvèrent asile en Allemagne, où la France, informée de
leur présence [4], n'éleva aucune réclamation. L'Allemagne

tarini de laisser les Milanais suspects aux Allemands ou persécutés séjourner où ils voudront, sauf dans les territoires de Crema et Bergame (20 avril
1513. Arch. de Venise).

1) 1508. Sanuto, VII, 591.
2) Kervyn, *Lettres et négociations*, II, 145.
3) Boislisle (d'après Sanuto), *Et. de Vesc*, p. 191-192.
4) V. Jean d'Auton, II, Pièces justificatives, *Etat des rebelles.*

n'hésita pas à en pensionner plusieurs: l'Angleterre pensionnait volontiers aussi les réfugiés français d'importance [1]. La France, elle-même, ne se faisait aucun scrupule de recevoir, de pensionner des réfugiés étrangers : la présence de barons napolitains à la cour fut incontestablement une des causes déterminantes de l'expédition de Charles VIII [2]. Après cette expédition, le duc d'Orléans conserva à son service et pensionna de nobles Novarais, adversaires déclarés de Ludovic Sforza [3]. Cela ne tirait pas à conséquence et n'interrompait jamais les relations diplomatiques entre les pays intéressés, chacun étant maître chez soi. Il n'y a que le Comtat Venaissin, où, à cause de la situation toute spéciale, la France puisse juridiquement réclamer contre le droit d'asile [4].

En cas de guerre entre deux puissances, le rôle des puissances libres de traités consiste à rester neutres. La situation de neutralité comporte le maintien des relations normales avec les parties aux prises et l'abstention complète, active ou passive, de tout fait direct ou indirect de guerre.

1) Ms. Moreau 708, p. 133. Henri VII retient à son service l'ex-procureur général de Bretagne, Olivier Coetlogon, et lui donne une pension de 1,000 couronnes d'or (6 déc. 1492).

2) Delaborde, p. 190.

3) *Hist. de Louis XII,* t. III.V. *Titres,* Obsin, 2, 1496. « Jehan Obsin, comte en Lombardie », 1200 l. de pension du duc d'Orléans ; 3, 1497, « Jehan Obsin casse, chevalier, comte de Novaire », 200 l., outre sa pension de 1,000 l.; 4, 1497, « mess. Obessin naigre, de Novarre » ; 5, 1497, « Obsin casse, comte en Lombardie ».

4) Charles VII demande au gouverneur du Comtat Venaissin de faire arrêter un nommé Bertrand Salines, actuellement à Courthezon, chez le prince d'Orange, ami de la Bourgogne. Salines est agent secret du dauphin et de la Bourgogne, avec laquelle le roi va être en guerre ; il se rend en Dauphiné pour agiter le pays. Le juge de Valentinois est venu à Carpentras par mandat du parlement de Dauphiné et par commission expresse du roi faire cette réquisition (1459. *Lettres de Louis XI,* I, 280).

1o Le neutre ne doit pas permettre à ses sujets de prendre part à la lutte [1] ni à aucun vaisseau de se noliser pour le service des combattants [2].

2o Il ne doit expédier ni laisser expédier par aucun de ses sujets ni argent, ni poudre, armes, salpêtres [3] ou munitions quelconques [4]. Quant aux ravitaillements, c'est-à-dire aux envois de comestibles, tels que blés, farines, vins, etc., les particuliers qui s'y livrent le font à leurs risques et périls et s'exposent à voir leurs envois capturés [5].

3o Peut-il fournir le passage sur son territoire à un corps d'armée, à un envoi d'armes? On pourrait pencher pour l'affirmative : Honoré Bonet enseigne que, « selon droit escript », nul ne doit porter armes ni *harnais* sur la terre du roi sans son *congé*; mais que, cependant, un prince pour faire la guerre à un autre, a le droit de réclamer le passage et la nourriture aux puissances intermédiaires, à condition de passer pacifiquement, de payer les dépenses et même des dommages-intérêts [6].

1) Proclamation du pape qu'aucun sujet de l'Eglise ne prenne du service à l'étranger; janv. 1509. Sanuto, VII, 746.

2) Défense à tous patrons de navires de se noliser au compte de l'Espagne pour ne pas offenser le roi de France (Venise, 3 février 1503. Sanuto, IV, 693).

3) Louis XI écrit au duc de Milan, le 21 octobre (1466), qu'il s'est déclaré pour le duc de Calabre contre Barcelone : il le prie de faire désarmer les navires que les Gênois veulent lancer contre le duc de Calabre; il garantit personnellement le duc de Milan contre toute agression du duc de Calabre (Archivio Sforzesco).

4) Ce commerce pourtant n'entraîne aucune peine, sinon la confiscation. En juin 1501, une escadre française rencontre dans les eaux d'Espagne des vaisseaux du roi de Naples chargés de salpêtre et poudre à canon : on les arrête et on les décharge en laissant aller l'équipage, parce qu'il se composait de sujets espagnols (Jean d'Auton, II, 18).

5) Du grain, porté aux ennemis, et pris « in terra guerriata », est de bonne prise, par l'adversaire ou ses stipendiés. « Facit sua » (Décision arbitrale de 1433. Saige, *Documents*, I, 97, 98).

6) H. Bonet, *L'arbre des batailles*, c. LXI. Les XVI de Bologne réclament con-

Alexandre VI, en 1494, cherche à empêcher le passage à l'armée française par Rome et ne cède qu'à la nécessité[1]: en 1501, il l'accorde sans difficulté. Le 10 février 1495, le conseil de Venise autorise la France à faire descendre et embarquer par Ravenne des pièces d'artillerie destinées au royaume de Naples, faute d'autre moyen possible de transport ; il exige seulement le remboursement de toutes les dépenses, et stipule que les envois ne porteront pas le pavillon vénitien[2]. Cette décision ne passe, du reste, qu'après une longue discussion. En 1503, on refuse pareille faveur demandée par l'ambassadeur d'Espagne : le doge répond qu'il y a des passages ailleurs. L'ambassadeur insistant, le doge répond « qu'il examinera les routes », et quelques jours après, lorsque l'ambassadeur de France vient se plaindre des bruits fâcheux qui circulent sur la neutralité de la Seigneurie, le doge peut lui répondre qu'on a refusé le passage de l'artillerie espagnole[3]. En 1495, Ludovic Sforza reproche à la duchesse de Savoie de laisser l'armée française camper sur ses états et attaquer par là le Milanais ; la duchesse proteste de sa neutralité et répond qu'elle subit le fait sans pouvoir l'empêcher[4] ; elle se croyait

---

tre la conduite de l'armée française, dans une lettre du 6 avril 1504, adressée aux commissaires pour le logement: « Hier matin, disent ils en substance, Hubert du Rousset parut avec sa compagnie et requit le logement pour un jour, avec toutes promesses possibles. Malheureusement, ces promesses ont été vaines ; déjà deux de nos hommes ont été tués, d'autres blessés. Nous lui envoyons un agent avec prière de lever le camp demain dès l'aube, pour éviter une affaire. Les gens de Budrio, déjà injuriés et offensés, sont en armes et capables de prendre un parti de désespoir. Il faut une extrême prudence dans votre œuvre. » Ils écrivent dans le même sens, le 7 avril, à Mino de Rossi, leur envoyé près de Louis XII (Archives de Bologne, Litterarum).

1) Boislisle, *Et. de Vesc*, p. 98, n. 2. Cf. Guichardin, l. I, ch. IV.
2) Arch. de Venise, Secreto 35, 63 v.
3) 16, 25 janvier 1503. Sanuto, IV, 648, 658.
4) *Hist. de Louis XII*, t. III.

pourtant en droit de l'empêcher, car, dans le traité du **22 février 1499**, le gouvernement de Turin se fit payer le droit de
passage pour l'armée française par la promesse d'une portion du Milanais [1]. De même, le roi de Naples écrit à la ville
de Gênes, le 6 janvier 1484, pour la prier, au nom de leurs
bons rapports, de ne pas permettre des apprêts militaires
contre Naples sur son territoire [2].

De ces quelques faits et d'autres qu'on pourrait citer, nous
croyons pouvoir conclure que les devoirs de la neutralité sur
ce point sont mal définis ; le passage de troupes ennemies,
leur établissement même en vue de la guerre sur un territoire neutre ne semblent pas contraires à la neutralité, mais
seulement en cas de nécessité. [3]

Il faut avouer d'ailleurs que toute la matière de la neutralité
demeure encore un peu vague. La véritable neutralité est un
fait rare et toujours précaire : « N'être pas fâché que son voisin soit un peu châtié ;... mais si on s'avisait de vouloir le
détruire, Sa Majesté ne le permettrait pas » [4], tel est, sinon le
langage, du moins la pensée dans bien des cas. La neutralité cache, d'ordinaire, une arrière-pensée ; aussi juge-t-on
politique de ne pas trop appuyer en pratique sur ses obliga-
tions. En 1503, un ambassadeur de France, pourtant très raide,
M. de Trans, fait au pape des représentations sur des envois
de poudre et d'argent aux Espagnols, commandés ou autorisés

---

1) Carutti, *Storia della diplomazia di Savoja*, I, 250.

2) Trinchera, *Codice Aragonese*, t. II, p. II, p. 389. Galéas Sforza écrit au
duc de Modène, le 31 mars 1466, pour lui demander d'ôter, comme l'ont fait
les Florentins, « ogni commodità » de passage à l'archevêque Fregoso, qui
va en Lunigiane soulever Gênes (Archivio Sforzesco).

3) Dans la législation d'Avignon (XIIIe siècle), en cas de neutralité, l'accès
de la ville est interdit aux espions et aux dépouilles (*Coutumes et règlements
de la République d'Avignon*, p. 89).

4) Langage de Louis XI aux Bernois, à propos de la Savoie, **1475**. Gingins la Sarraz, *Dépêches des ambass. milanais*, I, 45.

par lui. Le pape se justifie comme il peut : Trans, par prudence,
n'insiste pas [1]. Il faut des circonstances très particulières
pour que Florence, en 1396, envoie une ambassade au duc
de Milan [2] demander des explications sur ses armements [3].

Bien des supercheries et des mensonges peuvent ainsi se
donner carrière. Un neutre a-t-il laissé exporter des armes,
il s'en tire par quelques excuses et une enquête [4]. Ses sujets
s'engagent-ils dans l'une ou l'autre des armées, le neutre déclare que c'est à son insu [5], défaite toujours nouvelle, toujours
pratique. Si ce ne sont plus quelques sujets seulement, si
une expédition véritable s'est organisée, au vu et au su du gouvernement et du public, le gouvernement prend la peine de
la désavouer solennellement [6].

Les belligérants eux-mêmes abusent sans scrupules de la

1) Villari, *Dispacci di A. Giustinian*, II, 72.

2) Jarry, *Vie... de Louis de France*, 159.

3) Jules II, le 25 juillet 1510, mande l'orateur de Florence, et lui fait une
scène violente, en reprochant aux Florentins de prendre le parti de la France
contre l'Eglise. Il dit qu'il va faire emprisonner tous les Florentins de Rome,
qu'il en a la liste exacte et qu'il leur a fait écrire personnellement à Venise.
L'orateur s'excuse, en disant que le pape passe pour vouloir rétablir les
Médicis, : « Ni les Médicis, ni les Pazzi, dit le pape, qui je voudrai. » Et il
ajoute avec emportement « qu'il voulait être obéi » (Sanuto, XI, 879). On
ne peut imaginer un langage plus incorrect. Jules II ne traitait pas les Florentins en neutres, et lui-même sortait de toute neutralité et même de tout
droit, en les menaçant d'immixtion dans leurs propres affaires.

4) L'ambassadeur de France à Venise se plaint qu'on ait exporté des armes pour l'Espagne, au montant de 6,000 ducats. La Seigneurie fait ses excuses. L'enquête prouve qu'il en a été exporté pour 550 ducats (1502. Sanuto.
IV, 452).

5) Marguerite d'Autriche assure Louis XII que c'est à son insu que des
gens des Pays-Bas ont pris du service en Angleterre et ont loué des bateaux
aux Anglais (1513. *Lettres de Louis XII*, IV, 153).

6) Un parti anglais descendant en Bretagne contre la France, malgré la
neutralité de l'Angleterre, le roi d'Angleterre envoie à Charles VIII par un
héraut une lettre pour désavouer ces Anglais (1488. Dupuy, *Hist. de la
réunion de la Bretagne*, II, 133). La Bretagne désavoue les actes du Mal de
Rieux, qui est rebelle (juillet 1490. *Id*, p. 207).

neutralité. Lorsque Charles VIII envoie au gouverneur de Provence des instructions détaillées pour le ravitaillement de Gaëte, alors occupée par l'armée française, il lui prescrit, sur le conseil du cardinal de Saint-Malo, de dépêcher de suite deux navires légers, « aux bandyères de Savoie » (c'est-à-dire sous pavillon neutre), qui tâcheront de pénétrer nuitamment dans le port [1]. Un monument curieux dans ce genre est une lettre adressée par les Génois à l'amiral napolitain, le 22 août 1494. Gênes, tenue en fief de la France et mise à la disposition de la France comme place d'armes par son souverain le duc de Milan, ne cessait de protester de son dévouement aux Français et se trouvait, ainsi que le duc de Milan, en guerre ouverte avec Naples. La flotte napolitaine s'empare de Porto-Venere : les Génois écrivent aussitôt au chef de l'escadre ennemie, pour se plaindre, pour le menacer d'une défense, pour le prier de rendre Porto-Venere. « *Nihil egimus* », nous n'avons rien fait, écrivent-ils [2] : autrement dit, nous sommes neutres !

La neutralité est tacite ou conventionnelle, suivant qu'elle résulte ou non d'un traité [3]. Elle est générale ou spéciale : générale (c'est le cas habituel), lorsqu'elle s'applique à tout un État : spéciale, si elle s'applique à une fraction de territoire.

La neutralité générale comprend, outre le territoire continental, les dépendances maritimes, les eaux. L'ambassadeur de France à Venise déclare au conseil, le 3 décembre 1503, qu'une escadre française va venir dans les eaux de Venise poursuivre des navires espagnols ; le conseil déclare y acquiescer volontiers ; n'ayant pu, en fait, empêcher les Espagnols de

1) Ms. Moreau 774, f⁰ 4.
2) Arch. de Gênes, Litterarum, 36, 1812.
3) Il existe entre la Savoie et le Dauphiné d'anciennes capitulations, d'après

pénétrer dans ses eaux, il n'empêche point la contre-partie
de se produire [1].

La neutralité spéciale résulte ou d'un pacte ou d'une coutume
passée dans le droit des gens. Comme exemple de la première,
nous avons les négociations suivies par Louis XII avec la
princesse d'Orange, pour la neutralité du comté de Bourgogne (Franche-Comté), sur la demande du pays [2]. De la seconde
nous rencontrons un curieux spécimen pendant la guerre
de 1513 entre la France et l'Angleterre. Les habitants de l'île
d'Aurigny, ancienne île française restée à l'Angleterre, délé-
guent leur curé à l'amiral français, pour invoquer leur ancien
usage de ne pas être traités en ennemis. L'amiral ne se prononce pas sur la question de principe : mais il leur accorde un sauf-conduit pour la fin de l'année (huit mois), qui
leur permettra d'approvisionner leur île, à condition de se
faire reconnaître en débarquant, de ne circuler sur le territoire français qu'avec un agent français, de n'embarquer des

---

lesquelles les deux pays ne peuvent se faire la guerre, à moins que leur
armée ne soit commandée par leur souverain en personne, ce qui constitue
une neutralité de fait (1474. Gingins la Sarraz, I, 181).

1) Sanuto, V, 468.

2) Lettre de Louis XII au sire d'Aumont, orig. Ms. Moreau 810, fo 1. Le
duc de Bourgogne, au nom du roi, s'engage à ce qu'en cas de guerre entre la
France et l'Angleterre, il n'y ait point d'opérations militaires en Flandre et
qu'on puisse traiter de même avec l'Angleterre afin de ne pas nuire au commerce (29 août 1403. Douet d'Arcq, *Choix de pièces*, I, 240). Redon est « in
neutralitate posita » et remis à la garde des ducs d'Orléans et de Bourbon
pour les conférences relatives à la paix entre la Bretagne et la France (Le Glay,
Négociations, I, 13). Le pacte peut résulter de privilèges accordés des deux
parts. Le roi d'Ecosse, dit Froissart, « s'en vint à une grande abbeie de noirs
moinnez, qui dou tempz le roy Artus estoit noummée li Noire Combe, pour
ce que elle gist en ung val et sus une noire rivierre qui depart anchiennement
Escoce et Engleterre. Et est celle abbeye exens de la guerre des deux pays :
et de ces ont il bien cartre (chartc), et bien burle » (1333. Froissart, édit.
Luce, I, 330, et CLXXI).

passagers qu'avec une autorisation, de ne transporter ni munitions ni lettres adressées à un Anglais [1].

La neutralité n'existe, en principe, que pour les États chrétiens. Un prince chrétien a toujours le droit, si ce n'est le devoir, de s'en écarter vis-à-vis du monde musulman, de subventionner les entreprises contre le Croissant [2], de s'y associer...

Elle prend fin par tout acte de violation, actif ou passif. Si une partie belligérante fait arrêter, par exemple, des habitants d'une ville neutre, qui commercent librement avec les deux armées, elle rompt la neutralité [3] ; car on ne peut pas interdire le commerce aux neutres, on peut seulement exiger que les gens de guerre ennemis n'entrent pas « à puissance » dans la ville neutre [4].

La rupture ouverte entre deux puissances n'exclut pas non plus entre elles les rapports de fait : 1° En cas de trêve, dûment proclamée [5], ou de suspension d'armes ; 2° Pour la garde, l'échange, la rançon des prisonniers.

La question des prisonniers se rattache au droit de la guerre, mais elle touche de si près aussi à l'histoire de la diplomatie, que nous ne pouvons nous dispenser de la résumer ici.

---

1) L. Delisle, *Mémoires de la Société académique de Cherbourg* (1867, p. 236). Cet acte a été acquis, dans une vente, par M. Delisle, pour la Bibliothèque nationale, où il figure au ms. lat. 17064, n° 254.

2) Par exemple, ms. fr. 20590, n°s 66 et 68 ; distributions d'argent par le roi à des seigneurs de la cour allant en Barbarie (11 avril, ap. Pâques, 1390): fr. 20976, f° 163 ; congé donné à Jean de Cuise, maître et enquêteur des Eaux et Forêts de Normandie et Picardie, d'aller avec le sire de Coucy en Barbarie, sans perdre son office ; les gages seront en son absence « receuz par son certain commandement » comme s'il exerçait l'office (pat. du 7 avril 1390, après Pâques).

3) Dépêche de L. de Marrafin, 2 mars 1488. Mandrot, *Ymbert de Batarnay*, p. 352.

4) Dépêche citée de Marrafin.

5) Traité du 17 oct. 1513. K. 1639, dr 3.

Sous ce rapport, le droit romain n'avait laissé que de funestes traces. Autrefois, écrit Honoré Bonet (à la fin du XIVᵉ siècle),autrefois, on croyait pouvoir tuer son prisonnier. Le droit canon a aboli cette croyance barbare. On ne peut le tuer qu'en bataille : hors de là, on doit le conserver et le nourrir[1]. Quant à la rançon, on l'admet par abus, à condition de ne pas la pousser trop loin et de ne pas réduire à la misère la femme et les enfants du prisonnier[2].

Malheureusement la pratique ne répond pas à ces enseignements.

D'abord la prise d'une ville par assaut, sans capitulation, entraîne tous les excès possibles : massacres sur les hommes, violences sur les femmes, main-basse sur les biens. C'est le régal et le profit de la basse soldatesque, qui déteste les capitulations et tâche de les prévenir. Le 3 août 1499, pendant que Rocca d'Arrazzo négocie sa reddition aux Français, les gens de pied forcent la ville, massacrent toute la garnison et une grande partie de la population[3]. « Quant ilz entrent dedens cités, dit Christine de Pisan, semblent estre bien affamez, sans nulle pitié des orribles occisions qu'ilz font sur crestiens en déshonnorant les femmes et tout mettre en ruine[4]». Si un chroniqueur raconte que « tous les... souldartz de la place furent au tranchant du glaive habbandonnez »,c'est ce qu'il appelle « traiter les souldartz scelon la costume de la prise d'assault[5] ».

Cependant, même dans ces excès, de grands progrès sont

---

1) Le droit musulman prescrit de l'épargner, à moins d'utilité, et défend de le mutiler. Le jurisconsulte J. de Terra Rubea examine la question : « Capti, quando servi ? » (Op. cit., fᵒ xciii).

2) H. Bonet, L'arbre des batailles, c. xlvi, xlvii.

3) Jean d'Auton, I, 21.

4) Le livre des fais d'armes...

5) Jean d'Auton, I, 136, 135,

réalisés au commencement du XVIᵉ siècle. On considère encore, il est vrai, que la prise d'assaut donne tous les droits. A l'assaut du château d'Annone, le 17 août 1499, la garnison, composée de huit à neuf cents hommes, est entièrement passée par les armes, à l'exception du capitaine qu'on garde prisonnier [1] pour en tirer parti. Après l'assaut de Capoue, en août 1501, les Français délibèrent s'ils doivent brûler et détruire complètement la ville ; l'avis contraire prévaut, parce qu'on juge que la ville peut être utile [2] ; mais là aussi, selon beaucoup d'auteurs, bien des femmes ou des jeunes filles subirent un sort fatal, « ce qui est le comble du pys de tous les excès de la guerre ». On cite même le dévouement d'une dame qui s'abandonna au sire de Mauléon pour sauver la vie de son mari. Le progrès consiste en ce que, généralement, les excès sont imputables aux « laquays » [3], ou aux gens de pied, partie faible de l'armée, qui combat mal ou qui ne combat pas, et que les capitaines se trouvent impuissants à maîtriser en cas de victoire, ou, parfois, aux mercenaires suisses [4] ; tandis qu'autrefois les chefs d'armée ou d'État autorisaient ces excès, les encourageaient même, afin de porter l'épouvante chez l'ennemi [5] ; encore en 1478, à la prise de Granson, Charles le Téméraire refuse à la garnison toute capitulation, prend la ville d'assaut, fait pendre les soldats, et déclare qu'à l'avenir il ne fera plus de prisonniers. Ses alliés trouvent cette conduite horrible [6]... Il n'en va plus

1) J. d'Auton, I, 26.
2) J. d'Auton, II, 66.
3) J. d'Auton, II, 62.
4) Cf. pillage de Rapallo, *Hist. de Louis XII*, t. III.
5) Attestation de Hugues de Châlon à son bailli Guillaume le Galois, qu'il déclare prendre sous sa responsabilité le pillage et l'incendie de Montmorot (Jura) (1322. *Catal. de vente*, Eugène Charavay, 27 mai 1887).
6) Dép. de l'amb. milanais, 29 fév. 1476 (Gingins la Sarraz, *Dépêches des ambas. milanais*, I, 304). Aux États de 1484, on rappelle avec horreur qu'à l'assaut de Lectoure (1473), le sire de Montfaucon « fit de grandes violences

ainsi. En 1500, à la prise de Tortona, les capitaines français
défendent « le feu et le sang » ; ils ne peuvent empêcher le
pillage... [1]. Après la brusque occupation du duché de Milan,
le cardinal d'Amboise, sur l'ordre du roi, « fut deux ou trois
nuycts sans guère dormir » pour arrêter le pillage et faire
restituer ce qui était enlevé [2].

Après la bataille, on se croyait en droit autrefois de
faire égorger les prisonniers. A Nicopolis, en 1396, Bajazet
en fit massacrer 11.000 ; ceux-là seuls échappèrent qui tentè-
rent la cupidité de quelque Turc par l'espoir d'une rançon. A
Azincourt, Henri V d'Angleterre fait égorger 4.000 prisonniers
qui l'embarrassaient : deux cents archers en assommèrent 1.200
à coups de massue : il n'échappa que les seigneurs à rançon.
En 1434, le comte de Ligny attaqua la garnison de Laon,
au retour d'une sortie contre Vervins, lui fit près de cent
prisonniers et ordonna qu'ils fussent tous mis à mort : pour
accoutumer à la guerre son jeune neveu, le comte de S\t-Pol,
il lui en fit tuer plusieurs de sa main. « Cet enfant, dit Monstrelet, y prenait grand plaisir ». C'est lui qui devint, par la
suite, connétable de France. Nous n'en finirions pas de dénombrer pareilles atrocités, couronnées par une lettre de Louis XI
au sire de S\t-André, où il se vante d'avoir ordonné aux gens
d'armes la *mise à butin* des prisonniers, « afin qu'une autre fois
ils tuent tout et ne prennent plus de prisonniers ! »

Cette sauvage théorie ne fait plus loi ; au contraire, des règles précises s'introduisent sur le régime des prisonniers.

1° On ne peut être fait prisonnier que quand on porte les
armes.

aux femmes qui estoient dans la maison » de la dame d'Armagnac (Godefroy,
Hist. de Charles VIII, p. 427).

1) J. d'Auton, I, 184.

2) Seyssel, *Hist. du roy Loys XII*e, p. 21. Cf. notre Mémoire *La conquête du
Tessin.*

Ainsi les laboureurs, et, en général, tous gens étrangers au combat, ne peuvent être capturés [1]. En 1390, un chevalier anglais, Jean de Cornwallis, entré sans permission à Boulogne, ayant été fait prisonnier, Charles VI alloue une indemnité de 50 francs à son fils [2]. Le dauphin Louis réclame à Albert d'Autriche en 1444 un de ses serviteurs, en raison de son âge qui ne permet pas de le faire prisonnier « lege belli » [3]. Bref, tout prisonnier qui n'est pas « prisonnier de bonne guerre » doit être rendu [4]. Le 17 mai 1500, les « commis à l'examen et procès des rebelles de Milan » renvoient au général en chef français deux individus faits prisonniers par un homme d'armes de la compagnie de Saluces, qui protestent n'avoir pas pris part à la guerre : le général est prié de s'assurer, par lui-même ou judiciairement, s'ils sont « de bonne prise ou non » [5].

Le prisonnier doit être capturé en *guerre guerrable*, c'est-à-dire régulière[6]. On ne peut pas le prendre en état de paix ou de trêve [7] : un tel abus équivaudrait d'ailleurs à une déclaration formelle d'hostilités [8].

---

1) Christ. de Pisan, *Le livre des fais d'armes*... Nous reviendrons plus loin sur ce sujet, à propos des immunités.

2) M. fr. 26106, n° 15.

3) *Lett. de Louis XI*, I, n° XII.

4) Lettre de François de Valois, promettant de restituer des prisonniers (1514. *Lett. de Louis XII*, IV, 3).

5) Arch. de M. le duc de La Trémoïlle.

6) Recours au pape, en faveur du cardinal Ascagne Sforza, contre la prétention des Français de le déclarer prisonnier, bien qu'il ne porte pas les armes (Sanuto III, c. 289, 290).

7) Ordres sévères contre un seigneur qui, sous prétexte d'un différend avec le duc de Lorraine, a fait détrousser des marchands lorrains venant de Lyon, blessant ainsi l'ordre du royaume et les franchises des foires de Lyon. On le qualifie de « malfaiteur » (*Reg. du conseil de Charles VIII*, p. 14). Réitération et menaces, ordre d'enquête (*id.*, p. 187). — Lettre au roi Charles de France, pour réclamer contre l'attaque de deux vaisseaux français contre des marchands génois, dans les eaux d'Espagne (10 déc. (*sic*) 1494. Arch. de Gênes, Litterarum, 36/1812).

8) « Faire arrêter des sujets du roi et les déclarer prisonniers de bonne

Ce principe ne met pas obstacle au droit du roi, — en cas de
guerre déclarée, — de faire arrêter les étrangers établis dans
l'intérieur du royaume, et de sequestrer leurs biens, parce
que c'est là une mesure de sûreté générale et de haute police
intérieure [1].

Ces diverses améliorations introduites peu à peu par le
droit canon et affirmées par un sentiment d'humanité se sont
développées d'abord en Italie. Les gens du Nord, façonnés à
l'amour du danger et au dédain de la mort par des guerres de
race à race qui intéressaient leur bravoure et leur patriotisme,
conservaient nécessairement toute l'âpreté de la lutte et faisaient peu de cas de la vie d'un ennemi. Les Italiens, au contraire, pacifiques par tempérament, gens d'affaires, négociants, lettrés, artistes, vivaient dans un état permanent de
guerre, mais de guerre à des concurrents, à des voisins,
presque familiale, organisée, en affaire commerciale qu'elle
était, à coups d'argent et de mercenaires. La guerre devenait donc le monopole, le métier d'une classe spéciale
de condottieri et de soldats qui s'y livraient sans passion,
en artistes, tantôt d'un côté, tantôt de l'autre. Dans ce
système, on fait surtout des prisonniers. Lorsque René de
Lorraine vint, en 1483, guerroyer contre le duc de Ferrare à la mode du Nord, il causa un vrai scandale : ses confé-

___

guerre, et prendre leurs biens », constitue un *casus belli* (Inst. de Louis XI,
1470. Fr. 3884, f⁰ 280). « Laurentin et Johanni de Medicis sont mes officiers et
serviteurs : ils viennent d'être pris. Je veux venger leur outrage et ne le tolé-
rerai pas, écrit Charles VIII (Lyon, 6 mai. Arch. de Milan). Cf. mandement à
Boucicaut de faire arrêter tous les trafiquants de Gênes ou de Montferrat en
Languedoc, vu leur hostilité, et de les punir au criminel ou au civil, après instruction, en la forme qu'il fut fait à Gênes : ces commerçants, disant pouvoir
commercer en vertu de lettres, mènent des marchandises de ces rebelles, « lesquelles choses sont de très mauvais exemple et dignes de grant punicion »
(24 avril 1411. Douet d'Arcq, *Choix de Pièces*, I, 335).

1) Rapport de Gilles Maillart, lieutenant criminel (ms. fr. 2964, f⁰ 91).

dérés, les Vénitiens, le blâment vivement de tuer des adversaires ; ils craignaient la réciproque, et avec de telles mœurs la guerre ne leur semblait plus possible [1]. Cette conception de la guerre, un peu excessive dans son genre, eut l'avantage de faciliter la voie aux idées intermédiaires.

2° On n'a pas le droit de maltraiter des prisonniers : on doit assurer convenablement leur existence. Chez les Romains, le prisonnier devenait esclave, et la pratique ottomane continuait cette tradition dans les pays barbaresques. Le droit chrétien ne permet pas d'obliger les prisonniers à aider leurs capteurs dans les opérations militaires. Cependant, on les embarquait parfois comme rameurs sur les galères [2].

La religion faisait du soin des prisonniers un devoir moral, et c'était un des premiers actes de la charité chrétienne de leur venir en aide, de leur procurer, s'il se pouvait, la liberté. En 1510, Jean-Jacques Trivulce, à l'occasion de la Semaine-Sainte, libère sans rançon trois prisonniers vénitiens. Le jour de Pâques, il les fait dîner à sa table, puis il leur donne un sauf-conduit et les fait escorter par un trompette jusqu'à Venise. Ces prisonniers, qui avaient été détenus à Vi-

---

1) « Avant sa venue, les Vénitiens et Italiens usoient plus de guerre qu'ils appeloyent *guerroyale*, prenans prisonniers les ungs sur les aultres pour avoir rançon, que de tuer les ennemis. Mais ledict duc et ses Lorrains faisoient le contraire, dont lesdictz Vénitiens commencèrent à murmurer, et disoient entre eux ces Lorrains *amassadors* (tueurs) et n'avoient point cela aggréable de paour que les ennemis ne fissent le contraire » (Richard de Wassebourg, cité par Delaborde, p. 149).

2) Arch. de Gênes, Litterarum, 36/1812 : 22 nov. 1493, Lettre au roi Ferdinand de Sicile, pour lui recommander deux gênois qui resteraient encore prisonniers sur les galères. Ferdinand vient de rendre la liberté à ceux qui se trouvaient sur deux autres galères. On le prie d'achever en considération de Gênes et de Ludovic Sforza. La lettre est signée de neuf membres du conseil et d'Adorno.

gevano, puis au château de Milan, ne se plaignent que de la mauvaise cuisine [1].

A Venise, en 1509 et 1510, on crut pouvoir enchaîner ou garrotter des prisonniers de guerre et les tenir étroitement enfermés. Cet abus donna lieu à de vives réclamations et à des menaces de représailles. Le commandant de l'armée allemande écrit avec indignation, le 24 août 1509, « qu'un tel traitement ne convient pas à la guerre chrétienne et constitue une tyrannie illicite... Ces prisonniers, dit-il, sont des soldats, soldats du pape, de l'empereur, des confédérés... Nous traitons bien vos captifs, nous avons relâché un grand nombre de femmes et d'enfants, — *magis officio patris quam belli*, — nous nous privons d'incendier, nous procédons plutôt par avis que par exemple ; or, si nous cherchions le meurtre, le pillage, l'incendie, que ne ferions-nous pas [2] ? » (le général qui menaçait ainsi, occupait le territoire vénitien). En avril 1510, le grand-maître de France à Milan refuse un échange de prisonniers et se plaint comme le général allemand : il menace de représailles à l'égard des prisonniers vénitiens [3].

Les Français se font une sorte de point d'honneur de bien traiter les prisonniers [4]. Le soir de la bataille de St-Aubin du Cormier, Louis de la Trémoïlle reçoit à sa table les ducs d'Orléans et les autres prisonniers d'importance [5]. Zacharie Contarini, prisonnier des Français, se loue des traitements

1) Sanuto, X, 121.
2) Sanuto, IX, 211.
3) Sanuto, X, 223.
4) D'après Commines cependant, Louis XI leur faisait mettre un anneau de fer, même à ceux dont il voulait conquérir le dévouement.
5) Barthélemy de Loches, chronique manuscrite à la Bibliothèque du Vatican (Fonds de la reine de Suède, ms. 868). Cf. L. de la Trémoïlle, *Corresp. de Charles* VIII, p. 205.

qu'il reçoit, dans une lettre à ses fils, du 8 novembre **1509** [1].
En juillet 1501, Jean Jourdain Orsini offre à son ennemi
Fabricio Colonna, tombé au pouvoir des Français, de le
recommander et d'avancer sa rançon : Colonna refuse
fièrement ; les Français, dit-il, ne maltraitent pas les prisonniers [2], et quant à la rançon, il a à Rome de la vaisselle pour
la payer. En effet il la paya [3]. Don Alonzo de Sotomaior,
grand d'Espagne, est fait prisonnier par un Gascon qui le tient
de près. Bayard, informé du fait, demande chevaleresquement
qu'on le lui *prête* ; il le traite, non en prisonnier, mais en « frère
et compagnon », partageant tout avec lui, sa chambre, son lit,
sa table, ses jeux et même le « plaisir des dames ». Malheureusement, Bayard, obligé de partir, dut le rendre, ce que Sotomaior
ne pardonna jamais et ce qui devint l'occasion d'un duel célèbre [4]. Claude de Seyssel a raison de féliciter Louis XII de sa manière de traiter les prisonniers d'Etat [5]. Ludovic le More, amené
à Lyon sur un mulet, avec une escorte de piquiers [6], excita
une vive curiosité ; il reçut un accueil convenable, et quoi qu'on
en ait dit, trouva dans sa captivité tous les égards compatibles
avec les nécessités de sa garde [7]. Louis XII se montra encore

1) Sanuto, IX, 420.
2) Vallet de Viriville cite, sous Charles VII, un prisonnier anglais qui faisait
le commerce par mer des vins avec l'Angleterre (*Histoire de Charles VII*, III,
372, note).
3) Jean d'Auton, II, 64, 65.
4) Jean d'Auton, II, 264.
5) Louis XII, dit-il (*Hist. du roy Loys XIIe*, p. 11 et 11 v°), ne conquiert
rien par violence et meurtre de princes ; il tient sa parole, il traite bien Ludovic prisonnier, et Ascagne, pris en fuite, auquel il rend la liberté et ses
bénéfices, malgré les efforts du pape Alexandre VI pour qu'on le lui remit ;
il traite bien Hermes Sforza (fils de Galéas), pris à Novarre et le rend sans
rançon à sa sœur l'impératrice, il pourvoit François Sforza, son frère, de
l'abbaye de Marmoutier.
6) Miniature en tête du ms. lat. 8934, représentant l'arrivée de Ludovic :
Jean d'Auton, tome I, p. 280 notes.
7) Une lettre de La Trémoïlle au roi expose que le comte de Ligny, sur sa

plus chevaleresque envers le roi de Naples, Frédéric [1], son prisonnier de guerre : du reste, la fille de Frédéric, élevée à la cour de France et mariée par le roi, n'avait pas cessé de faire partie de la cour de France pendant la guerre contre son père. Quand Frédéric arriva en France, Louis XII envoie jusqu'à Marseille toute une compagnie de grands personnages (l'archevêque de Sens, MM. de St-Vallier, du Bouchage, de la Viéville) le recevoir et l'escorter [2]. Frédéric, pourvu d'un opulent apanage, resta à la cour, et mourut en 1505 au château royal de Plessis-les-Tours [3] ; dans son testament, il recommande sa femme et ses enfants aux rois et reines de France et d'Espagne [4]. Lorsque sa veuve voulut rentrer en Italie, le roi lui donna pour les puissances italiennes une lettre de recommandation très chaleureuse [5], qui lui valut un accueil royal [6].

Louis XII retint encore en France le jeune François Sforza, fils et héritier du duc Galéas Sforza, et en fit un moine. La mère de ce jeune homme, l'infortunée Isabelle d'Aragon, dans l'égarement de son désespoir, en vint à offrir une prime

demande, avait été chargé par le cardinal d'Amboise de conduire Ludovic à Lyon avec MM. de Lauques et de St-Priest : ces deux capitaines exigèrent une forte escorte, et, de plus, reçurent l'ordre, si quelqu'un voulait leur enlever le prisonnier, « qu'ilz le tuassent tout roide avant que ce batre ». Sur ces entrefaites, arriva l'ordre royal de confier le prisonnier à MM. de Sandricourt et de Louvain, ce qui eut lieu immédiatement. On le mit au château de Novare : là, Ludovic déclara à Louvain, capitaine du château, qu'il donnait sa parole de fidélité au roi, pourvu que Louvain lui donnât la sienne de ne le sortir de cette forteresse que sur l'ordre du roi. Louvain la lui donna (minute ms. du rapport de la Tremoïlle, aux archives de M. le duc de La Trémoïlle). Telle est la vérité sur cet événement international si discuté.

1) Seyssel, *Hist. du roy Loys XIIe*, p. 50 vo.
2) Jean d'Auton, II, 146-147.
3) Déposition de frère François de Paule, m. fr. 23987, no 4.
4) Archives de Simancas, Patronato Real, Testamentos, leg. 2o, fo 6.
5) Champollion, *Documents inédits*, t. I.
6) Ms. lat. 2120, no 2 ; patentes du doge Loredan.

de 100,000 ducats d'or à quiconque enlèverait son fils. Elle protestait énergiquement contre l'obligation imposée à son fils de rester en France « sans raison ou aucune vraie cause », mais elle n'alléguait aucune sorte de sévice. Quant au motif de l'internement, Isabelle le fournit elle-même, en prenant, dans sa protestation, le titre de « duchesse de Milan [1] ». Son fils n'était point, à proprement parler, un prisonnier de guerre, mais un interné politique.

Un prisonnier de guerre n'a pas droit à la liberté : on peut, si on le juge utile, l'enfermer [2] dans une forteresse ou dans un château éloigné de la frontière [3], lui interdire les communications épistolaires ou verbales avec le dehors, ou les autoriser. Le prisonnier se trouve dans l'impossibilité de gérer ses affaires [4]. Cependant, Charles d'Orléans, dans sa longue captivité en Angleterre, obtenait, moyennant finance, le droit de recevoir ses serviteurs et de les envoyer en France [5], avec ses instructions [6]. Le prisonnier prend nécessairement les allures

---

1) Orig., K. 78, 8 *bis*.

2) Christine de Pisan enseigne qu'on doit traiter les prisonniers durement, pour inspirer aux soldats la crainte d'un pareil sort, mais que cependant un prisonnier de guerre ne doit pas être enfermé : sinon, il a le droit de fuir (*Le livre des fais d'armes*... : Cf. Robineau, *Christine de Pisan*, p. 260, 274).

3) V. pour Ludovic et Ascagne Sforza, Jean d'Auton, *loc. cit.* : ms. fr. 26112, 1176, levée d'écrou au Mont-Saint-Michel, par ordre du roi, pour Sébastien Bon, vénitien, prisonnier depuis le 6 septembre 1509. — 21 avril 1513.

4) Procès-verbal de la soumission d'Asti au duc de Milan, par suite de l'emprisonnement du duc Charles (2 oct. 1422. K. 62, n° 2, orig.). Lettre de souffrance pour l'hommage dû par Simon Davy, prisonnier en Angleterre (29 oct. 1459. *Archiv. du Collège Héraldique*, Orléanais, n° 1060).

5) Rymer : paiement de 10 écus d'or, pour cinq sauf-conduits, *Tit.* Orléans, VIII, 528.

6) Windsor, 2 mai 1416. Règlement par Charles d'Orléans d'un compte de fournitures de robes, chaperons, pourpoints et autres *abiz*, pour lui, sa sœur, sa fille et le bâtard d'Orléans (*Tit.* Orléans, VII, 509).

du pays où il vit. Un Vénitien, racheté après un an d'esclavage à Constantinople, reparaît à Venise en habit grec avec
une grande barbe [1].

Quand le prisonnier est d'importance, il devient même par
le fait une sorte d'ambassadeur malgré lui [2] ; c'est ainsi que
Charles d'Orléans travaille longtemps à la paix entre la
France et l'Angleterre ; en 1475, le duc de Bourgogne institue
ambassadeur en France le sire de Contay, prisonnier des
Français ; sous Charles VIII, le comte de Nassau, prisonnier,
négocie la paix avec succès, et Charles VIII lui fait faire à
Paris une réception solennelle [3]. Le duc de Longueville, prisonnier en Angleterre, négocie également la paix et le mariage
de Marie d'Angleterre avec Louis XII (1514) ; il paie 100,000
livres de rançon au roi d'Angleterre, après avoir gagné au roi
une grande partie de cette énorme somme au jeu de paume...

Lorsque Bajazet entra à Modon, en 1500, il manda le gouverneur vénitien, lui fit des présents, et le chargea du rôle de
parlementaire, mais celui-ci déserta à la première occasion [4].

Un capitaine français, prisonnier à Venise, s'en va à Milan,
libre sur parole, négocier un échange de prisonniers [5]. On
accepte ; il est convenu, de part et d'autre, que les prisonniers

1) Sanuto, III, 1554.
2) Louis XI prit à son service plusieurs de ses prisonniers: le sire de la
Gruthuze (flamand) devint chambellan, Roquebertin (catalan) capitaine de
gens d'armes en France (Commines).
3) Xᴵᴬ 3921, 145.
4) Son récit, dans Sanuto, III, c. 904. Cf. « Instructio danda Magnifico
dᴺᵒ Bartholomeo Firmiano, captivo, proficiscenti ad Cesaream Majestatem »,
instruction développée pour un prisonnier chargé de traiter la paix avec
l'empereur (5 nov. 1509. Arch. de Venise, Secreto 42, 77 vᵒ).
5) Le 24 mai 1509. Le sénat de Venise, par 134 voix contre 20, adopte
en principe l'échange. Il autorise le plus jeune des prisonniers français à
aller avec Jean Cotta, serviteur d'Alviano, le négocier (A. de Venise, Secreto
41, 189 vᵒ).

seront menés à la frontière par deux commissaires [1]. Trois mois plus tard, Jean-Jacques Trivulce pousse plus loin la confiance chevaleresque. Dans une lettre à son adversaire, le provéditeur vénitien Andrea Gritti, qu'il appelle « Magnifique et puissant seigneur », lettre qu'il signe «Tout à vous », il lui dit : « Je n'userai pas avec Votre Magnificence des cérémonies qu'on emploie souvent, pour ne remettre un prisonnier que de la main à la main. Je vous envoie librement missier Andrea Basilio, et je prie Votre Magnificence de m'envoyer missier Biaximo Crivello [2]. »

Les otages sont traités comme les prisonniers ; comme eux, on peut les faire garder à vue [3]. Ludovic Sforza voulut transformer en une sorte d'agent officieux en France son cousin, François Sforza, donné en otage de la paix de Verceil. François lui répond que, toujours entouré d'une escorte, il n'a pas liberté suffisante pour agir [4].

Quant aux déserteurs, loin de les faire prisonniers, une armée ennemie les accueille bien [5].

Les prisonniers recouvrent leur liberté, moyennant une rançon. Si les moralistes se posent la question de la légitimité des rançons [6], le droit des gens n'hésite pas à l'admettre : on peut tirer « bonne et grosse rançon d'un prisonnier de bonne guerre » [7]. Le prisonnier appartient au capteur : c'est son bien

---

1) Janv. 1510. Sanuto, IX, 436, 473.

2) 20 mai 1510. Sanuto, X, 400.

3) Le comte d'Angoulême, donné en otage à l'Angleterre par son frère : François Sforza di Bosio, comte de Sᵃ Fiora, otage en France de 1495 à 1498 (Arch. de Milan, Potenze Sovrane, liasse spéciale).

4) Kervyn, *Lettres et négociations*, II, 233.

5) Correspondance de 1495. Arch. de Milan, Militare, Guerra, Congiurà di Novara.

6) Christine de Pisan, *Le livre des fais d'armes*.

7) Lettre de François de Valois, 1514 (*Lettres de Louis XII*, IV, 3).

et sa chose [1]. Il vaut ce qu'on peut tirer de lui comme rançon; le 8 septembre 1458, dans la mise aux enchères des biens de Jacques Cœur, on vend, parmi les pierreries et autres objets de prix, son prisonnier George Nevil [2], qui est adjugé à Jean de Bueil pour 24,000 écus [3]. L'attribution d'un prisonnier à son véritable propriétaire donne souvent lieu à

1) Comme butin. V. l'intéressant diplôme de Louis XII en faveur de J. J. Trivulce, pour ses services à Charles VIII « et à nous » ; grâce à lui, dit en substance ce diplôme, « incredibili celeritate », nous avons recouvré tout Milan, car il n'a épargné aucun frais ni sa vie même, courant mille périls. Considérant que les munitions, artilleries, poudres, victuailles et autres objets mobiliers des villes, notamment dans l'inexpugnable château de Milan, ont été pris sous sa conduite « sine ullo prelio », lui étant lieutenant général et principal général de l'armée, et devraient lui appartenir, suivant l'antique coutume des rois de France, mais que nous avons donné ordre de les conserver pour la sûreté publique, nous les avons fait priser ; elles ont été estimées 150.000 écus. Ne pouvant payer aisément en argent une pareille somme, nous donnons en paiement au sr Jean-Jacques, de son gré, Vigevano et diverses terres adjacentes, avec le titre de marquisat (Vigevano, septembre 1499 : JJ. 235, fᵒ 82). V. aussi le contrat notarié, passé au palais ducal de Venise, en sept. 1510, entre les envoyés de Pheris bey, sandjack ou voïvode d'Albanie (accrédités par lettres du 14 août, en turc, traduites en italien) et le doge : le voïvode amènera 200 chevau-légers turcs, bons et suffisants, qui seront acceptés dans une monstre à Venise, moyennant un prix de 4 ducats chaque, et l'avoine : chaque chef de 100 hommes aura 10 ducats. L'avoine sera due dès l'embarquement pour Venise, la solde à partir de la monstre. Le butin sera à eux : ils ne pourront emmener aucun captif, mais exiger seulement une bonne rançon,— sauf pour les rebelles et les chefs, qui seront remis au doge, selon la coutume de l'État. Ils ne feront aucun dommage aux sujets. Quand ils voudront retourner chez eux, ils auront droit au passage gratis, avec chevaux et biens (Arch. de Venise).

2) Arch. nat. KK. 328. Vente des biens de Cœur, citée par Favre, *Jouvencel*, CLXXII. Cf. des Patentes de Louis XI, du 6 mai 1479, confirmant à Louis de Graville, pour ses services, le don verbal de « plusieurs prisonniers de guerre, les confiscations d'aucunes personnes tenans le party à nous contraire, plusieurs forfaitures, aubeynes et espaves, et l'avons commis et deputé à recevoir les fruiz... d'aucunes terres, seigneuries, biens meubles et héritages mis en nostre main » (Perret, *Notice.. sur.. Graville*, nᵒ 7).

3) Jacques de Chabannes en avait à sa mort (1453) pour 60.000 liv.

des difficultés plus ou moins prolongées[1], à des procès[2]. Cette propriété prête à beaucoup d'agio et de spéculations : pour rançonner convenablement un prisonnier, il faut savoir et pouvoir attendre. C'est une heureuse affaire pour un grand seigneur que d'acheter un bon prisonnier à un homme d'armes, embarrassé de sa capture, qui s'en défait volontiers pour quelque argent comptant. En 1450, après la bataille de Formigny, on vendait des prisonniers anglais à très bon prix, en grande baisse[3]. En 1501, Fabricio Colonna paya 14,000 ducats de rançon au sire de Mauléon, qui l'avait acheté pour 1,200. On peut vendre aussi un prisonnier à une personne qui, ayant à racheter elle-même quelqu'un de sa famille, négociera un échange. Mais il y a des prisonniers sans valeur, sur lesquels il est à craindre qu'on ne perde ses frais d'entretien. Ludovic Sforza fait demander, le 31 août 1495, à son général Galéas de San Severino, ce qu'il entend faire des prisonniers français qu'il lui envoie : « ils sont misérables, et ne peuvent payer[4] ».

Le roi ou son lieutenant-général est juge en dernier ressort des questions relatives aux prisonniers ; ce qui lui vaut mille réclamations, parfois fort curieuses[5]. Les mortes-paies

1) Difficultés entre le sieur de St-André et le sire de Montpensier, pour des prisonniers ; ordre de Charles VIII de consigner ces prisonniers au Mont-Saint-Michel (Fr. 20432, 1). Ordre de Charles VIII de délivrer à MM. François de Béarn et G. de Chémerecourt G. d'Auxy, prisonnier au château d'Angers (pris à St-Aubin), qu'ils réclament comme leur prisonnier (12 avril 1490, après Pâques. Fr. 2923, 17).

2) Procès entre Alain d'Albret et Yves du Fou, pour du butin et des prisonniers (1475. Ms. fr. 6982, fo 41).

3) Th. Bazin, ch. xxiv.

4) Instruction à François de Landriano (Arch. de Milan, Militare, Guerre, 1495, Congiura di Novara).

5) « Sire, écrit, en 1500, L. de La Trémoïlle au roi, Monsr le cardinal est à Millan, qui, vous assure, vous a bien merveilleusement servy, et à grant diligence, et si ne fust venu icy, j'en faye veu à Dieu, tout fust chut en con-

ou « compagnons » du château de Milan recourent ainsi
à Louis de la Trémoïlle, en 1500, contre une décision de
leurs chefs, MM. de Saint-Quentin, de Cépy et l'évêque de
Luçon, qui ont relaché divers prisonniers sans rançon. Ils
exposent que, pendant l'occupation de Milan par Ludovic,
ils ont fait des sorties dans la ville et ramené ces « bons »
prisonniers. Ils demandent l'autorisation de les reprendre,
ou une indemnité[1]. Le sire de Coursinge, lieutenant de la
compagnie du duc de Savoie, écrit de Plaisance, le 21 août,
que quatre gentilshommes de sa compagnie, ayant enlevé
des prisonniers qu'escortaient des hommes d'armes de la
compagnie d'Anjou, sont *ajournés* pour répondre de ce fait,
sous peine de confiscation de leurs biens, devant les lieutenants-généraux du roi, L. de la Trémoïlle et J.-J. Trivulce, à
Milan : leur cause est juste, et je vous les recommande, écrit
Corsinge à La Trémoïlle : « ilz s'en vont par delà, mais ilz
sont tres mauvailz advocatz, car ce n'est pas leur mestier »,
et à Milan les prisonniers sont en faveur, « pour les dons
qu'ilz ont promis deçà et delà : l'on veult faire tort aux
pauvres gentishommes[2] ». Voilà la théorie dans toute sa
nudité. Louis XI ne croit pas s'abaisser en réclamant, dans
des circonstances analogues, une part de butin. Il écrit, en
1477, à MM. de Craon et de Brienne : « Messieurs les comtes,
j'ay receu vos lettres et vous mercye de l'honneur que vous me
voulez faire de me mettre à butin entre vous. Je veux bien
que vous ayez la moictié de l'argent de reste que vous avez
trouvé, mais je vous prie que le surplus vous me fassiez mettre
ensemble, et vous en aidez à faire réparer les places sur les

fusion. Je ne viz oncques homme tant prendre de paine que cestuy la »
(Min., Arch. de M. le duc de la Trémoïlle).
1) Arch. de M. le duc de la Trémoïlle.
2) Arch. de M. le duc de la Trémoïlle.

frontières des Allemans... en façon que je ne perde rien ; et s'il ne vous sert de rien, je vous prie, envoyez le moy. Touchant les vins du duc de Bourgogne qui sont en ses celliers, je suis content que vous les ayez [1]».

Le roi, du reste, peut, par mesure supérieure, se réserver tel ou tel prisonnier, ou même tous les prisonniers[2]. Charles VIII, en 1488, blâme vivement les « rançonnements » qui suivent la prise de Saint-Malo et ordonne de mettre *en sa main* tout le butin[3]. Dans un traité d'alliance et de coalition, on peut stipuler par avance que tel ou tel personnage, en cas de prise, ne sera pas mis à rançon, mais conservé comme prisonnier d'Etat[4].

Le capteur conserve son prisonnier à ses risques et périls : il ne peut le déposer dans une forteresse sous peine de le perdre, à moins de convention spéciale [5].

Outre le principal de sa rançon, le prisonnier doit payer ses frais d'entretien[6]. L'entretien de Charles d'Orléans fut taxé

---

1) L. de la Trémoïlle, *Archives d'un serviteur de Louis XI*, p. 125.

2) Les rois ordonnèrent à plusieurs reprises de mettre les prisonniers *à butin*, c'est-à-dire de les mettre en commun, de les vendre et d'en verser le prix au trésor. Louis XI chercha à intéresser les capitaines à cette mesure, en prétendant que de cette façon ils auraient sûrement à bon marché de bons prisonniers. On ne put faire passer cette règle en pratique.

3) *Correspondance de Charles VIII*, n° 196.

4) Dans le traité entre la Castille et Charles V, il est stipulé que, s'il est pris en guerre, le roi de Navarre sera « tenu captif ». Dans le traité avec Charles VI (1381), le roi de Navarre est remplacé par le duc de Lancastre (Douet d'Arcq, *Choix de pièces*, I, p. 15).

5) « Quiconques met ung prisonnier en lieu fort, sans le congié de celuj ayant pouvoir à ce, il le pert et est confisqué au capitaine » (*Le Jouvencel*, t. II, p. 8-14).

6) Stevenson, *Wars of the English in France*, II, 612. En sortant de prison, à Turin, Jean Grimaldi consent une obligation, en forme civile, envers le vice-châtelain de Moncalieri pour le paiement de ses gages, et la dépense de lui-même et de son fils pendant leur détention (14 septembre 1440. Saige, *Documents*, I, 129).

à treize sous den. par jour par le parlement d'Angleterre[1]. Le
capteur avance ces frais et les recouvre quand il peut, quelquefois bien des années après. On comprend facilement ce qu'un
pareil système vaut de douleurs au prisonnier. Celui-ci ne peut
compter ni sur la pitié, ni sur la bonne foi : il passe de main
en main, on le cède, on le lègue, comme on ferait pour une
mine, on l'exploite tant qu'il reste un filon. Après que la rançon a été fixée à un chiffre, et que les paiements ont commencé,
le capteur a beau jeu, s'il est de mauvaise foi, pour embrouiller
les comptes, nier les versements, majorer les dépenses. Nous
ne pouvons affirmer que ces indignités soient d'un usage
constant, ni qu'elles aient pu se perpétuer : cependant elles
étaient si connues que le traité de Verceil, en 1495[2], contient
une clause spéciale d'après laquelle les rançons devront rester
fixées au chiffre primitif, sans aucune majoration lors du
règlement. Le règlement de la rançon de Charles d'Orléans,
dans la première moitié du XV° siecle, donna un exemple
mémorable des abus possibles en cette matière ; abus d'un
caractère privé, imputables à ses geoliers, et non à la diplomatie anglaise. Nous ne reviendrons pas sur les détails que
nous avons donnés à ce sujet[3]. Si l'on veut bien s'y reporter,
on trouvera le résumé des angoisses, des souffrances que peut
endurer un malheureux prisonnier, retenu pendant vingt-cinq
ans, ruiné, engloutissant dans une rançon sans fin les derniers débris de sa fortune, affolé par une longue suite d'infructueux efforts. La ruine est, en effet, le moindre malheur
des prisonniers.

Afin de faciliter les négociations, on peut autoriser les pri-

1) *Rolls of Parliament*, IV, 436 : Rymer, t. IV, p. IV, p. 161 et suiv.
2) Godefroy, *Hist. de Charles VIII*.
3) *Histoire de Louis XII*, tome I, p. 32 et suiv., 74, 75, notes.

sonniers à se rapprocher momentanémant de la frontière [1], ou les mettre en liberté, moyennant une prestation d'otages pour les paiements encore à effectuer [2]. La fortune du prisonnier ne suffisant pas, celui-ci adresse à ses amis des appels désespérés [3]. Il obtient d'eux des *scellés* d'engagements [4]. Parfois le roi lui vient en aide [5], les personnes de sa famille lui servent de caution [6], empruntent [7] ou vendent leurs biens pour l'aider [8]. On recourt aux banques, on prend de toutes mains. Le paiement de la rançon ne constitue que le premier acte d'une laborieuse liquidation, qui peut durer ensuite toute une vie et même au-delà. Il en nait des procès éternels.

1) Sauf-conduit d'Henri VI à Louis de Bueil, pour venir traiter de sa rançon, à Cherbourg (1444. Favre et Lecestre, *Le Jouvencel*, II, 321).

2) Lettre de Louis XI à Olivier de Coetivy, datée d'Abbeville, 29 novembre : le comte de Candale étant prisonnier d'Olivier, Jean de Foix, son fils, avait pris sa place comme « lieutenant hostaige » en attendant la rançon (Arch. de M. le duc de la Trémoïlle).

3) Lettre de Charles d'Orléans au sire de Chauvigny, à « Stourten », en Angleterre, le 27 octobre : avec ce post-scriptum autographe « Ne nous faillez, comme en vous avons entière fiance. Escript de nostre main » (K.537).

4) Nombreux scellés remis au duc d'Orléans (*Histoire de Louis XII*, t. I, *loc. cit.*), notamment promesse du dauphin de payer au roi d'Angleterre 30.000 saluts d'or pour la rançon du duc d'Orléans, en « bon or monnoyé » (15 déc. 1437. *Lettres de Louis XI*, I, p. 176).

5) Phile d'Auxy, chambellan du roi, longtemps prisonnier de guerre des Anglais, reçoit du roi 392 liv., montant des droits royaux, au 13e denier, sur 392 livres de rente (au capital de 5.000 fr.) pour lesquelles il avait dû s'engager à l'évêque de Lisieux et à l'abbé de Fécamp, ou leurs ayant-cause, pour payer sa rançon, rente assignée sur ses revenus (30 juin 1407. *Tit.* Auxy, 8).

6) Acte de fidéjussion notarié, souscrit par Augustin Grimaldi en faveur de son frère Lucien, pour 2.000 écus d'or, dont celui-ci s'est reconnu redevable à sa sortie de prison envers Ch. d'Amboise, sieur de Chaumont, sur la demande instante de Lucien (15 avril 1510. Saige, *Documents*, II, 99).

7) L. de Graville avance à son père 10.000 écus, sur hypothèque, pour l'aider à payer sa rançon (Perret, *Notice.. sur.. Graville*, p. 55).

8) Cession par Jean de Neuchatel, sr de Montagu, d'un cens de 200 écus d'or à Claude de Vaudray, pour 1.000 écus d'or à employer à la rançon de son fils, Phil. de Neuchatel, prisonnier du duc de Lorraine (février 1477. Ms. fr. 26096, n° 1663).

En 1393, François d'Albret, « de Lebret », ayant été fait prisonnier en Lombardie par Jacques des Verme et Hescelin de
« Mendelle », le duc de Milan avança 10,000 ducats d'or pour
sa rançon au compte du duc d'Orléans, et son oncle Arnault
Amanieu d'Albret se déclara débiteur envers le duc d'Orléans d'égale somme [1]. En 1479, la maison d'Albret la devait
encore ; la duchesse d'Orléans, Marie de Clèves, pressée
d'argent, en avait une obligation dont elle poursuivait le
montant [2]. D'autre part, en 1439, le sire d'Albret avait con-
senti un scellé pour la délivrance du duc d'Orléans, scellé dont
on ne s'était pas servi, et que la duchesse conservait en
gage [3].

Le chiffre de la rançon varie tellement qu'on ne peut formuler de règle à cet égard. En 1377, le comte de Nevers paie aux
Turcs **200,000** ducats [4], Guy de la Tremoïlle **8.500** florins [5],
un certain Simonnet de Lentiers **260** francs [6]. Un Vénitien
pris à Modon, en 1500, verse **1,200** ducats [7].

Une fois le prisonnier quitte, on doit « rendre son corps,
garni de bon, vray, loyal et seur sauf-conduit..., en sa franche
liberté [8] ». Ses biens peuvent avoir été donnés « en garde »

---

1) 24 déc. 1393 (Collect. de Bastard, n° 184 ; Moreau 405, f° 266 ; Cartulaire de la Ch. des Comptes de Blois, ccccxiii v°).

2) *Tit.* Albret, 206.

3) K. 72, 56[28].

4) Dont 29.000 fournis par les chevaliers de Rhodes, 15.000 prêtés par le
roi de Chypre, 40.000 avancés par des négociants (Delaville le Roulx, *La
France en Orient*, I, 323).

5) Que Guy de la Trémoïlle fait payer à Gênes (L. de la Trémoïlle, *Guy de
la Trémoïlle*, p. 118, 135).

6) Dont 400 fr. d'or prêtés par les Pallavicini de Gênes, pour « la délivrance
de son corps de la main des Turcs », et immédiatement remboursés (L. de
la Trémoïlle, *Guy de la Trémoïlle*, p. 209).

7) Sanuto, III, 1554.

8) Favre et Lecestre, *Le Jouvencel*, II, 321.

en son absence, heureux s'il peut les recouvrer au prix de quelques sacrifices[1].

En dehors du cas de guerre déclarée, il faut encore classer parmi les rapports de fait les rapports avec un gouvernement non reconnu. En cas de rupture ouverte, les actes écrits mentionneront des formules de réserve expresses, telles que : « Celui qui se dit roy[2] ». Pendant une guerre, on s'appelle l'un l'autre, en termes de chancellerie, « l'adversaire de France, l'adversaire d'Angleterre[3] ». Le défaut de reconnaissance n'empêche pas les relations de voisinage, d'amitié, d'alliance. En Angleterre, on affecte de qualifier les rois de France : « Louis de France, Charles de France... », sans le titre de roi, et le roi porte toujours le titre de « roi de France ». Aussi dans les traités figurent ensemble un *rex Franciæ et Angliæ*, et le roi effectif de France, *rex Francorum*. Le roi d'Angleterre prend même la qualité de Roi Très-Chrétien. Les traités de 1497, de 1498, de 1508 entre la France et l'Angleterre sont rédigés selon ce style. C'est une pure formule de chancellerie, sans conséquence, chacune des parties prenant les titres qui lui conviennent.

En cas de brouille plus déclarée, on revient à une phraséologie un peu plus accentuée. Dans la capitulation de Tournay, du 23 septembre 1513, le roi d'Angleterre stipule que Tournay reconnaîtra son roi très-chrétien, Henri, roi de France et d'Angleterre, huitième du nom, et abandonnera Louis, « soy

---

1) Lettre de J. de St-Prest à la Trémoïlle (*Castel Guelfe*, 1er juin), le priant de parler au cardinal d'Amboise, pour donner à son frère l'abbaye de St-Pietro-d'Olmo, et à lui « Escardassour » qu'il a en garde. Le propriétaire d'Escardassour vient de payer sa rançon, est à Milan et veut donner quelque argent pour rentrer chez lui (Arch. de la Trémoïlle).

2) Instruction de 1400. Douet d'Arcq, *Choix de Pièces*, I, 193.

3) « L'adversaire d'Angleterre ». Lettre du dauphin (Charles VII), ms. Moreau 1425, 84, 85.

disant » roi de France[1]. Mais le 17 octobre suivant, dans une alliance avec Ferdinand le Catholique contre la France, il admet le titre de « *rex Gallorum* » pour Louis XII[2]. En réalité, il n'y a là que des subtilités dépourvues d'importance. Les relations de fait dans ces conditions ne diffèrent aucunement des rapports normaux : l'intérêt seul les guide.

1) J. 495.
2) K. 1639, dr 3.

CHAPITRE VII

Le prince, comme représentant de la collectivité vis-à-vis de l'étranger, représente aussi chacun de ses sujets en particulier. Le national injustement lésé à l'étranger trouve un recours dans son gouvernement. Le prince doit protection à tout intérêt équitable : « Pour la défense d'un seul citoyen, il peut déclarer la guerre.[1] » Toutefois, par un sentiment facile à comprendre, l'usage a prévalu de localiser une guerre de cette nature et de la proportionner à l'importance du dommage. De là le système des représailles, expédient mixte, qui participe à la fois du droit de guerre et du droit diplomatique en ce sens qu'il constitue un acte de guerre, mais localisé et réglé, et qu'il ne nuit pas, officiellement, aux relations entre deux pays.

La lettre de marque ou de représailles consiste en un mandement décerné au nom du roi à un particulier victime à l'étranger d'un déni de justice bien constaté ; ce mandement confère le droit de recouvrer la valeur de ce qui est dû, aux dépens de tout autre citoyen du pays qui a refusé justice. En résumé, c'est la licence d'arrêter la personne ou les biens d'un individu pour le fait d'un autre.

Cet usage ne vient pas du droit romain, où le système de la monarchie unique assurait à l'univers un même tribunal. Tout le monde s'accorde à le considérer comme prohibé

---

1) Bartole, *De Represaliis.*

par la morale et le droit naturel. Les canonistes le blâment
absolument[1], et le droit canon l'interdit[2]. Les jurisconsultes,
tout en le regrettant, l'excusent, au point de vue moral, par
« l'intention juste et droite » de celui qui y recourt, et par
la nécessité, en l'assimilant à la guerre; ils estiment d'ailleurs que l'intervention de l'autorité légale et « la juste
cause » le rendent juridiquement licite[3].

On serait surpris de la rigueur avec laquelle est envisagé
ce droit au moyen âge, si l'on ne pensait à la défaveur crois-
sante qui s'attache à tout principe que Paul ou Ulpien n'a
point consacré[4]. En fait, le droit de représailles constituait
un bienfait relatif, en tant que guerre adoucie et très circons-
crite[5]. Si on le condamne, il faut condamner la guerre.

Quant aux principes, il relève de cette inspiration germanique, que la collectivité, la tribu répond des crimes ou délits
commis par un de ses membres et qu'elle n'a su empêcher;
principe infiltré dans les lois, d'où il résulte que la législation
d'Avignon oblige la commune à rembourser la victime
d'un méfait, si la justice n'a pu lui procurer la punition du
coupable[6]; d'où découle notre loi de brumaire an VII, qui
rend une commune responsable des excès de ses citoyens,
autrement dit qui fait peser sur les uns la responsabilité des

1) H. Bonet, c. LXXIX ; Christ. de Pisan.
2) Concile de Lyon de 1274, cité par René de Mas Latrie, *Le droit de marque ou droit de représailles au moyen âge*, 2e édition, p. 22.
3) Bartole.
4) A Avignon, on ne reconnaît pas absolument les représailles. La législation du XIIIe siècle se borne à dire assez vaguement qu'en cas de non-com-
parution d'un étranger poursuivi, le juge autorisera le créancier à « prendre
ses sûretés sur lui » (*Coutumes et règlements*, p. 109).
5) « Sunt etiam alie species belli, puta duellum, etiam represalie, de quibus Bartolus tractavit. Igitur taceo » (*Allegationes Vincentii* Rigault, *super
bello Italico*, Paris, 1512, fo VII ro).
6) *Coutumes et règlements*, p. 106.

autres, par une sorte d'assurance mutuelle. A plus forte raison cette thèse a-t-elle pu se produire en matière internationale, chaque pays répondant envers les autres du fonctionnement de sa justice et de ses tribunaux.

A la fin du moyen âge, les représailles, frappées du plus complet discrédit, disparaissent en réalité. La diplomatie les rend inutiles : néanmoins, à une époque bien antérieure, on a pu les considérer comme un premier progrès. Quant à cette suppression, œuvre des canonistes, nous sommes tentés de la considérer comme le plus grand succès obtenu par la diplomatie dans le cours des siècles.

La lettre de représailles résulte d'une procédure purement judiciaire : le lésé doit prouver la légitimité de sa créance, et l'inanité de ses efforts pour la recouvrer devant le juge compétent ; il obtient ainsi un jugement qui lui permet de faire saisir et vendre judiciairement des marchandises, jusqu'à concurrence de son remboursement en capital, frais et intérêts. La diplomatie n'a rien à faire dans cette procédure. Au contraire, dès qu'un incident se produit de nature à entraîner des représailles, la diplomatie s'occupe, avec ou sans instructions spéciales, de le régler à l'amiable [1]. En pleine paix, un corsaire espagnol, au mépris de tout droit, capture un navire gênois près de Piombino et le cache à Monaco. Le consul d'Espagne à Gênes et des envoyés du doge vont ensemble à Monaco pour le faire rendre [2]. A l'inverse, un Vénitien enlève une esclave en Orient et ne veut la rendre à son maître que moyennant 1,000 écus : les pachas s'adressent au *baile* véni-

---

1) Créance motivée et énergique de Louis XI, pour un envoi aux États de Catalogne ; il exprime son vif regret de marques décernées contre des Français, et accrédite le sire de Montpéroux, « pour à plain vous informer de notre intention et vouloir sur ce » (*Lett. de Louis XI*, II, 32).

2) 1452. Saige, *Documents*, I, 227.

tien de Constantinople pour en obtenir la restitution[1]. Naturellement, les exemples de ce genre sont nombreux[2].

Le particulier, avant d'exercer des représailles, s'adressera aux tribunaux du pays adverse : le diplomate, lui (consul ou ambassadeur), s'adresse au gouvernement. Le gouvernement peut, ou non, lui donner raison ; mais il ne peut pas le renvoyer aux tribunaux, ni le rendre responsable au cas où, la procédure ne suivant pas régulièrement son cours, des représailles interviendraient. La démarche d'un ambassadeur ne paralyse pas la procédure de représailles, mais elle en suspend l'effet, jusqu'à ce que le résultat soit connu.

Pierre Simonneau, marchand du Poitou, envoyé en Barbarie par Louis XI, avait été capturé par des marchands castillans, qui lui percèrent les mains d'un fer chaud, et il resta impotent. Il avait obtenu, par l'avis du chancelier et du grand conseil, une lettre de marque de 8,000 livres, plus les intérêts, contre divers Castillans. Il lui fut ordonné de remettre cette lettre au comte de Dunois, jusqu'au retour d'Espagne d'Olivier le Roux, et on ne l'autorisa à la faire valoir qu'après le refus, diplomatiquement constaté, des Espagnols[4].

Ainsi, la diplomatie peut toujours intervenir, soit au milieu d'une procédure de représailles pour la contrecarrer et la faire

---

1) 1508. Sanuto, VII, 613.

2) Un navire de guerre d'Eu ayant pris un navire marchand flamand, le comte d'Eu offre réparation (Commines, l. III, c. 1). Lettre de recommandation à Laurent de Médicis, pour faire rendre à Goupillon, évêque de Seez, des bijoux et de l'argent détenus par un Florentin, messe Benedicto de Salutis (8 octobre 1484. *Reg. du conseil de Charles VIII*, p. 125). Conflit d'Asti avec Gênes pour des joyaux confisqués par la Chambre ducale. Gênes menace de représailles. On envoie d'Asti plusieurs agents pour négocier (Compte d'Asti, 31 janv. 1482. KK. 528).

3) Lettre des Génois à Ferdinand le catholique, réclamant contre des représailles délivrées dans ces conditions (1507. Saige, II, 82).

4) 1484. *Reg. du conseil de Charles VIII*, p. 71.

avorter, soit pour la révocation des représailles, leur suppression, leur liquidation, lorsqu'elles sont décernées ou exercées. On peut combiner l'action judiciaire et l'action diplomatique, les régler l'une sur l'autre. En 1445, des pirates gênois vinrent capturer, en rade même d'Aigues-Mortes, une galère royale de France, la *Notre-Dame-Saint-Denys*, portant pavillon royal et les armes du roi sculptées sur la poupe. Charles VII avait fait construire cette galère comme transport de marchandises, pour rendre un peu d'élan au commerce marseillais. Malgré une réclamation d'envoyés spéciaux du roi, le gouvernement gênois ferma tellement les yeux sur cette prise, si singulièrement favorable à ses intérêts, que le roi fit procéder en justice contre les coupables et contre leur gouvernement tout ensemble, et que, sur le défaut prononcé, il ordonne la mise sous sequestre des biens possédés par des Gênois en Languedoc. Alors, le gouvernement gênois se rend et envoie des ambassadeurs à Montpellier, près des commissaires du roi ; à la suite d'une longue négociation, il restitue la galère : on convient que les « scélérats » coupables seront poursuivis à Gênes en dommages-intérêts, et en telle pénalité que de droit ; s'ils ont disparu, ils recevront une assignation par cri public, et seront condamnés par contumace à l'exil perpétuel. Quant aux marchandises, on publiera l'ordre de les restituer sous peine de fortes amendes, et elles seront reprises de toute main, soit en espèces équivalentes, soit en nature [1].

Au milieu du XVᵉ siècle, les relations de voisinage donnent lieu à de perpétuelles difficultés de ce genre. Les papiers de l'administration du comté d'Asti témoignent des réclamations incessantes du Piémont, de Saluces, de Gênes contre

---

[1] Saige, *Documents*, I, 170.

les déprédations des gens de Ceva, vassaux d'Asti. La réparation des dommages, l'extinction des représailles fournissaient
à la diplomatie astesane un aliment toujours nouveau. La
question se présentait sans doute tous les ans, car nous n'a-
vons guère de comptes qui n'en fassent mention. [1]

La diplomatie sert également à désavouer et à réprimer les
excès des gens qui voudraient se faire justice par eux-mêmes,
sans recourir aux formalités légales des représailles Un Pallavicini de Gênes, ayant ou croyant avoir à se plaindre du gouvernement vénitien, s'empare d'un navire vénitien. Gênes se
trouvant alors soumise à la France, c'est l'ambassadeur de
France à Venise qui fournit des explications et présente les
envoyés de Gênes. Pleine satisfaction est donnée à Venise
pour cette irrégularité : des vaisseaux partis de Gênes ont repris le navire vénitien et vont le ramener à Gênes : Pallavicini
est en fuite, mais on a arrêté sa femme et ses enfants[2].

On voit par là avec quelle vigueur on régularisait les représailles et avec quel soin on s'efforçait de les élaguer de la pratique. Depuis longtemps, on rêvait même leur complète disparition : à Venise, qui, comme entrepôt commercial du
monde, avait tout à perdre au système des représailles [3], le

1) KK. 526. Cf. les démarches faites à l'occasion de l'arrivée du duc d'Orléans à Gênes, pour la levée des représailles relaxées dans le royaume contre
les Génois : délégation de quatre notables (18 août 1494. Archiv. de Gênes.
Diversorum, 150/645 : lettre à Ludovic, 19 août, mêmes archives, Litterarum 36/1812).

2) 1506. Sanuto, VI, 373.

3) L'emploi des représailles nécessite une certaine réserve, parce qu'il en
ressort quelquefois une brouille qui peut aller à la guerre. On voit le sénat
de Venise longtemps balancer, en 1472-1475, à décider des représailles contre la France à raison d'actes incontestables de piraterie dont le roi Louis XI
n'accordait pas réparation, et les refuser enfin, par 136 voix contre 4, « at-
tento pondere rei et periculi, que post se trahere et perducere facile possit. »
Le sénat, dans sa prudence, préférait les moyens cachés : il accepta, sans
hésiter, l'offre de faire assassiner le pirate, moyennant une bonne récompense (Perret, *Bibl. de l'Ec. des Chartes*, LI, p. 117, 115),

sénat décida en 1423 de n'en plus accorder[1], mais, en **1456**, le grand conseil dut revenir sur cette décision [2].

En France, les habitants d'Avignon et du Comtat obtinrent un traitement spécial. Seul, le grand conseil du roi, ou un parlement, pouvait « déclarer ne taxer » contre eux des lettres de marque « ou reprinsaille [3] ». Bien plus, leurs possessions en Dauphiné, payant la taille, furent affranchies de toute sujétion de cette nature : en sorte qu'à moins de *marque* absolument personnelle, ils pouvaient, en dépit de n'importe quelles représailles, se rendre librement dans leurs propriétés, et emmener leurs récoltes, moyennant un certificat d'origine délivré par les autorités locales [4], le tout à charge de réciprocité [5]. L'ordonnance d'août 1498 constate un pas de plus: suppression de la compétence des parlements, et réserve des représailles contre Avignon au grand conseil [6], ce qui équivalait à les supprimer [7]; on les réservait pour la forme, comme une menace [8] utile en cas de réclamations diplomatiques.

On tempéra aussi la rigueur des mesures générales de représailles par des exemptions personnelles [9].

1) Mas Latrie, *ouvr. cité*, p. 64, n° 10.
2) *Id.*, p. 65, n° 11.
3) Ordonnance du 21 juin 1476 (L'abbé U. Chevalier, *Ordonnances relatives au Dauphiné*, n° 514).
4) Ordonnance du 8 mai 1479 (Chevalier, *Ordonn. relat. au Dauphiné*, n° 529), confirmée en 1484 (*id.*, n° 556).
5) Bernier, *Reg. du conseil de Charles VIII*, p. 12.
6) *Ordonnances*, XXI, p. 116.
7) JJ. 231, n° VIII xx II.
8) Lettre du roi aux Avignonnais, menaçant, si l'on ne fait pas payer par Perrot Damien, marchand, le montant de sa cédule à Imbert de Varcy, de Lyon, de procéder contre Avignon par marque ou autrement. Mandement de sommation. La réponse devra être apportée au conseil du roi (*Reg. du conseil de Charles VIII*, p. 189).
9) Sauf-conduit accordé par le conseil du roi à deux marchands d'Avignon, pour marchander, sans être compris, pendant un an, dans les marques « relaxées » contre Avignon. Ils pourront mener tous leurs biens et marchandi-

On arriva à s'interdire l'usage de représailles. En 1490,
le roi d'Angleterre accorde au duc de Milan un sauf-conduit général, en vertu duquel les Milanais peuvent commercer en Angleterre sans être assujettis aux représailles[1].
L'article 10 du traité du 7 août 1514 entre la France et l'Angleterre supprime les représailles entre les deux pays et n'autorise plus que des lettres de marque nominatives, contre les
principaux délinquants, après leur refus, judiciairement constaté, de satisfaire à l'obligation[2].

Ce qui souleva l'indignation contre les lettres de représailles, c'est, plus encore que leur principe, l'abus inévitable
qui en résulte. Les représailles fournissent un prétexte commode pour se livrer à des attaques injustifiées, et pour s'y
livrer indéfiniment. L'ordre et la justice exigeaient des mesures radicales. La crise se produisit entre la France et l'Espagne, après la réconciliation des deux pays, sous Louis XII. Elle
donna lieu d'abord à des mesures réciproques d'ordre intérieur. Par mandement de chancellerie signé à Blois le 21 décembre 1509[3], Louis XII expose, sur la demande des ambassadeurs du roi catholique, qu'en vertu de diverses lettres de
marque et de représailles sur des sujets espagnols, dont l'origine remonte à plus de vingt ans, les Français continuent à
s'emparer de marchandises, bien que, depuis longtemps, les
marques soient en réalité « solves, paiées et acquictées ». Les
Français sont également « tourmentés » par les Espagnols, en

---

ses, pourvu qu'elles soient à eux ; en cas de fausse déclaration, ils subiront
confiscation, perte du sauf-conduit et peine arbitraire fixée par le roi (*Reg.
du conseil de Charles VIII*, p. 17).

1) Dépêche de Bened. Spinola, 29 juillet, ms. lat. 10133, f° 483 : instruction du duc de Milan, 25 oct. 1490, *id.*, f° 486. v°. Cf. f° 488 les réclamations
du duc de Milan contre des représailles allemandes.

2) *Ordonnances*, XXI, 549

3) K. 1639, d[r] 3, orig.

vertu de marques « lacérées et cancellées », dont le texte n'est même plus bien établi : chaque jour, il se fait contre les Français des exécutions abusives ; on ne tient aucun compte du produit des ventes ; les marques ainsi s'éternisent et le commerce international cesse, au grand détriment des uns et des autres. Le roi déclare suspendre, jusqu'à nouvel ordre du grand conseil, ou pendant deux ans, toute procédure de marque, ou les effets de toutes lettres de marque. Chaque possesseur de lettres devra, dans ce délai, produire ses pièces et son règlement de compte. Le roi catholique publiera dans son royaume des ordres identiques. Deux ans plus tard, Ferdinand le Catholique publie, le 18 mars 1511, une grande ordonnance en latin, dont la forme solennelle et internationale fait un des monuments de l'histoire diplomatique. Il signale les abus qui résultent des marques ou représailles, décernées contre des Français, pour déni de justice, par lui, par ses prédécesseurs ou ses officiers et sujets. « Sous ce prétexte, dit-il, on a attaqué des Français jusque dans les ports, de tout temps considérés comme un lieu de refuge et d'asile : c'est procéder à la manière de la guerre. Or les représailles n'appartiennent pas au droit de la guerre ; il faut les précéder d'arrêts judiciaires. » Ferdinand déclare, en son nom et au nom de ses successeurs, supprimer pour toujours les représailles. Les officiers qui en décerneraient contre des Français encourront une amende de 10,000 florins d'or et une peine arbitraire : quiconque s'y livrera sera qualifié voleur et pirate, et rigoureusement puni[1].

En réalité, au commencement du XVIᵉ siècle, on s'abstient[2] de représailles. En décembre 1512, un marchand de

1) J. 915, nᵒ 26.
2) En général, mais nous n'entendons pas dire qu'elles disparaissent totalement. V. J. 916, une enquête de marques et représailles (sous François Iᵉʳ). Elles existaient encore dans les temps modernes (V. Lettre de représailles de 1778, publ. par Lebeau, *Nouveau code des prises*, II, p. 325).

Milan envoie, sur commande du roi de France, soixante balles de *harnais* de guerre, qui sont enlevées au passage par les Suisses de Fribourg. On ne peut en obtenir la restitution : le roi ne décerne pas de représailles, mais il refuse longtemps de les solder au marchand[1].

Nous n'entrerons pas ici dans le détail de la procédure judiciaire à suivre en matière de représailles, procédure étudiée et réglée avec beaucoup de soin par divers jurisconsultes[2]. Les États Généraux de 1484 insistent dans leurs vœux pour que l'autorité royale veille strictement à ce qu'il ne se décerne pas de lettres de marque ou de contre-marque irrégulières[3].

Les représailles ne peuvent pas être stipulées par contrat. On ne les accorde pas pour une dette modique ou partielle[4] Elles ne sont décernées qu'en vertu d'un jugement approfondi[5]. Le roi doit d'abord exiger que le plaignant ait fait toutes diligences à l'étranger ; si cela ne se peut, le roi écrira lui-même et réclamera réparation avant d'octroyer la marque[6]. En tout cas un souverain seul peut accorder une marque ; c'est même un acte de guerre[7] aux yeux des canonistes.

---

1) Certificat de J.-J. Trivulce, 12 fév. 1514-15. K. 80, n⁰ 11.

2) Bartoli, *De Represaliis*, traité de 1355, inséré dans les *Consilia*, édition de Venise 1575 : Giov. Lignano, *De Represaliis et de duello*, Cologne 1477, Pavie 1487, Milan 1515, 1525. V. les traités *De Represaliis*, Martini Laudensis, dans Ziletti, *Tractatus Tractatuum*, t. XII, p. 279 : Joannis Jacobi a Canibus, *id.*, p. 246. M. René de Mas Latrie a savamment étudié la procédure des représailles dans son mémoire *Du Droit de marque ou droit de représailles au moyen âge*, nouv. édition, Paris, Baur, 1875. V. aussi Eiglier : *Étude historique sur le droit de marque ou de représailles à Marseille*, Marseille, gr. in-8 (d'après les statuts de 1212).

3) *Journal des États*, p. 698-700.

4) Bartole.

5) H. Bonet, L'*Arbre des Batailles*, CLXXX,

6) *Id.*, CLXXXI.

7) *Id.*, CLXXXII.

De ces divers principes naissent une foule de questions
accessoires.

A qui le souverain peut-il déléguer le droit de décerner des
représailles ? Il semble qu'au début ce droit appartint à tous
les tribunaux locaux. Spécialisé ensuite aux parlements ou au
conseil du roi [1], Charles VIII, en 1485, le réserva exclusivement au conseil [2] : première victoire, et majeure, de la diplomatie : c'était ôter à la mesure son caractère rigoureusement
judiciaire, pour la remettre aux soins du chancelier, c'est-à-
dire du ministre des affaires étrangères, lequel ne statue
jamais sans instruction contradictoire et sans recourir d'abord
aux moyens diplomatiques.

A qui peut-on accorder des représailles ? A tout citoyen,
répond Bartole, ou à l'assimilé, c'est-à-dire au moine fixé dans
un couvent, à l'ecclésiastique titulaire de bénéfices.

Un étranger non naturalisé, ayant comptoir en France,
peut-il obtenir du roi de France une lettre de marque ? La
question est controversée. Il semble que non, et que cet étranger doit s'adresser à son pays d'origine. Cependant, s'il paie
des impôts en France, on peut attribuer au roi une certaine
compétence réelle [3]. Donnera-t-on des représailles à tout habi-
tant du territoire, à un banni, à un étranger contre sa patrie ?
à une ville, sujette d'une autre ? Les représailles s'appli-
quent-elles à tout citoyen du pays visé, même à un citoyen depuis longtemps établi au dehors, à un banni ? à des clercs ? à
des étudiants ?

Sur ces derniers points, on répond non, en principe [4]. On ne
peut non plus atteindre les gens qui bénéficient, eux et leurs

1) Comme pour les représailles contre Avignon. V. ci-dessus, p. 231.
2) Mas Latrie, p. 19.
3) H. Bonet, L'Arbre des Batailles, édition Nys, c. LXXXV,
4) Mas Latrie, p. 19 et suiv,

suites, d'une immunité conventionnelle, résultant soit d'un traité, soit d'un privilège (par exemple, ceux qui viennent à certaines foires)[1], ou ceux que protège une immunité générale (canonique ou de droit naturel : les ambassadeurs, les gens appelés en témoignage ou amenés malgré eux, les naufragés, les incapables, les pélerins, les gens tenant hôtel à certains lieux de pélerinage). Quant aux femmes, on distingue : les représailles peuvent amener la saisie de leurs biens, mais non une prise de corps. Les représailles n'atteignent pas les personnes admises au droit de cité postérieurement à l'origine de la dette[2].

Qui doit viser la lettre de marque ou de représailles ? Il faut noter ici une nuance importante.

La marque est une contrainte nominative, personnelle ou collective[3], remise par la juridiction compétente à tel créancier national vérifié, contre tel étranger. La représaille doit s'en prendre au gouvernement étranger lui-même, coupable de déni de justice, et à l'ensemble de ses nationaux. Une délibération du conseil de Charles VIII nous montre la combinaison progressive des deux sanctions : un négociant français, sa créance vérifiée et chiffrée, reçoit une lettre de marque. Le conseil du roi charge l'ambassadeur en Espagne de la faire valoir, et la conserve en dépôt, au dossier de l'affaire, jusqu'à nouvel ordre. La réclamation restant sans résultat, le conseil délivre à son national des lettres patentes, qui constatent sa

---

1) Les juifs et les lombards, exempts en Provence (Mas Latrie, p. 20).

2) Bartole.

3) « Congié » de marchander dans le royaume à divers marchands florentins et Cie, en payant les tributs et droits dus, et sous les réserves habituelles 1o de ne rien faire de préjudiciable au roi et au royaume ; 2o de ne se trouver sous le coup d'aucune lettre de marque (*Reg. du conseil de Charles VIII*, p. 122). Le même registre de délibérations mentionne (p. 12) les marques personnelles.

créance, le refus des Espagnols de la solder, et ordonnent dans le royaume la saisie des biens de tous les compatriotes du débiteur, jusqu'à concurrence du montant de la créance et des dépens normaux[1].

L'une ou l'autre de ces formes peut être suivie : la première forme représente un échelon de la procédure, dont on peut se passer, mais auquel on ne s'arrête pas. Toute procédure complète aboutit à une lettre générale de représailles contre tous les étrangers de telle nationalité.

Remarquons d'ailleurs que la déclaration de représailles ne couronne pas nécessairement une procédure d'ordre privé. Les représailles sont, nous l'avons dit, une guerre adoucie, substituée à la guerre[2] formelle[3]. Il en résulte qu'elles peuvent être déclarées d'office, par le gouvernement, pour des faits généraux d'ordre public[4] ou considérés comme tels, en dehors de toute procédure judiciaire[5]. D'autre part, le gouvernement peut être directement lésé, par exemple dans l'espèce de 1445, que nous avons citée, où il s'agissait de la capture d'un vaisseau du roi[6]. C'est dans de tels cas surtout qu'a

1) *Regist. du conseil de Charles VIII*, p. 71.
2) « Guerra expressa. » V. not. cette distinction établie dans une dépêche de mars 1476, Gingins la Sarraz, *Dépêches des amb. milanais*, I, 325.
3) « Guerra guerrezata » (Dép. de l'ambass. de Milan à Florence, 23 oct. 1466. Arch. Sforzesco).
4) Ordre du sénat de Venise au capitaine de l'Adriatique de capturer les navires génois, si les Génois causent des dommages au commerce vénitien dans le Levant (4 avril 1403. Delaville le Roulx, *La France en Orient*, II, 111).
5) Phil. de Commines réclame deux domaines en Hainaut, confisqués sur lui et que, malgré la paix, l'archiduc ne lui fait pas rendre. Le conseil, constatant que deux démarches du roi sont restées infructueuses, décide d'adresser une mise en demeure au bailli de Hainaut; et, en cas de refus ou de non-restitution, de faire saisir en France même valeur de biens que le capital de ces domaines et les intérêts depuis la paix, et de les attribuer à Commines (*Reg. du conseil de Charles VIII*, p. 229).
6) Saige, *Documents*, I, 170.

lieu la prise à partie du gouvernement étranger : en 1445, le procureur du roi assigne le gouvernement de Gênes avec les coupables.

L'intervention d'office du gouvernement crée un grand danger : elle mène à la guerre [1].

Sur quoi porte la représaille ? Sur tous les biens, à moins de biens spécialement privilégiés, tels que les marchandises apportées aux foires, ou quelquefois les denrées d'alimentation [2].

Confère-t-elle le droit d'arrêter un individu, d'exercer sur lui la contrainte par corps ? Assurément, oui [3]. Nous avons vu que Bartole n'excepte de la contrainte par corps que les femmes, les clercs et diverses autres catégories [4]. On ne voit pas, en effet, pour quel motif la lettre de représailles, qui a pour objet l'exécution d'une dette, déchargerait l'individu déclaré codébiteur des conséquences juridiques de la situation. Mais cette observation même nous permet de supposer des limites à la contrainte par corps ; il est probable qu'elle ne pouvait s'exercer qu'en vertu de marques personnelles, et seulement contre les « principaux débiteurs ». En effet, nous ne voyons procéder à des arrestations générales qu'en cas de déclaration de guerre, et alors, opérées sur l'ordre direct du roi, elles représentent, en même temps qu'une mesure de

---

1) *Casus belli*, imputable au duc de Bourgogne : avoir pris « sans cause raisonnable » les biens, denrées et marchandises de sujets du roi et les avoir fait par mandement distribuer en forme de marques, en récompense de choses débattues au parlement (instruction de Louis XI, 1470. Fr. 3884, f° 280).

2) Sauf-conduit pour des denrées accordé à Gênes en 1494 (*Hist. de Louis XII*, t. III).

3) M. R. de Mas Latrie soutient le contraire (p. 38 de son savant mémoire).

4) Cela peut s'inférer aussi des termes employés par le conseil du roi (*Registre...* cité, p. 12).

haute police, l'exécution de représailles de peuple à peuple [1].

Pour l'exécution normale des représailles, Bartole ajoute quelques règles :

On peut prendre les choses frappées de représailles dans les mains d'un homme personnellement exempt. Le détenteur de lettres de représailles peut saisir par lui-même ou par un autre. Tout homme saisi sera mené au juge ; les valeurs saisies seront confiées à un sequestre sous caution, pendant un délai à fixer, puis vendues judiciairement. La prise peut avoir lieu un jour férié [2].

Quant au saisi, il a un recours devant les tribunaux de son pays, pour faire valoir contre le véritable débiteur la créance dans laquelle il se trouve involontairement subrogé. C'est pourquoi ses marchandises sont gardées sous sequestre pendant un assez long délai, six mois par exemple : si, pendant ce temps, il obtient condamnation du débiteur, il récupère exactement ses marchandises, conformément à l'inventaire qui en a été dressé [3].

Dans ces dernières périodes, la diplomatie trouve encore un rôle à jouer. Il se peut qu'une puissance conteste des représailles, en désavouant la nationalité du débiteur ; il y a là un fait à justifier diplomatiquement. Le 19 mars 1507, Gênes recourt très énergiquement contre des représailles décernées par l'Espagne, à cause de dommages causés par le seigneur de Monaco : « Ce seigneur n'est pas de nos citoyens [4] », protestent les Gênois. En 1432, Jean Grimaldi se met comme corsaire

1) En 1363, à la suite de la disparition sans autorisation de commerçants francs, l'émir gouverneur d'Alexandrie fait arrêter tous les autres négociants et sequestrer leurs biens. Le sultan l'approuve (*Histoire de Maqrizy*, citée par M. Schefer, *Le voyage d'outremer*, p. VIII).

2) Bartole : *Reg. du conseil de Charles VIII*, p. 71. V. M. de Mas Latrie, *ouvr. cité.*

3) *Reg. du conseil de Charles VIII*, p. 71.

4) Saige, II, 82.

au service des Niçois, puis il passe brusquement au service de l'empereur, alors en guerre avec **Pise**, et capte un vaisseau catalan chargé de grains pour Pise. Les Catalans réclament une indemnité à Nice, comme pillés par un vaisseau armé à Nice. Nice recourt contre Jean, lui envoie un sauf-conduit pour présenter sa défense, puis l'expulse et fait saisir ses biens. Jean recourt au duc de Savoie, souverain de Nice, qui nomme un arbitre pour régler la question. L'arbitre décide que Jean avait terminé son service envers Nice, qu'il a agi comme stipendié de l'empereur, que la réclamation des Catalans n'est pas fondée[1].

Dans la liquidation des représailles, la diplomatie intervient activement. Elle veille à ce que la suspension des représailles soit dûment publiée[2]. Le règlement de ces affaires retarde et rend ardue la conclusion des traités ; il est alors d'usage de stipuler la nomination d'arbitres qui jugeront ultérieurement.

Parfois une diplomatie tierce intervient comme médiatrice dans ces règlements[3].

Quand le débiteur de représailles reçoit une pension de l'Etat, l'accomplissement des représailles se borne à retenir sur cette pension le prorata de la dette[4].

1) Saige, *Documents*, I, 96 et s.
2) Le consul vénitien à Naples annonce qu'on a publié la suspension des représailles (15 mars 1504. Sanuto, V, 1044).
3) Lettre de Charles VIII aux Gênois (St-Laurent-des-Eaux, 16 décembre), les priant de rendre des biens d'Astesans à Gênes, saisis par représailles (Archives de Milan).
4) Jean Grimaldi, Sᵣ de Monaco, ayant arrêté et pris un navire de grains appartenant à Jean de Forbin, marchand marseillais, Forbin recourut au conseil du roi, qui ordonna, par représailles, la saisie de la pension servie aux Grimaldi sur la gabelle de Grasse. La décision est notifiée par patentes latines du lieutenant général de Provence. Jean Grimaldi s'exécuta et indemnisa Forbin (1429-1430. Saige, *Documents*, I, 88). Pour le règlement de leurs pirateries passées, les Grimaldi acceptent, en se mettant au service de Florence, en 1421, la nomination de deux experts de Gênes, choisis par chacune

Quelquefois enfin, et à titre exceptionnel, pour respecter le commerce international et protéger le travail national, le prince décide que les représailles seront prélevées comme impôts de douane sur les marchandises étrangères ; procédé pratique, mais d'une bonne foi douteuse, et, en tout cas, absolument contraire aux principes juridiques, puisqu'il frappe des innocents sans recours possible, et, on peut le dire, sans contrôle bien assuré. Charles VII en usa pour mettre fin à des représailles exercées en Languedoc contre les marchands gênois et catalans ; il imposa les denrées à leur entrée et à leur sortie du Languedoc et imputa le produit de cette douane au remboursement des créanciers de représailles. Les malheureux créanciers attendirent longtemps ; l'impôt lui-même paraît être tombé en désuétude: Louis XI le fit revivre par des circulaires du 20 avril 1475, adressées aux lieutenants et baillis, généraux des finances, sénéchaux et juge-souverain de l'équivalent, en Languedoc et même en Lyonnais. Il ordonna de frapper sans exception, sans même excepter les foires de Lyon, « toutes telles marchandises que adviserez qui entreront et seront amenées des pays forains et estrangers », de contraindre vigoureusement et « sans déport » tous ceux qu'il appartiendra, « par arrest des denrées subgectes au payement desdiz creuz, détention et emprisonnement des personnes qui les mèneront et conduiront jusques à ce qu'ilz ayent payé et obéy » et par toutes autres voies habituelles, nonobstant toutes oppositions et appellations. Il justifie cette rigueur par la nécessité d'indemniser les créanciers de représailles : « dont se restitution n'estoit faite, se pourroit ensuir l'empeschement et discontinuation dudit fait de marchandise de nostredit pays de Languedoc,

---

des parties, qui, après vérification, en arrêteront le chiffre dans les six mois. Le montant sera déduit de la pension à recevoir de Florence (*Id.*, I, 20).

au grant dommaige d'icellui et de la chose publique.... » [1].

Les traités, au XVI⁰ siècle, ne mentionnent les représailles, en général, que pour les supprimer : nous pouvons citer, cependant, une convention locale qui en organise la procédure d'une manière synallagmatique [2].

Les prises sur mer, ou droit de course, ont longtemps survécu aux représailles proprement dites. La piraterie constitue un fait de guerre, et, s'il est exact qu'en 1404 le maréchal Boucicaut, comme gouverneur de Gênes, autorisa la piraterie contre Venise par simple mesure de représailles, sans déclarer la guerre [3], il commit là un grand abus. Louis XII, ordonnant au sire de la Fayette de rendre immédiatement un navire portugais capturé, ajoute expressément: « Je n'ay nulle guerre avecques les Portugallois, et seroit commencer une nouvelle guerre, dont nous n'avons point de besoing, comme scavez [4] ». Le doge de Gênes fait ressortir l'iniquité de la conduite de Jean Grimaldi, qui, en pleine paix, muni même d'un sauf-

1) Ms. fr. 3882, fᵒˢ 51, 53.

2) Convention entre le Sᵍʳ de Monaco et les villages de Sospel et autres villages (21 août 1511. Saige, *Documents*, II, 115 et suiv.). Voici le résumé de cet acte, curieux à plus d'un titre. Nul ne pourra être arrêté pour dettes, en personne ou dans ses biens, sur le territoire adverse, s'il n'est principal débiteur ou fidéjusseur. Tout créancier a le droit d'assigner son débiteur devant le juge du débiteur: le débiteur a quatre jours pour répondre, et le créancier quinze jours pour produire ses pièces. Le juge condamnera sans appel dans les huit jours. Le débiteur paiera, ou, au choix du créancier, sera emprisonné, ou remis au créancier sous bonne garde. Tous les frais sont à la charge du débiteur. En cas d'absence du débiteur, l'exécution aura lieu sur ses biens. Si le juge ne rend pas la justice conformément à cette procédure, le créancier protestera, en présence des syndics, et pourra se pourvoir en lettres de marque ou représailles. Toute citation en dehors de ces règles sera frappée d'une amende de 10 florins, acquise moitié au cité, moitié au seigneur du citateur. Le tout sauf tous droits et juridiction du duc de Savoie et du seigneur de Monaco.

3) Delaville le Roulx, *La France en Orient*, I, 479.

4) Ms. fr. 2934, fᵒ 3.

conduit napolitain, vient de capturer des navires napolitains [1].

Malheureusement, la piraterie se pratique en fait si activement [2], que les négociations auxquelles elle donne lieu tiennent une place capitale dans la diplomatie italienne. Elle occupe moins la diplomatie française, la France étant un pays peu maritime. Toutes les nations civilisées cherchent à la réprimer [3]. La qualité même des pirates rend parfois la mission difficile : de grands seigneurs ne dédaignent pas de se faire pirates obscurément [4]. La marine militaire elle-même entend difficilement raison. L'amiral Louis de Bourbon écrit à Charles VIII, qui lui ordonnait de rendre des galères vénitiennes, en 1485 : Votre père m'a commandé de faire la guerre « aux Vénitiens comme hérétiques et ses ennemys ». J'ignorais qu'ils fussent vos alliés. Si les Vénitiens avaient été les plus forts, ils auraient pris vos navires et jeté vos gens à la mer : « La loy de la mer est, quant on ne veult amener, et que on se combat, on confisque tout [5]. »

Nous retrouvons ici le principe de responsabilité collective que nous avons déjà signalé. Un gouvernement répond des pirates ses sujets. Nous voyons Louis XI désavouer une prise de galères napolitaines par des Français : mais ce désaveu ne

---

1) Lettre à Jean Grimaldi lui-même (8 nov. 1444. Saige, I, 152).

2) Les Sgrs de Monaco, pour justifier le péage qu'ils réclamaient de tout navire passant devant Monaco, alléguaient leurs services politiques envers Gênes, leur rôle de sentinelle avancée, leur secours au commerce de Gênes qui trouve constamment dans le port de Monaco un refuge « cum omnimodo humanitate » contre les pirates (Pat. de Louis XI, avril 1462. Saige, *Documents*, I, 318).

3) Lettre de Charles VIII contre la piraterie. X^{ia} 3921, 155.

4) Réclamation de Gênes contre le marquis de Cotron, qui exerce la piraterie et a arrêté deux caravelles et quelques brigandins (1500. Archives du Min. des aff. étrangères, Gênes 2, fo 233).

5) Autogr. de St-Pétersbourg ; ms. fr. nouv. acq. 1232, fo 199.

réussit que parce que Louis XI corrompt l'amiral espagnol
et prend à son service l'ambassadeur de Naples, nommé
Taquin[1].

La prise étant irrégulière, la navire et sa cargaison n'ont
pas cessé d'appartenir à leur propriétaire primitif[2] ; on doit
les faire purement et simplement restituer. La restitution n'est
pas toujours aisée : sur l'ordre du roi, d'accorder un sauf-
conduit de six semaines aux auteurs d'une prise, pourvu que
la prise soit remise en dépôt « dans la main du roi », l'amiral
répond que la chose est impossible par les motifs suivants :
1° la prise est déjà vendue et dispersée ; 2° la plupart des
marins du navire pirate sont étrangers, et, pour qu'ils n'aillent
pas en Angleterre, l'amiral leur a garanti leur personne et
leurs possessions. Si le roi ne ratifie pas cette prise, ajoute
l'amiral, il perdra sa marine et tout ce qu'il a de bons serviteurs sur mer : sans ceux-là même qu'on traite de pirates,
le roi Richard d'Angleterre faisait débarquer en France 30,000
Anglais qui étaient tout prêts[3].

Quand le roi ne fait pas restituer les prises, il doit une indemnité. Les 20 et 21 avril, Louis XI accorde ainsi des indemnités
pour des navires marchands, dits ferrandines, capturés par
la marine royale : plusieurs de ces ferrandines appartenaient
à des Florentins et étaient estimées en bloc 29.626 écus ; le
conseil du roi alloue une indemnité de 6,000 livres par an,

---

1) Ms. fr. 3884, fos 8, 8 vo.
2) Lettre de Lucien Grimaldi à la Seigneurie de Florence (27 nov. 1514.
Saige, II, 144). Un certain don Francesco de Cardenes, espagnol, a capturé
un navire portugais, chargé de cuirs et sucres, enlevés à un florentin.
Quoique n'aimant pas à recevoir des corsaires, Lucien déclare lui avoir
donné pour Monaco un sauf-conduit gratuit (sauf le péage),parce qu'il s'agissait d'un florentin.
3) Ms. fr. n. acq. 1232, fo 199 (lettre citée de Louis de Bourbon).

jusqu'à concurrence de cette somme[1]. Les autres, appartenant à des Suisses recommandés par le canton de Berne, valaient 2.378 écus et 1.606 : le conseil alloue des indemnités annuelles de 703 livres tournois et de 297 livres tournois[2].

En 1484, sur les réclamations de l'ambassadeur de Portugal[3] contre des faits de piraterie et ses demandes en réparation, le conseil jugea nécessaire de prendre une mesure générale, formelle, pour arrêter ces courses contre amis et ennemis, qui mécontentaient les alliés et obligeaient souvent le roi à des dommages-intérêts. Tout navire dut donner caution, à son port d'attache, de ne causer aucun dommage à un ami ou un allié du roi. On décida que le roi enverrait en Portugal un héraut porter cet ordre, et que le roi de Portugal ferait publier un ordre pareil en présence du héraut français.

Une célèbre affaire de piraterie nous montre le rôle de la diplomatie dans ces questions. Quatre galères vénitiennes sont capturées le 21 août 1485, vers le cap St-Vincent, par six navires français commandés par le capitaine Colombo, et par Georges Le Grec, après un combat long et sanglant. Les Français abandonnent à Lisbonne les galères et les équipages, ils emportent les marchandises.

Le 18 septembre, la seigneurie de Venise prescrit à son ambassadeur à Milan, Jérôme Zorzi, d'aller en France réclamer les galères et les marchandises. Le 3 novembre, elle ordonne par représailles la saisie d'une galéasse française. Le 5 novembre, l'ambassadeur assure des bonnes dispositions du roi, et, le 2 décembre, le sénat insiste énergiquement sur

1) Ms. fr. 3882, fo 49 : Buser, *Die Beziehungen der Mediceer zu Franckreich*, p. 452.
2) Ms. fr. 3882, fos 59, 61.
3) *Reg. du conseil de Charles VIII*, p. 79. Le Portugal venait de se rapprocher de l'Angleterre.

une restitution intégrale. Zorzi, avec l'agrément du roi, envoie à Honfleur un agent, Rosetti, poursuivre ce recouvrement. Une émeute éclate à Honfleur contre Rosetti, qui est massacré. Le sénat répond, le 15 décembre, en insistant sur la restitution et en réclamant le châtiment des meurtriers ; il vote, en outre, 1.200 ducats de cadeaux pour des seigneurs de la cour. Le roi acquiesce et fait ouvrir une enquête. On restitue une portion des marchandises retrouvées à Honfleur ; mais le reste se trouvait en Biscaye. De plus, le gouvernement français refusait de rembourser la valeur des galères abandonnées à Lisbonne. La négociation fut longue, difficile ; elle faillit un instant se rompre. Enfin, on tomba d'accord pour la restitution des marchandises, et, le 8 mars 1487, le sénat reçut du consul vénitien à Londres la nouvelle de l'arrivée de deux vaisseaux porteurs des valeurs restituées. Le roi avait éprouvé, pour arriver à cette solution, de grandes difficultés. Il avait refusé un sauf-conduit à Colombo, et, dans une audience qu'il lui donna, il blâma vivement sa conduite. Le massacre de Rosetti prouve combien la population maritime était surexcitée. L'amiral Louis de Bourbon avait lui-même pris énergiquement parti pour le pirate [1].

En France, une grande ordonnance de Charles VI, en 1400, réglait la matière des prises. L'amiral, chef des armées navales, comptable de l'artillerie et des approvisionnements, exerçait le pouvoir suprême. Nul ne peut armer en guerre sans son autorisation et son contrôle. Il commande les capitaines (maîtres) de navires, lesquels répondent de leurs gens. L'amiral est juge des crimes et délits commis sur mer, et par

---

1) Perret, *Notice.. sur.. Graville,* p. 75 et s.; Harisse, *Les Colombo de France et d'Italie,* p. 45 et s.: Arch. de Venise, Secreto 26, p. 39, 41 v°, et Secreto 27.

conséquent des prises et de la piraterie[1]. Ses jugements en matière de piraterie sont exécutoires de plein droit, sous caution, nonobstant appel[2]. Les épaves, les amendes lui appartiennent[3].

Malgré cette haute juridiction, lorsqu'il ne s'agit plus seulement de la police des mers et qu'il faut régler des réclamations internationales, dès qu'on peut prévoir une difficulté internationale ou une question de sûreté générale, le conseil du roi s'en saisit. Nous voyons l'auteur de l'ordonnance de 1400, Charles VI (c'est-à-dire le conseil du roi), ordonner directement aux officiers administratifs du pays de Caux et des environs de saisir un vaisseau marchand capturé par un certain Guillaume de la Hogue, d'en faire l'inventaire précis et de le tenir sous sequestre jusqu'à ce qu'une enquête établisse l'identité de ce navire, sa nationalité, son armement, le but de son voyage[4]. Nous venons de citer des décisions du conseil. En 1484, sur les réclamations portugaises, le conseil du roi délègue directement quatre commissaires pour faire comparaître les capitaines inculpés de piraterie, notamment le célèbre Porcon. Sans attendre le résultat de l'enquête, le conseil ordonne à l'amiral de faire rendre à l'ambassade de Portugal la *nef* portugaise prise par le s[r] de St-Germain, avec tout son équipage : le roi se charge d'indemniser St-Germain, si celui-ci y a droit[5].

---

1) Ordonnance du 7 décembre 1373 (*Ordonnances*, t. VIII, p. 640). La juridiction de l'Amirauté fut réorganisée par ordonnance de juillet 1517 (Lebeau, *Nouveau code des prises*, I, 5).

2) Ordonnance d'août 1493 (*Ordonnances*, XX, 371).

3) « Quelque forfaiture né quelque bris qui se face en la mer, de l'eure qu'il est acquis au Roy il est mien, et n'y a lieutenant du Roy qui jamais y peust rien demander » (Lettre de l'amiral de Graville à la Tremoïlle. 1488. *Correspondance de Charles VIII*, n° 194).

4) K. 53, n° 10.

5) *Reg. du conseil de Charles VIII*, p. 78-80, 89, 119.

Le jugement de la piraterie ne présente point de difficultés juridiques, lorsqu'il s'agit d'attaques inexcusables en pleine paix, ou, au contraire, en cas de guerre déclarée, vis-à-vis des ennemis. La guerre autorise même à arrêter la circulation des neutres ; avisé que des *brigantins* espagnols viennent chercher à Livourne des nouvelles de la guerre de Naples, pour le roi et la reine d'Espagne, et y faire « des choses préjudiciables » (probablement apporter des armes), Louis XII prie ses amis les Florentins d'établir une croisière devant Livourne et d'arrêter ces vaisseaux[1]. Un neutre qui fait avec un des belligérants « un trafic dommageable », est de bonne prise. Mais d'où vient le vaisseau, où va-t-il, ce qu'il porte est-il réellement « dommageable » ? autant de questions difficiles à résoudre. La politique générale oblige, d'ailleurs, en pareil cas, à beaucoup de tolérance, pour ne pas blesser les neutres. Tel est le cas des Florentins et des Suisses, indemnisés en 1475, dont nous avons parlé plus haut. Les lettres patentes du roi constatent que le conseil, en tant que juge, a refusé toute réparation, parce que les gens saisis se livraient à un commerce dommageable avec les ennemis, « rebelles et désobéissans » du roi. Elles ajoutent néanmoins que, pour montrer son affection aux « bons, vrais et espéciaux amis de Florence », par faveur, par amitié pour la grande Ligue d'Allemagne et sur la recommandation de Berne, le roi veut bien, à titre gracieux, rembourser le dommage par annuités[2].

Le 8 décembre 1474, Ferdinand d'Aragon, roi de Sicile, écrit pour se plaindre de la prise, par le terrible capitaine Colombo, de deux grandes galères, armées à ses frais pour le commerce avec la France et la Bretagne. Colombo les a

1) Champollion, *Mélanges*, I, p. 682-683.
2) Ms. fr. 3882, f⁰ˢ 49, 59, 61.

saisies, dépouillées, menées en Normandie ; et cependant il
n'y a pas guerre, ni état de guerre entre les deux royaumes [1]. La réponse de Louis XI, datée du 31 janvier, contient
l'énoncé précis de la doctrine du conseil du roi. Après un
résumé de la plainte, le conseil résume la défense de Colombo,
auquel il donne raison. Colombo allègue : 1° que l'Aragon a
injustement envahi la Cerdagne, et que, par conséquent, s'il
n'y a pas guerre entre les deux pays, il y a du moins état de
guerre, qui autorise les prises ; 2° les galères arrivaient d'Angleterre, pays en état d'inimitié invétérée contre le roi et la
couronne. Or, il est de règle absolue que tout navire qui a
porté chez un adversaire des denrées ou marchandises de nature à accroître sa puissance ou sa force, est de bonne prise [2] ;
3° elles portaient des marchandises anglaises, sans aucun sauf-
conduit du roi comme en ont les galères de France qui se
rendent en Espagne [3] : or la marchandise ennemie peut être
saisie sous n'importe quel pavillon [4]. Par ces motifs, la prise
est bonne. Le conseil, cependant, « par amitié » et à titre tout
gracieux, relâche les navires aragonais, et leur donne même
pour un an un sauf-conduit, absolu sur terre et sur mer,
en tous lieux, et comprenant les passagers, quels qu'ils
soient, amis ou ennemis. Il laisse aller toutes les marchan-

---

1) « Tantum injuriæ illatum quod vix belli tempore agendum fuisset » (ms.
lat. 9782. Fr. 3884, fo 9 vo).

2) « Per usum belli notorie et inconcusse huc usque in hoc Occidentali
freto servatum, omnes triremes, naves aut aliæ fustes a regionibus et domi-
niis hostium quomodovis demigrantes, maxime cum res apud ipsos gestas-
sent, quibus vel potentiores aut fortiores essent effecti vel aliter adjuti, lege et
observantia bellorum maris licite capi possunt et impune ».

3) Pour porter des marchandises anglaises.

4) « Habet hoc usus inter propugnatores in hoc occidentali mari indelebi-
liter observatus, res hostium et bona, etiam si infra amicorum aut confedera-
torum triremes seu naves posita sint aut recondita, nisi tamen obstiterit secu-
ritas super hoc specialiter concessa, impune et licite jure bellorum capi posse,
naulum propterea debitum exsolvendo. »

dises. « Nous portons ces faits à votre connaissance à titre ami-
cal, écrit le roi : vous nous demandez ce que nous voulons
être : amis, à moins qu'on ne nous oblige au contraire, ce que
nous ne souhaitons nullement[1]. »

Pour simplifier et pacifier les aigres querelles relatives aux
prises, la diplomatie en ôta la connaissance à l'amirauté. On
stipula, par traités, l'établissement de tribunaux inférieurs
dans les ports, qui jugeraient rapidement les affaires de prises,
sauf appel au grand conseil. Cette juridiction peut s'appeler
diplomatique, en ce sens que la procédure en est rigoureusement réglée par traités et qu'ainsi il n'appartient pas au roi
lui-même de la modifier.

Ajoutons enfin que, dans le cas spécial de lettres de marque
personnelles injustes, le lésé pouvait recourir à son gouvernement et obtenir des contre-marques, c'est-à-dire le droit de
saisir les biens ou la personne de son adversaire étranger[2].
Mais cette méthode, vraiment rudimentaire et peu pratique,
est délaissée et ne subsiste plus que pour la forme. Comme
nous l'avons observé, la lettre de marque est suivie d'une
réclamation diplomatique, et si cette réclamation n'aboutit
pas, on s'en prend au pays étranger tout entier par voie de
représailles.

---

1) Ms. fr. 3882, f° 12 ; *Spicilegium*, de dom Luc d'Achery.

2) Mas Latrie, p. 46. Aucun capitaine ne pourra sortir d'un port anglais
ou français sans laisser caution, de la valeur même du navire, qu'il n'exer-
cera aucune violence sur un sujet de l'autre nation. Tout passager ou matelot
sera présenté à l'amirauté et enregistré. Le capitaine devra jurer, en cas de
prise, de produire à l'amirauté deux ou trois *principaux* du navire capturé,
pour enquête contradictoire. La sentence de l'amirauté sera rendue dans les
quarante jours et exécutée immédiatement. On peut en appeler au grand
conseil, qui doit statuer dans les six mois. L'amirauté est personnellement
responsable de l'accomplissement des formalités (Conventions des 24 mai
1497 et 14 juillet 1498, entre la France et l'Angleterre. *Ordonnances*, XXI,
p. 58).

C'est ainsi que par les progrès de la diplomatie les récla-mations internationales, même d'ordre privé, perdent leur caractère individuel et judiciaire, pour se transformer en réclamations d'Etat, diplomatiques et officielles, après véri-fication préalable du bien-fondé de la demande.

CHAPITRE VIII

Une entrevue ou *veue* [1] entre deux princes semblerait en principe le meilleur moyen de régler les affaires internationales ; c'est en réalité le moins pratique, parce qu'un projet d'entrevue n'aboutit presque jamais, surtout quand il présente une véritable utilité. En 1495, après la paix de Verceil, Ludovic Sforza refuse une entrevue à Charles VIII [2]. Charles VIII négocie longuement avec Maximilien, en 1494, pour une entrevue, et l'on convient du point de rencontre [3] ; elle n'a pas lieu. En novembre 1500, Maximilien propose à Louis XII de se voir entre Troyes et Luxembourg [4] ; en 1509, les deux souverains sont à la veille de se réunir... Vains efforts. « Semble que le grand diable ait tenu la main à interrompre ladite veue, » écrit l'ambassadeur d'Allemagne [5]. Le « grand diable » agit souvent. Pour le combattre, il faut bien des négociations prolongées, des démarches exceptionnelles. En septembre 1391, Charles VI se rend à Tours pour voir le duc de Bretagne : au lieu d'accepter, le duc veut faire emprisonner les envoyés du roi. Son ami, le duc de Berry,

---

1) *Lettres de Louis XII*, I, 176.
2) Commines, II, p. 525.
3) Lettre du 26 avril 1495. Fr. 3924, n° 4.
4) Ms. fr. 2930, f° 171.
5) Lettre d'A. del Burgo, *Lettres de Louis XII*, I, 176 : Desjardins, *Négociations*, II, 375. Cf. *Id.*, 650, 658, échec d'un projet d'entrevue entre Henri VIII et Louis XII en 1514.

va le trouver et finit, au mois de décembre, par le ramener à Tours, où un traité est conclu [1].

Les entrevues présentent d'incontestables avantages.

1° Bon souvenir personnel que des souverains, appelés à diriger les affaires de leur pays, peuvent inspirer. On ne néglige rien pour plaire. Au commencement du XVI° siècle, l'usage de cadeaux dans les entrevues paraît perdu, mais il fleurit à la fin du XIV° et au commencement du XV°. En septembre 1389, le roi emporte une riche chappe en velours bleu azur, couverte de broderies de perles qui figurent des anges, des fleurs de lys et des étoiles, garnie d'*orfray* de Damas, pour l'offrir au pape d'Avignon [2], dans une prochaine entrevue [3]. Le 3 juin 1400, lorsque Manuel Paléologue, empereur de Constantinople, entre à Paris, le roi lui offre un hanap et une aiguière d'or, de la valeur de 466 francs 17 sous, et lui avance une forte somme [4]. Plus tard, l'usage des présents en pareil cas semble comporter une certaine infériorité. André Paléologue, « prince de Constantinople, seigneur de la Morée», en venant trouver Charles VIII, qui se prépare à reconquérir l'empire d'Orient, lui offre des oiseaux de chasse : le roi lui fait donner une gratification de 143 liv., 15 sous t., pour son voyage [5]. On distribue aussi des cadeaux à l'entourage, à la cour, pour disposer bien les esprits [6]. Avant son entrevue avec le roi d'Angleterre à Picquigny, près d'Amiens, Louis XI

---

1) Jarry, p. 77.

2) Fr. 20588 ; 12 sept. 1389, orig.

3) Entrevue des 28 et 29 janvier 1390, pour le projet de descente en Italie et de retour du pape à Rome (Jarry, p. 65).

4) Berger de Xivrey, *La vie et les ouvrages de Manuel*, dans les *Mém. de l'Ac. des Inscrip.*, XIX (1853), II, 1-201 : Douet d'Arcq, *Choix de Pièces*, I, 197.

5) Fontanieu, *Hist. m. de Charles VIII*, 1494 (fr. 13760).

6) État des joyaux distribués au duc de Bretagne et à sa suite. K. 500 n° 8.

envoie aux Anglais trois cents chariots chargés de vin et fait
dresser, à l'entrée de la ville, deux grandes tables somptueusement servies : il ouvre Amiens aux gens d'armes anglais,
qui trouvent gratuitement à boire et à manger dans toutes
les tavernes de la ville, et s'y enivrent à foison [1].

On déploie beaucoup de luxe [2], et d'empressement [3]. On
envoie à l'avance du souverain, jusqu'à la frontière, des
personnes de la cour lui porter des compliments, préparer

1) Commines, ch. ix.

2) Arrivée de l'empereur à Paris, le 1er mars 1416 (Douet d'Arcq, *Choix de pièces*, 1, 382-383).

3) L'archiduc vient voir son père à Haguenau. L'orateur de Venise voyage avec lui. Son père va au devant de lui avec les orateurs et les princes : en tout plus de 1500 chevaux (31 mars 1505. Sanuto, VI, 151) : le roi d'Espagne envoie plus de 1,000 chevaux au devant de la vieille reine de Naples, sa sœur (Gerona, 20 août 1505. *Id.*, VI, 227). Charles VIII arrive à Rome le 31 décembre 1494, sans laisser le temps de préparer son entrée, pour profiter d'heureuses conjonctions astrologiques. Il rencontre en route le maitre des cérémonies, qui venait prendre ses ordres, et il rentre avec lui, vers la nuit, par la porte du Peuple. Néanmoins il fut reçu par une foule immense et se rendit, par le Corso, au palais Saint-Marc, où il descendit d'abord chez le cardinal de Bénévent (Burckard, II, 215-217 ; Sanuto). Le roi alla ensuite loger au Vatican, dans les *Stanze nuove* : la garde de la porte principale et de toutes les issues qui y conduisaient fut remise à ses Écossais (Delaborde, *Expédition de Charles VIII*, p. 519). La duchesse de Bari vient très pompeusement au devant de Charles VIII avec quatre-vingts dames, jusqu'à Annone. Le roi s'y rendit, mit la barette à la main, et baisa toutes les dames : on resta ensuite à se divertir, et on dansa toute la soirée comme entre vieux amis (Delaborde. *Id.*, p. 399). Le duc de Savoie venant voir Charles VIII à Lyon, descend bien accompagné à un logis, où il retient à souper MM. de Ligny et d'Avesnes. Pendant le repas, force ménétriers et chantres du roi viennent réjouir la compagnie. Le soir, il offre des jeux, des vins et des épices. Le lendemain, MM. de Ligny, d'Avesnes et de Gié viennent le chercher et le mènent au roi (*Chroniq. du Loyal Serviteur*, ch. v). Galéas Sforza, fils de François, à son arrivée en France, en janvier 1466, rencontre, entre Vienne et Beaurepaire, une ambassade de bienvenue, qui l'accompagne « avec tout honneur » jusqu'à Beaurepaire, et là le chef de l'ambassade lui adresse un grand discours latin, divisé, après un exorde d'éloges et de remerciements, en deux points : 1o désir du roi de conclure son mariage ; 2o proposition d'adresser au roi un agent pour le conclure (Dépêche du 22 janvier 1466. Archivio Sforzesco).

les honneurs à lui rendre[1], et même lui parler d'affaires, en cas d'urgence[2].

Les entrevues peuvent même prendre le caractère de visites d'amitié, entre simples princes : par exemple, quand le duc de Lorraine vient voir le duc d'Orléans, ou le duc de Bourgogne[3]. Alors on offre des plaisirs plus intimes : la chasse, la pêche, à la cour de Charles d'Orléans la poésie, la musique[4], parfois un spectacle. La duchesse d'Orléans, au passage du roi de Portugal, fait danser la *morisque* par neuf gentilshommes vêtus de chausses noires et de pourpoint de *blanchet* à paillettes d'or; Mlle d'Arbouville, fille du gouverneur d'Orléans, « jouait la femme », en surcot semblable[5].

2° Entente rapide et définitive ; échange d'explications; secret, conclusions pratiques. On se flatte toujours d'obtenir ces avantages. On croit l'entrevue nécessaire pour traiter plus fructueusement de la paix. Les « grandes matières, qui concernent le bien et honneur et prouffit de toute la chrestienté », et par conséquent des deux parties, ne se peuvent terminer que par une entrevue ; on les prépare par une ambassade[6], et, quand on est d'accord pour l'entrevue, on déclare l'accepter « avec bonheur »[7].

---

1) Créance au gens de Troyes pour P. Aubert, chargé d'escorter la comtesse de Wurtemberg, et invitation à une bonne réception (1466. *Lett. de Louis XI*, III, 81). Même ordre à la ville d'Amboise (*id.*, 93). La comtesse allait en pélerinage à St-Jacques.

2) Instruction de Ludovic à Nicolas de Corigia et Galeas Visconte, envoyés au duc d'Orléans qui arrive à Asti (5 juillet 1404. Arch. de Milan, Pot. Est., Francia, 1494-95).

3) Comptes ducaux d'Orléans. KK. 270.

4) Aubade du *rebec* de la duchesse de Bretagne, au duc d'Orléans, lors de son départ de Nantes, 1484. *Tit.* Orléans XII, 834.

5) *Tit.* Orléans, 787.

6) Dépêche de Maximilien, 5 nov. 1500 (ms. fr. 2930, f° 171).

7) Projet de 1391 (Jarry, p. 78).

3º Ostentation de puissance, de richesse, d'union. L'empereur de Constantinople, à son entrée à Paris, le 3 juin 1400, est reçu par deux mille citoyens, par le chancelier, le parlement et trois cardinaux ; il trouve le roi entouré d'une foule de seigneurs et d'une musique retentissante [1].

De nombreux exemples nous prouvent qu'en pareil cas l'étalage de faste ne correspond pas nécessairement au pouvoir réel. Les souverains de second ordre ou les simples princes affectent nécessairement plus de luxe que les grands monarques. Galéas Sforza amène avec lui à Florence, en mars 1471, cent hommes d'armes, cinq cents gens de pied, cinquante courriers, un cortège de deux mille hommes à cheval, une meute de mille chiens, une infinité de faucons et d'éperviers, le tout hébergé aux frais de la République [2].

L'évêque de Liège se rend aux entrevues pour la paix d'Arras en grande pompe, avec deux mille chevaux de suite ; il amène des représentants des trois États de son pays, somptueusement habillés de blanc à crevés rouges [3]. Pour un voyage à Avignon près du pape, Louis Ier donne des gages énormes à ses gens, et même il attribue de fortes sommes (2.000 francs) aux plus grands seigneurs, le comte de Nevers, le duc de Bourbon, le sire d'Albret, pour qu'ils veuillent bien figurer dans son escorte [4].

La cour de Bourgogne éclipsait les autres, par l'éclat sans rival de ses réceptions. Le duc s'entourait de cohortes

---

1) Chron. citée, ms. lat. 9809, fº 56.

2) Roscoë, *Vie de Laurent de Médicis*, édition française, I, 161. Le duc d'Orléans fait venir sa vaisselle d'or pour recevoir le roi des Romains (1398. Circourt et van Werveke, *Documents Luxembourgeois*, nº 56) ; il expédie des tapisseries à la duchesse dans le même but (*ibid.*, nº 88) ; il donne à l'entourage du roi des Romains des robes et des bijoux (*id.*, nºs 62, 89).

3) *Chron. de Jean de Stavelot*, p. 338 : *Journal de la paix d'Arras*, publ. par J. Collart.

4) 1398. Jarry, p. 443.

de princes complaisamment dénombrées par les chroniqueurs, et que naturellement il défrayait[1]. Quoique son luxe
parût se déployer plus à l'aise dans les entrevues avec de petits princes[2], il savait, dans tous les cas, allier le plus large
apparat à la stricte observation du droit des gens et de
l'étiquette. En 1442, Philippe le Bon eut à Besançon, — ville
impériale, — une entrevue avec le roi dés Romains. Il arriva
le premier, suivi de « sa noblesse » — sans armes — et d'une
suite de 2,200 chevaux. Le lendemain, 31 octobre, il sortit dans
la campagne au devant du roi, sans armes, avec une suite
d'archers armés. Deux grands seigneurs allèrent en avant, de
sa part, se présenter au roi. Les trompettes sonnaient. Quand
le roi approcha, les trompettes bourguignonnes se turent. Les
deux cortèges, en s'abouchant, remplirent la petite vallée. Le
roi et le duc descendirent de cheval, le duc mit un genou en
terre : tout le monde s'était découvert. Après quelques compliments, les princes remontèrent à cheval et repartirent vers
la ville, le roi en avant. Le roi entra sous un dais, le duc à ses
côtés. On se rendit à la cathédrale, puis on se sépara.

Le lendemain, jour de la Toussaint, la duchesse de Bourgogne fit son entrée dans une litière, suivie de trois chariots et
de huit haquenées blanches caparaçonnées d'or. Le roi alla au
devant d'elle à deux milles de la ville et l'embrassa dans sa
litière, sans descendre de cheval. Il prit ensuite la tête du cortège ; à l'entrée de la ville, il voulut s'effacer, et ne consen-
tit à entrer le premier que sur la demande que lui en fit la du-

1) K. 500, n⁰ 12. Compte des dépenses de la comtesse de Charolais à Arras;
le 5 novembre 1418 : n⁰ 13, même compte pour la duchesse de Bourgogne ;
Jean Mr de Clèves, Mme la princesse de Navarre, Mlle d'Etampes et divers
reçoivent souper et gite aux dépens du duc, les 3 et 4 décembre 1438, à Dun-
kerque : le duc paie en outre le vin des bourgeois et du bourgmestre.
2) Entrevue du duc et de la duchesse de Bourgogne avec les duc et duchesse
de Savoie, à Châlons (juillet 1443. Olivier de la Marche, I, 257-259).

chesse à genoux dans sa litière. On alla ainsi jusqu'à l'hôtel, où le roi mit pied à terre. Le duc, qui attendait, vint au devant de lui et mit deux fois le genou en terre : le roi fit le geste de le retenir en l'embrassant. La duchesse s'agenouilla deux fois devant son mari, qui ne parut pas y prendre garde. Au départ du roi, le duc mit encore deux fois genou en terre [1].

En regard des avantages d'amitié, de politique ou d'apparat, qui résultent des entrevues, il faut noter de nombreux inconvénients. Tout d'abord, il y a généralement à compter avec la difficulté matérielle de déplacement et avec des dépenses presque impossibles à évaluer par avance. Puis on se heurte à toute une série de difficultés spéciales.

1° L'entrevue a lieu d'ordinaire entre des souverains qui ne sont pas amis, qui désirent le devenir, ou qui veulent au moins s'entendre sur un point déterminé, mais qui se souviennent de la guerre d'hier et pensent à celle de demain. Elle renferme donc un élément d'insécurité ; dans le système du Moyen-Age, monarchique ou féodal, la possession de la personne du prince, sur qui tout repose, présente une grande importance. Chaque prince est protégé par le droit des gens [2] ; néanmoins la tentation a quelquefois triomphé du droit. Lorsque Louis XI fit demander, en 1468, une entrevue à Charles le Téméraire, Charles répondit par une lettre sèche, hautaine, mais autographe et précise : « Vous demandez à me voir, dit-il en substance : j'ai répondu à votre envoyé Balue ; *Et pourés seurement venyr, aler et retourner* » [3]. Ainsi, Louis XI, en se rendant à Péronne chez son puissant vassal,

1) Relation analysée par Beaune et d'Arbaumont, *Olivier de la Marche*, I, p. 274, note.

2) On pouvait même demander formellement un sauf-conduit (Sauf-conduit de Charles VIII au marquis de Mantoue pour une entrevue. 14 sept. 1495. Baschet, *Notices et documents pour la Société de l'Hist. de France*, p. 290).

3) Gachard, *Analectes*, cxxxiii.

ne se trouvait pas seulement sous la sauvegarde du droit ; il avait un sauf-conduit formel et autographe, certifié encore par une lettre de son envoyé Balue [1]. Cette sûreté n'empêcha pas le duc de Bourgogne de faire le roi prisonnier. Louis XI avait eu bien soin de mettre en dépôt le sauf-conduit ducal chez son secrétaire Bourré, et, plus tard, pour justifier ses vengeances contre Charles le Téméraire, il se plut à le représenter [2]. L'attentat tragique du pont de Montereau avait surtout laissé un souvenir terrible, qui plane sur toute la diplomatie du XV⁰ siècle. Aussi jugeait-on nécessaires des précautions fort opposées à l'intimité d'une entrevue, partant à son succès. Déjà, en 1409, le duc de Berry, en voyant le roi arriver à Bourges avec cent quatre-vingts chevaux de suite, prend peur ; il fait appel aux sentiments, aux liens du sang... [3]. Pour son entrevue avec le duc de Guyenne, son frère, le 7 septembre 1469, Louis XI a soin d'établir sur un pont de fortes barrières de séparation. Le duc, ému d'un scrupule fraternel, demande qu'on les enlève : Louis XI y consent, et il considère cette issue cordiale comme un « miracle de Dieu et Notre-Dame », il assure même que la marée s'est miraculeusement retirée avant l'heure [4]. En Italie, c'est bien autre chose. Chez Ludovic Sforza à Vigevano, Charles VIII prend des précautions assez blessantes ; il met sa propre garde aux portes et se fait donner toutes les clefs [5]. En 1495, Ludovic Sforza réclame, pour une nouvelle entrevue, une barrière et une rivière, parce qu'il déclare expressément redouter un attentat [6].

---

1) Væsen, *Catal. du fonds Bourré*, n⁰ 579.

2) Bourré envoie à Louis XI le sauf-conduit de 1468 de Charles le Téméraire pour Péronne (3 oct. 1474. Væsen, *id.*, n⁰ 862).

3) « Ego grandævus et senex sum... ; cimiterium ecclesiæ pendet ad culum meum » (*Chr. de Thierry Pauwels*, ch. III).

4) Lettre de Louis XI, 7 sept. 1469 (Duclos, *Hist. de Louis XI*, p. 302).

5) *Hist. de Louis XII*, t. III.

6) Commines, II, 525.

2° Autre cause d'insuccès: la difficulté de garder le secret.
Les princes doivent admettre à leurs conversations tel ou tel
fonctionnaire[1]; l'obligation de recourir à un interprète est plus
grave encore. Philippe le Bon, qui ne sait point l'allemand,
prend comme interprète et comme guide, près du roi des
Romains, en 1442, le duc de Brunswick, qui « sçavoit et
congnoissoit comme l'on se devoit conduyre avec les seigneurs
de l'empire : car chascune nation a sa manière de faire[2] ».
Les serviteurs sont à l'affût du moindre incident, à plus forte
raison les ambassadeurs étrangers, surtout les ambassadeurs
amis qu'on ne peut isoler trop ouvertement ; en sorte que le
secret ne sert qu'à favoriser les suppositions. Le légat, tenu
à l'écart des conversations de Louis XII et de Ferdinand d'A-
ragon à Savone, en 1507, transmet au pape des renseignements erronés[3]. Le cardinal d'Amboise lui-même, quoique
simple ministre, se plaint d'être suivi dans ses entrevues avec
Marguerite d'Autriche, à Cambrai, en 1508, par l'ambassadeur d'Espagne, qu'il ne sait comment tromper.

L'entrevue improvisée, mystérieuse, réussit encore moins.
Le duc de Gueldre, travesti, sans suite, vient incognito passer
quelques heures près de Louis XII. Marguerite d'Autriche
l'apprend aussitôt de divers côtés et en informe son père[4].
L'ambassadeur de Venise l'écrit à la Seigneurie[5].

3° Troisième inconvénient : Une entrevue éveille au plus
haut point la méfiance des puissances voisines. Sa seule annonce met à l'épreuve l'activité, la sagacité de tous les diplo-

---

1) A l'entrevue de Picquigny (1475), Louis XI est accompagné de l'amiral.
du sire de Craon et du mayeur d'Amiens (*Chron. de Molinet*, publ. par
Buchon, I, 146).

2) Ol. de la Marche, I, 272.

3) V. notre mémoire *L'entrevue de Savone*.

4) *Lettres de Louis XII*, IV, 318.

5) Paris 30 avril 1514, 8 mai 1514 (Arch. de Venise).

mates d'Europe [1] : elle peut causer un trouble, un embarras profonds [2], faire éclater la guerre [3].

4° Toute entrevue déchaîne au plus haut point les susceptibilités des sujets de chaque prince [4]. Malgré sa proche parenté avec Charles VI, Robert de Bavière, en 1397, déconseille à l'empereur Venceslas une entrevue avec le roi de France ; il la trouverait inutile, dangereuse, la France ne pouvant que travailler à l'affaiblissement de l'Allemagne. Il recommande au moins à l'empereur de s'entourer de conseillers très habiles et d'agir avec une extrême circonspection [5].

Aucune entrevue ne se passe sans soulever de puériles questions d'amour-propre [6]. Le *train* d'un des princes se trouve

<hr />

1) Le doge de Gênes écrit à Jean Grimaldi, le 12 mai 1454 (Saige, *Documents*, I, 233), qu'ayant appris que Jean veut aller voir le dauphin et le duc de Savoie, il l'engage fort à n'en rien faire et à se dégager sous un honnête prétexte (de santé, d'âge)... A la nouvelle que l'empereur se trouve à Paris avec le roi, le pape Grégoire XI est extrêmement ému. Les deux plus grands princes de la chrétienté vont traiter « de magnis et arduis, ut verissimiliter creditur ». Quoiqu'il n'ait point de méfiance envers eux, il se hâte d'écrire à l'archevêque de Rouen, Guill. de Lestrange, de se rendre à Paris, s'il en est temps encore, pour veiller à cette entrevue et l'en aviser (Bref du 12 janvier 1378. *Inventaire... des biens de Guill. de Lestrange*, Paris, 1888, 4°, p. 154).

2) L'évêque de Sion refuse une entrevue à l'évêque de Gürck, de peur de donner ombrage au pape (1512. *Lettres de Louis XII*, III, 312).

3) Le roi et le duc de Bourgogne réunis à Hesdin, en février 1464, mandent le comte de Charolais, pour « besogner ». Celui-ci, qui était à Bruges, monte à cheval en disant : « Quy m'aimme, sy me siewe », et part pour la Hollande (*Le livre des trahisons de France*, publ. par Kervyn de Lettenhove, ch. CLXXVI).

4) A l'entrevue de 1442, Olivier de la Marche, serviteur du duc de Bourgogne, trouve que son maître, quoique tenant en fief plusieurs domaines de l'Empire, devait moins d'honneur au roi des Romains : 1° parce qu'il descend de la maison de France, « ce que le duc vouloit bien monstrer aux Allemans ; » 2° parce que le roi des Romains était *élu*, mais non reçu empereur, non couronné empereur (Ol. de la Marche, I, p. 277).

5) Weizsæcker, *Deutsche Reichstags Akten*, III, n° 23.

6) A Trèves en 1473, Frédéric III est jaloux du faste extraordinaire du duc de Bourgogne, dont il convoitait la fille pour son fils. Charles le Téméraire

supérieur à l'autre, plus somptueux, plus élégant. Un des
deux princes est plus bel homme, ou plus aimable, ou
plus hautain. De chaque côté, on apporte ses modes, son
langage. De là des chuchottements, puis des moqueries à
l'oreille, bientôt répétées tout haut et qui se répandront
dans le pays [1]. Une futile omission de cérémonial devient un événement de premier ordre. Or le cérémonial
n'est pas très fixe : il présente mille difficultés, si les deux princes
sont égaux ou presque égaux ; si l'un des deux est inférieur à
l'autre, rien de plus ardu que de mesurer exactement la distance, de doser les égards et les respects. Charles VIII, en
Italie, s'estimant supérieur aux petits princes et aux républiques, ameuta mille rancunes par ses allures de dominateur.
Même à Rome, où il présenta au pape l'eau et le vin à la messe
d'apparat, où il prêta obédience en personne, il ne conquit
point les suffrages [2].

On attache aux questions d'étiquette une importance
extrême. Lorsque, au mois de janvier 1378, l'empereur
Charles IV vint, avec son fils Venceslas, roi des Romains, faire
à Paris un séjour chez son neveu Charles V, le roi Charles
céda légèrement le pas à son oncle, et le prit sur le roi des
Romains. Les Français reconnurent avec satisfaction ce dernier point, acquis par des détails de cérémonial : aux repas,
Venceslas fut assis au-dessous du roi, il se lava les mains

voulait profiter de l'entrevue pour se faire sacrer roi et restaurer l'ancien
royaume de Bourgogne (Beaune et d'Arbaumont, *Olivier de la Marche*, p. LIV).

1) Commines, chap. VIII.

2) Le comte de Foix et le roi de France présentent l'eau. Le pape, séant sur
la chaire de Saint-Pierre, avait le roi assis à droite, et à gauche le despote de
Morée (Pièce publiée par Thuasne, *Diarium*, II, 666-667). A la première rencontre du pape Alexandre VI et de Charles VIII, Alexandre feignit de ne pas
voir les deux premières génuflexions du roi ; mais, avant la troisième, il se
découvrit, releva le roi en l'embrassant, le força à remettre son chapeau,
puis.... s'évanouit (16 janvier 1495. Delaborde, p. 548).

après lui et prit des dragées après lui. Quant à l'empereur, on remarqua que le roi de France et lui baisèrent la *paix*, à la messe, exactement au même instant[1], qu'ils se lavèrent les mains et prirent des dragées simultanément[2]. L'empereur ne montait jamais, à l'entrée dans ses villes, qu'un cheval blanc : pour l'entrée à Paris, il reçut de Charles V un cheval *moreau*. Sauf ce petit détail, il trouva les honneurs souverains. Le corps de ville de Paris fit sa révérence, en spécifiant qu' «ainsi le veult le Roy nostre sire et le nous a commandé ». L'empereur, malade et dans l'impossibilité de marcher, visita le palais de Justice, assis sur un siège couvert de drap d'or que portaient des chevaliers, le roi de France à sa droite, le roi des Romains à sa gauche[3].

Le règne de Charles VI est, pour la France, l'époque des entrevues[4], ce qui ne prouverait pas en faveur de leur efficacité. En **1416**, l'empereur Sigismond, pompeusement reçu à Paris, se rend au parlement où il arme un chevalier[5].

De toutes ces entrevues, on ne peut tirer de déduction rigoureuse ; elles donnent texte à des dissertations plus que séculaires sur les préséances. On conclut toutefois de celle de **1378**[6], que le roi de France a incontestablement le pas sur le roi des Romains. Ce précédent facilite l'entrevue

1) De même, à l'entrevue de 1400 avec l'empereur de Constantinople, *en même temps* le roi ôte son capuchon et l'empereur son chapeau : tous deux en même temps se jettent dans les bras l'un de l'autre et s'embrassent chaleureusement (ms. lat. 9809, f° 56).

2) D. Godefroy, *Cérémonial françois*, II, 710, 711.

3) Entrevue du 4 janvier 1378-1379 : fr. 4318 (Il existe de nombreuses copies de cette relation).

4) Cf. Jarry, *ouvr. cité*, p. 77-78.

5) Douet d'Arcq, *Choix de Pièces*, I, 382-383. On admettait qu'un souverain de passage avait le droit de conférer la chevalerie. Charles VIII, en 1494, fait un chevalier à son passage à Plaisance (Poggiali, *Memorie di Piacenza*, t. VIII, p. 128).

6) 1379, nouv. style.

de 1501 entre Louis XII et l'archiduc Philippe le Beau : ici, l'archiduc vassal fait acte d'infériorité.

Il est bon que le costume et le luxe extérieur portent eux-mêmes le sceau de la distance féodale. En 1442, à la rencontre du roi des Romains et du duc de Bourgogne, le roi des Romains porte un pourpoint large, à la mode de Bohême, une robe de drap bleu brun, et un chaperon « découppé à grans lambeaulx » ; sur la tête, un petit chapeau gris, à poil ras, ceint d'une petite et étroite couronne d'or. Il ne marche que précédé d'un chevalier portant l'épée, entouré de sergents à masse, huissiers d'armes, rois d'armes et hérauts. Le duc porte une simple robe noire, avec le collier de son ordre : il monte un « roussin bay ». Mais il a grand air [1].

Toutefois, dans cette entrevue, le duc arriva le premier à Besançon, et y reçut l'empereur, chose contraire aux usages qui prévalurent. Le souverain le premier en dignité doit, en bonne règle, précéder l'autre au lieu de rendez-vous. Celui qui arrive a ainsi l'air de venir le trouver et, lui, il a l'air de donner ordre à la réception et au *festoiement* [2].

5° Il est rare que l'entrevue aboutisse à des résultats formels et positifs ; si elle échoue, fût-ce en projet [3], elle aggrave

1) Oliv. de la Marche, I, 276.

2) On cite à ce propos, comme faisant jurisprudence, les entrevues suivantes : 1419, Montereau, entre les ducs d'Orléans et de Bourgogne (d'après Monstrelet et la Chr. de Vuavrin) : 1469, entre Louis XI et le duc de Guyenne (d'après Jacq. Piccolomini, *Commentar.*, lib. vii, et Vuavrin) : 1473, Trèves, entre l'empereur Frédéric III et le duc de Bourgogne ; l'empereur, à la nouvelle de l'arrivée du duc, va à une demi lieue au devant de lui (A. de La Laing).

3) La Seigneurie de Venise écrit, le 29 juin 1509, aux « Sex oratoribus nostris, in Urbe (Rome) » : Louis XII et l'empereur devaient avoir une conférence ensemble : heureusement cette conférence (abochamento) n'a pas eu lieu et les princes sont plus séparés et mécontents que jamais. Cela est public, et d'ailleurs se comprend à merveille (A. de Venise).

la situation, et même quand elle se passe convenablement, elle crée d'ordinaire des ferments de discorde.

Commines, en dénombrant les entrevues de son temps, a écrit à ce sujet un curieux chapitre [1]. En 1462, dit-il, il y eut sur la Bidassoa une entrevue entre Louis XI et le roi de Castille. Les deux rois étaient unis par une amitié traditionnelle, par des serments solennels ; ils n'avaient aucun motif de discorde. Ils ne se virent qu'une fois ou deux ; chacun était logé sur son territoire, avec une belle garde. Mais ces deux rois se déplurent ; les Espagnols se moquèrent du costume trop modeste de Louis XI, les Français de la laideur du roi de Castille : on se sépara en fort mauvaise intelligence. Bien plus, la reine d'Aragon était venue soumettre à l'arbitrage de Louis XI une réclamation contre le roi de Castille : Louis XI lui donna tort ; elle partit également « en grande haine ». Aussi Commines conseille-t-il vivement aux princes de s'abstenir d'entrevues [2].

Pour une entrevue commencée avec défiance qui se termine par une partie de chasse [3], combien finissent mal ! L'entrevue projetée, par les rois de France et d'Angleterre, à Amiens, en mars 1392, est entravée au dernier moment par d'incurables défiances ; le roi Richard reste à Douvres, et n'envoie au lieu d'entrevue que les ducs de Lancastre et d'York. On s'en tire diplomatiquement en prorogeant la trêve et en déclarant qu'on reprendra plus tard des *journées*, c'est-à-dire un congrès d'ambassadeurs. Le roi de Portugal Alphonse V, en 1476, reçoit de Louis XI les plus merveilleuses promesses, mais Louis XI diffère de les tenir, par crainte, dit-il, du

---

1) Chapitre viii.

2) Deux grands princes qui se voudraient entr'aimer, devraient ne jamais se voir, mais envoyer « bonnes gens et sages » (Commines, l. ii, c. xiv).

3) Louis XI et le duc de Guyenne (*Ordonnances*, XVII, 255 ; Bazin, II, 26).

duc de Bourgogne : le roi cherche alors à s'entremettre entre
le duc et la France, et il réussit de telle façon que, pris de peur
de se voir livrer à l'Aragon par Louis XI, il veut s'enfuir.
Louis XI le fait arrêter en Normandie. L'affaire s'arrange
tant bien que mal, et Louis fournit à Alphonse[1] quelques
navires pour s'en aller.

Commines nous a raconté, aussi, avec beaucoup d'humour,
l'entrevue de Picquigny, en 1475, entre le même Louis XI
et le roi d'Angleterre, et les inquiétudes des deux princes en
dépit de toutes les précautions....; il nous montre les marais
qui entouraient le roi d'Angleterre, sept mille Anglais ivres
dans les rues d'Amiens...., la tentation était forte.... L'entrevue
se passa bien, mais, dit-il, au prix de quelles dissimulations !
Louis XI arriva le premier : on se salua de part et d'autre, on
s'embrassa à travers la barrière ; on déploya solennellement
les lettres qui avaient ratifié le traité entre les deux pays, et
les deux rois prêtèrent serment de l'observer, une main sur
la vraie croix, l'autre sur un missel. Ces saints objets retirés,
Louis XI se mit à plaisanter avec sa gauloiserie habituelle ; il
dit en riant au roi d'Angleterre de venir à Paris, qu'il le
« festoyeroit avec les dames » et qu'il lui donnerait le cardinal
de Bourbon pour confesseur (le cardinal passant pour très facile). Le roi accepta en riant. Quand il le vit de bonne humeur, Louis XI pria la suite de se retirer et essaya de toucher,
seul à seul, quelques sujets politiques. Mais le terrain devint
si glissant qu'il fallut très courtoisement couper court à cette
partie de l'entrevue. On se sépara ainsi en bons termes. Grâce
à une extrême prudence, tout s'était bien passé : le roi d'Angleterre parlait bien français, ce qui mettait à l'aise; Louis XI

---

1) Aux frais de la Normandie : « non solum naves nummosque necessarios
perpendimus, verum etiam inviti nautæ rapiebantur ad naves agendas» (Mémoire des Normands aux États de 1484. Masselin, *Journal des États*, p. 556).

eut un mot aimable pour chacun des seigneurs anglais. Le duc de Glocester, qui s'était abstenu, vint à Amiens voir le roi, qui lui fit de riches présents en chevaux et en vaisselle.

Voilà une entrevue réussie ! Or, à peine est-on séparé que c'est du côté français un concert de plaisanteries sur les Anglais, et réciproquement aussi, sans aucun doute. Le roi d'Angleterre avait pris au sérieux l'invitation de venir à Paris, Louis XI s'en moque fort : « C'est un très beau roi ; il aime fort les femmes ; il pourrait trouver à Paris quelque jolie femme qui lui dirait assez de douceurs pour lui inspirer le désir d'y revenir ». On riait de l'appétit des Anglais, de leur crédulité. Il arriva qu'un marchand bordelais, qui sollicitait une audience, se trouva par hasard témoin de quelques-unes de ces plaisanteries : le roi lui fit donner tout ce qu'il voulut, licence d'exportation de vins, argent, offices, à condition de ne pas aller en Angleterre, et, pour plus de sûreté, il le fit même conduire à Bordeaux par un homme de confiance ! Ainsi cette entrevue ne gâta rien, mais ne servit à rien. On tint peu les serments qui y avaient été prodigués. Si la guerre ne se ralluma pas entre la France et l'Angleterre (« la mer estoit entre eux deux »), l'amitié ne naquit pas davantage[1]. C'est ce qu'on appelle réussir.

Vingt ans plus tard, en 1494, au début de l'expédition d'Italie, entièrement basée sur l'amitié de Ludovic le More, Charles VIII et Ludovic le More contractent, lors de leur entrevue à Vigevano, des germes d'inimitié, d'où ne tarde pas à sortir un état déclaré d'hostilité.

Après le séjour à Paris de l'empereur Charles IV, en **1378**, les rapports se tendent entre la France et l'Allemagne.

De même pour l'entrevue de Trèves entre l'empereur et le

_____

1) Commines.

duc de Bourgogne, en vue du mariage de leurs enfants : le
mariage s'est fait par la suite, mais l'entrevue lui nuisit beaucoup. Les deux princes se festoyèrent plusieurs jours ; là
aussi, il y eut mille moqueries : les Bourguignons trouvent
l'empereur d'Allemagne trop rustique, les Allemands le duc
de Bourgogne trop pompeux et trop hautain. On se sépara en
si mauvais termes que l'empereur partit sans même dire adieu
au duc.

De même encore, pour l'entrevue de 1470, entre le duc de
Bourgogne et le roi Edouard d'Angleterre, son beau-frère ; les
deux princes se séparèrent personnellement brouillés, et la
politique seule entraîna, plus tard, le duc à appuyer Edouard.

En 1466, le comte palatin du Rhin vient voir à Bruxelles
le duc de Bourgogne. Pendant plusieurs jours, on fête, on
recueille, on *honore* le comte, on l'héberge avec un faste
extrême. Mêmes incidents, mêmes jalousies. Les Allemands
passent pour grossiers et sales, les Bourguignons pour des
bourgeois enrichis : on se sépare en fort mauvais termes, et
la brouille subsiste.

Sigismond d'Autriche, lorsqu'il vendit au duc de Bourgogne le comté de Ferrette qu'il ne pouvait défendre contre
les Suisses, voulut voir le duc ; l'entrevue réussit si mal que
Sigismond refusa d'exécuter le marché.

Une entrevue brouilla le duc de Bourgogne et le comte
de Warwyck [1].

En résumé, l'entrevue de souverains représente une démonstration bien plus qu'un acte ; c'est une œuvre d'apparat plutôt
qu'une œuvre diplomatique, et la plupart du temps on estimera
prudent de s'en tenir aux avantages 2 et 4, c'est-à-dire à des
démonstrations générales de sympathie et de puissance [2]. C'est

---

1) Commines, l. ii, ch. viii.
2) Le doge de Venise Loredan écrit à Maximilien, que, d'après ses instruc-

grande folie à deux princes qui sont pour ainsi dire égaux, dit Commines, de s'*entrevoir*, à moins qu'ils ne soient encore à l'âge où l'on s'amuse [1].

On choisira essentiellement pour une entrevue un terrain aussi neutre que possible [2] : l'endroit classique est un pont, situé au besoin entre les deux états, coupé en deux par une barrière. Avant de jeter son dévolu, on visite avec soin le terrain voisin, pour s'assurer s'il prête aux surprises, si l'accès est facile de part et d'autre. Louis XI, en 1475, envoie deux chambellans arrêter avec les commissaires anglais la place du rendez-vous : on choisit, à trois lieues de la ville, un endroit où les abords de la Somme sont faciles, on y fait construire un pont de bateaux, fort, large, qu'on garnit d'étoffes ; au milieu du pont, les commissaires fixent un solide treillis de bois, « comme a .: cages de lions », qui constitue une séparation hermétique. De chaque côté du treillis, il ne reste de place que pour dix ou douze personnes. On éleva seulement un abri léger pour la pluie. On ne laissa sur la Somme qu'une seule barque montée par deux hommes. Louis XI veilla lui-même à ces précautions ; il rappelait à ses agents l'exemple de Jean sans Peur, assassiné à Montereau, parce qu'on avait ménagé une porte dans le treillis. Pour plus de sûreté, il eut soin aussi, comme d'habitude, qu'un de ses chambellans portât un costume identique au sien. Il fut convenu que cha-

tions du 8 juillet, au vénitien Michel Bono, l'empereur ayant proposé une entrevue au château de Colalto, on lui adresse, pour montrer tout son dévouement, un sauf-conduit pour deux ambassadeurs avec trente chevaux, et l'on en demande un pour Aloysio Mocenigo, ambassadeur de Venise, avec dix chevaux (14 juillet 1508. J. 991, orig.).

1) Commines, l. ii, ch. viii.

2) Lettre de Charles VIII, 26 avril (1495), acceptant une entrevue avec le roi des Romains à Genève, ville de Savoie (fr. 3924, n° 4).

que prince amènerait seulement douze personnes. Les rois s'embrassèrent à travers le treillis [1].

Tel est l'usage général. Il est, cependant, des entrevues qui s'écartent de ces règles, soit dans leur forme, soit dans leur objet, la pression des circonstances l'emportant sur les convenances du cérémonial ; c'est mauvais signe, et les entrevues ainsi exécutées n'ont guère de chance de réussite. Tel le voyage éploré de la duchesse de Savoie, lorsqu'elle traversa les Alpes, dans l'hiver de 1476, pour aller de Moncalieri à Genève, voir le duc de Bourgogne : voyage horriblement pénible, bien éloigné de la solennité habituelle. Partie de Suze, à cheval, le 18 février, à travers une tempête de neige, avec les ambassadeurs milanais, la duchesse arriva le 22 au soir à Chambéry, et le 1er mars à Genève. Faute de gîtes pour la nuit, il avait fallu se séparer. L'ambassadeur résident de Milan suivait à une journée en arrière : les deux autres ambassadeurs, Pallavicini et l'évêque de Côme, chevauchaient en avant et faisaient office de fourriers. Le cortège ne se reforma qu'à la porte de Genève, pour entrer en ville dans une tenue un peu plus régulière [2].

Quant aux entrevues pour compte d'autrui, dans les cas de médiation officielle, officieuse ou spontanée, elles constituent des actes de haute diplomatie, rarement féconds. Nous voyons le roi d'Arménie en 1392 (entre la France et l'Angleterre), le roi de Portugal (entre Louis XI et la Bourgogne), se livrer à ces démarches méritoires, sans aucun bonheur : le roi Christian de Danemark, prince philosophe et instruit, au retour d'un voyage à Rome, par Florence et Milan, s'entremet entre l'empereur et le duc de Bourgogne pour les réconcilier ; il a

---

1) Commines, ch. ix et x (1475).
2) Gingins la Sarraz, *Dépêches des ambassadeurs milanais*, I, p. 295, 307.

avec eux plusieurs entrevues. Son autorité personnelle, son désintéressement, sa réelle situation d'arbitre n'obtiennent pas meilleur succès [1].

La matière des entrevues a fait sous Louis XII un pas décisif, par suite de deux évènements qui causèrent une sensation profonde : l'entrevue de Louis XII avec l'archiduc, en 1501, et surtout son entrevue à Savone avec le roi d'Espagne, en 1507. Comme utilité, ni l'une ni l'autre ne marque grand progrès : la première ne servit à rien, la seconde ne donna que d'assez vagues résultats. Mais au point de vue de la forme et des garanties, l'entrevue de 1507 inaugure une conception toute nouvelle ; c'est une véritable conquête du droit international, elle est demeurée classique [2]. « Les rois, dit Guichardin, animés par la haine, pleins de méfiance et de jalousie, ne se rencontrent d'ordinaire qu'en tremblant, après avoir pris les plus grandes précautions pour la sûreté de leurs personnes et sans compter beaucoup sur la bonne foi » : l'entrevue de Savone, en 1507, rompt avec ces traditions. En voyant deux souverains, naguère si ennemis, se remettre aux mains l'un de l'autre, on se demandait lequel des deux montrait le plus de noblesse. L'une et l'autre opinion avait ses partisans [3].

L'honneur en revient à Louis XII, qui inaugure, dès 1501, l'ère nouvelle, tandis que Ferdinand d'Aragon, au contraire, multipliait, comme on sait, les preuves de duplicité.

L'entrevue de 1501 fit plus d'impression, parce qu'elle ouvrait la nouvelle voie, bien qu'elle présente moins d'intérêt doctrinaire. Héritier des ducs de Bourgogne, fils de l'empe-

---

1) Gingins la Sarraz, *ouvr. cité*, I, 44 (février 1495). Cf. les entrevues du duc d'Orléans avec les ducs de Bourgogne et de Bretagne pour la paix, en 1441.

2) Ms. fr. 4316.

3) Guichardin, liv. VII, ch. III.

reur, l'archiduc Philippe, tout en comptant parmi les ennemis
de la France, n'en était pas moins officiellement feudataire et
pair du royaume. Mais on se souvenait de Péronne! Lorsque
Louis XII lui fit la proposition de passer par la France pour
se rendre en Espagne, avec la promesse de le protéger et de le
défendre et l'offre d'une escorte de 400 lances, le roi parlait
un langage si nouveau que tout le monde tressaillit. Le conseil
de l'archiduc crut à la bonne foi du roi : il vit dans sa démarche,
non pas un acte de droit naturel, mais une garantie de paix.
et la consécration du projet d'union entre Claude de France et
Charles, fils de l'archiduc (le futur Charles-Quint). Il accepta.
Mais il fallut convoquer les Etats du pays pour les rassurer et
leur promettre des nouvelles par postes spéciales tous les quinze
jours. Enfin l'archiduc partit, avec l'archiduchesse et une suite
extrêmement nombreuse. Partout il trouva les honneurs dûs
au roi : escorte de grands seigneurs et de grandes dames depuis la frontière, réception solennelle avec harangues, feux
de joie, tapis dans les rues, célébration de mystères, bals et
ostension des plus rares reliques ; à Paris, séance du parlement, *Te Deum* d'orgue et de voix humaines à Notre-Dame,
comme pour l'arrivée du roi; le prince d'Orange l'attendait à la
porte de la ville : à Orléans, une partie de la maison du roi
et de la reine; à trois lieues de Blois, une députation des plus
grands personnages de la cour; plus loin, les cardinaux et les
princes du sang ; à l'entrée de Blois, les pages du roi avec des
torches ; au château, 400 archers et 100 Suisses en haie, sous
les armes.

Après avoir rendu les saluts de l'archiduc, qui mit trois fois
genou en terre, le roi s'avança et l'embrassa. Suivant son
habitude, il ajouta un mot aimable. Comme M. de Brienne lui
disait : « Sire, voilà monsieur l'archiduc ». — « Voilà un beau

prince », repartit le roi en souriant. Un mot de ce genre a
une grande influence sur les destinées des nations.

Le roi ne laissa faire à l'archiduchesse que deux «honneurs»,
et l'embrassa de même, ainsi que cela avait été convenu après
quelques hésitations. L'archiduc embrassa la reine. Le ménage
princier resta huit jours à Blois ; il trouva une maison montée
pour son service, il fut défrayé de tout. Les chroniqueurs ont
enregistré pieusement le menu de toutes les fêtes : chaque
jour, c'était une infinie variété de messes, de vêpres, de bals,
de danses, de soupers, de jeux divers, de tournois, et un déploiement de toilettes admirables[1]. A une messe très solennelle, très élégante, le confesseur du roi, maître Laurent Bureau,
parla sur ce texte : « Ecce quam bonum et quam jucundum
est habitare reges et principes in unum ». Les chantres du roi
alternaient avec les chantres de l'archiduc, et tous s'unirent,
après le dîner du lundi 13, pour un *Te Deum*. L'archiduc partit
le 15 décembre 1501 et prit sa route vers l'Espagne, assuré de
trouver en chemin les mêmes honneurs[2]. Il parcourut de nouveau la France en 1504, et revit Louis XII dans des conditions
semblables, quoique les circonstances eussent bien changé.
Dans son *Histoire du roy Loys XII*[e], Claude de Seyssel célèbre
avec raison cet important évènement comme une preuve de la

_____

1) Voici les toilettes d'Anne de Bretagne pour la réception de l'archiduc:
8 décembre, à la messe: Robe de drap d'or frisé, et «plaine de bones martres.»
Une douzaine de dames de la plus haute aristocratie sont vêtues de drap d'or,
et trente demoiselles de velours tanné, « et garnies de laitices » (fourrures).
12 décembre, dimanche, à la messe: Robe de satin broché blanc, garnie de
martres. Les femmes sont en velours cramoisi, fourré de martres ou d'agneaux
noirs. 13, au souper: Robe de satin broché violet, fourrée de martres. L'archiduchesse est en drap d'or, avec de beaux bijoux. Aux joutes, les gentilshommes sont en velours cramoisi et plumes de même couleur, en satin vert
et blanc, en drap d'or et damas blanc, en drap d'or et velours (Ant. de
Lalaing).

2) Antoine de La Laing : *Cérémonial françois* : ms. fr. 18526, 4318, f° 21.

grandeur d'âme du roi [1]. La conduite du roi d'Angleterre,
qui arrêta sans façon l'archiduc, lorsque, au cours d'une traversée, il fit naufrage sur la côte anglaise, mit en relief la
valeur du système de Louis XII. D'autre part, Erasme, dans
un factum débordant d'une flatterie vraiment hyperbolique,
contribue au même résultat. Il chante en termes triomphaux
le voyage de l'archiduc, par la France ; il célèbre, il exagère
les dangers courus, il rappelle le mot de Virgile : « Nusquam
tuta fides ! », et, à la fin, tout plein de lyrisme, il compare,
en déclamant contre les adulateurs, Philippe le Beau à tous
les plus grands héros de l'antiquité ; inutile d'ajouter que
Philippe les dépasse ; l'œuvre s'achève par de longues co-
lonnes, par des flots de flatteries [2].

L'entrevue de 1507, plus brillante encore et plus probante,
pose un intéressant principe : On doit suivre purement et simplement la foi du prince qui reçoit, et le prouver en se présentant avec l'appareil le plus faible. Louis XII se rend à bord
de la galère de Ferdinand avec une faible suite ; Ferdinand
entre sans escorte dans la ville de Savone, au milieu de l'armée française. Ses appartements, sa maison sont gardés par
des Français. Il y couche, il y prend ses repas ; il se sert des
officiers de chambre et des officiers de bouche de Louis XII.

Quant aux préséances, Louis XII introduit ce principe de
courtoisie que l'hôte passe le premier. Il donne partout le
pas à Ferdinand. A la messe, solennellement célébrée par le
légat du pape, les rois entrent ensemble, la main dans la
main. Louis XII refuse de baiser le premier l'évangile, puis
la « paix », comme le faisaient les princes ; Ferdinand s'y refuse également, et les deux souverains baisent en même temps.

1) Édit. de 1587, p. 50, 50 vo.
2) « Ad ill. Burgundionum principem Philippum ». Dans l'édition des
Œuvres d'Erasme de 1703, t. IV, c. 507-550.

Après la messe, le cardinal d'Amboise les prie de monter ensemble à l'autel, et tous deux baisent encore la paix ; cette fois, Ferdinand la baise le premier sans difficulté[1].

Il peut aussi arriver qu'un souverain ou un prince voyage pour d'autres motifs qu'une entrevue ; pour un pèlerinage, par exemple, pour sa santé...[2] Ces voyages sont fort utiles au prince : ils l'instruisent[3], ils le font connaître. L'Italie du XVe siècle, toute pleine de la vie antique, se figurait les Danois sous les traits des barbares destructeurs de l'Empire, effroi des successeurs de Charlemagne. Quand Christian, roi de Danemark et de Suède, traversa l'Italie pour accomplir un vœu à Rome, on vit, avec stupéfaction, un prince à grande barbe blanche, l'air paisible et respectable, plein de science et d'esprit, amateur de manuscrits grecs[4]. Louis XI mourant se rend en pèlerinage à Saint-Claude avec une grande ostentation de puissance, suivi, dit-on, de huit cents lances et de huit mille gens en armes[5]. Un voyage de souverain, même à titre privé, prend ainsi un caractère politique, à moins d'agir, comme ce roi de Naples dont parle Olivier de la Marche[6], qui se faisait porter en tête d'une belle escorte de deux cents chevaux sur une civière misérable, accoudé sur un oreiller de plume, vêtu en cordelier et suivi de quatre vrais cordeliers. Il ne tarda pas à entrer en religion.

Le cérémonial de réception est le même que pour les en-

---

[1] Jean d'Auton nous a laissé le récit très détaillé de cette entrevue. Cf. Godefroy, *Entrevues de Charles IV, Charles VI, Louis XII et Ferdinand*, Paris, 1614, in-4° : Cl. de Seyssel, *loc. cit.*

[2] Julien de Médicis vient à Venise se faire soigner pour les yeux, 1510 Sanuto, XI, 519.

[3] Erasme, *Institutio principis christiani*, § De federibus.

[4] Roscoë, *Vie de Laurent de Médicis*, édition française, I, 187, 188.

[5] Jean de Roye (*Chronique scandaleuse*).

[6] Édition Beaune et d'Arbaumont, I, 194.

trevues : on doit à un roi les honneurs royaux[1]. Charles VIII.
en traversant les états italiens, fut partout reçu comme le
souverain du pays. Les villes envoyaient des ambassadeurs
lui porter leurs hommages ; elles votaient des crédits et nom-
maient des commissaires pour sa réception[2]. Le prince va de
fête en fête[3].

On agit de même vis-à-vis des princes ayant droit d'ambassade, nous l'avons vu pour l'archiduc. Louis XII ordonna de recevoir partout « comme lui-même » Marguerite
d'Autriche, en 1499. Marguerite exerça les prérogatives dévolues au roi : elle fit grâce à des prisonniers[4].

Un prince du sang reçoit des honneurs presque analogues ;
on lui organise une réception solennelle[5], on lui fait de riches
présents[6]. Quant aux souverains détrônés, les autorités locales doivent se mettre à leur disposition pour les bien recevoir jour et nuit, les dispenser des péages et leur rendre

1) Commission du sire de Ravenstein, des Anciens et des douze députés, pour
recevoir le roi d'Aragon, à Laurent Cataneo, Jero^{mo} Judici et Lazaro Picho-
noto : Dire au roi (et à la reine, si elle y est) qu'ayant appris, par notre roi, la
possibilité d'une visite dans la Rivière en se rendant à leur royaume de Naples,
nous voulons leur témoigner notre joie, notre affection, leur offrir de se repo-
ser quelques jours à Gênes; tout est prêt, douze citoyens sont chargés de les
recevoir, sinon dignement, du moins le mieux possible. Le roi veut que le
roi d'Aragon soit reçu comme lui-même (30 sept. 1506). Lettre de créance
au roi, même date (Gênes, Biblioth. civico-beriana; *Miscellanea di cose ri-
guardanti la storia Genovese*, coté D. 3. 2. 3, pièce 1).
2) André de la Vigne, etc.... : Archives de Gênes, Diversorum, 150/645,
procès-verbal du 1er sept. 1494. Cf. Mémoires de Gênes, Aff. Étrang., Gênes 2,
f°s 230 v°, 231.
3) Il est d'usage qu'il fasse des aumônes, des dons pieux, il distribue
quelques pourboires (KK. 270, reg. de l'hôtel du duc d'Orléans).
4) Hubert, *Antiquitez de St Aignan*, p. 156.
5) En Espagne, les mascarades n'étaient permises que le jour du *Corpus
Christi* ou aux réceptions de rois et de princes; pragmatique de 1515 (Diaz
Sanchez, *Guida de la villa y archivio de Simancas*, p. 166).
6) Procès-verbaux du conseil de Gênes pour la réception du duc d'Orléans,
18 et 21 août 1494 (Arch. de Gênes, Diversorum, 150/645).

tous bons offices, si aucune difficulté internationale ne s'y oppose [1].

Comme le duc de Bourgogne recevait avec faste [2], on le traitait de même, et avec un luxe particulier [3].

Il y a lieu aussi à des fêtes exceptionnuelles lorsqu'il s'agit d'une princesse traversant le pays pour aller épouser un souverain ami. Nous en trouvons un exemple dans le voyage, à travers l'Italie du nord, d'Anne de Foix, fiancée du roi de Hongrie [4]. Dans les Etats de Venise, on lui fit un accueil des plus somptueux. La ville de Brescia lui donna de splendides fêtes, où les dames de la ville rivalisèrent de suprême élégance, au point d'échauffer l'indignation des puritains [5]. A Venise, ce fut bien autre chose. Les fêtes offertes à la reine future de Hongrie demeurèrent légendaires dans un pays pourtant blasé sur les magnificences de ce genre [6].

Lorsqu'un pays, au contraire, a le difficile devoir de rendre à la frontière une princesse fiancée à son roi, mais qui a cessé de plaire, il convient de la faire accompagner « honnestement, » c'est-à-dire avec une suite suffisamment nom-

1) Ms. lat. 2120, n° 2. Champollion, *Documents inédits*, I, lettre de Louis XII en faveur d'Isabelle, ex-reine de Naples. Invitation de Louis XI au chapitre de Rouen de recevoir la reine d'Angleterre comme la reine même (1462. *Lett. de Louis XI*, II, 61).

2) Le duc de Bourgogne payait les dépenses de ses hôtes. Il n'en était pas de même en Bretagne, ni chez le comte d'Angoulême. V. *Tit.* Orléans, VIII, nos 548 et suiv., Compte, gite par gite, des dépenses du duc d'Orléans pour son voyage en Bretagne, en juillet 1441 : nos 554 et suiv., juin 1443, comptes du voyage de la duchesse d'Orléans et de la comtesse d'Étampes à Cognac.

3) Curieuse lettre du secrétaire du duc de Bourgogne, racontant les fêtes offertes au duc en Allemagne (ms. fr. 1278, fos 103 r°, 185 v°).

4) Le Roux de Lincy, *Discours des cérémonies du mariage d'Anne de Foix*, de la maison de France, avec Ladislas VI, roi de Bohême, précédé du Discours du voyage de cette reine dans la seigneurie de Venise ; publié d'après le manuscrit original. Paris, 1861, in-8.

5) A. Cassa, *Funerali, pompe, conviti*. Brescia, 1887.

6) V. Jean d'Auton, t. II, p. 244, notes.

breuse[1]. Les remises de ce genre sont hérissées de difficultés et ne peuvent avoir lieu qu'après de longues négociations[2].

La mort du prince de Piémont, neveu de la reine Charlotte de Savoie, à Orléans en 1472, et celle du duc Philippe de Savoie à Moulins nous fournissent des exemples de la conduite tenue en cas de décès en France. On célèbre des obsèques très solennelles aux frais de la reine et du roi. Pour le service du duc de Savoie, célébré aux carmes de Moulins, le **16 novembre 1497**, le trésor fournit les manteaux et chaperons de deuil dus aux sept grands seigneurs qui conduisent le deuil et à deux chambellans, de somptueuses tentures, cinquante grands écussons exécutés par le peintre Étienne Linain, les cierges placés dans des écuelles de bois tout autour de l'église, les honoraires de deux cents messes, etc[3].

Il résulte de ce qui précède que les entrevues, les voyages des souverains, bref les rapports personnels occupent peu de place dans l'arsenal diplomatique.

Les présents que les princes ont l'habitude de s'envoyer ne peuvent pas non plus compter comme un moyen diplomatique. C'est simplement un usage de courtoisie, un acte de politesse, un témoignage de bons rapports. Une courtoisie très fréquente consiste à envoyer son orchestre, ses musiciens, ses trompettes,

1) Remise d'Isabelle de France par l'Angleterre (Rymer, III, p. 191. 14 oct. 1400) : de Marguerite d'Autriche par la France (ms. fr. 25717, 146 : *Procédures politiques du règne de Louis XII*, p. 111 et suiv.).

2) Négociations de 1400, dans Rymer. Cf. m. nouv. acq. fr. 1292, f° 266 bis (Autogr. de St-Pétersbourg), une lettre du comte de Nassau à Charles VIII, le 30 juin 1492 : « Au surplus, sire, vous m'avez mandé par vostre maistre d'ostel Turquet que avez intencion de brief envoier par deçà Madame Marguerite et aussi d'envoier vers mondit Sr l'Archiduc aucuns ambassadeurs. Il me semble, sire, que si préalablement vous faisiez rendre madite dame, que ce seroit ung grand commancement de bien et que le surplus des différendz s'en pourroit beaucoup plus facilement appoincter. »

3) Fr. 11196, f° 11, f° 27.

jouer devant un prince[1], lorsque cela se peut. Rien de plus fréquent que les présents : les comptes princiers sont remplis de mentions des pourboires qui en résultent. On donne habituellement de beaux oiseaux de chasse[2], de beaux chevaux[3], des levriers[4], du vin[5], parfois un objet d'art[6].

La nature des présents varie à l'infini, suivant les circonstances et les tempéraments. On offrira, par exemple, à Louis XI un magnifique volume imprimé sur vélin[7], des portraits[8], des remèdes pour sa santé[9], de forts chiens pour garder sa

---

1) Le duc de Bourgogne reçoit un harpeur de Mgr de Normandie, des trompettes étrangères (1468. Arch. de Belgique, *Ch. des Comptes*, vol. 1923, f. 197, cité par Beaune et d'Arbaumont, *Olivier de la Marche*, p. XLIX, note). Les mentions de ce genre sont extrêmement nombreuses. V. *Tit.* Orléans, 835, trompettes du duc de Bourgogne; 831, ménestrels de Gand, ménestrels et trompettes du duc de Lorraine; 843, joueur de luth du marquis de Montferrat, ménestrels de l'ambassade de Naples; 781, joueur de luth du duc d'Autriche, harpeur du sire d'Albret.

2) *Lettres de Louis XI*, I, CIV, etc. Lettre de Louis XI au duc de Milan, lui demandant des chiens de Chio (1466. *Lett. de Louis XI*, III, 23). Envois au duc d'Orléans d'un faucon, par Laurent de Médicis (15 janv. 1484), par le duc d'Autriche (18 février 1884. *Tit.* Orléans, 831), d'un gerfaut blanc par le duc de Bretagne (*Id.* 834).

3) *Tit.* Orléans, 834, 781, 835, 823, etc.

4) *Tit.* Orléans, 834 ; *Joursanvault*, 574, etc.

5) *Tit.* Orléans, 825, etc. Le duc de Bourgogne envoie au dauphin une ambassade chargée de lui offrir quinze queues de vin de Bourgogne (1444. Tuetey, *Les Écorcheurs*, I, 173). Cf. une lettre du duc Pierre II de Bretagne à Louis XI, sollicitant diverses faveurs, notamment le passage et acquit de 600 pipes de vin pour sa provision de cette année (fr. 15538, fo 26); cette faveur était accordée tous les ans.

6) Ascagne Sforza avait, en 1500, une cornaline gravée, représentant une *bisse* et un char triomphal (Archivio Sforzesco). Charles d'Orléans donne à son beau-frère, Adolf de Clèves, une coupe d'or avec couvercle et une aiguière d'or (Décharge à Baudon de Beaurain, 17 avril 1445. K. 535, VI).

7) Exemplaire de la *Sfortias*, de Philelphe (Van Praet, *Catal. des livres imprimés sur vélin*, V, 76).

8) Portraits de François Sforza et de son fils (fr. 20490, 66, cité par Favre, *Jouvencel*, XXVIII, no 2).

9) Marquis de Montferrat, fr. 2922, fo 23 (lettre adressée à Louis XI, et non à Charles VIII comme l'indique le catalogue) : cf. fr. 15538, no 203.

chambre à coucher[1], des bêtes de Guinée[2], des reliques[3].
Le sultan envoie à Charles VIII un morceau de la vraie croix[4].
Les Gênois remettent au grand-maître de Rhodes un bassin
et un vase d'argent[5]. A la Seigneurie de Venise, le roi de
Sicile offre, en 1316, une lionne, la république de Florence,
en 1427, un grand lion avec deux lionceaux[6]. En Angleterre,
en Ecosse, on apprécie le vin. Pour sceller la paix, Louis XII
concède au roi d'Angleterre le droit de récolter et d'enlever
en franchise dans l'Ile-de-France deux cents pipes de vin ; le
roi d'Angleterre accrédite aussitôt en France deux agents spéciaux pour surveiller l'importante opération[7]. En 1512,
Louis XII adresse solennellement au roi d'Ecosse, sous la conduite d'envoyés spéciaux et par un navire spécialement frété,
la « *Petite Loyse* », trente-six poinçons de vin de Beaune,
cinquante-et-un de vin clairet d'Orléans, huit de vin blanc de
Blois, douze de vin de Bagneux, près de Paris ; tous ces vins
nouveaux de l'année et coupés par d'autres ; il ajoute à ce présent huit cents boulets de fer et 15.000 livres de poudre à canon[8].
Que citerons-nous encore? Eugène IV envoie au duc de Bourgogne une hostie miraculeuse[9] ; Germaine de Foix, reine d'Ara-

1) Il en demande à Laurent de Médicis (Roscoë, I, 183).

2) Le roi de Portugal (1475. Fr. 29095, n° 1464).

3) En 1483, Sixte IV envoie à Louis XI, en prêt, le corporal sur lequel
« chantoit monseigneur Sainct Pierre », avec d'autres reliques (Commines, l.
vi, c. x). On envoie à Louis XII de jeunes musiciens « putti musici », du vin,
on pense à lui offrir des engins de chasse (Desjardins, *Négociations*, II. 670,
678).

4) Aubery, *Hist. m. de Charles VIII* (fr. 23286), f° 21 (1484). En 1495-96,
le sultan lui offre des reliques de saints en échange du corps de Djem (Sanudo, *Spedizione*, p. 279, 348).

5) *Id.*, f° 97 (1486).

6) *Archivio Veneto*, fasc. 71, p. 247.

7) En 1500. Ms. fr. 26107, 201 ; fr. 25718, 42 ; *Catalogue de la Collection
Lajarriette*, n° 1827.

8) Ms. fr. 20616, n°s 56, 55.

9) 27 déc. 1433. Ol. de la Marche, édition Beaune et d'Arbaumont, I,
p. 203, n. 1.

gon, à sa tante Anne de Bretagne, une oraison à qui elle doit
d'être enceinte et qu'il faut porter sur soi[1] ; le duc d'Urbin à
la Seigneurie de Venise, quarante chevreuils, daims ou cerfs,
et un sanglier[2] ; Marguerite d'Autriche au roi d'Angleterre,
un incomparable *carnequin* d'Allemagne[3] ; le duc de Bourgogne, Philippe le Hardi, à Bajazet, des selles et des harnais
brodés, des gants de chamois, des colliers à chien, des fla-
cons, aiguières et *hanaps* d'argent ou de vermeil....

Les souverains entretiennent aussi un commerce épistolaire
de courtoisie ou d'étiquette, dans les grandes circonstances de
leurs vies personnelles : notifications de mort et d'avènement[4],
de mariage[5], lettres de condoléance[6], de félicitations[7] pour la

1) *Catal. Lajarriette*, no 1335.

2) Février 1500. Sanuto, III, 105.

3) Ms. fr. 4054, fo 274.

4) La marquise de Saluces écrit à la Seigneurie de Venise,pour lui annoncer
elle-même la mort de son mari. Elle écrit en italien et signe « humillima ser-
vitrix ». Le doge répond par une lettre de condoléances, en latin (février
1504. Sanuto, V, 851). Lettre particulière, en italien, de Galeazzo Sforza,
annonçant et racontant à la Seigneurie de Venise la mort de son frère (1510.
Sanuto, XI, 36). Ludovic Sforza fait part à Maximilien de la mort du duc de
Milan par une lettre latine, contenant créance pour un secrétaire, et à Bianca-
Maria, reine des Romains, par une lettre analogue, en italien (1494. Calvi,
Bianca-Maria Sforza-Visconti, 80-81). Lettre de Charles le Téméraire avisant
Louis XI de la mort de son père (ms. Dupuy 84, fo 48). Lettres de Louis XII
au duc de Ferrare, à la reine de Castille (British Museum : *Manuel de l'Ama-
teur d'autographes*, no 108, p. 179 : Desjardins, *Négociations*, II, 362). Notification de la mort du duc de Milan au doge de Venise par la duchesse et son fils
(Milan, 26 déc. 1476. Archivio Sforzesco), en latin. Elle lui annonce que,mal-
gré ce coup, le dévouement de tous la soutient et que l'Etat est aussi solide
qu'auparavant. Notification par Ludovic Sforza de la mort de son neveu
Galeazzo,à Lucques,à Sienne (1494.Archivio Sforzesco) : avis, latin,sans date,
en quelques lignes pleines d'une tristesse inexprimable. Bref de Jules II
annonçant sa nomination (Archives de la Loire-Inférieure, E. 45).

5) Fr. 2960, fo 11.

6) Longues lettres (orig.) du dauphin Charles au duc et à la duchesse de
Bourgogne, pour les consoler de la mort du duc Jean ; le feu duc avait promis de ne jamais aider l'adversaire d'Angleterre et de vouloir la paix. Le
dauphin espère la même chose (Ms. Moreau 1425, 84, 85).

7) Lettres de félicitations du doge de Venise à Jules II, pour son avène-

naissance d'un fils [1], pour une guérison [2], lettres pour demander des nouvelles de la santé [3], pour des questions de parrainage [4]...
Les lettres de ce genre sont souvent adressées en double au roi et à la reine, et portées par un émissaire spécial [5]. En Italie, les correspondances princières ont un objet quelquefois purement littéraire ou artistique [6]. Parmi les lettres d'affaires, la catégorie la plus nombreuse est celle des lettres de recommandation [7], lettres de chancellerie, banales et impersonnelles, en faveur d'un banni, d'un prisonnier, d'un voyageur [8]:

ment, la première du 8 nov. 1503, très lyrique, la seconde du 16 nov., un peu froide (Sanuto, V, 437, 331). Lettre du gouverneur de Gênes Rochechouart à la Seigneurie de Florence, pour la féliciter de l'arrangement des difficultés de Monaco (30 mai 1511. Saige, *Documents*, II, 112).

1) Ordre de Louis XI de célébrer dans le royaume des réjouissances pour la naissance du premier enfant de la reine de Castille, sa cousine (1462. *Lett. de Louis XI*, II, 36). Lettre du duc d'Orléans à Ludovic Sforza, de félicitations pour la naissance de son fils. Le duc se dit heureux de voir sa parenté s'accroître (Arch. de Milan, Pot. estere, Frᵃ, 1494-95. Asti, 6 février 1495).

2) H. de la Ferrière, *Le XVIᵉ siècle et les Valois*, p. 4.

3) Louis, dauphin, au prince de Navarre (don Carlos, fils de Jean II, roi de Navarre), 20 août 1460 *(Lettres de Louis XI*, I, nᵒ xcv).

4) Lettre du roi d'Angleterre à Marguerite d'Autriche pour lui demander d'être marraine de l'enfant dont la reine est grosse (ms. fr. 4054, fᵒ 273. Richemont, 24 novembre).

5) En même temps que Charles le Téméraire écrit à Louis XI pour lui notifier la mort de son père, il écrit à la reine et lui annonce l'envoi « du sire du Fay, porteur de cestes », qui va lui demander de continuer ses bonnes grâces au fils (18 juin 1467. Don Plancher, *Hist. de Bourgogne*, IV, pr. cclii et ccliii : Gachard, *Analectes*, cxxvii).

6) *Miscellanea di storia italiana*, t. XI, p. 364.

7) 23 mai 1466. Lettre de recommandation du marquis de Montferrat au duc de Milan (Archiv. Sforzesco).

8) « In ejus absentia aperiantur per consilium et presidentes suos » *(Lettres de Louis XI*, I, 331. Lettres du duc de Milan au dauphin, 23 avril 1461). Lettre de recommandation de Philippe-Marie Visconti au duc de Calabre, pour Jean Grimaldi (17 mai 1434. Saige, *Documents*, I, 99). Lettres de Louis XII, aux Florentins (Champollion, *Mélanges*, I, p. 676, 680, 681-682). Lettre de recommandation d'Henri VII d'Angleterre, aux Royaux d'Espagne, pour Henri de Croy, qui désire s'engager à leur service contre les Infidèles (5 mars 1486. Campbell, *Materials for a history of the reign of Henry VII*, I, 343).

quelquefois aussi des demandes de renseignements [1].

Quant aux lettres extra-diplomatiques, ce sont presque toujours des mises en demeure[2] d'agir ou de fournir des explications. Les explications demandées peuvent être fournies par la même voie, et régler l'affaire[3] ; néanmoins elles présentent un caractère comminatoire[4], difficile à éviter[5].

---

1) Lettre de Catherine Sforza Riario, à Ludovic le More « Un *Sforzino*, qui se dit fils naturel de François Sforza, vient me demander asile pour entrer dans un couvent. Il a été, dit-il, incarcéré onze ans à Monza, et privé de ses biens qui ont été donnés à Galéas de S. Severino. Je ne le connais pas, et ne puis l'accueillir sans votre autorisation » (1497. Archivio Sforzesco).

2) Lettre du roi d'Aragon au roi d'Angleterre, protestant contre la prise de quatre galères vénitiennes par Colombo, amiral français (5 nov. 1485. Campbell, *Materials for a history of the reign of Henry VII*, I, p. 108). Lettre de Louis XI à la duchesse de Savoie (17 avril 1466. Archivio Sforzesco). Elle prépare des armements et des alliances contre Milan. Le roi défendra Milan. Il écrit de même à Venise. Lettre de Louis XI en faveur du duc de Milan au doge de Venise, 15 juin 1466 (Arch. Sforzesco), en latin (réponse du doge, le 6 juin 1466). Réponse du pape à la lettre de Louis XI en faveur des Sforza (21 juin 1466. Arch. Sforzesco). Note circulaire de Louis XI aux marquis de Ferrare, de Montferrat et de Mantoue, à l'occasion de la mort de François Sforza (1466), en latin, et identique, *mutatis mutandis* : « Ludovicus Dei gratia Francorum Rex. Carissime et amantissime consanguinee. » Le roi rappelle les services des Sforza et parle de son propre chagrin. Le fils de Sforza est monté sur le trône pacifiquement : « Intendimus igitur, decrevimus et statuimus non secus illius curam et patrocinium suscipere et sub speciali corone nostre tutela defendere ac illi preesse, » comme s'il était de notre royaume. Ces princes ont été les amis du feu duc, « et ita vobis consulimus, hortamur etiam, stringimus et vos rogamus ut nostri amore et affinitatis nostre intuitu non aliter duci Galeaz... favere et assistere velitis...» Nous aurons pour amis ses amis, pour ennemis ses ennemis. Note dans le même sens à Florence, à Sienne, à Bologne, sauf que Louis XI y insiste sur les services de François Sforza (Archivio Sforzesco).

3) Lettres de Ferdinand d'Aragon et Louis XI ; lat. 9782 ; fr. 3882, f° 12 ; fr. 3884, f° 9 v°.

4) Lettres comminatoires de Charles VII à François Sforza (Arch. de Milan, Pot. Est., Francia, Corrispondenza. Melun, 19 avril) ; du roi d'Angleterre au duc de Gueldre (fr. 2960, f° 13) : de Louis XII aux gens de Lucerne (Champollion, *Mélanges*, IV, 383).

5) Février 1500. Sanuto, III, 105.

Elles servent aussi à dénoncer, avec le même caractère comminatoire, les menées de puissances rivales [1].

Enfin, elles peuvent encore servir, au contraire, à accentuer la conclusion favorable d'une négociation diplomatique [2].

Ainsi, les correspondances directes des souverains ont nécessairement le défaut ou de la banalité ou d'une signification trop arrêtée [3]. Puis, elles prêtent aux trahisons ou aux indiscrétions. Pour exciter le roi d'Angleterre, Louis XII lui communique des lettres du roi de Castille [4]. Le doge de Gênes envoie au pape Nicolas V des lettres de Jean Grimaldi, en le priant de les lui retourner après en avoir pris connaissance [5].

A moins de vouloir frapper un grand coup, il est donc élé-

---

1) Lettre directe de Maximilien aux roi et reine d'Espagne, pour leur dénoncer les actes des Français (23 juin 1495. Boislisle, *Etienne de Vesc*, p. 256). Lettre de Charles VIII à Ludovic Sforza pour l'avertir des menées du pape (7 mars 1494. *Revue des documents historiques*, 2e année, p. 172), en français, c'est-à-dire avec un caractère intime.

2) Lettres au roi de Portugal (en français : « Très hault et très puissant prince, notre très cher et très amé frère et cousin»), 1o du 6 sept. 1484. Réponse à la réclamation verbale de son ambassadeur sur des faits de piraterie : la lettre déclare en général qu'on a donné satisfaction, comme le prouvent les patentes qu'on envoie par le héraut, et qu'elle fait valoir en formules pompeuses; elle parle des « bonnes et gracieuses remontrances » qu'a *dites* l'ambassadeur et de sa créance. Cette lettre est destinée à être remise à l'ambassadeur (*Reg. du conseil de Charles VIII*, p. 97) ; 2o autre lettre, à la même date, exprimant en quelques mots qu'on a donné satisfaction aux réclamations. On a promulgué la sûreté d'entrecours avec le Portugal. On envoie les patentes. Prière de promulguer les mêmes en Portugal, devant le héraut Lionnois.

3) L'arsenal de la diplomatie primitive comportait des défis directs. V. le défi du duc de Gueldre à Charles VI (12 juillet 1387. Douet d'Arcq, *Choix de Pièces*, I, 78), en latin, bref, et très impertinent, avec le titre : « Karole, qui qui vos dicitis regem Francie, » et la mention: « Ad futuram rei memoriam »: le duc appelle le roi « Vos », il cite la parole de l'Écriture: « Nemo potest duobus dominis servire. » Sa famille a toujours été liée à l'Angleterre, il a promis hommage au roi de France et d'Angleterre. Il se déclare l'ennemi de Charles, qui a usurpé l'hérédité de celui-ci.

4) Anonyme, *Deuxième voyage de Philippe le Beau*, publ. par Gachard, p. 201.

5) 21 avril 1451. Saige, I, 222.

mentaire pour un souverain d'écrire le moins possible. Isabeau
de Bavière prie le duc de Bourgogne de lui envoyer des gens
de confiance, « car nous parlerons à eulx de plusieurs choses
que nous ne povons pas bien à plain mander ne escrire [1].» A
une lettre directe, on répond vaguement « qu'on fera tout son
possible » et l'on envoie un agent [2]. Ou bien on prendra un
moyen indirect pour éviter de rendre blessante une démarche
désagréable : le roi écrit au premier ministre étranger [3], lequel
est toujours flatté de recevoir une lettre de souverain, même
embarrassante. Ou bien on peut répondre par des lettres patentes indiquant le refus qu'on veut opposer, procédé rare, qui
a l'inconvénient de la publicité et qui crée des engagements
accentués [4].

Les lettres de souverain ne règlent que des affaires très simples ; elles formulent une réclamation, ou la réponse. Mais
elles interviennent efficacement à titre accessoire dans les
négociations, pour soutenir par des affirmations [5], pour ré-

1) Ms. Moreau 1425, n° 88 (23 oct. 1419).

2) Lettres de Louis dauphin au duc de Milan (*Lett. de Louis XI*, I, n°ˢ
XCIX, CXXIII).

3) Lettre comminatoire de Maximilien au cardinal d'Amboise. Le roi *délaie*
de rendre au sire de Vergy ses places. Prière de hâter le règlement de ces
questions de guerre. Maximilien est prêt à *reconfermer* la paix faite par son
fils à Senlis (ms. fr. 2910, f° 2. Ysbrock (Inspruck), 12 mars 1501).

4) Pat. de Philippe-Marie Visconti (14 octobre 1434. Saige, I, 100).
« Illustris princeps ac excellentissimus dominus pater noster carissimus,
dominus Amedeus dux Sabaudie, Cablaysii et Auguste princeps, marchio in
Italia, comes Pedemontum et Gebennensis, Valentinensisque et Dyensis », a
demandé la démolition du château de Monaco, qui nous appartient, à cause
des difficultés avec la Turbie. Philippe-Marie souhaiterait lui plaire ; mais,
après mûre réflexion, il croit le château utile à la sûreté de Gênes. Il donne
sa parole « recti principis » d'y mettre un bon capitaine, et ce capitaine jurera
au gouverneur de Nice de ne faire aucun excès (patentes en latin, sans adresse,
sans signature du prince).

5) Louis XII à Ferdinand, 12 juillet. K. 1639, d° 3.

chauffer par des assurances amicales[1], pour prendre acte de certains faits, accepter certaines ouvertures, presser l'œuvre diplomatique, apporter des renseignements autorisés[2], bref, pour collaborer sous les formes les plus diverses à l'action de l'ambassadeur. Une lettre royale, très gracieuse, très aimable, faisant un grand éloge de l'ambassadeur, est aussi un moyen parfait de déguiser un refus sous les formes les plus affectueuses[3].

La correspondance entre princes n'existe régulièrement qu'en cas d'action officiellement commune. Alors, et jusqu'à ce qu'une brouille officielle intervienne, il y a un actif échange de lettres ou de billets, qui consiste surtout en envois de nouvelles[4].

Les lettres aux princes étrangers, sauf dans ce dernier cas, sont par excellence des actes royaux délibérés en conseil, et rédigés en chancellerie[5]. La minute est établie dans les bureaux, examinée, puis étudiée. La signature autographe du prince ne fait que la compléter[6]. Les lettres entièrement au-

1) Louis XII à Ferdinand, 6 novembre. K. 1639, dr 3.

2) Lettres diverses du doge de Venise Loredan (J. 991-992. 23 août et 8 nov. 1508 : 14 et 16 juill. 1509 ; lettres d'Henri VIII (J. 920, nos 4 et 6 : 15 oct. et 23 déc. 1514).

3) Lettre au doge de Venise, 29 nov. 1484. *Reg. du conseil de Charles VIII*, p. 191.

4) Arch. de Milan, Pot.e Est.e, Duca d'Orléans. Billet, daté d'Asti ; 27 février. (1495) à 4 heures, de Louis d'Orléans au duc de Milan, « son cousin », où il lui dit qu'il vient de recevoir d'excellentes nouvelles de Charles VIII. Il envoie copie de ces lettres annonçant la conquête de Naples, « sachant qu'elles vous feront plaisir » (A ce moment, Ludovic Sforza était déjà brouillé avec Charles VIII). Cf. aux mêmes Archives (Pot. Est., Francia, Corrispondenza), tout le dossier des lettres de Charles VIII à Ludovic. Cf. les lettres du duc de Bourgogne à la duchesse de Savoie, en 1476 (Gingins la Sarraz, *Dép. des ambass. milanais*, I, p. 297), pour préparer une entrevue (*id.*, p. 335), pour la réconforter (Cf. p. 341).

5) *Reg... de Charles VIII*, p. 45-46.

6) Lettre des gens des comptes de Blois au comte de Dunois et Longue-

tographes de souverains sont extrêmement rares[1]. Quand un prince ou un souverain de second ordre s'adresse à un roi dont il dépend plus ou moins, sa signature doit être placée tout à fait au bas de la page, et elle est immédiatement précédée d'une formule, autographe (ou censée autographe), formant une ligne ou deux au-dessus de la signature. C'est une marque de respect. On signe comme un sujet, sauf l'absence du mot *sujet*.

Tout prince qui prétend à un droit quelconque d'ambassade ou de souveraineté signe de son seul prénom, usage conservé jusqu'à nos jours par les évêques. En s'adressant au roi de France, le duc de Bretagne signe : « Vostre très humble et obéissant cousin, Françoys[2] : » le duc de Lorraine : « Vostre très humble et très obéissant serviteur, René de Lor.[3] »; la duchesse Yolande de Lorraine : « Vostre très humble et très obéyssante, Yolant[4] » (ce dernier mot seul autographe).

Le duc de Savoie, s'adressant à Anne de Beaujeu, simple gardienne du roi, lui écrit sur papier, dans la forme des lettres ordinaires, avec la signature placée très bas, et la simple mention : « Vostre serviteur et cousin, Charles[5]. » Quelquefois

ville, 8 novembre (s. d.). Nous avions, disaient-ils, préparé des lettres pour écrire selon votre avis au duc de Milan. Elles allaient partir, quand un serviteur du gouverneur d'Asti en rapporte une autre toute différente. Nous avons fait alors de nouvelles lettres au duc de Milan et Sgr Ludovic, pour les remercier de leur bon vouloir et de leur gracieuse réponse au gouverneur (*Titres* Orléans, IX, 609).

1) Le *Catalogue de la collection Lajarriette* cite (no 1828) une lettre autographe de Louis XII à la duchesse de Savoie (Blois, 28 février 1503). Commines raconte que, pour donner plus de force à une lettre écrite par Marie de Bourgogne à Louis XI en 1479, cette lettre était autographe, mais de trois mains : de Marie, de la duchesse douairière et du sire de Ravenstein (l. v, c. xvi).

2) **Fr.** 15538, 29.

3) **Fr.** 15538, 30.

4) *Id.*, 31.

5) *Id.*, 106.

par insistance très spéciale, le souverain ajoute un post-scriptum autographe, avant ou après sa signature[1]. La lettre du
duc de Savoie que nous venons de citer, porte, après sa signature, les trois lignes autographes que voici : « Madame, sy
vous plest, vous me manderés le plus brief que vous sera
posible la réponse, et ce qu'il vous pléra que je face. »

Ces lettres sont écrites sur bon papier [2], dans le format des
missives ordinaires. L'intitulé porte la mention du prince envoyeur et du prince destinataire : le roi de France a l'habitude
de nommer le destinataire en tête (quelques autres chancelleries, de Danemark, de Portugal, notamment, nomment leur roi
le premier [3]). Ainsi Louis XII écrira à Ferdinand le Catholique :
« Très haut, très puissant et très excellent prince, nostre très
cher et très amé frère, cousin et allyé, Ferrand, par la grâce
de Dieu Roy d'Arragon, des Deux-Sicilles, de Jhérusalem, etc.
Loys, par icelle mesme graces Roy de France, duc de Millan,
S^{gr} de Gênes [4] » L'égalité résulte de la formule sacramentelle :
« par icelle mesme grace »; la mention de *fraternité* aussi est
indispensable ; en Italie, on la remplace couramment par l'expression, fort à la mode au sud des Alpes, de *Paternité* [5].
Ferdinand, roi de Naples, pour refuser une alliance de famille,

1) Lettre de condoléance du roi de Sicile, à Galéas, nouveau duc de Milan
(22 mars 1466. Archivio Sforzesco), en italien, pour consolations et garantie
d'amitié. Lettre de Louis XI à la duchesse de Milan (23 mars 1466), en français. Il déclare qu'il défendra les intérêts de la duchesse comme les siens
propres : à la fin, autogr : « Belle tante, tenez vous seure que je ne vous fau-
dré de ryen. Ecryt de ma main. Loys » (Archivio Sforzesco).

2) « In bona carta » (Sanuto, III, 196).

3) Formulaire, dans les *Mélanges* de Camuzat.

4) K. 1639, d^r 3.

5) Longue lettre de condoléance du roi de Sicile à la duchesse douairière
de Milan, du 19 mars 1466 (Archivio Sforzesco). Il l'appelle « Illma et Po-
tent^{ma} Dux, mater nostra colendissima » ; il lui envoie des consolations, des
protestations de dévouement, il signe «Vester filius », et écrit en italien (Archivio Sforzesco). Bologne, placée sous le protectorat de la France, écrit au roi

que propose Louis XI, formule ainsi [1] : « Serenissimo et Christianissimo principi ac illustrissimo Domino Ludovico, Dei gratia regi Francorum..., tanquam patri nobis carissimo [2] ». C'est aussi la formule habituelle de la chancellerie milanaise. En France, en Angleterre, on préfère ajouter quelques mots d'amitié au salut : Henri VI d'Angleterre, écrivant au roi de France Charles VII pour lui annoncer la cession du Maine à la Maison d'Anjou, concilie fort habilement la cordialité avec le refus persistant du titre de roi : « A très hault et puissant prince, nostre très chier oncle de France, Henry, par la grâce de Dieu roy de France et d'Angleterre, vostre nepveu, salut et toute cordialité, affection d'amour, avec entier désir de vraye paix et bonne concorde [3] ». Dans la teneur de la lettre, on revient volontiers aux termes de fraternité. Louis XII affirmera au roi d'Aragon que, « quoy qu'on luy aye dict, il espère et attend de luy ayde et amitié, comme d'ung frère loyal on doibt attendre [4]. »

L'empereur dit, en parlant de lui-même : « Ma Majesté », mais il est seul à employer cette formule. Les Italiens appellent un roi « Votre majesté » ou « Votre Sérénité » [5] : le duc de Bourgogne dit au duc de Milan « Illustre prince, très cher cousin », puis simplement « Vous ». Au pape, on dit

de France : « Serenissime princeps ac sacra et Chrma Regia Mtas, Domine ac pater et protector noster observantissime » (Lettres du 17 oct. 1502. Archives de Bologne, *Comune*, Litterarum, 1500-1505, c. 155 vo).

1) Ms. fr. 3884, fo 12.

2) Louis XI lui écrit: « Serenissimo potentissimoque principi Ferdinando, Dei gratia Siciliæ regi, consanguineo nostro carissimo, Ludovicus, eadem gratia Francorum rex, salutem et sinceræ dilectionis affectum. Serenissime potentissimoque princeps, consanguinee noster carissime... » (ms. fr. 3884, fo 8, reg. du chancelier Doriole).

3) 28 juillet 1447. Quicherat, *Th. Bazin*, IV, 286.

4) H. de La Ferrière, *Le XVIe siècle et les Valois*, p. 5.

5) En latin « Majestati Vestre. » Le doge de Gênes donne ce titre au duc de Calabre (1434. Saige, I, 99).

« Votre Béatitude » ou « Votre Sainteté », et ensuite : « Elle »[1].
Louis XII est peu formaliste ; il prend volontiers un ton paternel et affectueux. En félicitant chaudement le roi d'Aragon de
la grossesse de sa femme, « sa nièce et fille », il l'engage à
bien soigner « nostre dite fille » (laissant de côté le terme
vrai, nièce), pour que, dit-il, le fruit qu'elle porte puisse bien
arriver à son temps [2].

La lettre s'achève par une formule variable de salutation,
ou de vœu, telle que : « Conservet vos Deus sospitem diu-
turne, semperque felicem » [3]. Louis XII signe de sa main :
« Vostre bon frère, Loys » [4]. La lettre est contresignée par un
secrétaire, pliée, fermée par un sceau plaqué [5].

Quant à la langue parlée dans ces lettres, c'est d'ordinaire
la langue maternelle, mais il n'y a pas de règle absolue.

Lorsque les chancelleries italiennes s'expriment en italien,
elles ont l'habitude de conserver le latin pour les formules
initiales et finales. François Sforza signe, vis-à-vis de Louis
XI : « Ejusdem Serenitatis Vestre Devotissimus servitor ».
Les lettres princières italiennes respirent le goût de leurs chancelleries pour la pompe et la grande phrase de politesse [6]. On
y a l'habitude d'offrir ses biens et sa personne, par pure courtoisie d'ailleurs. Pour témoigner son dévouement à Louis XI,
Fr. Sforza lui écrit : « Rimetto liberamente in le mane sue non

---

1) ... « Quod cum littere ipse ab Ipsa cognite fuerint » (Lettre du doge
de Gênes, 1451. Saige, I, 222).

2) 6 novembre. K. 1639, dr 3.

3) Lettre de Philippe, duc de Bourgogne, au duc de Milan, sur les projets
de croisade, 9 mars 1463, a. st. (Arch. Sforzesco).

4) K. 1639, dr 3.

5) Id. (lettre du 6 novembre).

6) Not. lettre du Conseil des X de Venise (27 août 1514), au roi très chrétien (en italien) ; lettre de félicitations pour la paix avec l'Angleterre et le mariage avec Marie d'Angleterre. Grandes phrases, remerciements et prières à
Dieu (Arch. de Venise).

solamente questo facto, ma qualunche altra mia facenda et lo stato et quanto ho al mondo, et la.persona propria [1] ».

Les lettres des souverains italiens sont très fréquentes.

Quant à la chancellerie des papes, elle est assez connue pour que nous la passions sous silence. A l'inverse des autres puissances, les papes agissent beaucoup par lettres directes, c'est-à-dire par bulles ou par brefs. Cela tient à leur pouvoir de juridiction. Le pape, qui porte le titre de Saint-Père, traite tout le monde de fils. Le roi de France signe en lui écrivant : « Vostre dévot filz, le Roy de France, Charles »[2]. Le pape entretient donc normalement une correspondance active avec les souverains, il leur envoie des félicitations [3], des conseils, des avis [4], des recommandations [5]. Partout où s'ouvre une négociation de paix, il se croit le droit d'intervenir. Dans un bref extrêmement chaleureux du 28 décembre 1509 au cardinal d'Amboise, Jules II proclame ce prélat l'auteur de la paix intervenue entre la France et l'Allemagne, et le félicite vivement; il déclare que, partout ailleurs, il aurait envoyé un ambassadeur, mais il s'est abstenu quand il a su la présence du cardinal, ayant tellement foi dans sa sagesse et son intelligence, que, « là où est le cardinal, il croit se trouver lui-même... » [6].

Les correspondances des nonces pour cette époque n'existent malheureusement plus aux archives du Vatican [7]. Mais

---

1) Arch. Sforzesco (23 nov. 1463).

2) Lettre de Charles VIII. Ms. fr. 2923, fo 40.

3) Bref à Ludovic Sforza, du 24 avril 1495. Chmel, *Notizenblatt* de l'Académie des Sciences de Vienne, année 1856, p. 447.

4) Bref au même, 4 juin 1495 (pour l'engager à ne pas faire de sottes économies). *Id.*, p. 466.

5) Le premier et le seul bref adressé par Pie III à Venise est en faveur de César Borgia (Sanuto, V, 17).

6) Ms. fr. 2960, fo 4.

7) Plusieurs dépêches des nonces accrédités près de Charles VIII se trouvent dans les papiers de Podocataro, à la Marciana, de Venise.

nous savons que les papes soutenaient énergiquement leurs
nonces et leurs légats par des démarches directes [1].

1) Le 13 novembre 1483, le pape écrit au duc de Bretagne pour le prier
d'intervenir en faveur de son légat Balue, que la France arrête à la frontière
(F. Delaborde, *La légation du cardinal Balue, Bulletin de la Société de l'Histoire de Paris*, 1884).

LIVRE II.

DES MISSIONS

CHAPITRE I.

AMBASSADES TEMPORAIRES OU PERMANENTES

Le premier devoir d'un roi est de savoir ce qui se passe à sa cour, dans ses états, et aussi chez ses voisins [1].

Certains renseignements du dehors peuvent arriver par des rapports de la frontière [2] ; en 1385, le sénéchal de Beaucaire envoie un rapport sur l'état des partis en Provence ; mais le cas était exceptionnel : en Provence, pays français, se produisait une crise où le sénéchal intervenait les armes à la main ; une partie de la population réclamait l'annexion pure et simple à la couronne. Il n'y avait donc qu'un côté vraiment international dans l'affaire, celui des rapports avec la

---

1) *Rozier des guerres.*

2) 1476. Renseignements donnés à Milan, sur le compte des Suisses, par le syndic de Biasca, qui a envoyé un espion se mêler à un grand pèlerinage, par le capitaine de Lugano qui a des espions, par le commissaire d'Arona. L'ambassadeur de Milan près le duc de Bourgogne reçoit des renseignements par le médecin lombard du duc (Gingins la Sarraz, *Dépêches des ambassadeurs milanais*, II, 101, 197, 205, 210, 387). Mercurin de Gattinara, président du parlement de Bourgogne à Dôle, envoie des nouvelles de Suisse et de France à Marguerite d'Autriche, sur sa demande (1512. *Lett. de Louis XII*, IV, 83).

cour pontificale d'Avignon, naturellement peu sympathique
aux idées d'annexion [1].

Le seul moyen pratique de se procurer des renseignements,
comme de poursuivre une négociation, consiste à envoyer des
ambassadeurs. De là, deux catégories d'ambassadeurs : l'ambassadeur résident, chargé d'adresser des renseignements,
l'ambassadeur spécial, chargé de traiter une affaire.

L'ambassadeur a pour mission ostensible de faire ce que son
souverain est empêché de faire, de remplacer son souverain.
Tout envoi d'ambassade comporte donc, en sous-entendu, l'excuse du souverain mandant de ne pouvoir se rendre lui-même
chez le souverain destinataire. Il en résulte que l'ambassadeur
est un porte-parole personnel ; il ne représente pas la nation,
mais la personne du roi. C'est pourquoi il s'appelle ambassadeur du roi de France, du roi d'Angleterre..., et non ambassadeur de France, d'Angleterre...

La légation est un office [2].

Dans l'antiquité classique, le personnage chargé d'une
mission se nommait *orator*. Virgile a dit :

> « *Jamque oratores aderant ex urbe Latina* [3] »

et Ovide :

> « *Ergo tam placidas orator missus ad aures...* [4] ».

Dans un sens moins favorable, et avec une nuance de dédain,
on se servait aussi du mot *nuncius* : Jupiter, en envoyant
Mercure au roi Iarbas, lui dit : « *Hic nostri nuntius esto* [5] ».

L'expression *orator* demeure classique. A Rome, on n'en

1) Douet d'Arcq, *Choix de pièces inédites*, I, p. 67.
2) Martinus Laudensis, *De legatis*, q. 2 : Et. Dolet, *De officio legati*.
3) *Enéide*, liv. II.
4) *Métam.*, liv. IV.
5) *Enéide*, liv. IV, v. 181.

emploie pas d'autre pour les ambassadeurs étrangers ; le pape qualifie un ambassadeur, en style officiel : « *Domine orator* [1] » ; c'est le terme courant [2]. Le mot reste de style dans le latin des chancelleries italienne, [3] allemande, [4] espagnole [5] et usuel dans les chancelleries française et anglaise. Les Italiens adoptent aussi dans leur langue le mot correspondant *oratore* [6].

Nuntius ou *nuncius*, équivalant au français *messager* [7], s'est conservé aussi, mais plus rarement au XVᵉ siècle qu'au XIV [8] : il se joint souvent au terme *procureur* [9], et il acquiert ainsi un

1) Jean d'Auton, t. I, pièces, p. 331.

2) Burckard, Sanuto, etc.

3) Reg. du sénat de Venise; même dans les cas les plus solennels: « solennissimi oratori nostri (1509. Arch. de Venise, Secreto 42, 60 : Secreto 41, 180 vᵒ). — Robert Accaiuolo, *orator* de Florence en France en 1511 (Saige, II, 104). — *Oratores* de Gênes (Arch. du ministère des affaires étrangères, Gênes, I, fᵒˢ 68 vᵒ, 69 vᵒ, 71. — Lettre de Ludovic le More « oratoribus in Germania agentibus » (Calvi, *Bianca-Mᵃ Sforza Visconti*, p. 166) : lettres milanaises de 1470 (*id.*, p. 11), de 1461 (*Lett. de Louis XI*, I, 353), de 1494 (M. de Mandrot, *Ymbert de Batarnay*, p. 359): pièces des négociations de Camulio, milanais), en 1461 (Archivio Sforzesco). — Bref de 1501, Archives du Vatican, reg. Vatican 868, fᵒ 94, etc.

4) Créance de Maximilien, 23 avril 1475 (fr. 16074, nᵒ 27, fᵒ 26). « Orateur de l'archiduc », dit Molinet (fr. nouv. acq. 3041). Pouvoir d'« orator » par Albert roi des Romains, au scolastique de Sarrebourg (J. 995).

5) Pouvoirs d'oct. 1464. K. 1368, d. 2.

6) Buonnaccorsi, *Diario*, passim. Règlement du cérémonial milanais, en 1468 (*Archivio storico lombᵒ*, 1890). Lettre de Ludovic Sforza, 8 juin 1492 (lat. 10133, 478 vᵒ). Dépêche milanaise de 1476 (Gingins la Sarraz, I, 281). Lettre du roi de Naples, 1ᵉʳ mars 1480 (Roscoë, *Vie de Laurent de Médicis*, I, 458), etc.

7) G. de Villadiego, *De legato*, p. III, q. I « Nuncii domini regis Francie »... « les messagers que le Roy envoie »... (J. 915 B).

8) Texte milanais de 1387 (Jarry, p. 394).

9) « Procuratorem, actorem, factorem et nuncium specialem : » tous ces termes sont synonymes, dit Villadiego (*De legato*, p. III, q. I). « Nuncios et procuratores speciales » (traité de 1505 avec l'Espagne. K. 1639, dʳ 3). « Procuratoribus et nunciis » (J. 915 B). « Procuratorem et nuntium » (pouvoir de Jean Grimaldi, 1494. Saige, *Documents*, II, 8). « Ambassiatoribus, procuratoribus, nunciis aut deputatis » (pouvoir anglais de mai 1400. Rymer, t.I, p. 183). « Oratores et mandatarii » (avril 1491, Lat. 10133, fᵒ 461).

sens encore plus restreint que celui d'*orator* [1], le sens de fondé
de pouvoirs, envoyé, messager, porteur de dépêches ; il ne
représente par lui-même que l'accomplissement spécial d'une
commission, et on l'applique aux simples courriers [2]. En Italie
on le conserve encore dans les chancelleries, surtout dans la
chancellerie vénitienne [3], pour désigner les envoyés ordinaires [4] ; en France, il se perd. On dit parfois aussi *deputatus*.
Une autre indication se traduit d'une manière encore plus
spéciale, par le terme *procurator*, emprunté au droit civil et
qui nous entraîne presque hors du droit public. Le *procurator*
n'est plus qu'un mandataire de droit commun, représentant
personnel de son mandant. C'est restreindre autant que possible la conception diplomatique ; cependant le mot intervient
souvent ; soit *procurator* [5] simplement, soit *procurator specialis*
et *generalis*, [6] soit transformé en son équivalent *mandatarius* [7],
ou, très rarement, un peu élargi par la forme *negotiorum
gestor* [8]. On trouve encore, dans un sens plus restreint, le mot
« *internuncius* » pour désigner un agent plus ou moins secret [9].

1) Paris de Grassis expose qu'il a cru devoir faire sortir de la chapelle
pontificale (à Rome) les envoyés de Rhodes et de Bologne, parce que, représentants de sujets du pape, ils sont *nuncii* et non *oratores* (lat. 5164, f°
51 v°).

2) V. p. 295, note 7.

3) En latin « nuntius », en italien « nontio, nuncio » ou « noncio » (Sanuto,
passim) : lettre du doge à Louis XI, 6 juin 1466 (Archivio Sforzesco) : dépêches
de Fr. Foscari, 16 sept. 1501, Marco Dandolo, 10 déc. 1502, Condulmer, 29
février 1507-8 (Archives de Venise, Dispacci, 1). « Nuncios et horatores » (1445.
Saige, *Documents*, I, 171 et s.).

4) Machiavel est élu, en 1510, « nunzio al re di Francia » (Canestrini, *Scritti
inediti*, p. LIV).

5) Textes de la mission de Prospero Camulio (1461. Archivio Sforzesco).

6) Pouvoir de 1494. Saige, II, 8.

7) Créance allemande du 23 avril 1475 (fr. 16074, n° 27, f° 26) ; quittance
de Charles VIII (19 janvier 1495. K. 1638, d° 2).

8) K. 1639, d. 3. Pouvoir espagnol du 29 juin 1502.

9) *Internuncius* de l'empereur à Jean Grimaldi, pour le prendre à son service comme corsaire (1433. Saige, I, 95).

Ces divers titres officiels ont donc des acceptions **précises** :
orator, porte-parole ; *procurator*, envoyé autorisé à traiter telle
affaire dans les limites de son mandat, susceptible de désaveu
s'il l'outrepasse. Les chancelleries se soucient peu d'élargir
le qualificatif ni la mission. Préoccupées des principes légaux
du mandat, elles préfèrent accroître les pouvoirs en accumulant
les termes, selon le style notarial de l'époque : style dont
la trace se retrouve encore dans l'énoncé des pouvoirs de
« ministre plénipotentiaire et envoyé extraordinaire ». L'usage
veut donc qu'on ne qualifie pas l'ambassadeur d'une seule
expression ; on combine les divers termes en les nuançant ;
au besoin, on ajoute les qualités personnelles qui se rapportent
aux services de chancellerie : « conseiller et orateur [1] », « secrétaire et procureur »... [2].

Il aurait fallu, pourtant, un terme plus élevé, correspondant
à des pouvoirs étendus, à une véritable délégation, à une
représentation complète. Ce terme est le mot *legatus*, qui,
dans les auteurs classiques, signifie représentant du pouvoir
central et gouverneur. Dans les chancelleries, le terme *legatus*
n'est pas inconnu [3] ; à Florence, à Gênes, on l'emploie [4]. Une
instruction française de 1380 porte « *légacion* [5] » ; dans son

---

1) K. 1639, d. 3, Pouvoir espagnol, etc., etc., du 29 juin 1502.

2) « Orator, procurator et secretarius » (pièces de la négociation de Prospero Camulio, envoyé milanais, 1461. Archivio Sforzesco). « Orator et secretarius » (Lettre du dauphin au duc de Milan, 6 oct. 1460. *Lett. de Louis XI*,
1, 327). « Consiliarios, oratores, mandatarios nostros » (Créance de Maximilien, 23 avril 1475. Fr. 16074, nᵒ 27, fᵒ 26).

3) C'est le terme primitif des chancelleries ; il était courant au Xᵉ siècle
(Pertz, *Monumenta, Scriptores*, III, p. 433, 744).

4) Créance des Florentins pour D. Accaiuolo (28 février 1474-1475. Ms. fr.
3882, fᵒ 55) ; texte de 1461 (*Lett. de Louis XI*, I, 344). Dans le sens simple
d'*envoyés*, *legati* de Gênes au roi, pour affaires de la ville, en 1500, 1502, Arch.
du Min. des Affaires Étrangères, Gênes 2, fᵒ 227, 233 : *legati* du roi de France
à Gênes, oct. 1495, *id.*, fᵒ 230 vᵒ.

5) Douet d'Arcq, *Choix de Pièces*, I, 6.

discours au duc de Bourgogne, un ambassadeur d'Angleterre parle de ses « tres espéciaux et précellens compaingnons
en légation [1] ». Des chancelleries secondaires emploient le
même mot [2].

La chancellerie romaine, seule, sort nettement et largement
de la confusion qui résulte de la multiplicité des dénominations. Elle ne recourt point aux formulaires notariaux, parce
qu'elle prétend parler de plus haut, dans la langue de Cicéron.
Elle divise nettement ses ambassadeurs en deux classes, selon
qu'ils agissent comme simples délégués, au nom du pape, ou
comme substituts, comme représentants du pape, en leur
propre nom. Elle qualifie les premiers *nuntii* ou *oratores*, les
seconds *legati*. Elle repousse les autres termes moins irrépro-
chables comme latinité. Or, à la fin du XV° siècle, elle se
trouve seule à conserver couramment ces mots de *nuntius* et
legatus avec des distinctions aussi précises : de sorte qu'il a
fallu les traduire à son usage. Le mot français *légat* signifie
donc « le légat du pape [3] », la « légacion et ambassade du
pape [4] » : il a depuis longtemps droit de cité [5]. Le mot *nonce*
s'introduit plus difficilement au début, on le considère même
comme un mot nouveau, on s'en moque. « J'ay usé de ce mot
de *nunce*, dit Brantôme [6], puisqu'il s'use aujourd'huy ; mais
j'ay veu, à mon advènement à la court, que l'on n'en usoit [7],

1) Fr. 1278, fo 64.
2) Lettre du duc d'Orléans, 22 nov. 1448, citée par Faucon, *Rapport*, p. 35 ;
dépêche des ambassadeurs de la Banque de St-Georges, Milan, 11 juin 1507
(Archives de St-Georges à Gênes, Lettere).
3) 1454 (fr. 1278, fo 180 vo).
4) 3 mai 1418 (Douet d'Arcq, *Choix de Pièces*, I, 397). « Légaulx et em-
bassadeurs » d'Eugène IV (Ol. de la Marche, I, 204).
5) Bien que, dans le langage courant, on dise aussi « les messagés du pape»
(1377. Fr. 20590, nos 5, 6).
6) Brantome, IV, 294-295.
7) La chancellerie romaine n'avait pas cessé de l'employer (bref du pape
à Louis XI, 21 juin 1466, Archivio Sforzesco : instruction au cardinal de

sinon d'ambassadeur du pape [1]. Et quand ce nom de *nunce* fut introduict, par derrision on disoit: *Voylà l'once du pape* ! Et certes plusieurs ne goustarent bien ce mot du commancement, comm'autant vaudroit qu'on dist le *messagier du pape* comme nunce ; car *nuncius* en latin n'est autre chose à dire que *messager* [2]; et, par ainsi, ces beaux pindarisseurs de motz, pensant faillir ou ne dire pas bien qu'*ambassadeur du pape*, allarent trouver *nunce du pape* ». Brantôme ne soupçonne pas l'origine du mot, et l'idée qu'un légat et un nonce, tous deux ambassadeurs, représentent pourtant deux catégories différentes, n'a pas encore pu pénétrer, de son temps, à la cour de France, ou, du moins, dans son esprit.

Les lettrés, surtout les jurisconsultes [3], conservent aussi, les premiers par affectation de beau langage, les seconds pour se rapprocher de leur style chéri, l'usage du mot *legatus*, comme terme général. C'est ainsi qu'aux Etats généraux de **1484**, le chancelier de France, pour parler des ambassades envoyées aux souverains étrangers, se croira obligé de les appeler « des légations dans les provinces étrangères [4] ». Ce sont là de sim-

---

Gürck, en 1500, Archives du Vatican, reg. βLV, f⁰ 321 et s.: bref de 1502, nommant le « nuntium et commissarium » pour conduire la flotte contre les Turcs, mêmes Archives, reg. Vatican 868, f⁰ 66 : instruction du 22 fév. 1504 à Mariano Bartolini, « nuntio et oratori » en Allemagne, mêmes Archives, reg. βLV, f⁰ 453-463 : bref du 14 mars 1504 à l'évêque d'Arezzo, « nuncium et oratorem » en Espagne, *ibid.*, f⁰ 420 v⁰ : instruction de mai 1504 à Charles de Carretto, mêmes Archives, Instruttioni alli nuntii, reg. 238, f⁰ 45, etc.).

1) L'évêque de Bologne « ambaxadeur du pape. » 1422 (Douet d'Arcq, *Comptes de l'Hôtel*, 284).

2) Les Coutumes d'Avignon, au XIIIᵉ siècle, appellent *nuntius* un huissier (*Coutumes et Règlements de la Rép. d'Avignon*, p. 89), et *ambaxator* un ambassadeur. Villadiego (*De legato*, p. III, q. I) dit encore que les *nuncii* qui portent des lettres s'appellent *courriers* ou *cavallaires*.

3) *Tractatus de legatis, maxime principum*, exquisⁱᵐ doctoris D. Martini Laudensis, inséré, p. 212 v⁰ à 213 v⁰, dans le recueil de Ziletti, t. XVI : *Allegationes Vincentii*.

4) « Legationes in extraneas dimittere provincias » (Bernier, *Journal des États Généraux*, p. 50).

ples artifices de style, qui sortent des habitudes des chancelleries, aux yeux desquelles, depuis l'Empire romain, les
royaumes ont cessé de passer pour des provinces. Seule, la
cour de Rome pouvait considérer les diverses contrées de la
république chrétienne comme autant de provinces, en les
regardant du Capitole.

Quant aux termes français, le plus souvent employé, au XIV⁰
siècle, est celui de *messagés*, *messaigés*, *messagers*, *messagier* [1] ; l'ambassade s'appelle *message*, *messagerie* [2]. A cette
dénomination ne s'attache aucun sens défavorable : nous la
voyons, au contraire, appliquée aux plus hautes missions, à de
grosses ambassades [3] : des plénipotentiaires revêtus des pouvoirs les plus étendus se qualifient « procureurs généraulx, espéciaulx messagés [4] ». Au XV⁰ siècle, elle vieillit, et passe au
second rang [5] ; on l'appliquera même à de simples courriers :
Olivier de la Marche nous apprend qu'il y avait à la cour de
Bourgogne un service permanent de douze messagers toujours
prêts à monter en selle [6]. Au commencement du XVI⁰ siècle,

1) Quittances de 1346 (ms. fr. 20590, nᵒ 3), de 1390 (*id.*, nᵒˢ 24-25) :
« messagés, commis ou députez de la partie d'Angleterre, ayant povoir à
ce souffisant » (lettres du duc de Bourgogne, 29 août 1403. Douet d'Arcq,
Choix de Pièces, I, 249) : « messagés » du roi (instruction de 1385. *Id.*,
60) : « messaigés solemnez » (instruction de 1380. *Id.*, 4, 5, 6, 7) : « messagés, messaigés » (instructions de janvier 1393 pour une grosse ambassade:
id., p. 113, 116; de 1401, p. 219; de 1400, p. 195 : pouvoir de 1400, p. 171;
patentes de 1400, p. 185). « Messagés.» (Instructions françaises, de 1376, de
la fin du XIV⁰ siècle. Jarry, p. 430, 385, etc). Le sire de Bueil, *messager* du
roi (1384 Fr. 20616, nᵒ 12).

2) 1308. Moranvillé, *Bibl. de l'Ec. des Chartes*, 1890, p. 168 : instruction
de 1375, Jarry, p. 385.

3) « Nuntii et oratores » du pape (Instruction d'Alexandre VI, 1498. *Procédures politiques du règne de Louis XII*, p. 1106).

4) Pouvoir du 11 sept. 1386. Douet d'Arcq. *Choix de Pièces*, I, p. 75.

5) « Messaige espécial », dit encore Jean de Roye (édition Michaud, p.
291).

6) *Mémoires*, t. IV, p. 66.

elle a passé de mode; pourtant on la retrouve encore çà et là[1].

Une autre expression, un terme que n'ont point connu les Romains, a pris le dessus; celui d'ambassadeur; il est devenu courant[2] et le seul habituel en France. Au XIV° siècle comme au XV°, l'ambassadeur s'appelle « ambassadeur[3], ambasadeur, ambaxadeur[4], ambaixadeur[5], ambaixeur[6], ambaxeur[7], ambasseur, embaxeur, ambesseur[8], ambayssadeur, embassadeur »[9].

1) « Messagers » de Hongrie (Jean d'Auton, t. II, p. 245). « Ambassadeurs, procureurs et messagiers espéciaulx » (Jean d'Auton. II, p. 99 note 1). «Ambassadeurs, procureurs et messagers espéciaulx » (pour le mariage de Claude de France; 1501. J. 951, n° 2).

2) Dès le XIII° siècle, avec ses variantes multiples. V. Pertz, *Monumenta, Scriptores*, XIX, 204, I (*Annales Foroiulienses*), 14,₂₃ (*Annales Veronenses*), 34, ₂₅ (*texte Padouan*).

3) J. 951, n° 2, pouvoir de 1501. Instruction de 1393 (Douet d'Arcq, *Choix de Pièces*, I, 113, 116). Lettres de 1456, 1460, du dauphin (*Lett. de Louis XI*, I, n°ˢ LXIII, CX). Lettre des Liégeois à Louis XI (Gachard, *Analectes*, CXXXI, CXXVIII). Pat. et protocole de 1487 (Mandrot, *Ymb. de Batarnay*, p. 342, 346). *Reg. du conseil de Charles VIII*, p. 45, 46, 78, 116, 142 ; nouv. acq. fr. 1232, f° 266 bis, etc. Lettre du cardinal d'Estouteville, 1452 (*Lett. de Louis XI*, I, 240). Lettre du roi des Romains (1492. Perret, *L. Malet de Graville*, p. 255). Christine de Pisan, dans le *Livre des Fais d'Armes*, (édition Vérard, in-4°), dit «ambassadeurs» et «ambaxadeurs». Sous Louis XII, le terme « ambassadeurs » est courant (*Lettres de Louis XII*).

4) « Ambaxades, ambaxadeurs » (Jean d'Auton, t. II, p. 98, 99, 213, 216, 217 ; t. I, p. 293). Protocole de 1419 (ms. Moreau 1425, n° 89).

5) *Reg. du conseil de Ch. VIII* p. 255. 1440 (ms. fr. 20590, n° 50). 1415 (ms. fr. 6748, f° 19). Au traité d'Arras (ms. Moreau 1452, n° 129). 1454 (*Le Jouvencel*, II, 285). 1456 (Fonds Bourré, II, 79). 1460 (*Lett. de Louis XI*, I, C.). 1469 (ms. fr. 2811, 75) : et encore, Douet d'Arcq, *Comptes de l'Hôtel*, p. 284, 285 ; Perret, *L. Malet de Graville*, p. 38 ; ms. fr. 15538, n° 195 ; Delaville le Roulx, *La France en Orient*, II, 167, 34, 35, 94; mandements du 21 déc. 1509, K. 1639, d. 3 : fr. 20590, 50, 52, etc., etc.

6) Delaville le Roulx, p. 34.

7) Ou embaxeur : lettres de 1447 (Th. Bazin, IV, 286), du 26 oct. 1456, déc. 1456, 1457 (*Lett. de Louis XI*, I, n°ˢ LXI, LXII, LXIV, LXVII): 1454 (ms. fr. 1278, f° 180 v°).

8) Ms. fr. 2811, 68 : lat. 5414 A, f° 59.

9) Le Maire de Belges.

En latin « ambassiator[1], ambaxator[2], ambaxiator[3], ambasiator, ambaciator, ambasciator[4] » ; en italien « ambassator[5], ambasciatore, ambassiatore, ambassadore[6], ambasciador[7] » ; en espagnol « embaxator, embaxador[8] » ; en anglais « ambassatours, ambassiatours »[9].

1) « Ambassiatores ad partes Franciæ » (Rymer, III, 200).

2) Lettre du duc de Savoie, 1488, Mandrot, *Ymbert de Batarnay*, p. 355, 356. *Coutumes et Règlements de la Rép. d'Avignon*, p. 134 (*alias*, ambaxiator). Pertz, *Monumenta, Scriptores*, XIX, 34.

3) Lettre de 1400 (Douet d'Arcq, *Choix de Pièces*, 1, 192). Rapport de l'ambassadeur anglais, 1449 (Th. Bazin, IV, 278). Protocoles et traités de Venise, 1389-1404, cités par Faucon, *Rapport de deux missions*, p. 13 note. Delaville, *La France en Orient*, II, 25, 38, 142 et 68, 96, etc.... Plus tard, Venise se sert presque exclusivement du terme *orator*. Cf. Textes romains, français et hongrois de 1375-1376 (Jarry, *ouvr. cité*, p. 376, 380, 381, 382, 383, etc.).

4) « Nuncios et ambasiatores » (contrat de mariage de Louis de France, 1374. *Monumenta Hungaria historica*, Acta extera, III, p. 77). Pertz, *Monumenta, Script.*, XIX, 14, IX, 516). « Ambaciator » (mandement du roi de Sicile, 30 janvier 1416. Saige, *Documents*, I, 10). « Ambasciator » (1511. *Id.*, II, 110). Pertz, *Monumenta, Script.*, XIX, 14, IX, 515).

5) Gingins la Sarraz, *Dép. des amb. milanais*, I, 41; III, 133.

6) Lettre florentine de 1514 (Saige, II, 144): Buonnaccorsi (*Diario*, passim) dit « ambasciatori, ambasatori » : Sanuto, III, 31 (terme rare dans Sanuto, qui dit *orator*, parfois *noncio*): « ambassador », Instruction vénitienne du 17 mai 1509 (Arch. de Venise, Secreto, 41, 180 vᵒ): Giustinian, en 1503, dit « ambassador, ambasciator » (*Dispacci*, publ. par M. Villari) : « ambasciatori », parfois « messi », dans Benedetti, l'*Assedio di Novara* ; *Il fatto d'arme del Taro*. Ludovic le More écrit aux ambassadeurs en Allemagne : « Oratoribus in Germania agentibus. Ambasciatori,...» (Calvi, *Bianca-M. Sforza-Visconti*, p. 166) : « ambaxiatori » (rapport de 1470, Ghinzoni, *Galeazzo Maria Sforza e Luigi XI*, p. 11): « imbassatori », dans un texte incorrect de 1470 (*id.*, p. 11) : « ambassatori », dans l'instruction du 10 février 1470 (*id.*, p. 13). Dans les dépêches milanaises de l'Archivio Sforzesco, on trouve : « Ambassatore, ambaxatore, ambaxato, ambaxiatore, ambaxiata. » Guichardin écrit : « Imbasciadore, imbasciatore » (*Opere inedite*, VI, 31, 147).

7) Texte florentin de 1421 (Saige, *Documents*, I, 22).

8) Rapport de Hier. de Vich (Arch. de Simancas, Estado, legᵒ 847, fᵒ 90): pat. de 1500 (publ. Jean d'Auton, II, 394).

9) « Messagés ou ambassatours » (pat. de Richard, roi d'Angleterre : Rymer, IV, I, 1). « Ambaxadeurs et messagés » (27 mai 1401, Convention de Lenlinghen. Rymer, IV, 1, 3). « Messagés et ambassiatours » (mandement du 20 juin 1401. Rymer, IV, 4).

L'ambassade s'appelle « ambaxade, embasserie [1], ambassade » ; (en latin, ambaxata, ambaxiata [2], ambaxaria [3]). On appelle encore « ambassade, embassade » par abus, les lettres dont un envoyé est porteur [4].

Le qualificatif d'ambassadeur se cumule comme les autres. On dira par exemple : « ambassadeurs, procureurs, et messagiers espéciaulx. [5] »

Sauf à Rome, aucune des dénominations que nous venons d'indiquer n'est sacramentelle. Il ne s'agit point, quand on parle d'ambassade, de désigner une carrière, une profession, mais seulement un envoi, une mission [6], qui peut s'indiquer encore par des termes équivalents, tels que : « envoyés, commissaires [7], syndics [8], députés [9]...

1) « Ambaxades », 1499 (J. d'Auton, I, 84 ; II, 140). Lettre de Louis XI au duc de Milan, 14 oct. 1466 (Archivio Sforzesco). Mandement royal du 23 avril 1437 (fr. 20978, f⁰ 118 [7]). Quittance de l'évêque d'Aleth du 28 déc. 1451 (*id.*, [8]): ms. fr. 2811, 24 : *Reg. du conseil de Charles VIII*, p. 233. « Ambassade » : *Reg. du conseil de Charles VIII*, p. 88. « Ung ambassade », 1440 (fr. 1278, f⁰ 127). « Ambaxate, ambaxatores, ambaciatores » (texte vénitien, 1385. Jarry, p. 390). « Ambasciatores et nuncii » (texte milanais, 1387. *Id.*, 391). « Ambaxiate » (texte milanais, fin XIV⁰ siècle. *Id.*, p. 419). « Ambassiata » (*id.*, p. 420). « Ambaxadeurs » (texte français. *Id.*, p. 426). « Ambasiata » (Pertz, *Monum., Script.*, IX, 842).

2) En 1308 (Moranvillé, *Bibl. de l'Ec. des Chartes*, 1890, p. 69).

3) *Coutumes et Règlements de la République d'Avignon*, p. 135.

4) Un chevalier grec apporte « lettres et ambassades » de l'empereur de Constantinople (Oliv. de la Marche, I, 287).

5) Pour le mariage de la reine de Hongrie, 1509 (Jean d'Auton, II, p. 99, n⁰ 1), « Secretario et ambassatore » (Minute milanaise de réponses, 1460. *Lettres de Louis XI*, I, p. 341).

6) « Ambassades et autres messaigiers », « toute manière d'ambassades » (pat. d'août 1501. Jean d'Auton, II, 96 note).

7) Pouvoirs du roi d'Angleterre, mai 1400 (Douet d'Arcq, *Choix de pièces*, I, p. 168). « Ambassiatores, commissarios, procuratores et nuncios speciales » (Arch. Sforzesco. Créance du 21 novembre 1458).

8) Le conseil de Gênes appelle *syndici* les commissaires qu'il envoie pour traiter avec l'« ambaxatore, syndico et procuratore » d'une autre ville : la désignation est appelée « syndicatus » (V. not. 2 juillet 1406. Delaville, *La France en Orient*, II, 170).

9) « Ambayssadeurs,... depputez » (commissaires à un arbitrage). Let-

En revanche, les dénominations d'ambassadeur, d'orateur, de messager, s'appliquent à tout personnage chargé d'une mission temporaire d'ordre public, en vue d'un réglement amiable [1]. On appellera ambassadeur un envoyé du duc d'Orléans à sa terre piémontaise d'Asti[2], les envoyés d'Isabeau de Bavière près des États du Dauphiné [3], les députés des cantons suisses à la diète fédérale [4], les agents du gouvernement suisse près des Suisses à la solde de pays étrangers [5]; on donnera la même appellation à tout envoyé royal [6], même princier [7], dans l'intérieur du pays [8]; on ira jusqu'à l'appliquer, en matière de guerre, à des capitaines qui négocient une capitulation [9], et même au commandant d'une occupation armée pacifique [10]. L'expression a la même élasticité que

tre du duc de Savoie, 31 mars 1488 (Mandrot, *Ymbert de Batarnay*, p. 355, 356). « Die abgeordneten der sieben Zehnten des Landes Wallis (Valais) » : 1500 (Segesser, *Recès fédéraux*, vol. III, p. 2, p. 47).

1) En 1495, au camp vénitien-milanais, on qualifie d'*ambasciatori* les envoyés de Ludovic ou de Venise (Benedetti, *Il fatto d'arme*, édition 1863, p. 143, 175).

2) 28 février 1401. Ant. de Milio, docteur, ambassadeur du duc d'Orléans à Asti (Ms. nouv. acq. fr. 3655, 174).

3) Pour demander de la reconnaître (18 avril 1418. *Mémoires de Fenin*, preuves, V).

4) « Ambaxadeurs » (Jean d'Auton, Pièces, I, p. 347).

5) Les envoyés du gouvernement suisse aux Suisses enrôlés en Lombardie s'appellent « ambaxades » (Jean d'Auton, I, 247).

6) « Le Jouvencel » étant nommé lieutenant du roi, le roi lui envoie trois hommes de son grand conseil, qui lui font de pompeux discours (*Le Jouvencel*, II, 23). L'un d'eux, Bien-Assis, dit : « Je vous veulx dire XII petis vers...., qui ne sont pas de mon ambassade » (*id.*, p. 30).

7) Ghilini, *Annali di Alessandria*, p. 116. Milan, 31 juillet 1495 : lettre de Ludovic aux Alexandrins, supprimant un impôt additionnel, sur la demande de leur ambassadeur. — « Oratores filiorum ducis quondam de Nemours », aux États-Généraux de 1484 (Masselin, *Journal des États*, p. 154).

8) « Ambaxade » du vicomte de Lomagne au roi, vers 1450 (fr. 2811, 24).

9) Ces capitaines sont des « messagiers, messagés » (Jean d'Auton, I, 255, 256, 299, 300), ou « ambaxades » (août 1501. Jean d'Auton, II, 67).

10) Louis de Marafin, chargé de la garde militaire de Saluces en 1487, se

l'institution. En Italie le mot *ambasciata* signifie une commission quelconque [1].

Quelquefois, en parlant d'ambassadeurs, on dit « l'homme [2] » ou les « gens » de tel roi. L'expression peut paraître familière, bien qu'elle se retrouve dans les textes officiels [3], ou sous la plume des écrivains les plus connaisseurs [4]. Alphonse Ier d'Este n'appelait jamais ses ambassadeurs que « mon homme » [5]; il arrive même qu'un prince désigne un envoyé étranger, familièrement, par son prénom, comme le ferait son maître. Louis XI écrit au duc de Milan qu'il a reçu ses lettres par « Emanuel, vostre conseiller et serviteur [6] », sans mention du nom de famille ou de la qualité d'ambassadeur. Commines, appelle couramment les ambassadeurs des « gens » [7] : envoyer « de ses gens » [8] etc. Le terme *gens* est d'ailleurs l'expression généri-

---

qualifie « conseiller, chambellan et ambassadeur du Roy. » Il est parlé d'ambassadeurs, dans le même acte (Mandrot, *Ymbert de Batarnay*, p. 355).

1) On appelle « ambasciatori » en Italie, les embaucheurs, chargés de recruter les mercenaires (Ch. Yriarte, *Un condottiere au XVe siècle, Rimini*, p. 101). Bald. di Castiglione dit qu'une femme honnête ne doit recevoir de son amant ni « ambasciate ne doni » (Balth. de Castillon, *Le parfait courtisan*, trad. Chapuis, p. 446).

2) Le prêtre Luca Renaldi, agent de Maximilien à Rome, en 1502, est envoyé en Allemagne : « L'uomo mandato in Germania è Pré Luca, » écrit l'ambassadeur de Venise (*Dispacci di Giustinian*, I, 26).

3) « Gens et messages du Roy » (instruction du 30 mai 1376. Jarry, *ouvr. cité*, 385).

4) Burckard, pour indiquer que Philibert Naturel, ambassadeur d'Allemagne, est parti pour l'Allemagne, dit que « l'homme de l'empereur » est parti.

5) A. Reumont, *Della diplomazia italiana*, p. 137.

6) Emmanuel de Jacopo. 21 octobre (1466), Archivio Sforzesco. Dans une lettre à l'archiduc, Louis XII, en parlant de l'ambassadeur des Pays-Bas, dit simplement : « par la main de Courteville, vostre ambassadeur résident icy » (1505. *Lett. de Louis XII*, I, 42).

7) *Mémoires*, p. 415.

8) Créance d'Isabeau de Bavière au duc de Bourgogne, Troyes, 23 octobre (1419) pour « de ses gens » qu'elle lui mande, et elle le prie de lui envoyer de

que par laquelle on désigne les serviteurs d'un roi, conseillers, chambellans ou autres [1].

Au point de vue de la durée, les ambassades se divisent en ambassades ordinaires ou résidentes, et en ambassades temporaires ou spéciales.

On s'imagine généralement que les ambassades résidentes ne remontent qu'au milieu du XVI⁰ siècle [2]; le savant Wicquefort disait déjà au XVII⁰ siècle : « Autrefois, on ne faisoit point de distinction entre les ambassadeurs ordinaires et extraordinaires, parce qu'il n'y en avait que d'une sorte. On ne les envoyoit que pour une affaire, laquelle estant réglée, il s'en retournoient chez eux ». Rien de plus inexact.

Au XIV⁰ siècle, on proclamait la nécessité des ambassades permanentes : Philippe de Maizières, dans le *Songe du vieil pèlerin*, recommande au roi de France d'en entretenir. Ce qui est vrai, c'est que la France répugna longtemps à cette idée, et, sauf à Rome, elle paraît n'avoir commencé à entretenir d'ambassades permanentes qu'à la fin du XV⁰ siècle. Jusque là ses ambassades les plus prolongées conservaient un caractère transitoire.

Mais bien d'autres Etats l'avaient précédée dans cette voie. En 1464, l'Espagne qualifie d' « orator residens » son ambassadeur en France, Alfonso da Silva [3]. En Italie, cet usage était universel [4]. Le 28 décembre 1467, le duc Charles le Téméraire reçoit une ambassade vénitienne de félicitations sur son avène-

suite « deux ou trois de voz plus principaulx gens et à qui vous vous fyez le plus... » (ms. Moreau 1425, nᵒ 88).

1) A Péronne, le roi et le duc de Bourgogne commettent « de leurs gens » pour traiter les affaires (Commines, l. II, c. VII).

2) Reumont, *Della diplomazia italiana*, p. 5.

3) Pouvoir spécial, d'oct. 1464. K. 1368, dʳ 2.

4) Au XIV⁰ siècle, le roi Robert de Sicile et la reine Jeanne ont pour « ambaxiator continuus » à Rome Jacques « de Porta », docteur *in utroque* (Jarry, p. 375).

ment, et peu après un ambassadeur résident [1]. En 1475, Milan entretient des ambassades permanentes en France, en Piémont, en Bourgogne [2]. Erasme Brascha devint résident milanais en Allemagne après le mariage de Maximilien [3]. Un malentendu s'étant produit entre la république de Venise et Charles VIII, en 1493, on fait observer au sénat que Charles VIII n'entretient pas de résident à Venise, comme le font tous les états d'Italie [4]. Dans son instruction du 6 mars 1495 à l'agent qu'elle envoie à Constantinople, la Seigneurie de Venise le charge, si le sultan se plaignait qu'on ne l'eût pas assez tenu au courant des nouvelles d'Italie, de saisir l'occasion de lui dire que c'est faute d'un représentant accrédité près de lui. Venise désirerait vivement avoir un résident près de la Porte et elle invite son agent à y rester le plus longtemps possible [5]. Sous Louis XII, l'usage se généralise, partout du moins où il y a lieu. La France entretient des ambassades permanentes à Rome et à Venise [6] ; l'archiduc [7], Marguerite d'Autriche [8], l'Espagne [9] en entretiennent en France. Les puissances italiennes en ont presque partout.

L'ambassadeur permanent s'appelle résident [10]; en latin *resi-*

1) Gingins la Sarraz, *Dépêches...*, I, vII.

2) Gingins la Sarraz, *Dépêches des ambassadeurs milanais.*

3) Calvi, *Bianca Maria Sforza.*

4) Perret, *Bibl. de l'Ec. des Chartes.*

5) Arch. de Venise, Misto 26, p. 145.

6) Accurse Mainier, d'avril 1501 à mars 1503 : Jean Lascaris, de 1503 à la rupture : en 1513, Théodore Trivulce, puis l'évêque d'Asti (V. Baschet, *Archives de Venise*, p. 420-421).

7) Orateur de l'archiduc, résident en la ville de Valenciennes : ms. fr. nouv. acq. 3041.

8) *Lettres de Louis XII*, passim.

9) « Jacobo Albion, residente qui » (d'Espagne). Dép. d'Ant. Condulmer, Blois, 2 février 1507-8, Arch. de Venise, Dispacci, I.

10) « L'ambassadeur de Florence résident » (1510. Le Glay, *Négociations,* I, 358).

dens, continuus, en italien « residente[1] », ou parfois « ambassadeur ordinaire. »[2]

Il est, du reste, il faut le dire, l'objet d'une sorte de défaveur. Outre qu'il a peu convoité un poste qui le sépare de son pays, de sa famille, de ses affaires, le résident n'a que des pouvoirs généraux d'observation et de référence : il ne peut rien prendre sur lui, à moins de pouvoir spécial[3]. Tout le monde se défie de lui : son gouvernement qui, placé à distance et appréciant les choses différemment, ou même mal, porte sur elles un jugement autre que celui de l'ambassadeur, et chez qui on sent le souci constant de voir ses intérêts dépendre de la conduite, de la présence d'esprit, de l'honnêteté même d'un seul homme : le gouvernement près duquel il est accrédité. Celui-là se défie de lui, et le considère volontiers comme une sorte d'espion officiel. On fait bon visage aux résidents, mais on désire s'en voir le moins possible entouré.

Le résident légitime sa présence en communiquant sans cesse des nouvelles au gouvernement qui le reçoit. Les chancelleries italiennes cherchent aussi à donner à leurs ambassades permanentes une signification de déférence : « Notre devoir et notre respect pour S. M. très-chrétienne exigent que nous entretenions constamment quelqu'un auprès d'elle, » écrit le chancelier de Milan à Ph. de Commines, en 1478[4].

---

1) « Al Residente » d'Espagne à Rome (dépêche de la Seigneurie de Venise aux orateurs à Rome, 26 nov. 1513. Arch. de Venise). « Oratore residente » de Florence à Milan (dép. des amb. milanais à Florence, 24 déc. 1482. Archivio Sforzesco). « Oratore residente » de Milan à Venise (Buonnaccorsi, *Diario*, p. 15).

2) « Electo orator in Franza, ordinario, in luogo di sier Marco Dandolo. dotor e cavalier, per laqual è stà assà fuori, sier Francesco » Morexini... 24 août 1503. Sanuto, V, 68.

3) Pouvoir spécial, du 29 juin 1502, pour Juan Galla, résident d'Espagne près de Louis XII (K. 1639, d[r] 3).

4) Kervyn, *Lettres et négociations*, I, 226.

Cette idée ne laisse pas que d'avoir des partisans. L'arrivée d'ambassadeurs produit toujours un certain effet sur l'opinion » [1]. C'est une preuve, dit Machiavel, qu'on « inspire plus de crainte que les autres n'inspirent de confiance »[2]. En 1500, le départ de l'ambassade florentine indispose la cour de France : Louis XII dit que « les Florentins s'éloignent de lui, » et Machiavel cherche à excuser ce départ, en assurant que l'ambassade va être remplacée [3].

En réalité, l'ambassadeur permanent suit de près ce qui se passe, se crée des amis, fait connaître par sa correspondance l'envers des négociations [4], observe la vie locale, ses conditions politiques et économiques. Il a de plus, en Italie, la mission de se lier avec les artistes [5]. Machiavel est élu ambassadeur en France, le 20 juin 1510, « parce que ce poste est demeuré sans titulaire et qu'on juge nécessaire de l'y envoyer pour donner avis de tout ce qui se produira » [6].

Mais les ambassades permanentes ont l'inconvénient de coûter cher, et c'est pourquoi on les restreint. Venise rappelle, en 1502, son ambassadeur en Angleterre, « attendu qu'il perdait son temps et son argent, n'obtenant rien contre les Turcs [7]. Quelquefois même on trouvait les ambassades temporaires trop longues. Philippe de Nerli avertit Machiavel, en-

---

1) Phil. de Commines écrit à Cicco Simonetta pour engager le gouvernement milanais à envoyer de suite un nouveau « résident » (d'après l'analyse de M. Eug. Charavay, *Vente d'autographes*, du 11 nov. 1887, nº 94).

2) Dép. du 11 oct. 1500.

3) Dép. du 8 sept. 1500. Cf. Instruction à Rob. Accaijuoli, du 24 juillet 1510 (Desjardins, II, 522). Il est indispensable d'avoir un ambassadeur à la cour de France : Accaijuoli excusera son retard. Il se fera renseigner en arrivant par le secrétaire Machiavel qui s'y trouve.

4) V. une preuve remarquable dans les correspondances publiées par M. Ghinzoni, dans sa brochure *Galeazzo Maria Sforza e Luigi XI*.

5) Gingins la Sarraz, I, 285.

6) Canestrini, *Scritti inediti di Nicc. Macchiavelli*, LV.

7) Sanuto, IV, 261.

voyé sur la fin de sa vie en très modeste ambassade à Venise,
de hâter sa mission, parce que les marchands publient qu'il
est là à leurs frais, allongeant son séjour, occupé à s'entretenir avec des hommes de lettres, et qu'ils ont besoin d'autre
chose que de chanteurs de fables [1].

Quant à la durée effective des ambassades permanentes,
elle n'a rien de fixe : elle ne se rattache point aux changements de gouvernement. En cas de révolution, l'ambassadeur
écrit à un des secrétaires du nouveau maître pour exposer
que, s'il s'adressait confidentiellement au précédent chancelier, c'est que celui-ci représentait le pouvoir ; il fera de même
avec le nouveau chancelier [2]. Ludovic le More, à son avènement, confirme l'ambassadeur de Milan à Venise en fonctions
déjà depuis quatre ans [3]. Le rappel de l'ambassadeur ne
tient qu'à des convenances publiques ou privées, qui varient
à l'infini. Accurse Mainier resta ambassadeur de France à
Venise deux ans, Jean Lascaris, cinq ans. Au bout d'un an,
les ambassadeurs vénitiens commencent d'ordinaire à réclamer leur rappel [4]. Les ambassades permanentes ne sont vraiment de mise qu'entre puissances italiennes [5]. L'ambassa-

---

1) Artaud, *Machiavel*, II, 203.
2) Lettre de l'amb. milanais, 1479. Kervyn (*Lettres et négociations*, III, 62).
3) Sanuto, *Spedizione...*, 677.
4) Dép. de Foscari, 16 sept. 1501, de Dandolo, 22 mai 1514 (Arch. de
Venise, Dispacci, I). Giustinian resta trois ans à Rome. Comme l'observe Burckard, Venise a des ambassades permanentes, mais des ambassades qui ne
font que passer (*Diarium*, II, 532).
5) Et même là elles sont souvent très courtes, ce qui a pu les faire prendre
pour des ambassades temporaires. Commines, en 1478, reste un an à Florence
(l. VI, c. V) : les dépêches des résidences de Machiavel en France vont du
25 juillet au 24 novembre 1500, du 22 janvier au 25 février 1504, du 7 juillet
au 10 septembre 1510, du 13 septembre au 24 septembre 1511 : à Rome, du
28 octobre au 16 déc. 1503, du 28 août au 26 octobre 1506; à Forli, sa correspondance ne dure que huit jours. Nous comprenons dans ces dates les dépêches expédiées de la route, à l'aller ou au retour. En 1502, un ambassadeur
d'Allemagne arrivé le 13 mai, repart le 13 juin (Burckard, III, 208),

deur italien dans une cour italienne ne se sent pas éloigné de chez lui, il n'est pas dépaysé ; il retrouve la vie qu'il aime. Il peut même prendre des congés, ce qui n'existe pas dans les grandes ambassades. En 1477, l'ambassadeur de Naples à Florence s'excuse de ne pas aller au-devant d'un légat qui arrive, parce qu'il fait ses malles, ayant obtenu, pour se rendre à Naples, un congé d'un mois, aller et retour compris [1].

L'ambassadeur résident se reconnaît à ce signe qu'il est presque toujours seul : on peut aussi le reconnaître à la teneur de son pouvoir ou de son instruction, s'il les communique. Il est d'usage d'ailleurs qu'un ambassadeur permanent indique son caractère lors de la remise de la créance [2] ; il dira, alors, qu'il vient » pour rester » [3]. Cette situation s'affirme tout à fait lorsque la créance mentionne que le nouvel ambassadeur est nommé en remplacement d'un autre [4], et dans ce cas le souverain peut, à l'audience de créance, tout en souhaitant la bienvenue au nouvel envoyé, adresser un mot de souvenir à son prédécesseur [5] ; mais il n'y a à cet égard rien d'obligatoire, et tel ambassadeur, arrivé à la cour comme membre d'une ambassade spéciale, peut y rester comme résident, en vertu d'une désignation expresse ou tacite [6].

1) Dép. de l'amb. milanais à Florence, 31 août 1477. Arch. Sforzesco.

2) Commission vénitienne du 3 juillet 1512, pour Capello, nommé résident en Angleterre : Capello devra déclarer qu'il remplace Badoer, rappelé sur sa demande (Arch. de Venise).

3) « Per starvi qui », dit l'orateur d'Espagne à Venise, 25 juillet 1507 (Sanuto, VII, 122).

4) Créance ferraraise du 10 juin 1511. Fr. 2920, f° 31.

5) Lors du changement d'ambassadeur de Ferrare, au discours de créance le doge fait l'éloge du premier et souhaite la bienvenue à son successeur (le premier était parti sans attendre le second), 1508 (Sanuto VII, 661).

6) Le comte Carlo Balbiano Belgiojoso, destiné orateur résident, arrive en France comme membre d'une ambassade solennelle, dirigée par le comte de Caïazzo, en 1492 (Delaborde, p. 236) ; l'évêque de Tréguier, destiné à Rome comme ambassadeur breton d'obédience en 1499, y reste résident de France ; Accurse Mainier de même, à Venise.

Quant aux consuls et aux procureurs en cour de Rome, quoique essentiellement résidents, ils ne remplissent pas, à proprement parler, des fonctions d'ordre politique.

L'ambassade temporaire cadre incontestablement mieux avec les principes qui régissent la diplomatie du moyen-âge : dans un memorandum de 1476, un ambassadeur pié-montais énonce même comme acquis et indubitable ce pré-cepte que, pour une négociation nouvelle, il ne suffit pas de lettres à l'ambassade existente : il faut un nouvel ambassa-deur, avec des lettres de créance spéciales, et une instruction conçue dans le sens nouveau [1] ; autrement dit, on ne se con-tente pas d'un envoi de pouvoir. Cette théorie, exagérée, constitue pourtant l'usage ordinaire. L'envoi d'une ambassade spéciale porte mieux coup et suppose des ambassadeurs mieux instruits : les changements de personne ont aussi leurs avan-tages : en arrivant à Rome, en 1494, Charles VIII avait vu échouer toutes ses négociations avec le pape ; il envoie trois nouveaux ambassadeurs, et ceux-ci réussissent [2]. On peut re-courir à l'envoi d'hommes nouveaux pour gagner du temps. Louis XI fait un chaleureux accueil à une ambassade anglaise avec laquelle il ne voulait pas s'arranger, et la congédie très sa-tisfaite, en annonçant l'envoi prochain d'une ambassade fran-çaise pour tout régler : trois semaines après, il commet des ambassadeurs, mais nouveaux, et avec charge de rester étran-gers aux promesses de leurs prédécesseurs [3]. Les ambassades temporaires s'adaptent à merveille aux changements de poli-tique. Même chez les rares Etats capables d'avoir ce qu'on peut appeler une grande politique, les évènements contin-gents de la vie internationale entraînent souvent des change-

1) Gingins la Sarraz, *Dépêches des ambass. milanais*, II, 202.
2) Guichardin, l. I, ch. IV.
3) Flassan, *Diplomatie française*, II, 230.

ments de direction, qu'il est utile d'envelopper dans une ambassade temporaire. A la mort de Charles le Téméraire, le sénat de Venise décide de se rapprocher immédiatement de la France : « *Mutatio rerum*, dit-il, *est precipua causa mutationis consiliorum* »[1] ; cependant le sénat de Venise brille par son esprit de suite, de prévoyance, de fermeté.

Les ambassades temporaires chevauchent donc sur les ambassades permanentes. Le résident cède le pas et se borne à guider, présenter et accompagner l'envoyé spécial, à la remise de sa créance, et dans les premières démarches. Ainsi, en 1510, l'ambassadeur résident de Marguerite d'Autriche en France écrit l'arrivée de l'ambassadeur spécial, Jean Caulier, qu'il a accompagné avec son personnel à la remise de la créance, et qui, dit-il, a bien parlé. Caulier rendra compte de son affaire : quant à l'ambassade résidente, elle continue à envoyer de longues dépêches de renseignements[2] ; les mêmes postes emportent les dépêches de Caulier[3].

Plusieurs ambassades spéciales du même souverain peuvent se rencontrer : dans le rapport de son ambassade à Rome en 1469 pour le procès du cardinal Balue, Guillaume Cousinot, gouverneur de Montpellier, expose que, le président du Dauphiné Gruel ayant reçu séparément la même commission, les deux ambassadeurs se réunirent et partirent ensemble. Mais ils rédigèrent deux rapports[4].

Le cas se présente surtout lorsqu'un prince a délégué le droit d'ambassade, comme Louis XII aux gouverneurs de

1) Perret, *Bibl. de l'Ec. des Chartes*, LI, p. 121.
2) Les chefs des deux ambassades de France se présentent tous deux au Conseil des X de Venise pour communiquer une dépêche du cardinal d'Amboise (mai 1500. Sanuto, III, c. 295).
3) 1510. *Lettres de Louis XII*, II, 31.
4) Ms. fr. 3384, fᵒˢ 190 et suiv. Partie du deuxième a été imprimé par Duclos.

Milan et de Gênes et au vice-roi de Naples. Dans ce cas, on reçoit à la même cour des ambassadeurs accrédités par la France de trois côtés différents. En fait, le vice-roi de Naples, pour ses rapports avec Rome, a recours aux ambassadeurs du roi : les gouverneurs français de Gênes et de Milan accréditent au contraire de nombreuses ambassades, et même d'un caractère permanent. Certains ambassadeurs du roi attribuent, bien à tort, à ces ambassades une place un peu secondaire. En 1500, le résident de France à Venise, Mainier, présente à la Seigneurie une ambassade franco-milanaise, de premier rang, accréditée par le cardinal d'Amboise lui-même, et composée de trois importants seigneurs : deux sénéchaux, Etienne de Vesc et Philibert de Clermont, et un maître d'hôtel du roi Giraud d'Ancezune, tous trois français. Malgré la qualité de ces ambassadeurs, Mainier, simple juge en Provence et simple résident, se croit autorisé, non seulement à participer à l'audience secrète, mais à exposer lui-même l'objet de l'ambassade, au lieu de laisser « la langue » au chef de l'ambassade comme c'était son devoir [1].

L'ambassade temporaire résulte d'un mandat qui prend fin par lui-même. Ce mandat épuisé, l'ambassadeur n'a plus que le droit de retourner dans sa patrie. Si, sans obstacle de force majeure, il laisse passer le délai normal de son départ, il perd, d'après les jurisconsultes, son caractère diplomatique et les immunités qui en résultent [2]. Mais l'envoi d'une nouvelle ambassade n'a point pour effet d'annuler les pouvoirs de la première à moins de rappel formel [3].

Quant à la durée des ambassades temporaires, on comprend qu'il n'existe point de règle à ce sujet : elle varie d'un jour

---

1) Boislisle, *Et. de Vesc*, p. 190-191.
2) Martinus Laudensis, *De legatis*, quest. 11.
3) *Id.*, quest. 10,

à plusieurs mois [1]. A Rome seulement, on peut noter une règle, qui est la lenteur : les ambassades les plus temporaires y durent plus longtemps qu'ailleurs. En 1468, une commission cardinalice fait attendre une communication à l'ambassade spéciale de France, du 19 décembre au 29 janvier [2]; c'est l'usage.

Au point de vue des modalités d'exécution, nous diviserons les ambassades, faute de termes consacrés, en ambassades simples, circulaires ou cumulatives.

L'ambassade simple consiste à se rendre dans telle cour et à en revenir directement.

Nous appelons ambassade circulaire celle qui emporte des créances pour plusieurs cours qu'elle doit successivement visiter. Ce système d'ambassade est d'un usage extrêmement fréquent [3]. Il présente, en effet, beaucoup d'avantages.

Il réalise une économie et flatte la vanité de l'ambassadeur : satisfait de l'ambassade de Philippe de Commines à Florence en 1478, Louis XI le charge de passer, à son retour, par Mi-

---

1) Eustache Deschamps, envoyé en Allemagne le 18 janvier 1397, revient en juillet 1397 (Jarry, p. 214). L'ambassade en Angleterre de 1445 commence le 2 juillet, finit le 30 (fr. 3884). L'ambassade de l'archiduc en France, en 1471, dure d'octobre à décembre (Chmel, *Monumenta Habsburgica*, I, 26).

2) Ms. fr. 3884, f⁰ 235. Deux ambassades franco-anglaises, à Rome, durent, la première, de St-Jean-Baptiste 1422 à la veille de Ste-Catherine ; la seconde de la veille St-Simon et Jude, 1423, au 20 mars suivant (Mand. royal du 7 février 1428-29. Fr. 20590, n⁰ 22).

3) Ambassades circulaires françaises de Perron de Bascher en Italie, en 1492 (Delaborde ; Boislisle, *Et. de Vesc*, p. 54) ; du sire du Bouchage à Milan et en Allemagne, en 1494 et 1495 (Mandrot, *Ymbert de Batarnay*, p. 359, 360 ; notre *Hist. de Louis XII*, t. III) ; de l'agent breton Salazart près du roi d'Angleterre et de l'archiduc en 1484 (Dupuy, *Hist de la réunion de la Bretagne*, II, p. 32) ; de l'évêque de Langres et Jean de Rye au pape et au comte de Foix en 1380 (Douet d'Arcq, *Choix de Pièces*, I, 4, 6) ; du Sⁱʳ d'Aubigny et de Perron de Bascher, à Milan et Rome, 29 mars 1494 (Arch. de Milan, Pot. Est., Fra., 1494-95). Ambassade florentine circulaire à Gênes, à Monaco et en Provence, pour saisie de navires par Jean Grimaldi, en 1421 (Saige, *Documents*, I, 22),

lan, et d'y recevoir l'hommage du duc de Milan : mission dont
Commines se montre très fier [1]. Déjà, en allant, Commines
avait passé deux ou trois jours à Milan en mission spéciale.
Pour l'Italie, d'ailleurs, la configuration même du pays rend
presque nécessaires les ambassades circulaires : il n'y a
guère de routes qui ne traversent plusieurs capitales, et c'est
un léger effort que de se répandre un peu à droite et à gauche, comme l'envoyé de France à Rome en mars 1504, qui
passe officiellement par Mantoue, Ferrare, Lucques, Bologne
et Sienne pour aller de Lyon à Rome [2].

Les ambassades circulaires permettent de se livrer à des
échanges de courtoisie extrêmement utiles qui ne motiveraient
pas une ambassade spéciale, laquelle, d'ailleurs, semblerait
trop accentuée et exciterait des susceptibilités. Ainsi l'ambassade de Russie à Rome en 1500, passant nécessairement par
Venise, s'y arrête, présente une créance et échange des congratulations d'ordre général contre les Tartares et les Turcs [3].
Tout en prescrivant à François Capello, nommé résident en
Angleterre, de se rendre à son poste par les voies les plus directes, la Seigneurie de Venise le charge de voir et de complimenter, au passage, l'empereur d'abord, puis Marguerite
de Flandre : il fera même à l'empereur une importante communication [4].

Les ambassades circulaires remédient à un grave inconvénient des ambassades spéciales, qui est d'appeler l'attention[5]:

1) Liv. vi, c. v.

2) *Dispacci di Giustinian*, III, 22. Amb. circul. de Jean de Manzi (3 sept.
1458, Arch. Sforzesco), etc.

3) Sanuto, III, 101, 135. Commission florentine à Gualterotti et Salviati,
ambassadeurs à Naples, leur prescrivant de saluer le pape au passage (1500).
S. Razzi, *Vita di Piero Soderini*, Padova, 1737, f°; p. 188).

4) Commission du 3 juillet 1512. Arch. de Venise.

5) La Seigneurie de Venise avoue à l'orateur de France la venue d'un
ambassadeur espagnol, arrivé à Pizzighitone après avoir traversé le Milanais.
L'ambassadeur s'en plaint et veut écrire en France ; la Seigneurie écrira aussi

elles déroutent les commentaires et masquent le but véritable de la mission, au point qu'on a intérêt à transformer une
ambassade simple en ambassade pseudo-circulaire. Allant à
Turin corrompre les conseillers de la cour de Savoie, en
1481, et ne trouvant aucune cour sur son passage, Commines
répand partout le bruit qu'il se rend à Milan, par Turin : et,
du reste, il ne paraît pas à Milan [1].

Au point de vue de la négociation, le caractère circulaire
de l'ambassade rend des services plus sérieux. 1° C'est un moyen
d'apaiser les susceptibilités. L'évêque de Raguse, envoyé par
Jules II en mission à Venise pour des questions qui touchent
vivement Florence, reçoit l'ordre de passer par Florence, où il
a soin de faire valoir d'avance sa visite et de laisser écrire qu'il
est « tout florentin [2]. »

2° On donne plus de poids à la démarche finale. L'ambassadeur qui, avant de se présenter pour traiter une importante
affaire, s'est déjà fait recevoir par une ou plusieurs autres puissances, dont l'appui mériterait considération, bénéficie immédiatement du soupçon d'entente et peut parler avec bien plus
d'autorité ; c'est ainsi que l'ambassadeur turc négocie à Naples
avant d'arriver à Rome en février 1500 [3], qu'un envoyé de
Louis XII fait presque le tour du nord de l'Italie en 1504, avant
d'aborder la même capitale [4]. Il arrive d'ailleurs qu'un ambassadeur obtient ainsi l'assentiment réel d'une ou de plusieurs

(18 oct. 1502. Sanuto, IV, 369). Lettre de François Sforza à son ambassadeur
en France, exprimant ses remerciements avec une certaine enflure. Jamais,
dit-il, nous ne reconnaîtrons assez les bienfaits du roi. Nous sommes tout à
lui. Le roi aurait pu s'épargner la peine de nous envoyer une ambassade.
Nous lui en adressons une (28 janv. 1466. Arch. Sforzesco).

1) Kervyn, *Lettres et négociations*, III, 86.

2) Machiavel, Dép. de Rome, 28 nov. 1503.

3) 5 février 1500. On attend à Rome l'ambassadeur turc venant de Naples ;
on sait déjà qu'il a offert son appui au roi de Naples, en demandant Tarente
en gage (Sanuto, III, 132).

4) *Dispacci di Giustinian*, III, 22.

cours à telle démarche qu'il va tenter, et à laquelle il donnera, de la sorte, un caractère collectif.

C'est par ce moyen que le protonotaire Hesler, ambassadeur d'Allemagne, obtient le chapeau de cardinal [1]. M. de Montjeu, ambassadeur de Bourgogne à Venise en 1475, demande à Montcalieri une audience de la duchesse de Savoie et lui communique divers points de sa négociation. Ce cas est fréquent [2].

3° Un cas plus rare consiste à envoyer un ambassadeur d'abord chez une puissance amie pour lui communiquer ses instructions, et lui demander des conseils ou des directions pratiques. Charles VIII employa ce système d'ambassade circulaire, lequel, du reste, ne lui réussit pas très bien. Ses ambassadeurs à Rome ou à Naples passaient toujours par Florence, demander les avis de Laurent de Médicis [3]. En 1494, il envoie simultanément à Milan, à Rome, à Venise, à Florence, des ambassadeurs séparés, mais tous avec l'ordre de passer par Milan pour y prendre langue [4].

4° L'ambassade circulaire permet d'éclairer une négociation [5], soit qu'on ne veuille pas tout d'abord s'engager à fond [6], soit qu'on tienne à assurer d'avance son champ d'opérations. L'instruction de Machiavel envoyé en France,

1) Gingins la Sarraz, *Dépêches des ambassadeurs milanais*, II, 119 et s.

2) Gingins la Sarraz, I, 60. Lettre de Louis XII au duc de Milan, le priant de donner conseil et aide à l'ambassade d'obédience française, qui va passer par Milan (1466. *Lett. de Louis XI*, III, 107).

3) Delaborde, p. 205.

4) Lett. à Lud. Sforza. Boislisle, *Et. de Vesc*, p. 79.

5) « L'évêque de St-David, ambassadeur, allant à Rome, a fait ici des ouvertures de trève. Nous désirons la paix et l'union » (Lettre du roi au roi d'Angleterre, 12 août 1486. *Reg. du conseil de Charles VIII*, p. 45).

6) Dépêche de l'amb. milanais à Londres, 29 juillet 1490. Ms. lat. 10133, 483.

en 1504, lui prescrit de passer par Milan pour voir le lieutenant-général du roi. Machiavel s'arrête à Milan vingt-
quatre heures, et expose à Chaumont l'objet de sa mission,
afin que celui-ci puisse écrire au roi et lui recommander ses
amis et ses propres états [1]. L'instruction de l'ambassadeur
vénitien près de l'empereur en 1509 porte qu'il devra voir
en route l'évêque de Trente et lui faire toute sorte de poli-
tesses [2].

5° Le système circulaire deviendra de mise à plus forte raison
près des seigneurs d'un même pays ayant droit d'ambassade.
Avant la fin du XVᵉ siècle, les puissances ne se faisaient pas
faute de l'employer vis-à-vis des grands seigneurs français. De
même, en 1459, Charles VII [3], en 1507, Jules II [4], envoient
en Allemagne une ambassade circulaire aux électeurs de
l'Empire.

6° L'ambassade circulaire devient tout à fait utile, lorsqu'il
s'agit d'une partie à lier, ou d'affaires connexes. Comme le
dit un Mémorandum de 1476, que nous avons déjà cité,
quand un ambassadeur va négocier une adhésion à une alliance, il est « honnête » qu'il passe par la cour du ou des
coalliés, avec une lettre de créance spéciale, et l'autorisation
de communiquer sa mission. En effet cette communication
viendrait de toute façon à la connaissance de la cour tierce [5].
En 1504, Jules II envoie une ambassade circulaire en Alle-

1) Machiavel, Dépêche de Milan, 22 janvier 1503-4.
2) Arch. de Venise, Secreto 41, 180 vᵒ.
3) Quicherat, *Th. Bazin*, IV, 341, 349 et suiv.
4) Archives du Vatican, reg. βLV, f. 453.
5) Memorandum d'un ambassadeur milanais en 1476 (Gingins la Sarraz,
II, 204). Créance de Louis XI au duc de Milan, pour J. Munier, ambass. à
Rome, chargé de communiquer à Milan sa charge (1467. *Lett. de Louis XI*,
III, 195) ; de même pour Geoffoy de l'Eglise (1468. *Ibid.*, p. 210).

magne, en France, dans les Pays-Bas et en Espagne, pour
une ligue contre Venise [1].

Quant aux affaires que nous qualifions de connexes, les archives de Bologne nous en fournissent un exemple par l'ambassade à Bologne, en février 1501, de M. de Trans, ambassadeur de France à Rome [2].

7° Enfin, l'ambassade circulaire est indispensable pour une
négociation de paix ou un essai d'arbitrage entre des puissances tierces. C'est ainsi qu'en 1510 et 1511 l'évêque de Murray
reçoit une ambassade circulaire du roi d'Écosse pour Paris et
Rome, en vue de négocier la paix [3]. Ce genre d'ambassade
est particulièrement pénible et ingrat. Le plus mémorable
monument que nous ait laissé la diplomatie française du
moyen âge est la relation de l'essai d'arbitrage de 1478-1479
entre Rome et Florence, confié par Louis XI à une grande
ambassade. Cette ambassade, reçue le 27 décembre 1478 par
le duc et la duchesse de Milan, repartit de Milan le 1er janvier
1479 et arriva le 10 à Florence ; reçue par la Seigneurie le 11,
elle n'eut de réponse que le 16, elle repartit aussitôt et arriva
à Rome le 24 ; elle négocia longuement et vainement, et prit
congé le 2 juin [4].

Une ambassade circulaire reste toujours simple vis-à-vis de
celui qui la reçoit : elle exige une créance séparée et distincte
pour chaque puissance [5].

1) Archives du Vatican, Instr. alli nuntii, reg. n° 238, f° 45.
2) Archives de Bologne, *Litterarum*, lettres de la Seigneurie à Louis XII,
11 février 1501, à Mino de Rubeis, 8 janvier et 1er avril 1501.
3) *Lettres de Louis XII*, II, 84 et s., 110. Lettres au duc de Milan l'infor-
mant de l'envoi d'« ambaxade » en Savoie et à Venise, en sa faveur (1466.
Lett. de Louis XI, III, 110). Ces ambassadeurs passeront par Milan, pour
prendre les instructions du duc (*id.*, 116).
4) Ms. lat. 11802 : cf. ms. fr. 20978, f° 118t.
5) Thomas Bazin, éd. Quicherat, IV, 344 ; Arch. de Venise, Secreto 41,
180 v°, Instr. de 1509, etc.

Sans créance, un ambassadeur ne peut, sur sa route, que présenter des hommages personnels de courtoisie et de respect aux divers gouvernements, surtout amis ou alliés : il le fait à ses risques et périls, et joue là un jeu dangereux. Philippe de Commines, comme un intrigant de bon aloi, l'essaya plusieurs fois et n'en retira que de la déconsidération.

Il se vante, dans ses *Mémoires*[1], d'avoir été bien reçu, en 1478, par la duchesse de Savoie à son passage, mais il se vante moins du retour. La duchesse était morte ; Commines, en revenant de Florence, s'arrête encore à Turin, pour y jouer un rôle avantageux. Il va voir le jeune duc et se fait un devoir, dit-il, de lui offrir ses services, de lui présenter ses condoléances sur la mort de son Excellentissime mère. Pour donner du poids à sa démarche, il s'était fait accompagner par l'ambassadeur milanais ; mais il ne réussit qu'à se mêler à quelques intrigues, sans intérêt[2]. Au retour de Venise, en 1495, il se montra plus osé ; il alla voir le duc de Milan à Vigevano, où se trouvait déjà un ambassadeur régulier ; il se fit moquer de lui. Le duc, tout en le recevant fort bien, lui accorda très difficilement une audience : il lui dit, en le quittant, qu'il voulait lui « montrer un tour d'amy » pour que le roi lui fît « bonne chère », et lui donna une nouvelle fausse. Commines avoue qu'à la cour, on « lui lava bien la tête »[3]. Il est même dangereux pour une ambassade régulière de stationner sur le terrain d'autrui. C'est ainsi, comme nous l'avons déjà dit, que l'itinéraire par Venise, quoique normal, arrêta tout rapprochement entre Louis XII et Bajazet[4].

Quant aux ambassades cumulatives, nous appelons ainsi

1) L. vi, c. v.
2) Kervyn, *Lettres et négociations*, I, 203.
3) L. viii, ch. xix.
4) Sanuto, III, 570, 571, 572.

l'ambassade qui cumule plusieurs créances, soit que les ambassadeurs de diverses puissances se réunissent pour confondre leurs démarches et leurs efforts en vue d'une même affaire, soit qu'un même ambassadeur soit accrédité par plusieurs puissances. Même en cas d'alliance, même en cas d'ambassades vassales, le premier cas se présente rarement; les ambassades préfèrent conserver une action indépendante et convergente. On peut cependant regarder comme une ambassade cumulative, l'ambassade de France et de Bourgogne à Milan en 1461, les deux ambassades ayant présenté ensemble leurs créances[1]; l'ambassade de France et de Bretagne à Rome en 1500, devenue cumulative après coup, par l'absorption de la seconde dans la première. En 1462, les ambassadeurs florentins en France vont cumulativement à Milan avec une ambassade de France[2].

En 1499, Venise propose à Louis XII une ambassade cumulative, où entrerait également le pape, près de l'empereur[3]. En 1501, la France, représentée d'abord par M. de Trans, puis par Yves d'Alègre, négocie cumulativement avec un commissaire du pape et un envoyé de César Borgia, à Bologne : les trois ambassadeurs se présentent ensemble, à diverses reprises, au conseil de Bologne, et l'orateur de France a la langue, comme chef de cette ambassade[4].

Le second genre de cumul se rencontre très rarement. Cependant, il y a à Asti, en 1449, des agents commissionnés à

1) Ms. fr. 20638, f° 98.
2) Desjardins, *Négociations*....I, 127 et s., not. 130. Ambassade cumulative de l'évêque de Gùrck et de vingt-deux ambassadeurs de la ligue, en 1512 (Guiccardi, *Opere inedite*, VI, 147).
3) Instruction du 28 sept. 1499. Arch. de Venise, Secreto 37, f° 131 v°.
4) Archives de Bologne, *Litterarum*, 8 janvier et 9 mars 1501. L'ambassade à Rome, en novembre 1469, comprend, cumulativement, Guill. Cousinot, conseiller du roi, Guill. le Franc, secrétaire du duc de Bourgogne (Ghinzoni, *Galeazzo Maria Sforza e Luigi XI*).

la fois par le roi de France et le duc d'Orléans[1]. En septembre 1466, la duchesse de Milan envoie un ambassadeur circulaire à Florence et à Naples; à Florence, il doit féliciter Pierre de Médicis de son avènement, et lui demander des nouvelles à porter à Naples. Pierre de Médicis agrée si chaudement ce bon procédé, qu'il donne, lui aussi, à l'orateur milanais une créance pour Naples[2].

Quelquefois, pour une même affaire, on envoie successivement des ambassades, avec ou sans nouveaux pouvoirs, avec ou sans nouvelles instructions : ces ambassades se fondent par voie d'agglomération. Ainsi, en 1497, Charles VIII avait envoyé d'abord en Espagne Guillaume de Poitiers et Michel de Grammont : il leur joint le sire du Bouchage[3], Philippe Guérin, Etienne Petit, qui augmentent d'autant l'ambassade[4].

Enfin, on ne peut parler des ambassades politiques sans mentionner divers agents réguliers, qui coopèrent, dans une autre sphère, à la même œuvre : d'abord, les consuls, qui, malgré leur recrutement spécial et le caractère purement commercial et judiciaire de leur mission, dont nous parlerons ailleurs, jouent un rôle important dans la diplomatie[5], sur-

1) Le gouvernement de Charles VI envoie des ambassades cumulatives, composées d'agents du duc de Bourgogne et du duc d'Orléans (comte de Circourt, *Le duc Louis d'Orléans*, II, p. 23). En 1488, Charles VIII traite avec une ambassade bretonne cumulative, composée de neuf Bretons, de cinq serviteurs du duc d'Orléans et de deux serviteurs du sire d'Albret (L. de la Trémoïlle, *Correspondance de Charles VIII*, p. 241).

2) Dépêche du 13 sept. 1466 (Archivio Sforzesco). En 1511, la France et l'Allemagne commettent en Hongrie un ambassadeur cumulatif.

3) Mandrot, *Ymbert de Batarnay*, p 204.

4) J. 915 B, 22 ; fr. 10237, 110. Cf. un exemple analogue en 1419, fr. 20977.

5) Lorsque Pierre Martyr d'Anghiera se rend en ambassade en Egypte (1501), dès son arrivée au Caire, le consul des Catalans et des Français expédie un courrier au soudan pour annoncer son arrivée et demander pour lui un sauf-conduit (*Petri Martyris Anglerii opera, scilicet legationis Babylonicæ libri tres...*, in-f.).

tout dans la diplomatie vénitienne, qu'ils secondent de la manière la plus active[1], et qui s'entend avec eux[2]. Le baile de
Pera, son secrétaire ou son vice-consul, le consul et le vice-
consul d'Alexandrie, les consuls à Chio, à Tunis, à Naples...
envoient à Venise de véritables dépêches diplomatiques, à
défaut de résident[3]. Ils possèdent un chiffre[4]. On les considère, au point de vue politique, comme des vice-résidents.
Ils n'ont pas les immunités ni le rang d'ambassadeur; leur
présence n'a rien d'honorifique pour un prince : on ne les
charge pas, en général, de présents pour un sultan. Empri-
sonnés au Caire avec leur consul de Damas, les marchands
vénitiens écrivent à Venise, en mai 1511, pour solliciter
l'envoi d'un ambassadeur près du soudan d'Egypte, afin
de le flatter : « Ce seigneur soudan, disent-ils, aiment l'honneur[5] », et les consuls eux-mêmes ajoutent : « Le soudan se
plaint qu'à Venise on lui avait promis un ambassadeur avec
beaucoup de présents et d'autres choses[6] ». Cependant, dans
les postes secondaires, rien de bien apparent ne distingue un
résident d'un consul. En juin 1494, par suite de la déclaration
de guerre, le roi de Naples rappelle son agent à Gênes.

1) L'ambassadeur de Venise au Caire, en 1512, à son audience de congé,
mène avec lui les deux consuls. Celui d'Alexandrie reçoit le don d'une
robe. Après l'audience, les consuls et les marchands donnent à l'ambassadeur
un banquet d'adieu, où quatre jeunes gens disent une églogue en son honneur (Ch. Schefer, *Le voyage d'outremer*, p. 205-206).

2) « Tuto quello che te sera ricordato da li consoli nostri de Alexandria et
Damasco, per beneficio de la mercandatia de la natione nostra, seraj diligente
et solicito in procurar sij impetrato et obtenuto, havendo sempre a cuor el
comodo et utile de li mercadanti nostri, secundodie esser la precipua cura et
pensier tuo » (Instruction vénitienne de 1511, à D. Trevisan pour l'Egypte,
publ. par Ch. Schefer, *Le voyage d'outremer*, p. 246).

3) Sanuto, III, 476, 1262, 1551 ; IV, 388 ; V, 162, 297 ; XI, 294.

4) Sanuto, XI, 294.

5) Sanuto, XII, 214.

6) Sanuto, XII, 235, 236 et s.

Les Génois s'en montrent fort émus : ils sollicitent aussitôt l'intervention de Ludovic Sforza pour le maintien de cet agent, lequel, disent-ils, n'a jamais eu à s'occuper de politique : il servait simplement de représentant pour les intérêts personnels de ses nationaux, et son départ produirait pour le commerce de Gênes avec Naples des effets épouvantables [1].

On peut faire rentrer dans la catégorie des consuls, l'agent spécial entretenu à Rome par les puissances chrétiennes, sous le nom de « procureur en cour de Rome ». Cet agent, purement d'affaires, chargé de veiller à l'expédition des bulles, des dispenses, et de faire toutes les commissions de chancellerie, rend des services par sa connaissance de la cour; c'est, du reste, un fonctionnaire d'un ordre assez relevé, qui peut joindre à son titre un grade romain, tel que celui d' « abréviateur des lettres apostoliques [2] ». Cette procure mène parfois à un évêché [3]. On ne connaît guère de dépêches politiques de ces procureurs [4], que nous sommes portés à considérer comme devenus assez romains pour ne pas beaucoup écrire. Mais ils peuvent agir. Nous voyons des procureurs en cour de Rome se joindre à une ambassade envoyée par leur maître [5], ou même par un ami de leur maî-

---

1) Lettre du 7 juillet 1494. Arch. de Gênes, *Litterarum*, 36/1812.

2) 1499. Burckard, II, 558.

3) Robert d'Epinay, procureur de France à Rome, est nommé évêque de Nantes en 1490 (*Hist. de la réunion de la Bretagne*, II, 197).

4) En 1513, le procureur en cour de Rome de Marguerite d'Autriche lui envoie des rapports diplomatiques (*Lettres de Louis XII*, IV, 169).

5) Ou même un ancien serviteur de procureur devenir ambassadeur. « Et preter eos quatuor (envoyés d'obédience du duc de Savoie) etiam fuit quidam Hercules de Azelio (Azenio, dans la copie), scutifer Rmi Dni Cardinalis Neapolitani, qui ab aliquo tempore citra fuit procurator in curia pro ipso Duce, quoniam ipse Hercules ex Marchionibus de Azelio dicitur de nobili genere» (Paris de Grassis, lat. 5164, fo 326). Sa présence cause une vive discussion parmi les maîtres de cérémonies. Paris de Grassis lui donne rang d'ambassadeur, conformément au pouvoir ducal, Burckard refuse (*id.*, fos 327-328).

tre[1]. On les considère comme des diplomates élevés à bonne
école. En 1452, Charles d'Orléans, envoyant à l'empereur une
ambassade pour une affaire importante et difficile, joint à
cette ambassade, hors rang, son procureur en cour de Rome[2].
Leur situation est assez haute pour arriver à se confondre
avec celle de résident, au commencement du XVIe siècle :
Robert Guibé, évêque de Nantes et cardinal, est à la fois
« ambassadeur et procureur du roy en cour de Rome[3] »,
et, après lui, un ambassadeur fait fonctions de procureur[4]. Le
procureur en cour de Rome a rang de diplomate et jouit des
privilèges diplomatiques[5].

Enfin, les puissances ont à Rome des cardinaux-protec-
teurs. A la mort de Sixte IV, le cardinal Balue, légat en
France où ses intrigues le rendaient insupportable au gouvernement, craignit un rappel, et la cour de France profita
de la circonstance pour entrer en arrangement avec lui :
Balue demanda le poste de procureur en cour de Rome,
avec de bons émoluments ; on ne voulut pas le lui confier ; mais on lui conféra un titre honorifiquement très supérieur et fort peu dangereux, celui de protecteur des
affaires de France à Rome. La question d'argent ayant été
convenablement réglée, Balue accepta le titre, qui lui permit
de continuer sa vie d'intrigues et même de rendre des services[6]. Cette qualité de « protecteur des affaires du roy et

1) Rapport de l'ambassadeur anglais à Rome (1419. Quicherat, *Th. Bazin*.
IV, 278).

2) J. 545, II ; K, 69, no 6.

3) *Diarium* de Burckard, II, 514, n. 2 ; III, 175, 362.

4) « Ant. Gymel » (M. de Gimel, plus tard deuxième ambassadeur avec
Alberto Pio da Carpi) est « procureur et ambassadeur pour le roy en cour de
Rome (1505. Fr. 2831, fo 88). Cf. fr. 15541, no 177.

5) Cf. lettre du roi au parlement, pour recommander une affaire du procureur en cour de Rome (Xia 9320, 91).

6) Delaborde, *La légation du cardinal Balue* ; le même, *Expédit. de*

du royaume en cour de Rome » constitue un rouage extra-
diplomatique, une sorte de procuration supérieure. Son principal effet consiste à permettre de servir honnêtement une
pension à un cardinal influent. Le titulaire porte haut sa qualité : ainsi Balue, dans une lettre de félicitations à Laurent
de Médicis pour la nomination de Jean de Médicis au cardi-
nalat, traite Laurent de « frère », suivant les règles de la
correspondance entre souverains, et signe simplement « Tout
votre[1] ». Le cardinal Jules de la Rovère (le futur Jules II)
hérita de cette qualité après la mort de Balue[2], et après lui
le cardinal San Severino. Le protecteur en cour de Rome n'a
pas de pouvoirs, et n'est pas diplomate[3]; il occupe une situation officieuse, honorifique[4] et s'il prend un rôle actif, on peut
craindre certains tiraillements avec l'ambassade[5]. Il s'emploie pour préparer la réception d'obédience[6] ou dans les
moments graves. Mais les cardinaux nationaux jouent habituellement ce rôle, et les puissances dépourvues de cardinaux,

Charles VIII, p. 174 ; _Hist. de Louis XII_ ; Boislisle, _Et. de Vesc_, p. 51; quittance du 18 déc. 1504 (fr. 20978, f⁰ 131).

1) « Magnifico ac potenti viro Laurentio de Medicis, tanquam fratri nostro carissimo. Magnifice ac potens frater noster carissime, salutem... Quod
bonum, felix et faustum sit reverendissimo filio vestro, Magnificentiæ Vestræ
et civitati Florentiæ ! Hac hora creatus fuit in cardinalem filius vester reve-
rendissimus D. Joannes de Medicis...,etc Totus vester, Io. cardinalis Ande-
gavensis » (Rome, 8 mars 1489. Roscoe, _Vie de Léon X_, édit. franç., I,p.393).

2) Instruction publiée par Thuasne, _Diarium_, I, 514, n. 2.

3) Pour représenter effectivement la cour protégée, il lui faudrait des pouvoirs spéciaux. V. le pouvoir de Louis XII, instituant procureurs spéciaux
au concile de Latran le cardinal Frédéric de San Severino, protecteur des
affaires de France en cour de Rome, l'évêque de Marseille et Louis de Soliers
(Corbie, 26 oct. 1513. Labbe, _Concilia_, XIX, 835).

4) Il reçoit quelquefois du gouvernement des missions directes, d'après
M. le comte de Circourt, _Le duc Louis d'Orléans_, II, 29.

5) Desjardins, II, 667.

6) Le cardinal de Ste-Praxède, protecteur de Savoie, s'emploie dans ce but
(Paris de Grassis, lat. 5164, f. 332).

la Savoie par exemple, ont seules un intérêt de principe à
posséder un protecteur.

La diplomatie de la cour de Rome suit des usages spéciaux,
tout différents de ceux des autres chancelleries.

Le légat pontifical n'a point de similaire : il se rapproche
des ambassadeurs que nous qualifions exceptionnels, en ce que
la légation n'admet jamais qu'un seul membre : mais il s'en
distingue profondément par l'étendue des pouvoirs.

La matière des légations pontificales a fait l'objet de savantes études au moyen âge, de la part des canonistes, ou
des jurisconsultes, qui l'ont envisagée à des points de vue
assez différents. Le légat n'est pas un simple ambassadeur du
pape : « *gerit vices pape* », comme dit Nic. Bohier : il tient
lieu de pape par lui-même. Il exerce dans les pays de sa
légation une juridiction de première importance, que les uns
désirent étendre, les autres restreindre. En France, les pouvoirs
des légats ont été étudiés, à l'époque dont nous nous occupons,
dans deux traités, tous deux dédiés au légat du moment, et
ainsi en quelque sorte officiellement consacrés : l'un, sous
Charles VIII, de Jean Bruneau, professeur à l'université d'Orléans[1]; l'autre, sous Louis XII, de Nicolas Bohier[2] : ce dernier est dédié au cardinal d'Amboise, premier ministre du roi
et légat du pape[3].

---

1) Inséré dans Ziletti, t. XIII.

2) Inséré dans Ziletti, t. XIII, p. II.

3) Cf. Baronius, aº,885, nº 2, f. X : fr. 4327 : nouv. acq. fr. 1078 (traité
par M. de Salles) : Cyllenius, *De legato pontificio*, Venise, 1558 : deux traités
sur les légats, ainsi que la narration de la réception du cardinal d'Amboise,
annexés au traité de *L'origine des cardinaux du St-Siège et particulièrement
des François* (Cologne, Pierre le Pain, 1670). En 1480, Louis XI reconnut
aux légats *a latere* le droit de faire partout porter la croix devant eux, sauf
en présence du roi (*ibid.*, p. 198), etc., etc.

Bohier distingue trois sortes de légats[1] : 1° le légat *à latere*, tiré en quelque sorte de la substance même de la papauté : 2° le légat constitué, c'est-à-dire envoyé en mission spéciale, sorte d'ambassadeur extraordinaire ; 3° le légat-né, qui jouit de ce titre en vertu de privilèges de juridiction attachés à une haute fonction, comme l'archevêque de Reims en France, l'archevêque de Pise en Italie. Cette troisième catégorie, qui présente sur les deux autres l'avantage de l'inamovibilité, ne constitue qu'un échelon supérieur de la hiérarchie ecclésiastique : elle n'a point de caractère diplomatique proprement dit ; nous ne nous en occuperons point.

Le légat *a latere* est nécessairement cardinal[2]. Il ne peut pas être nommé par un simple *motu proprio* ; il est désigné par le pape, mais solennellement, en consistoire, après avis des cardinaux, suivant les uns[3], après assentiment des cardinaux suivant les autres[4]. Il a droit aux mêmes honneurs[5] et à la même obéissance que le pape[6].

Selon les jurisconsultes ultramontains, le légat doit être cru sur parole[7]. Il suffit qu'il déclare faire acte de légation et personne ne peut lui demander production de ses pouvoirs ; la notoriété de sa légation suffit[8]. Les Français exigent, au contraire, que le légat apporte une commission en règle et,

---

1) Distribution établie par Innocent **IV**. Le *Sexte* (lib. primus, *De officio legati*) distingue les légats cardinaux qui peuvent de plein droit conférer les bénéfices, et les non cardinaux qui ne le peuvent que sur pouvoir spécial.

2) G. de Villadiego, *Tractatus de legato*, q. III (Ziletti, t. **XIII**).

3) Villadiego, q. 1.

4) Bohier. Pour se dispenser d'envoyer son fils comme légat, avec l'armée de Charles **VIII**, Alexandre **VI** répond que le choix des légats appartient au consistoire (Delaborde, p. 512).

5) Bruneau, concl. IX.

6) Bohier.

7) « Creditur legato a latere » (Martinus Laudensis, *De legatis*, quest. 8).

8) Andreæ Barbatia, *De cardinalibus legatis a latere*.

d'après eux, il n'a droit à être reçu en France que sur la production et la vérification de ses lettres de légation[1]. Une constitution de Jean XXII frappe d'interdit *ipso facto* tout pays qui, en vertu d'une soi-disant coutume, refuserait de recevoir un légat, car « le légat représente le pape partout où celui-ci ne peut aller, il a le pouvoir de Dieu[2] ». Néanmoins, en France, on se croit le droit, non-seulement de vérifier matériellement les pouvoirs du légat, mais d'en exiger l'entérinement par le parlement, qui peut s'y refuser.

Le 28 septembre 1451, à Taillebourg, maître Guillaume Seguin apporte au roi Charles VII des lettres qui accréditent comme légat le cardinal d'Estouteville, et il annonce le voyage, dans huit jours, du cardinal, pour venir traiter de la paix avec l'Angleterre. Le jour même, le roi fait répondre qu'il ne peut croire que M. d'Estouteville, « qui est notable et saige seigneur », vienne ainsi, sans son vouloir et consentement, sans l'avertir préalablement : il invite Guillaume Seguin à lui écrire de ne pas quitter Rome sans avoir l'acquiescement royal, ou, s'il est parti, de ne pas entrer dans le royaume comme légat, pour ne pas s'exposer à l'affront de ne pouvoir continuer : « car le roy a privilège que aucun ne se peut porter pour légat », et, pour rien au monde, il ne souffrirait une dérogation à cette règle[3].

Louis XI, italien en tout, et aussi partisan des idées d'Outre-monts en matière religieuse que son père l'était des idées gallicanes, n'éprouva aucun scrupule à faire arrêter le légat du pape, cardinal de St-Pierre-aux-Liens; mais, tout en ménageant les susceptibilités gallicanes, il professa la nécessité d'obéir à Dieu et à son vicaire, de soutenir le pape et son pouvoir

1) Bohier.
2) *Extravagantes communes,* lib. I, tit. 1, c. unique.
3) Note orig. du XVe siècle, ms. fr. 1004, fo 42.

temporel suivant la politique immémoriale de la France, de détruire la Pragmatique, contrat unilatéral, « œuvre de haine et d'envie », et de « tout moyenner», de garder « la souveraineté du pappe et l'église gallicane en sa liberté », d' « avoir concordatz entre le pappe et église gallicane comme on a eu le temps passé[1] ». Ses successeurs s'inspirèrent de la même politique expérimentale, en réservant les principes. Quand, en 1483, Balue, exilé de France, prétendit y rentrer comme légat, le gouvernement lui interdit de passer la frontière et écrivit à Rome pour demander son rappel, en même temps que les États Généraux protestaient contre tout envoi de légat. Après une humiliante quarantaine de quatre mois à Pont-de-Beauvoisin, Balue prit l'engagement écrit de ne pas user de ses pouvoirs et de se contenter de réceptions honorifiques. On l'autorisa, seulement, « pour l'honneur du Saint Siège », à faire sa révérence au roi et à dire sa créance[2]. Quant à Georges d'Amboise, il fit soumettre au parlement et enregistrer ses bulles de nomination et de prorogation[3].

D'après Bohier, le légat n'est pas un cardinal-vicaire, c'est un vice-pape ; il a « merum et mixtum imperium », à moins de réserve formelle. Son pouvoir en matière de dispenses ne trouve de bornes que dans les règles générales des statuts et

1) Déclaration de Louis XI (ms. fr. 1001, fo 51).
2) Delaborde. *Expédition de Charles VIII*, p. 167. L'esprit hostile qui avait présidé au choix de Balue s'accentuait par ce fait que Rome avait directement notifié sa nomination par des brefs aux ducs d'Orléans, de Bourbon, de Bretagne, adversaires de la régence (Raynaldi, XI, 49).
3) Jean d'Auton. En 1494, Charles VIII écrit de Pavie, le 14 octobre, à un cardinal, pour le prier de dire au pape qu'il refuse comme légat à son camp le cardinal de Sienne (Piccolomini, le futur Pie III), «lequel est tout arragonnoys et qui a tousjours tenu et tient le party dudit Alphonce, par quoy en luy ne pourroye avoir affection, ne adjouster foy à ce qu'il me diroit. » Le roi dit qu'il recevrait bien un cardinal non suspect (Ms. fr. 2962, fo 112).

constitutions de la sainte Eglise romaine. Ainsi, au point de vue diplomatique, le légat peut concéder des représailles ; mais il ne peut consentir une cession des terres de l'Eglise, lesquelles sont inaliénables. Bohier n'exige de mandat spécial que pour déroger à ces règles de droit commun. Martin de Lodi, italien, estime que, pour conférer les bénéfices, il faut une délégation spéciale, et que, s'il exerce la juridiction du pape sur les exempts[1], le cardinal-légat ne peut, par le fait seul de sa fonction, connaître des cas réservés[2]. Mais les jurisconsultes français se montrent moins explicites : selon Bruneau, le légat a : 1° un droit absolu de juridiction[3]. Il peut être saisi de toute affaire intéressant les matières ou les personnes religieuses, « per viam querelæ »[4], même réservées au pape[5] : il se substitue donc de plein droit à la juridiction de l'ordinaire, c'est-à-dire des évêques[6], et il exerce, de plus, pleine juridic-

1) Exempts de la juridiction ordinaire, soumis seulement à celle du pape.

2) Mart. Laudensis, *De legatis*, quest. 13, 14. Cf. Villadiego, quest. xɪ, quest. vɪɪɪ. Du reste, la détermination de ce droit fait l'objet de savants travaux. On s'est demandé notamment si une partie peut récuser le légat comme suspect ; on admet que oui, et aussi que le jugement d'un légat est susceptible d'appel (A. Barbatia).

3) Bruneau, *Tractatus de dignitate et potestate legati*, concl. xɪ.

4) Le pape pouvait entamer une procédure en France par trois voies : 1° dénonciation (*querela*), s'il est saisi d'une plainte ; 2° accusation, si on se porte accusateur à Rome ; 3° inquisition, c'est-à-dire par une procédure d'office. Le pape tentait de faire admettre que la poursuite d'après le deuxième mode devait avoir lieu à Rome ou tout au moins à Avignon. D'après Bruneau, le premier mode de procédure est délégué de plein droit au légat.

5) Pour la poursuite de faits religieux ou de personnes religieuses, il fallait, en dehors des légations, obtenir du pape un *vicariat*. Louis XI le fit solliciter en 1468 pour poursuivre Balue et l'évêque de Verdun. Ses ambassadeurs firent toutefois remarquer que, dans bien des cas, les princes temporels avaient cru pouvoir s'en passer (Mémoire de 1468. Fr. 3884, f° 203 v°).

6) Bruneau, concl. vɪɪɪ, x. Ce pouvoir a été aboli par le concile de Trente.

tion sur les exempts [1] et sur les cas réservés, dit *casus papales* [2]. Bruneau ne réserve au pape que les décisions pour déposition d'évêques, et translation d'évêques ou d'évêchés [3]. N'insistons pas sur ces points qui, malgré leur importance diplomatique, relèvent du droit canonique.

2° Le légat confère les bénéfices, dont la dévolution appartient au pape [4]. Nous touchons ici au point majeur de la querelle du gallicanisme. La grosse question était de savoir à qui appartiendraient les nominations aux bénéfices opulents, et les revenus des sièges vacants. Louis XI fait prévaloir le système d'une entente du roi et du pape [5]; il voulait distribuer ces beaux revenus à ses serviteurs, à des grands seigneurs, à des gens d'armes [6]; système trop pratique pour n'être pas con-

---

1) Monitoire du cardinal-légat de St-Pierre-aux-Liens contre Arthur de Montauban, pourvu de l'abbaye de Redon, cité à comparaître dans 60 jours devant lui (Arch. de la Loire-Inférieure, E. 42). Arthur de Montauban était convaincu d'un assassinat politique.

2) Les *casus papales* au nombre de vingt, les *casus episcopales* (40), les *casus in quo dispensant abbates* (7), sont énumérées dans une plaquette de 6 ff., petit in-18 carré, *Casus papales*, avec la marque de Denis Roce, s. d.

3) Concl. XII. Cette matière donnait lieu à l'envoi d'agents spéciaux en France ou à Rome, et à une entente personnelle entre le roi et le pape. C'est ainsi que fut traitée en 1488 l'affaire des évêques arrêtés (*Histoire de Louis XII*, t. II; ms. fr. 23236, f°⁵ 138, 144; 25541, f° 27, etc.): les envoyés du pape prétendirent diriger l'instruction. Dans l'affaire de Balue, Louis XI envoya à Rome une ambassade spéciale, et il obtint la translation de l'évêque de Verdun: il s'entendit avec le pape pour imposer à ce prélat le serment de ne plus conspirer : « Ce sont les articles que le Roy entend qui soient accordez, promis et jurez par l'évesque de Verdun, auctorisez, ratifiez et approuvez par nostre saint Père le pape et enjoincts audit évesque, sur peine de malédiction éternelle, déposicion et suspension, et de dégracion (*sic*), se mestier est, par nostredit saint père et le collège des cardinaux » (minute orig., ms. fr. 1004, f° 72).

4) Bruneau, concl. XXI; concl. XXII, si le pape et lui confèrent, le même jour, un bénéfice, ce bénéfice appartient au premier mis en possession; concl. XXIII, le légat ne confère pas ceux qui sont à présentation de laïques.

5) Bernier, *Journal des Etats généraux de 1484*, p. 517.

6) Affaire de l'évêché de Séez : Seyssel, *Histoire du Roy Loys XII*, p. 42 v°.

servé par ses successeurs [1], et qui donne un singulier relief à la mission d'un légat : aussi l'annonce de la venue d'un légat met en branle toutes les ambitions. On répand même le bruit que cet ambassadeur apporte des chapeaux [2].

3° Enfin, ce qui qualifie le plus la mission du légat, c'est le pouvoir de distribuer des grâces spirituelles, des indulgences [3], des dispenses : c'est aussi ce qui la rend si antipathique en France : à ces « indulgences et décismes de dispenses, et autres voyages en court de Romme », on attribue de grandes sorties de numéraire, des « évacuations de pécunes »…. « Sont venuz trois ou quatre légatz, qui en ont donné de merveilleuses évacuations à ce povre royaume, et veoit l'en mener les muletz chargez d'or et d'argent ». Le royaume est en bon état et n'a pas besoin de légat, affirment les Etats-Généraux de 1484 [4]. Chaque départ de légat est une grande plaie ouverte, dit le *Rozier Historial*. Le drainage de l'argent par voie d'indulgences prête aux plus acerbes critiques [5].

1) Seyssel, évêque lui-même, dit ostensiblement qu'Erard de la Marck, évêque et prince de Liège, est *tenu* au roi, parce que Louis XII lui a fait avoir Liège, et, de plus, l'a fait pourvoir de l'évêché de Chartres, « qui est l'un des bons de France », et d'autres bénéfices (*ouvr. cité*, p. 68).

2) *Journal des Etats généraux de 1484*, p. 516.

3) Bruneau, concl. XXXII.

4) *Journal*, p. 671 : Cf. p. 82 : Godefroy, *Hist. de Charles VIII*, p. 404.

5) Le cardinal-légat d'Amboise, dépositaire des décimes levés pour la croisade, s'en servit pour prêter à Louis XII des sommes considérables, comme nous l'avons dit dans notre ouvrage sur *La veille de la Réforme*. Cf. fr. 23110, Macon, 18 sept. 1503, Mand. de remboursement au cardinal d'Amboise de 20.000 liv., prêtées par lui pour la guerre : 8 déc. 1508, attache des généraux des finances de verser, suivant les patentes du roi, au cardinal d'Amboise, 2,177 liv. 10 s. pour remboursement de prêt sur les deniers du décime et jubilé, suivant obligation du roi, de 300,000 liv., datée du 3 août 1507, (à prendre sur les 50.000 ducats d'or reçus du roi d'Aragon et de Naples et autres); Grenoble, 12 juin 1511, mandement de recevoir en compte la quittance donnée par le feu sire de Chaumont, après la mort du légat, de 12,000 l. versées pour sa pension jusqu'en septembre 1510 ; le légat étant mort le 25 mai, on lui devait en outre, pour 4 mois 6 jours, 4,200 liv. t.

Tel est l'immense pouvoir des légats *a latere*. Ce pouvoir les distingue de tout autre ambassadeur et leur crée une place à part dans la diplomatie : il présente le caractère très spécial de tenir à la fonction elle-même. De tous les envoyés à l'étranger, le légat seul peut, théoriquement et pratiquement, arguer d'un pouvoir personnel. Wicquefort ne nous paraît pas un historien très véridique lorsqu'il affirme que la grande autorité des légats a pris son origine dans le crédit personnel des cardinaux-légats d'Amboise et Wolsey [1].

Quant au simple légat, quoique toujours unique, il fait en réalité fonctions d'un ambassadeur de premier rang, ou même de résident. Il n'est pas nécessairement cardinal. L'évêque de Tivoli, ancien légat d'Alexandre VI, à Venise, y revient comme légat de Jules II. Il présente deux brefs du pape, l'un qui, le qualifiant « nontio et oratori nostro », le nomme légat, avec les pouvoirs les plus étendus de donner des bénéfices, l'autre qui confirme les actes de sa légation antérieure [2]. Nous rentrons ici dans le droit commun des ambassades, dont l'étendue est déterminée par des pouvoirs et dont les actes sont sujets à ratification. Un tel légat, sauf les honneurs réservés à son caractère, gère son ambassade comme un ambassadeur ordinaire. Ainsi l'évêque de Tivoli, en mars 1504, vient à la Seigneurie solliciter pour le cardinal St-Pierre-aux-Liens, et de la part du pape, une abbaye vacante en Crémonais ; il présente même à l'appui de sa demande des lettres du pape et du cardinal [3]. A cette classe ordinaire appartiennent aussi les

1) « L'autorité excessive des Légats a pris son origine principalement du grand crédit que les cardinaux d'Amboise et de Wolsey avoient auprès de Louis XII et de Henry VIII, rois de France et d'Angleterre, qui souffrirent qu'on leur rendist des honneurs tout à fait extraordinaires, ou pour parler plus proprement, extravagants » (*Mémoires...*, p. 409).

2) 5 déc. 1503. Sanuto, V, 478.

3) Sanuto, V, 1027.

légats nommés *in partibus infidelium*, par exemple le cardinal-légat de Rhodes.

Les légations sont simples ou circulaires comme les autres
ambassades [1]. Quant au nonce, c'est l'ambassadeur de la diplomatie courante : les nonciatures comportent un ou plusieurs
ambassadeurs ; elles se recrutent parmi les archevêques,
évêques, protonotaires, camériers, prélats divers [2]. On traite
les nonces comme tout autre ambassadeur ecclésiastique [3] : la
seule différence consiste en ce que les nonces, à leur présentation, commencent par donner au roi la bénédiction papale [4].

Le jurisconsulte Villadiego enseigne qu'un simple protonotaire, revêtu de pleins pouvoirs, n'est pas un nonce, mais un
légat [5]. Cette théorie est contredite par les faits. Jules II, en
1504, envoie en Espagne l'évêque d'Arezzo comme « nonce
et orateur, avec pouvoir de légat *de latere* [6] ».

Il y a des nonces envoyés en mission spéciale, comme des

---

1) Instruction pour légation circulaire en Hongrie, Bohême et Pologne,
(18 nov. 1500. Arch. du Vatican, βLV, f⁰ 46 v⁰; Marciana, de Venise, ms. lat.,
cl. XXI, cod. 24, f⁰ 116).

2) Nonces du pape pour féliciter Louis XII de son avènement (et autres
affaires) : Jean, archevêque de Raguse; Adriano Castelli, protonotaire, clerc
de la Chambre apostolique, secrétaire domestique; Ram. Centelli, protonotaire, trésorier de Pérouse (*Procédures politiques*, p. 1106). Jean-André Grimaldi, camérier secret, nonce du pape en Danemark. (27 mai 1474. Saige,
Documents, 1, 501), etc. D'après les *Bertrandi Heliæ, Appamiensis, Historiæ
Fuxensium* (l. ıv), le cardinal de Foix aurait été simple nonce à Naples vers
1489 ; mais l'auteur a certainement commis là une confusion.

3) Mém. de 1469. Ms. fr. 3884, f⁰ 190 v⁰.

4) « Post datam Suæ Majestati benedictionem nomine ejus Sanctitatis, et
presentationem brevis, referetis Suæ Majestati... » (Instr. d'Alexandre VI à
ses nonces, envoyés pour l'avènement de Louis XII ; *Procédures politiques*,
p. 1106).

5) *Tractatus de legato*, par G. de Villadiego, quest. ɪɪɪ.

6) Instructions du 14 mars 1504 (Archives du Vatican, βLV, f⁰ 420 v⁰;
Marciana, à Venise, papiers de Podocataro).

légats, en pays infidèles, par exemple pour prendre la direction d'un croisade [1].

L'envoi de légats a lieu d'office ou sur la demande d'une puissance [2], demande motivée par l'efficacité de ces envois pour maintenir ou négocier la paix [3].

Les légations sont peu recherchées par les cardinaux, personnages généralement âgés, qui n'ont rien à y gagner : dans la charte imposée au futur pape, suivant l'usage, lors du conclave qui suit la mort de Pie III, en 1503, un article porte, en substance, que, les cardinaux craignant l'exil sous forme de légation et n'osant pas, par ce motif, opiner librement en consistoire, le futur pape s'engagera à ne jamais envoyer personne en légation sans son consentement formel [4].

Il va sans dire que, sans conférer de légation, le pape peut déléguer tout ou partie de ses pouvoirs à tel ou tel cardinal, pour le diocèse de celui-ci [5].

---

1) Bref nommant un « nonce et commissaire » pour armer et commander la flotte contre les Turcs, et faire fonctions d'amiral (avril 1502. Arch. du Vatican, reg. Vatican 868, f⁰ 66).

2) Après la mort de François Sforza, la duchesse de Milan demande au pape l'envoi d'un légat cardinal pour maintenir la paix (Archivio Sforzesco).

3) Le cardinal de Sainte-Croix (Nic. Albergati, évêque de Bologne) est employé, avec le cardinal de Chypre (Hugues de Lusignan), pour faire la paix en France (Th. Bazin, liv. ii, p. 97). Trêve de Tours, entre la France et la Bretagne, négociée par les envoyés anglais et le légat du pape (10 mai 1490. Mém. de Bretagne, III, 667). En mai 1478, un légat du pape va en Picardie prêcher la croisade et la paix. La guerre se ralentit un peu (Jean de Roye), etc.

4) Capitula privata : Archiv. du Vatican, βLV, f⁰ 485-505.

5) Motu proprio, en faveur de César Borgia, des kalendes de juillet 1496, contresigné de Podocataro : « Alexander etc. Ad futuram rei memoriam. Ad personam dilecti filii nostri Cesaris, sancte Marie nove diaconi cardinalis, quam multiplicum gratiarum muneribus illustravit Altissimus, nostre considerationis dirigentes intentum et attente prospicientes quod ipse cardinalis, qui ecclesie Valentinensi, ex concessione et dispensatione Sedis Apostolice preest, eamdem Romanam ecclesiam, cujus honorabile membrum exis-

tit,per suorum amplius honorat magnitudine[m]meritorum,dignum,quin potius debitum, arbitramur ut, illam specialibus favoribus et prerogativis
decorantes, ea sibi libenter concedamus, per que personis infra civitatem et
diocesim suam Valentinensem constitutis se reddere gratiosum ac earum-
dem personarum animarum saluti consulere possit » (formule habituelle) : le
pape lui concède le droit de donner des dispenses de mariage au troisième
degré, d'absoudre et régulariser les unions contractées, en légitimant les
enfants nés, d'habiliter et absoudre tous candidats à des fonctions ecclésiastiques (Archives du Vatican, reg. 873, fos 335 ro, 337 ro).

CHAPITRE II

Dans tous les pays la nomination des ambassadeurs appartient au pouvoir exécutif. Ils sont nommés en France par le roi en conseil, à Rome par le pape en consistoire, ou du moins sur l'avis des cardinaux qu'il croit devoir consulter, dans les républiques italiennes par le conseil dirigeant ou Seigneurie, par le sénat de Venise, par les *Decemviri* de Florence, par le conseil de Gênes. Dans l'ancienne république d'Avignon, leur nomination appartenait aux consuls, en temps de consulat, au conseil des syndics et *clavaires* en temps de podestariat : le podestat ne pouvait conférer que des missions à deux jours de marche, au maximum[1].

Si l'ambassade comprend plusieurs membres, un ordre du conseil du roi décide que tel personnage « sera mis ou roole des ambassadeurs qui sont ordonnez pour aller à...[2] ».

L'ambassade est un office de l'ordre le plus élevé : « Les ambassades, dit Machiavel, sont dans un gouvernement les emplois qui font le plus d'honneur à un citoyen, et il faut y être apte pour mériter le nom d'homme d'Etat... Une première ambassade est une épreuve qui décide de la carrière d'un homme[3]. » Pour la défense d'Olivier le Roux, on allègue, aux

1) V. nos *Coutumes et règlements de la république d'Avignon*, p. 136, p. 89.
2) Ordre du conseil pour Benoit Adam, envoyé à Rome, 25 oct. 1484. *Reg. du Conseil de Charles VIII*, p. 142.
3) Machiavel, Instruction à Raph. Girolami. Guichardin, au retour de sa première ambassade de 1512-1513 en Espagne, est nommé à Florence membre du conseil des Huit.

Etats-Généraux de 1484, qu'il a eu souvent « l'honneur d'une ambassade, surtout dans les Espagnes[1]. » En France, les fonctions publiques sont toutes très recherchées, jusqu'à la plus infime : à plus forte raison, les fonctions diplomatiques. Philippe de Commines, Claude de Seyssel montrent dans leurs écrits une certaine fierté du titre d'anciens ambassadeurs. Dans les états de la maison de Savoie, pays pauvre et monarchique, on convoite si violemment les fonctions diplomatiques qu'en cela, comme pour le reste, éclate une rivalité aiguë entre Savoyards et Piémontais, les frères ennemis. S'il y a deux ambassadeurs, l'un doit être Piémontais, l'autre Savoyard[2]. A Florence, à Venise, au contraire, c'est à qui ne sera pas ambassadeur. Dans les républiques italiennes, le monde politique ne se recrute que parmi les gens réputés incapables de s'assurer personnellement une vie indépendante : « La fortune ayant voulu, écrit plaisamment Machiavel, que je ne puisse raisonner ni sur l'art de la soie ni sur l'art de la laine, ne sachant parler de gains ni de pertes, je suis forcé de m'occuper des affaires de l'Etat et de faire de la politique[3]. » Tout le monde est banquier, industriel, négociant, ou artiste ; on a un palais, une nombreuse famille, une vie large et confortable, les jouissances de l'art, les moyens de gagner de l'argent et de le dépenser, l'on est arrivé à l'âge du repos : il faut un bien grand dévouement pour s'expatrier, pour affronter toute sorte de fatigues, les changements de climat, les épidémies, les altérations de santé qu'on rapporte souvent, l'insécurité des voyages diplomatiques, les mauvais gîtes, tout cela pour perdre sa li-

---

1) Bernier, *Journal des Etats généraux*, p. 320. Olivier Le Roux avait été envoyé en Castille, en Catalogne, à Rome, en Angleterre, « et ailleurs » (fr. 20590, n° 51).

2) Rapport d'un ambassadeur milanais de 1478. Kervyn, *Lettres et négociations*, I, 204.

3) *OEuvres*, II, 611 : lettre xiii à F. Vettori.

berté, pour répondre de ses actes envers l'opinion et envers un gouvernement collectif, électif, plein d'intrigues, pour dépenser enfin ses revenus en vue d'un honneur médiocrement estimé. La proposition séduit peu [1]. Il n'y a que les politiciens de profession, comme Machiavel, qui ambitionnent une mission; et lui-même fait, parfois, le difficile : « Si les hommes supportent des fatigues, c'est pour améliorer leur condition, et non la rendre plus pénible, » écrit-il de Rome, dans un moment de mélancolie [2]. On dut recourir à la contrainte pour obtenir des ambassadeurs. Le sénat de Venise prononça contre le refus d'ambassade la peine d'une forte amende en **1271**, la déchéance, pour un an, de toute charge et bénéfice de l'état en **1360**. En **1471**, sur le refus formel d'un ambassadeur désigné pour la France, le sénat en élut un autre, Dom. Gradenigo, qui refusa également; il fallut une injonction formelle, le vote d'un traitement considérable, et la menace d'une amende de 500 ducats s'il ne quittait pas Venise avant le 9 avril, pour le décider à partir au mois de mai [3]. Une décision du grand conseil de **1479**, édicta encore des peines sévères contre les refus d'ambassade [4]. Néanmoins, le mal ne fit qu'empirer et en **1500** il devient littéralement impossible de trouver à Venise un ambassadeur : « non si trovara chi volesse servir la terra, » dit Sanuto [5]. Fr. Foscari, élu, en septembre 1500, ambassadeur en France, oppose une résistance héroïque [6]; le 19 juillet **1501**, on nomme enfin à sa place Zorzi Emo, qui refuse absolument [7]. Mêmes difficultés pour l'ambassade en Hongrie : le premier

1) Canestrini, *Scritti inediti...*, p. L.
2) Lég. à la cour de Rome, lettre xxv, 1503 (*Œuvres*, II, p. 318).
3) Perret, *Biblioth. de l'Ec, des Chartes*, LI, p. 122.
4) Sanuto, III, 1176.
5) III, 90.
6) Sanuto, III, 757.
7) Sanuto, IV, 87.

élu fait valoir une excuse péremptoire... ; on élit Zach. Contarini. Celui-ci s'adresse au cœur des sénateurs : « il a une femme malade, et dix enfants ; il a déjà payé sa dette par dix ambassades, dont trois au-delà des monts, c'est-à-dire deux en France et une en Allemagne ; à cette dernière, le roi des Romains l'a logé dans une maison où il y avait un homme mort de la peste : son père est mort des suites d'une ambassade, à Sienne, deux autres de ses ascendants aussi, l'un en Savoie, l'autre à la Corogne en Espagne ». La Seigneurie, émue, se laisse aller à accepter encore son excuse[1], et nomme J. Pisani. Celui-ci vient, tout en larmes, supplier qu'on l'écarte ; il a un père très malade, que son départ achèverait. On passe au scrutin, qu'on reprend par deux fois, sans résultat : heureusement, au milieu de la confusion, on résout enfin Pisani à accepter[2]. Pour en terminer, et obtenir une ambassade en France, la Seigneurie décide que seuls, un membre du conseil, un *avogador*, ou un membre du conseil des X pourront décliner une ambassade : tout autre citoyen coupable de refus sera frappé d'une amende de 500 ducats outre les autres peines ; séance tenante, il réélit Zorgi Emo, qui refuse de nouveau[3]. L'année suivante, 1502, la lutte continue encore : sur trois ambassadeurs élus pour la Syrie, un seul, ancien consul à Damas, accepte[4] ; l'ambassadeur élu pour l'Allemagne refuse[5] : Marco Dandolo se fait marchander et refuser pour l'ambassade de Rome[6] que le professeur Ant. Giustinian accepte sous la condition expresse de conserver sa chaire et de nommer lui-même

1) 19 déc. 1500 (Sanuto III, 1205).
2) 2 déc. 1500 (Sanuto, III, 1207, 1210).
3) 3 août 1501 (Sanuto, III, 90).
4) 16 juillet 1502 (Sanuto, IV, 286).
5) *Id.*
6) 28 janvier 1502 (Sanuto, IV, 24).

son suppléant[1]. Quant aux ambassadeurs en fonctions, ils ne sollicitent que leur rappel. Dès qu'ils apprennent la nomination de leur successeur, ils se hâtent de remercier et demandent son envoi le plus tôt possible[2].

Dans la vieille législation de la république d'Avignon, il était stipulé que personne n'irait plus d'une fois par an en ambassade, sauf les avocats, qu'on pouvait y envoyer deux et trois fois par an[3].

Il n'y a point de carrière diplomatique au moyen âge, et par conséquent il ne s'y forme pas ce qu'on peut appeler de monde diplomatique. La science technique du protocole n'est représentée dans une ambassade que par le secrétaire. On cherche, comme ambassadeur, au moins comme ambassadeur principal, un homme marquant et expérimenté, d'âge mûr, spécialiste, c'est-à-dire spécialement rompu au genre d'affaires qu'il va traiter ou connaissant le pays. Le système des envois spéciaux et temporaires varie à l'infini la physionomie des missions et donne beaucoup d'élasticité, beaucoup de subtilité à la physionomie de la diplomatie.

Il y a des règles générales et des règles spéciales à suivre dans le choix des ambassadeurs.

La première règle générale consiste à choisir des hommes d'un caractère sûr, ce qu'on appelle de « bonnes gens et sages[4] : » intimement connus du roi, « de sa nourriture », dit Commines, dévoués et de sang-froid, ayant « reçeu quelque grâce ou bienfait, mais surtout saiges gens, » souples, pratiques, « gens complaisans, et qui passent toutes choses et toutes parolles pour venir à la fin de leur matière[5]. Tels ambassadeurs vouloit

1) 10 février 1502 (Sanuto, IV, 237).
2) Sept. 1503 (Sanuto, V, 143) et autres.
3) *Coutumes et règlements*, p. 135.
4) Commines, c. xiv.
5) L'ambassadeur doit avoir toujours l'air pacifique et doux, et savoir se renfermer dans les termes de sa mission (Et. Dolet, *De officio legati*, p. 20, 12, 18).

nostre roy » (Louis XI, si compétent en la matière)[1]. « Une sage ambassade, constituée selon les règles, a bien souvent rendu plus de services au royaume que des armements ou des dépenses », disait le chancelier aux Etats-Généraux de 1484[2]. Il convient donc, comme on dit en chancellerie, de : « commettre et députer aucun personnage à nous seur et féable » ; toute commission d'ambassadeur mentionne la confiance générale du prince dans les « sens, souffisances, loiauté et preudhomie et bonne diligence » du personnage, ou dans ses « noblesse, expérience, discrettion, loyaulté et grant dilligence... ». Louis XI y ajoute volontiers des clauses spéciales, telles que « : N'ayant treuvé personne de nostre Royaume quy nous ait en nos plus secrètes et importantes affaires mieux et plus fidèlement servi[3], » ou encore : « Pour ces causes, et que mieulx que nul autre povez savoir et entendre... etc. pour la cognoissance que desjà en avez eue...[4] » On cherchera donc un homme « bien entendu »[5] dans la politique, connu comme tel, qui ne se laisse pas aller à des intrigues ou à des bavardages compromettants[6]. En Italie, la souplesse native de l'esprit, la grande expérience que les jeunes gens prennent de très bonne heure de la vie à l'étranger, l'habitude des affaires, la haute culture intellectuelle mûrissent vite l'esprit et procurent d'excellents diplomates. A Venise, « l'on a plus de bon sens à l'âge de trente ans qu'ailleurs en celuy de cinquante, » disait Wicquefort au XVIIe siècle[7]. A Milan, le duc trouvait des ambassa-

---

1) *Mémoires*, I, 208, 264, 267.

2) Bernier, *Journal des Etats Généraux*, p. 50.

3) Pouvoirs de 1494. Mandrot, *Ymbert de Batarnay*, p. 180.

4) Pouvoirs de 1475. Mandrot, *Ymbert de Batarnay*, p. 301.

5) 1497. *Id.*, p. 304.

6) Comme Jacques d'Amancy, envoyé en Savoie (1453. Favre, Introduction du *Jouvencel*, p. ccxi).

7) *Mémoires...*, p. 22.

deurs de premier choix dans le cercle professionnel de ses fonctionnaires. Mais en France on est obligé de les chercher avec soin.

Outre la première condition générale d'aptitude, il est utile qu'un ambassadeur soit doué des dons extérieurs. Un orateur de Lithuanie produit à Venise un excellent effet, en février 1501, parce qu'on le trouve « jeune, docte et de belle apparence[1]. » Dans ce même milieu, si connaisseur, on prise également un envoyé ecclésiastique d'Alexandre VI, qui se présente à l'audience, vêtu en religieux par dessous et simplement en noir par dessus, quoique évêque : il est jeune, parle une langue exquise, « et est fort notre ami[2] ».

Une bonne santé sera nécessaire pour affronter les fatigues matérielles, et pour se bien présenter. L'évêque de Calahorra, nommé par Alexandre VI légat à Venise, est très riche, aimable, libéral et de grand esprit, mais vieux et débile ; il tombe malade en route, et, à Venise, il faut le porter pour la première audience[3]. Raymond Pérault, évêque de Gürck, un légat enthousiaste et ardent s'il en fut, se voit arrêté à Ulm par un accès de goutte, et au lieu d'aller haranguer les Suisses et la diète de Nuremberg pour les projets de croisade, il lui faut simplement écrire des lettres[4]. Charles VIII, qui ne connaissait pas d'obstacles, tenait bien à employer le sire du Bouchage, lorsqu'il lui écrit : « Pour aucunes choses, dont j'ay à faire de vous, je vous prie que, incontinent ces lettres vehues, si vous estes en disposition de vostre personne que puissiez chemyner, que vous en venez devers moy et à vostre aise, selon ce que la santé de vostre personne le

---

1) Sanuto, III, 1433. Cf. E. Dolet, p. 11.
2) Sanuto, III, 1549.
3) Sanuto, *Spedizione*, p. 41. Cf. Burckard, III, 12.
4) Bibl. Impériale de Vienne (Autriche), ms. 7600, nos 3 et 4 ; 7772.

pourra requérir[1]. »... Envoyé par Charles VIII à propos des affaires de Saluces en plein mois de février, l'évêque de Narbonne tarde un peu à partir, « moiennant sa vieillesse et la froidure qu'il a faicte[2]. » Il faut donc choisir des hommes encore vigoureux, en même temps qu'éviter les jeunes gens[3].

Il convient aussi que l'ambassadeur ait une réputation estimable et sérieuse. La mission devient plus aisée lorsqu'il passe d'avance pour « docteur de grande autorité[4], » ou pour honoré de la confiance personnelle de son souverain[5]. Même dans les cours où l'on aime à s'amuser, la réputation de joueur et de débauché n'ajoute pas à la considération. Machiavel était trop connu sous ce rapport : son ami Philippe de Nerli lui écrit que, depuis qu'il est en ambassade à Venise, il n'y a plus à Florence ni jeu, ni *tavernes*, ni « qualche altra cosa[6]: » Machiavel transporte tout à Venise ; il y joue gros jeu, il gagne 2 ou 3.000 ducats, il s'y amuse, et, il a beau ne pas s'en vanter, sa conduite nuit à l'effet de ses démarches[7]. L'existence que comporte la diplomatie présente des dangers sous ce rapport, même pour l'homme le plus grave ; mais il faut savoir garder les apparences. Un homme sérieux par état, un religieux mathurin, général de son ordre depuis 1473[8], et lettré

1) Lettre de Charles VIII, fr. 2923, fo 8. Lyon 27 novembre.

2) Lettre de Charles VIII, Paris, 20 février (fr. 2923, fo 7). François Sforza écrit à son agent à Florence de recommander et d'excuser près de Come de Médicis trois ambassadeurs du duc de Bourgogne « vieux et mûrs », que la grande chaleur oblige à stationner à Milan deux ou trois jours (5 août 1463. Archivio Sforzesco).

3) E. Dolet, *ouvr. cité*, p. 8. Lambert Grimaldi, en 1458, envoie en ambassade Jean André Grimaldi, son frère, encore « legum studentem », mais avec Luc Lantier, bourgeois de Vintimille (Saige, I, 287).

4) G. Hesler, 1474. Commines, l. iv. c. ii.

5) Dép. de Valori, 29 janvier 1503-4.

6) Artaud, *Machiavel*, II, 203.

7) Artaud, *id.*, 203-204. Cf. Et. Dolet, p. 17.

8) *Vies des graves et illustres personnages...* (par Jean Le Clerc), 1609, in-12, no 48,

très distingué, Robert Gaguin, auteur d'ouvrages tels que des poèmes latins sur l'Immaculée Conception[1] ou *De variis humane vite incommodis Elegia*[2], passe la fin de sa vie en ambassades pour le compte de Charles VIII et de Louis XII, à Rome, à Florence, en Bretagne[3], en Angleterre[4], en Allemagne, jusqu'à sa mort (arrivée le 22 mai 1501) : il nous reste de lui des poésies un peu légères, composées lors de son ambassade de 1499 en Angleterre : mais nous voyons qu'il conservait à ses distractions un caractère personnel et confidentiel. Pendant qu'un des ambassadeurs allait en France chercher des instructions, Gaguin et François de Luxembourg, chef de l'ambassade, restés à Londres sur un pied de réserve nécessaire, jusqu'au retour de leur collègue, occupent leurs loisirs à rimer gravement sur cette question : « D'où procède vertu, ou de nécessité, ou de honnêteté?[5] » Ils auraient pu faire pis.

Outre l'habitude des affaires, et surtout des grandes affaires dont la meilleure école est le conseil du roi[6], il est bon qu'un ambassadeur soit préparé à sa mission par sa participation à une ambassade antérieure : le fait se produit souvent. Charles VIII renvoie plusieurs fois de suite en Italie M. de Faucon[7]. Le milanais Erasme Brasca, chargé de la mission, honorifique et difficile, de mener en Allemagne la nouvelle reine des Romains Bianca-Maria Sforza, et de l'assister, était un secrétaire ducal, rompu aux affaires, d'abord mem-

1) Trad. par Alcide Bonneau, Paris, Liseux, 1885, 8°.
2) Plaquette in-4°, de 4 ff., lettres rondes, s. d. (vers 1500), à Paris, rue St-Jacques « ad signum capitis divi Dyonisii ».
3) *Mémoires de Bretagne*, III, 667.
4) Ms. fr. 15538, n° 188.
5) Montaiglon, *Anciennes poésies*, VII, p. 225.
6) Commines prétend que le meilleur diplomate qu'il ait connu, le plus « *adextre* à conduire de grandes matières » était le sire d'Imbercourt, ainsi formé à la grande politique (l. v, c. xv).
7) Delaborde, *Expéd. de Charles* VIII, p. 208.

bre du conseil, créature du chancelier Simonetta et exilé
avec lui, puis ambassadeur pour le mariage d'Anna Sforza
avec le duc de Ferrare en 1489 ; il avait négocié aussi le mariage de Bianca[1]. Pour une ambassade très importante en Allemagne, la Seigneurie de Venise élit en 1495 Zaccharia
Contarini, envoyé près de Maximilien précédemment, lors de
son avènement[2]. En 1509, pour la paix avec l'Empire, Venise choisit un *savio* de Terre-ferme et grand personnage,
et Alvise Mocenigo, ancien ambassadeur en Allemagne, *persona grata* près de Maximilien[3]. Il est bon que l'ambassadeur
ait une connaissance personnelle des affaires du pays où on
l'envoie : Venise eut la main très heureuse en prenant comme
ambassadeur à Constantinople en 1503 un ancien négociant[4]
vénitien de Pera, qui s'illustra dans les affaires publiques
par son énergie et sa haute intelligence, Andrea Gritti[5]. Sous
Charles VIII, l'ambassadeur habituel pour la Bretagne était
André d'Epinay, archevêque de Bordeaux, originaire de Bretagne, prélat de haute valeur. La considération d'expérience
locale, malgré son importance, ne doit pourtant pas prévaloir
sur les autres. Pierre de Médicis se repentit d'avoir accrédité
en France comme ambassadeur de Florence un fondé de pouvoirs de sa banque, Laurent Spinelli, « homme de bien en
son estat, dit Commines, et assez nourri en France, mais des
choses de nostre court ne povoit avoir congnoissance[6]. »
Charles VIII eut grand tort d'envoyer en Espagne Guillaume
de Poitiers, baron de Clérieu, titulaire du marquisat de Co-

1) F. Calvi, *Bianca M. Sforza*, p. 37.
2) 1495. Sanuto, *Spedizione*, 290.
3) Sanuto, IX, 382.
4) En France, le roi emploie dès 1456 à diverses missions Guill. Briçonnet,
qui appartenait à une famille du commerce de Tours (fr. 20590, 70).
5) 4 mai 1503 (Sanuto, V, 29).
6) *Mémoires*, II, 350.

trone en Calabre : bon homme, crédule, qui se laissa berner
à la cour d'Espagne par des promesses qu'on lui fit pour son
marquisat[1]. Quant à Louis XI, il manqua du tact le plus élé-
mentaire en accréditant, en 1470, à la cour de Bourgogne
Guyot Pot, bourguignon d'origine, considéré par Charles le
Téméraire comme un traître, et un renégat, qui reçut en arrivant une réponse foudroyante.

M. de Gingins a fait remarquer, avec raison, combien on se
préoccupait à Milan de choisir des ambassadeurs appropriés
au caractère de la cour où on les accréditait ; près d'une femme
(la duchesse de Savoie, régente), le gouvernement milanais
envoie, en 1474, Antoine d'Appiano, courtisan délié, insinuant,
un peu efféminé, trop efféminé même pour le caractère viril
de la souveraine. Quand la duchesse s'éloigne, on accrédite
près de son conseil un homme d'affaires habile, remuant, intri-
guant. A la même époque, le diplomate milanais le plus en vue
et qui passe dans diverses ambassades pour les règlements de
grosses affaires est Jean Pierre Panigarola. Appartenant par
sa naissance au négoce de Milan, Panigarola devait sa carrière
à une haute intelligence politique : il écrivait beaucoup et d'un
style net, précis ; c'est un observateur de sang froid, qui voit
bien les choses et en rend compte sans passion. La faveur
dont il jouit montre que telles étaient les qualités maîtresses
d'un ambassadeur aux yeux du gouvernement milanais [2].

En France, les ambassadeurs de quelque importance sont
pris dans le conseil du roi. Toutefois, une grande question,
d'ordre intérieur, semble dominer la matière : c'est la rivalité
des « robes courtes » et des « robes longues », des gens d'é-

1) A. de Gallier, *Essai historique sur la baronne de Clérieu*, p. 105 : Commines, l. viii, c. xxiii.

2) *Dépêches des ambassadeurs milanais*, I, xi et suiv.

pée et des gens de plume [1], rivalité permanente, dont Brantôme se fait longuement l'écho. Charles VIII ne se servait
guère que des gens d'épée : Louis XII, François Iᵉʳ, préfé-
raient les gens de robe [2]. Leurs successeurs revinrent aux robes
courtes.

Brantôme, quoique homme de robe longue (il l'était bien
peu), préfère les gens d'épée et donne la palme à la diplomatie « résolue » de Charles VIII ; jugement que l'histoire aura
quelque peine à ratifier, car Charles VIII ne brilla jamais
par l'habileté diplomatique. Les gens de plume et d'église, dit
Brantôme, sont mous, ils ne savent pas prendre un parti vigoureux. Les ecclésiastiques ne savent que *rhabiller* leur bonnet
carré, retrousser leurs jupes de satin ou de velours, serrer
leurs pouces, tous procédés qui ne font pas peur ; ils n'enten-
dent pas le point d'honneur, ils sont cachotiers. D'ailleurs
il y a « des affaires et matières chevaleresques, et de guerre,
plus que d'autres d'Estat ». L'homme d'épée tient mieux sa
place ; il est ferme sur les préséances, peut-être un peu brava-
che, la main sur l'épée et la toque en l'air, mais cela n'est pas
mauvais ; on le respecte, on craint ses coups de tête [3].

Voilà un jugement léger et un peu tranchant : en diplomatie,
il s'agit moins de résoudre que d'observer ; la circonspection présente moins d'inconvénients que l'emportement : la
diplomatie est l'antinomie de la guerre, elle n'a de raison d'ê-
tre que par son caractère pacifique. Elle suppose d'ailleurs
des connaissances acquises, notamment la connaissance du latin. Brantôme lui-même, dans un autre passage, déclare sans
excuse les ambassadeurs qui ne savent pas très bien parler

1) A Rome, naturellement, Burckard distingue, mais à un tout autre point
de vue, les « oratores laïci » et les « prelati oratores » (*Diarium*, III, 175).
2) Brantôme : Et. Dolet, *De officio legati*, p. 10.
3) *Œuvres*, t. III, p. 94-104.

au moins l'espagnol, le latin, le français et l'italien ; autrement, dit-il, ce sont « de grands veaux qui ne scavent et ne
parlent que leur langue de veau »... « Quant à la latine, le
temps passé n'en savoient guères ; les autres qui crachoient
quelque latin, c'estoit quelque latin de brévière, mal raffiné
et tamisé. D'autres l'ont peu bien parler, mais c'estoient
des oyseaux rares [1] ». Est-ce à des soldats qu'il demandera une
étude si raffinée ? Selon Claude de Seyssel, Louis XII avait
les mêmes exigences, et c'est ce qui le tourna vers les robes
longues. Il aimait les savants et les aidait par des gages,
pensions, bénéfices et offices, il « leur a donné honnes-
tes charges d'ambassades » ; ainsi il a fait venir en France
et nommé ambassadeur l'helléniste Lascaris. « Et par ces
moyens advient que le royaume de France, lequel auparavant estoit noté de n'avoir aucuns clercs qui sceussent bien
parler latin, mais estoit leur latin rude et barbare, et à ceux
qui en vouloit apprendre convenoit aller en Italie trouver des
maistres ; à présent est pourveu d'hommes excellens, tant en
grec qu'en latin, de sorte que peu à peu s'en va perdant cest
ancienne barbarisme, et, si ce règne dure encore longuement,
ainsi que nous désirons et espérons à l'ayde de Dieu, je ne
doubte point que le parler latin ne soit aussi commun ou plus
en France comme en Italie [2] ».

Le diplomate doit aussi savoir l'histoire, cette grande maîtresse, selon Commines, de toutes « les fraudes, tromperies
et parjuremens » [3]. Il connaîtra par elle les précédents, indispensable élément des négociations. Dès son premier pas, un
bon ambassadeur emprunte aux précédents le canevas de

1) VII, 73.
2) *Hist. du Roy Loys XII*e, p. 23 vo.
3) L. ii, ch. vi. Hotman exige aussi le latin (*Traitté de l'ambassadeur*, p.475).
Et. Dolet estime que l'ambassadeur doit être éloquent et savoir parler brièvement (*ouvr. cité*, p. 12).

son discours de créance, afin de montrer qu'on ne le prendra
pas au dépourvu, et de trouver le terrain neutre qu'on doit
toujours rechercher.

En un mot, le diplomate, à la fin du moyen âge, est un
homme dévoué, discret et observateur, capable de s'exprimer
élégamment en public, de parler des langues étrangères ou au
moins le latin : dans beaucoup de cas, aussi, il lui faut la science
des lois canoniques ou romaines, auxquelles tendent toujours
à se rapporter les pactes internationaux. On peut dire, en
conséquence, que le clergé, la magistrature, l'administration
et les lettres se trouvent les grands pourvoyeurs de la diplomatie dont nous parlons. Dresser la liste, vraiment glorieuse,
des ambassadeurs, serait relever tous les noms qui ont mar-
qué à ces divers titres. La diplomatie florentine s'enorgueillit,
avec raison, de compter dans ses rangs Dante et Machiavel.
En France, il n'y a guère de prélat éminent, de magistrat d'un
ordre élevé, de membre marquant du conseil du roi, de bailli
ou de sénéchal distingué, qui n'ait passé par une ambassade.
La diplomatie est considérée comme le couronnement de toutes les professions ; la France tient à montrer au dehors la fleur
du pays, à s'incarner dans ses plus éminents esprits. Les lettres occupent une bonne place dans les ambassades[1] : il suffit de
parcourir les correspondances diplomatiques de cette époque
pour y trouver des dépêches qui resteront de vrais modèles, où
la grandeur et la beauté de forme servent naturellement et sans
effort la vigueur de la pensée. Machiavel, malgré la tournure
si positive de son esprit, était poète ; il nous a laissé d'assez
bons vers, et des comédies d'une moralité un peu risquée. Il
était, surtout, comme on le sait, un remarquable historien : il
signe une lettre à Guichardin : « Niccolò Machiavelli, histo-

---

1) R. Gaguin est envoyé en Angleterre comme « eloquentissimus orator »
(*Bernardi Andreæ Vita Henrici septimi,* ed. by Gairdner, p. 55).

rien, auteur tragique et comique » [1]. Dans les toutes petites cours italiennes, où le culte de l'art l'emporte sur le reste, à Rimini, par exemple, les ambassadeurs sont les missionnaires de l'esprit. A côté des questions politiques, souvent de faible importance, il y a, dans ces cours, une question d'art ou de littérature ou de philosophie qui paraît la seule question du jour. Carlo Masapini, Antonio Campano, ambassadeurs près de Sigismond Malatesta, se font peindre, l'un avec une couronne de laurier sur la tête, l'autre en costume de clerc, un livre à la main. « Le jour où il faut acheter la neutralité de Sigismond, pour le séduire et le charmer, au lieu de le convaincre par des arguments politiques, Florence lui envoie Gianozzo Manetti, qui lui parle de découvertes récemment faites dans le domaine des manuscrits syriaques et hébreux, et sait remporter ainsi un succès diplomatique ». Un ambassadeur apporte, pour se faire bien venir, « ou la copie du manuscrit qui a fait sensation parmi les lettrés, ou l'exemplaire du poème, de la chanson ou du discours qui a ému les Florentins. Si c'est un grand orateur qui s'est révélé, son discours passe de main en main ; si c'est un peintre qui a fait une grande œuvre, on le convie ; si c'est un médailleur nouveau qui se distingue, on le dispute à son Mécène ; si enfin c'est un improvisateur, on l'invite et on le séduit par des présents » [2].

La diplomatie des grands pays, chargée d'importantes affaires, ne saurait évidemment prétendre à un tempérament aussi exclusif. Rien, pas même l'étude, pas même les dons brillants de l'esprit, ne remplace, dans les négociations internationales, l'expérience des hommes et des choses, l'usage du monde, le bon sens. Le cardinal Bessarion, un des premiers

1) Artaud, *Machiavel*, II, 204.
2) Yriarte, *Rimini*, p. 313, 317, 321.

savants du XV° siècle [1], chargé par le pape de négocier la
paix entre la France et la Bourgogne, commit l'erreur de ne
pas rendre à Louis XI la première visite ; il alla d'abord en
Flandre : Louis XI se moqua de lui, refusa longtemps de le
recevoir et ne fit rien [2]. On lui reprochait aussi de garder une
tournure orientale, de porter toute sa barbe : ce que la mode
du moment ne permettait pas. Un homme si instruit qu'il soit
doit donc se pénétrer, très spécialement, des besoins de sa
mission. Nous voyons des littérateurs, des artistes, s'en tirer
assez bien : le poète Eustache Deschamps, maître d'hôtel du duc
d'Orléans et son ambassadeur en Allemagne en 1397 [3]; Claude
de Seyssel, Jean Lascaris [4], Louis Hélyen, ambassadeurs de
Louis XII ; c'est un élève de Lascaris, Jean de la Forest, qui,
plus tard, en 1536, passa le premier traité de capitulation entre la Porte et la France. Prospero da Camugli, ambassadeur
de Milan près de Louis XI, était un littérateur distingué [5]. Le
poète Jean Molinet fut ambassadeur de l'archiduc [6] ; Gentile
Bellini, le précurseur de Rubens dans la diplomatie, ambassadeur de Venise à Constantinople [7]. En France, nous ne trouvons pas d'artistes ambassadeurs.

La chancellerie française a l'habitude d'emprunter ses
agents pour les commissions délicates ou de pure diplomatie,

1) V. sur lui M. Vast, *Le cardinal Bessarion (1403-1472)*, étude sur la
chrétienté et la Renaissance vers le milieu du XVe siècle. Paris, 1875, in-8.

2) Brantome, II, 348; Wicquefort, *Mémoires*, p. 17.

3) *Catalogue Joursanvault*, no 418 : Jarry, *Vie... de Louis d'Orléans*, p. 214.

4) La vie accidentée de Janus Lascaris a été écrite par M. Henri Vast, *De
vita et operibus Jani Lascaris*, Paris, Hachette, 1878, 8o.

5) Braggio, *Giac. Bracelli e l'Umanismo dei Liguri al suo tempo* (*Atti della
Soc. Ligure di St. Patria,* vol. XXIII, fasc. 1, 1891), p. 83-92, notice sur Prospero da Camugli.

6) Résident en la ville de Valenciennes (fr. nouv. acq. 3041).

7) Thuasne, *Légation de Gentile Bellini à Constantinople,* in-4o, Paris,
Leroux.

à l'administration intérieure : pour les missions savantes, où il faudra des discussions juridiqnes et une certaine raideur de tenue et d'idées, à la magistrature [1] : pour les postes qui obligent à parler latin et à déployer de l'onction, au clergé. L'emploi du clergé présente aussi un avantage particulier : dans tout pays chrétien, un dignitaire ecclésiastique jouit, personnellement, de considération, de respect ; il n'est pas couvert seulement par son prince, il a pour lui la protection du pape et des lois canoniques qui sont partout en vigueur, la conscience du pays. Aussi le clergé se trouve-t-il fort en faveur ; c'est un instrument à la fois économique et productif. Le choix seul de l'ambassadeur indiquera donc au pays auquel on s'adresse la tournure qu'on entend donner à la négociation. Cette règle devrait aussi servir aux historiens. L'énoncé seul du personnel de l'ambassade leur permettra presque toujours de qualifier la nature de la négociation.

Il y a, enfin, un élément fort important, dont nous n'avons pas encore parlé : l'élément de fortune et d'apparat [2]. Le roi Alphonse de Naples s'exprimait en termes trop absolus pour son temps, s'il est vrai que, comme le raconte Panormita, il déclarait ne pas « rechercher pour les ambassadeurs la puissance ni la noblesse, mais plutôt la doctrine, la science, l'esprit de justice » [3]. Ce principe est vrai, mais il comporte des

1) Desjardins, *Négociations,* II, 512, envoi spécial de légiste.
2) Une ambassade anglaise chargée de traiter avec le Brabant et l'Allemagne contre la France, composée de deux évêques et de huit grands seigneurs, emporte 100.000 florins. Elle tient à Valenciennes si grand état, qu'on dirait que l'argent tombe du ciel ; elle paie tout sans marchander. Les échevins établissent une taxe générale. Cette ambassade réussit (1337. Froissard, I, 374 et suiv.). D'après Dolet, l'ambassadeur doit se montrer généreux et savoir très bien tenir une maison : ses serviteurs doivent être fidèles et discrets, et le renseigner sur ce qui se passe (p. 13, 14, 15).
3) « Haud decere nobilitatem potentiamve jactare, sed doctrinam potius, scientiam atque justiciam » *(Speculum boni principis,* XXXIX). Cf., dans le même sens, Dolet, *ouvr. cité,* p. 9.

tempéraments. Quelle que soit la valeur d'un ambassadeur, encore faut-il qu'il passe pour « notable homme » [1]. Louis XII ayant envoyé en mission à Naples son valet de chambre Bullion, on en rit dans toute l'Italie ; on appelait Bullion « le valet »[2], malgré le prestige qui entourait en France son titre de « valet de chambre du roi ». Jules II, Louis XII tutoient Machiavel, et celui-ci, en simple secrétaire de la Seigneurie, semble tenté de se glorifier de cette familiarité [3].

Le choix d'un agent trop modeste risquerait non-seulement de faire échouer la mission, mais même d'exciter des susceptibilités : « Le pape ne fait rien, s'écrie le roi de Hongrie en juillet 1500 ; il aurait dû envoyer un cardinal légat ; et il envoie un évêque, ou plutôt un *frate*[4] ! » Aussi, tout ambassadeur est tenu à un certain train de maison ; il amène avec lui ses domestiques, et un sénéchal pour les gouverner [5]. Louis XI tenait peu à ces questions extérieures de décorum ou même de considération : il employa en ambassades dans tous les pays son favori Olivier le Roux, ancien barbier et des plus décriés [6]. Il avait tort. Dans certains cas, le premier ministre ou le chancelier croit, même, devoir aller de sa personne en ambassade. L'évêque de St-Malo, Briçonnet, premier ministre de Charles VIII, annonçait en 1493 sa prochaine venue à Rome, où, en un jour, disait-il, il ferait plus qu'un autre en six mois[7]. Le cardinal d'Amboise représenta deux fois son maître

---

1) Ms. fr. 2919, fo 9 bis (arbitrage de Saluces).

2) V. not. *Dispacci di Giustinian*, I, 88 (1502).

3) Dép. de Machiavel, Blois 13 août 1510, Civita Castellana, 28 août 1506.

4) Sanuto, III, 509. Les habitants d'Auxerre refusant de se rendre envoient un savetier porter leur réponse aux ambassadeurs de Louis XI (1471. Jean de Roye).

5) Dépêches de Foscari, Loches, 25 février 1500 (1501), Dijon, 30 avril 1501 (Arch. de Venise, Dispacci, I).

6) Ms. fr. 20590, 51.

7) Delaborde, *Un épisode des rapports d'Alexandre VI avec Charles VIII*, p. 7.

près de Maximilien, et une fois à la conférence de Cambrai. En février 1495, Ludovic Sforza envoie son propre chancelier en ambassade près de la régence de France [1]. Gênes députe, en 1500, son chancelier Barthélémy Senarega, près du cardinal d'Amboise à Milan [2]. On sait que Savonarole, véritable maître de Florence en 1494, se mit à la tête de l'ambassade envoyée à Charles VIII. N'insistons pas sur ces exemples, et résumons-les dans ce principe irréfragable que l'autorité personnelle et la notoriété des ambassadeurs se traduisent par une augmentation ou une diminution d'autorité pour l'ambassade.

Quant aux gens d'épée, ils n'ont pas, quoiqu'en dise Brantôme, le monopole des ambassades, et même ils n'y prétendent guère. Ils reçoivent des charges d'ordre militaire, des missions en campagne [3], des missions diplomatiques plus ou moins comminatoires [4]; mais le travail aride, patient, d'une négociation ne les séduit pas. Le chevalier français se bat et s'amuse ; il affecte de ne pas goûter la plume, de ne pas s'occuper de ses propres affaires : « Je ne suis pas clerc ; je laisse faire à mon conseil, je me fie en eux, » c'est son mot, dit Commines [5]. Il estime une ambassade inférieure à un combat: il n'aime pas à négocier quand on se bat. Désigné pour une

1) 23 février. Arch. de Milan, Pot. Estere, Francia, 1494-95.
2) Instruction du 4 mai 1500. Arch. de Gênes, Istruzioni et Relazioni politiche, filza 3.
3) Ces missions même reviennent souvent à des membres du conseil du roi ou à d'anciens diplomates. Les négociations qui précèdent la paix de Vercel en 1496 sont dirigées par Commines, le prince d'Orange, le sire de Piennes, les présidents Ganay et Morvilliers, le comte de Foix, le maréchal de Gié... (Commines, II, 513 et s).
4) Edouard III envoie à Valenciennes pour négocier contre la France une ambassade d'un évêque et de dix chevaliers bannerets, lesquels ont tous un bandeau sur un œil, ayant juré de n'y voir que d'un œil jusqu'à l'accomplissement de certaines promesses (qu'ils refusent d'indiquer). — (1337.Froissard, I, 124).
5) L. II, c. VI.

mission délicate et urgente à Milan dans un instant très critique, Olivier de la Marche se jette aux pieds de son maître (le duc de Bourgogne), en le suppliant de retarder son départ jusqu'à la bataille attendue, de peur qu'on ne l'accuse de lâcheté. Charles le Téméraire est obligé d'insister, de lui dire qu'il rendra plus de services à Milan qu'à la tête de la garde [1].

Nous trouvons faiblement représenté dans la diplomatie française ce qui fait le fond des diplomaties italiennes, ce que Machiavel appelle « des hommes d'un rang distingué » [2]; des personnages tels que le vénitien Sébastien Badoer, annoncé à Milan comme « un homme du premier patriciat et de grande autorité » [3]. Mais on juge utiles, dans certaines ambassades, les grands seigneurs, dont le rang, la fortune, souvent le faste, les manières représentent hautement l'état et font honneur aussi bien au pays qui les reçoit qu'au pays qui les envoie : à plus forte raison, si ces grands seigneurs tiennent à la famille royale. Leur haute situation leur permet de servir de lien entre deux pays. C'est ainsi qu'en juillet **1384**, le duc de Berry représente la France à une conférence avec le duc de Lancastre et déploie un faste extrême « pour nostre honneur et la sienne », dit un mandement du roi [4]. La grande ambassade française de 1445 en Angleterre a pour chefs deux cousins du roi, dont un le sire de Laval est cousin germain du roi d'Angleterre [5]. En général, ces grands chefs d'ambassade se réservent le côté décoratif et d'apparat ; la négociation se poursuit, sous leur couvert, entre les diplomates d'affaires. Ainsi, en 1445, c'est l'archevêque de Reims qui

---

1) Gingins la Sarraz, *Dépêches*, II, 291.
2) Machiavel, Dép. du 8 sept. 1500.
3) 1494. Sanuto, *Spedizione*, 181.
4) Mand. du 16 juillet 1384. Fr. 20590, n° 19.
5) Ms. fr. 3884, f° 182 v°, 176.

porte la parole. Au temps de Louis XII, les grands seigneurs
sont, d'ailleurs, de fins connaisseurs en lettres et en arts : nous
avons vu l'un d'eux, François de Luxembourg, rimer avec Gaguin : le cardinal d'Amboise, le sire de Chaumont, le comte
de Ligny, le maréchal de Gié, le cardinal Villiers de la Groslaie, ambassadeur à Rome, ont laissé des preuves éclatantes
de la pureté de leur goût, en même temps que de leur faste.
Le choix d'un grand personnage masque parfois le désir d'é-
loigner une personnalité gênante. Charles VIII expédie ainsi
le prince d'Orange en Bretagne. Mais un homme trop indépendant à la tête d'une ambassade a des intérêts personnels,
et il les suit, ou bien il est accusé de les suivre. Le prince
d'Orange trahit Charles VIII[1] : le duc de Bourbon, en 1466,
oublie sa mission d'ambassadeur[2]. Alberto Pio, ambassadeur
de France à Rome en 1510, et souverain de Carpi en Italie,
passe pour vouloir, comme seigneur de Carpi, combattre le
duc de Ferrare et se rapprocher de Jules II, contrairement à
ses instructions comme ambassadeur[3]; Louis XII le rappelle;
Alberto Pio entre au service de l'Allemagne, devient ambassadeur d'Allemagne à Rome[4], et armé de toute la correspondance de Louis XII, fait à la France une guerre dangereuse.

Cet exemple nous amène à une dernière question. Doit-on
employer des étrangers? En Italie, on répond non. On enrôle
des condottieri, mais pas des ambassadeurs. « Celui, dit Machiavel, qui est chassé de son pays, va servir un autre prince,
non par dévouement, mais par nécessité. Qu'on lui offre ailleurs un meilleur parti, il abandonnera ce prince, sans se sou-

---

1) *Histoire de Louis XII*, t. II.
2) Favre, Introduction du *Jouvencel*, p. cclvii.
3) En réalité, il servait la politique du cardinal d'Amboise. Le cardinal
étant mort, la politique changea, et Alb. Pio ne changea pas. V. l'Appendice.
4) V. Labbe, *Concilia*, t. XIX (concile de Latran, en 1512).

cier de foi ni de promesses [1]. En France, sous Louis XI, le *Rozier des guerres* professe la même pensée : les étrangers ne sont habituellement que des mercenaires, et il faut de grandes sécurités pour leur confier un commandement. Cependant la diplomatie française, de Louis XI, de Charles VIII, et de Louis XII, regorge d'étrangers. Commines, l'un de ces étrangers expose sa théorie avec un cynisme absolu. Pour lui [2], les services d'un homme politique se vendent et s'achètent, à prix débattu : « ung saige homme ne se pourroit trop achapter » [3]. Il trouve tout naturel de passer au service du roi de France « pour avoir de ses biens, car nul aultre prince n'en despartoit si largement à ses serviteurs » [4]. Le salaire légitime la trahison [5], l'homme intelligent ne regarde pas (suivant lui) aux bienfaits du passé, mais à ceux de l'avenir : il va aux plus forts [6]. La seule circonstance qui puisse prêter à la critique (« à parler en diverses façons »), ce serait le lien d'un serment : Commines laisse entendre que, pour sa part, il s'en soucie assez peu [7] : il ne voit de difficulté qu'à savoir disparaître. « J'ai peu veu de gens en ma vie qui sçachent bien fuir » [8] ; le mieux est de partir la nuit (comme il le fit lui-même) : « la nuit n'a point de honte » [9]. Heureusement, tout le monde ne fuit pas ainsi : la diplomatie française compte d'excellents membres d'origine étrangère, tels que Seyssel, ambassadeur en Angleterre, à Rome, à Bologne [10],

1) *Discorsi*, liv. II, ch. 31.
2) *Mémoires*, I, 156.
3) I, 96.
4) II, 174.
5) I, 327, II, 367; il blâme les trahisons gratuites.
6) I, 299, 82.
7) II, 100.
8) I, 383.
9) I, 180.
10) 1502. Archives de Bologne, *Litterarum*.

Guillaume Fichet, ambassadeur à Rome [1], tous deux savoyards:
Perron de Bascher, plus italien que français [2]; le prince d'O-
range; les Salazart [3], d'origine catalane : les Menypény, S[grs]
de Concressault, d'origine écossaise [4]; Michel Riccio, napolitain de naissance [5] : Guyot et Philippe Pot [6], Jean d'Arson [7],
bourguignons; l'archevêque d'Embrun, Rostaing d'Ancezune,
originaire du Comtat [8]; le président Geffroy Carles, natif du
marquisat de Saluces [9]; Louis de Hallwin, s[gr] de Piennes, fait
prisonnier par Louis XI et entré à son service, flamand, ambassadeur habituel en Angleterre et en Allemagne [10]. Jadis,
les princes et seigneurs [11] français n'hésitaient pas non plus à
employer des étrangers dans leurs ambassades. Le dauphin
Charles VII envoie à Rome, en 1419, un Breton, l'évêque de
Léon [12]; la duchesse d'Orléans, en 1467, fait accréditer près
de l'empereur d'Allemagne deux Gueldrois [13].

L'empereur d'Allemagne remplit, lui aussi sa diplomatie
d'exilés italiens, milanais ou napolitains, victimes plus ou
moins volontaires des occupations française et espagnole. En

1) Janvier 1469. *Archivio storico lombardo*, 1885, p. 17.
2) D'après M. de Boislisle, *Et. de Vesc.*, p. 54, qui l'appelle Baschi.
3) Ambassadeurs en Allemagne pour la paix, en 1493, Jean de Chalon,
prince d'Orange, Tristan de Salazar (ms. fr. 20977, f° 187, 189).
4) Guillaume de Menny-Penny, seigneur de Concressault, ambassadeur en
Angleterre, le 22 juin 1467 (V. La Thaumassière, *Histoire du Berry*).
5) Ms. fr. 21104, f° 4 (notice par Gaignières) ; Cf. Burckard, Giustinian,
sur l'ambassade d'obédience de France, arrivée à Rome le 18 avril 1505.
6) Not. Ambassade de sept. 1477, près de l'archiduc (ms. fr. 8453).
7) Ms. fr. 3884, f° 286.
8) Boislisle, *Et. de Vesc*, p. 191, n. 3.
9) Conclaviste de Georges d'Amboise en 1503, avec Claude de Seyssel.
10) En 1501. En Angleterre en 1492 (ms. Clairambault 782).
11) Le seigneur de Monaco envoie Gaspard de Juge, citoyen de Vintimille,
à Milan, le 14 juillet 1494 (Saige, *Documents*, II, 8), Ant. Lantier, aussi citoyen
de Vintimille, à Florence, en 1511 (*id.*, 101) ; il commissionne en 1504 deux
bourgeois d'Avignon (*id.*, 32).
12) Rapport de l'ambassadeur anglais. Quicherat, *Th, Bazin*, t. IV, p. 278.
13) Elle ne pouvait d'ailleurs faire autrement (K. 70, n° 41, 42).

Italie, où l'on ne comprend pas très bien ce système, on s'é-
tonne de voir revenir comme ambassadeurs de S. M. Impériale
des gens qu'on traitait, quelques années plus tôt, d'égaux ou
même moins. On accepte bien (quoique non sans surprise), à
Florence, Michel Riccio, comme ambassadeur de France [1], à
Venise, un ambassadeur impérial napolitain, ancien ambassadeur de Naples en Allemagne [2], ou fils d'un ancien ambassadeur de Naples à Venise [3] : mais c'est un quasi-scandale de voir
arriver comme ambassadeur d'Allemagne, en janvier 1508,
un certain bâtard milanais, Girolamo Landriano, ancien général de l'ordre des Humiliés de Milan, fauteur de l'insurrection
de 1500 contre Louis XII, qui, décrié, fugitif, misérable, im-
plorait en vain, sept ans plus tôt, la sauvegarde de la République.... Landriano n'ose pas séjourner à Venise : il arrive
et part incognito. L'impression générale est qu'il a obtenu de
Maximilien cette ambassade dans un simple but de parade,
pour se montrer le confident du roi des Romains et se réha-
biliter [4].

Par esprit politique aussi bien que par respect pour les
prescriptions du coran, la Porte emploie souvent des Grecs en
ambassade [5], ou même des chrétiens étrangers. L'ambassadeur
en France du sultan de Syrie, en 1511, était un chrétien natif
de Raguse [6].

L'emploi des étrangers entraîne une autre question délicate :
peut-on accréditer un sujet près de son propre souverain ? En
principe, aucun obstacle. La désignation d'un ambassadeur

1) En 1508 (Buonnaccorsi, *Diario*, p. 134).
2) Sanuto, VI, 76.
3) Sanuto, VII, 98.
4) Sanuto, VII, 251.
5) En février 1496, l'envoyé du sultan à Naples en mission temporaire, est
un turc accompagné d'un grec (Sanudo, *Spedizione*); en 1500, c'est un grec
(*Diarii*, III, 1029).
6) Le Maire des Belges, *Le saulf conduit donné par le Souldan...*

par un souverain prévaut sur toute incompatibilité légale.[1] Et
même, en France, on affecte volontiers d'attacher à une ambassade, si ce n'est de mettre à sa tête, un natif du pays où
elle est adressée. Charles VII utilise, en 1450, pour une ambassade en Castille, « Ynego Daroco, écuyer, boursier d'Es-
paigne »[2], en Ecosse, Guillaume de Ménipény[3]. Louis XI
envoie comme principal ambassadeur à Naples, Thomas Taquin, venu près de lui comme ambassadeur de Naples[4] :
Charles VIII fait entrer dans son ambassade de 1491, à Milan,
Theodore Guarnerii, médecin de la faculté de Pavie, et Jean
Jouy des Visques, des comtes de San Martino, tous deux restés
tellement sujets lombards[5] que le roi demande au pape des
bénéfices en Lombardie pour Guarnerii[6]. Le duc de Savoie
met à la tête de son ambassade en France, pour les affaires de
Saluces, son oncle naturalisé français comme archevêque
d'Auch[7]. C'est surtout dans les rapports avec Rome que se
produisent, on le comprend, des échanges de ce genre. Les
cardinaux, légats, protonotaires, camériers, en un mot, la
hiérarchie de la cour de Rome, — sans parler de la hiérarchie
épiscopale, — forme un personnel essentiellement cosmopo-
lite[8], et, à l'inverse, les dignitaires ecclésiastiques, sans

1) Martini Laudensis, *De Legatis*, q. 29.
2) M. fr. 20977, fo 236⁴.
3) 1451 : ms. fr. 20977, fo 209. 1457 : *Catalogue de documents historiques*,
en vente... à la maison Gabriel Charavay, novembre 1885, no 6.
4) Ms. fr. 3884, fo 286.
5) « Theodorus de Guarneriis, phisicus » (ms. latin 10133, fo 461). Théodore de Pavie est envoyé à Milan avec Ch. de la Vernade, maître des requêtes,
et Jean Jouy des Visques (Moulins, 21 janvier. Archives de Milan).
6) Lettre de Charles VIII, des Montils, 27 novembre, recommandant Théodore au pape, pour des bénéfices dans les pays dont il est natif (Archives de
Milan).
7) Ms. fr. 2919, fo 9 *bis*.
8) Alexandre VI envoie comme légat à Venise un évêque espagnol, Pierre

acception de patrie, se rattachent tous par un lien de soumission au siège romain. Il est donc assez naturel que Rome accrédite en France, en Angleterre...., un Français, un Anglais....[1], ou, *vice-versâ*, que les gouvernements accréditent à Rome comme ambassadeur un de leurs nationaux plus ou moins dépendant du Saint-Siège, et même, pour une affaire grave, un cardinal[2]. Un ecclésiastique peut également figurer tantôt dans la diplomatie de son pays, tantôt dans la diplomatie pontificale, sans changer en quoi que ce soit de caractère[3]. Les exemples sont tellement saillants que nous n'avons guère besoin de les rappeler. Le cardinal d'Estouteville, le cardinal Balue sont successivement légats du pape en France et protecteurs des affaires de France en cour de Rome. Le cardinal d'Amboise, au moment où il se rendait en ambassade, près de l'empereur, comme premier ministre français, était légat du pape. Le cardinal Jean Jouffroy, ancien élève de l'université de Pavie, d'abord ambassadeur des ducs de Bourgogne en France, à Rome, en Castille et en Portugal, devient légat pontifical en Bourgogne, puis en France et en Angleterre, puis ambassadeur de Louis XI en Espagne, puis général en chef de l'armée

d'Aronda (Sanudo, *La spedizione...*, p. 41), Jules II comme légat en Romagne le cardinal florentin Soderini (Dép. de Machiavel, de Rome, 16 nov. 1503), Alexandre VI comme légat en Italie, l'espagnol Jean Borgia, etc., etc.

1) Adrien Castel, évêque de Hertford et en même temps protonotaire participant, secrétaire apostolique etc. (Archives du Vatican, reg. 871, fo 137, bref du 14 des kal. de mars 1504) est envoyé circulaire du pape en France et en Angleterre en 1499. Thomas Pascal, conseiller au parlement de Paris, ambassadeur de France, reçoit du pape en 1503 le titre de notaire apostolique (même registre, fo 353).

2) Louis XII envoie à Jules II en 1508 le cardinal de Narbonne (neveu du cardinal d'Amboise), pour une affaire importante (Guichardin, l. viii, ch. i).

3) Jules II crée cardinal l'archevêque d'Yorck, ambassadeur anglais, et le nomme cardinal *a latere* près de son armée (Frati, *Le due spedizioni militari di Giulio II*, 242, 251).

française devant Lectoure....¹. On considérait même comme une marque de courtoisie et de faveur d'adresser au pape des ambassadeurs qui lui tinssent de près², ou de recevoir de lui des envoyés nationaux³.

Il y a cependant une hypothèse où un souverain pourrait s'offenser de la délégation donnée à un de ses nationaux: c'est quand il s'agit d'un proscrit politique, d'un exilé, ou bien d'un homme qui, dans le cas de conquête, a préféré changer de patrie que de reconnaître pour maître le souverain. Ces circonstances ne créent pas un obstacle juridique à la mission: Louis XI envoie en Bretagne l'amiral de Montauban⁴, les Pot en Bourgogne⁵; Charles VIII ne refuse point, en principe, de traiter avec une ambassade bretonne, comprenant toute une série de Français rebelles ou poursuivis pour lèse-majesté, le comte de Dunois, Denis Le Mercier, Gilbert Bertrand, Jean Boutet, Guillaume de Soupplainville, Regnauld de St-Chamant⁶. Mais on comprend facilement que de pareils choix ne facilitent pas les négociations. Sous la régence de Charles VIII,

1) Le bruit court à Rome en 1513 que Léon X va envoyer légat en France et en Angleterre l'évêque de Gnesen, ambassadeur du roi de Pologne (Lett. de Louis XII, IV, 215).

2) Instruction milanaise du 14 novembre 1473, à Jean Ant. de Busseto, protonotaire apostolique, lui confiant diverses missions accessoires, qu'il peut facilement remplir « per esser nativo nostro subdito, et antiquo servitore de la prefata Beatitudine » (Archivio Sforzesco).

3) Lorsque Charles VIII s'avance triomphalement en Italie (1494), Alexandre VI veut lui envoyer un légat, pour essayer de l'arrêter. Charles refuse successivement la désignation de deux légats; il n'accepte que le cardinal de Gürck, et celui-ci, français passionné, se met au service du roi, au lieu d'accomplir sa mission.

4) Biographie de l'amiral, par Dom Morice: Bibl. de Nantes, ms. 1807, p. 610-613. Il fut envoyé en Bretagne, en 1461, avec Dunois et le sire de Pont-l'Abbé, également breton.

5) Ms. fr. 3882, fos 186 et suiv. Cf. Moreau 1424, no 90 (ambassade en Bourgogne de Renier Pot, sgr de la Prugne. 1419).

6) L. de la Trémoïlle, Correspondance de Charles VIII, p. 241.

le gouvernement profite de son droit de veto à l'égard des légats pour retenir longtemps à la frontière le légat Balue, fugitif et poursuivi sous le règne précédent, et pour lui faire ses conditions. Sous Louis XII, Maximilien manque de tact en envoyant à la cour de France Hermès Sforza[1] et en y accréditant comme résident Andrea di Burgo, milanais, jadis insurgé contre Louis XII et proscrit par lui. Heureusement, Burgo avait plus d'adresse que de convictions, et sut conquérir la confiance du roi[2]. Bernardo Bandini, l'un des complices des Pazzi, s'était réfugié à Constantinople ; Bajazet l'apprécia, au point de l'envoyer quelques années plus tard comme ambassadeur près de ce même Laurent de Médicis qu'il avait voulu assassiner : Laurent le reçut fort bien. « Bajazeth, dit Wicquefort, en usa un peu à la turque », dans cette circonstance[3].

Les seuls ambassadeurs qui reçoivent le pouvoir d'engager l'état sont les ambassadeurs spéciaux ou temporaires, et leur rôle est le plus difficile[4]. « Dans les ambassades ordinaires, dit encore Wicquefort au XVIIIe siècle, où il y a tous les jours de nouvelles affaires ou à négocier ou à remarquer, et souvent de peu d'importance, l'esprit de l'ambassadeur trouve de quoy se divertir dans la diversité ; mais quand il n'en a qu'une à manier et qu'il faut toujours toucher une mesme corde, et, par manière de dire, lescher l'ours jusqu'à ce qu'il soit formé, cela

---

1) Sanuto, VI, 76.

2) *Lettres de Louis XII.*

3) *Mémoires...*, p. 53.

4) Les états italiens se font représenter par des résidents simples secrétaires, dans les postes de second ordre. Venise a en 1495 un secrétaire à Gênes (Sanuto, *Spedizione*, 461), quoique Gênes ne soit pas un état indépendant. Sous Louis XII, à la fois roi de France et duc de Milan, elle entretient à Milan un secrétaire chargé d'affaires résident, et en France un ambassadeur résident.

ne se peut pas faire sans beaucoup de peine, sans ennuy et sans chagrin »[1]. L'on a donc l'usage de composer d'un certain nombre d'ambassadeurs les ambassades spéciales : c'est ce qu'on appelle envoyer un ambassadeur « en compaignie[2]. »

Cette multiplicité présente l'avantage d'assurer le service, en cas de mort ou de maladie d'un des ambassadeurs[3]. Le duc de Milan, Maximilien Sforza écrit, en 1513, à Marguerite d'Autriche qu'il a envoyé un ambassadeur « lui faire la révérence », mais que celui-ci, tombé malade en Allemagne, a dû revenir à Milan, le duc envoie ses excuses[4]. Le but se trouvait atteint dans la circonstance, puisqu'il s'agissait d'un acte de politesse, mais pour une affaire de quelque importance le prince aurait dû se montrer plus prudent. Le résident, ordinairement isolé, peut, pour parer à toute éventualité, s'associer un proche parent, fils ou frère. Nous voyons, à Venise, le fils de l'ambassadeur d'Espagne prendre part aux cérémonies comme son père, et parler, comme lui, des dispositions du roi d'Espagne[5]. En 1506, un orateur d'Espagne meurt; le lendemain, son fils fait présenter des créances, préparées d'avance, qui l'accréditent[6]. Un ambassadeur de France en Hongrie meurt en route; il remet sa commission à son neveu, qui accomplit l'ambassade[7]. M. de Faucon, envoyé en Italie en ambassade

1) *Mémoires...*, p. 420.

2) Ms. fr. 20590, 24-25 (1390).

3) A l'obédience française, en avril 1505, deux des ambassadeurs désignés dans les pouvoirs sont morts, au moment de leur présentation (Burckard, *Diarium*, III, 385). A la réception de l'obédience de Montferrat, le 26 juin 1503, l'évêque chef ne se présente pas, étant resté en route, malade (Burckard, III, 360).

4) *Lett. de Louis XII*, IV, 276.

5) Kervyn, *Lettres et négociations*, II, 151.

6) 1506. Sanuto, VI, 306.

7) Sanuto, III, 63, 117. Sanuto raconte aussi qu'un des ambassadeurs vénitiens envoyés à Rome en 1505 perd son fils en route, à Spolète (VI, 169).

circulaire, emmène son neveu, qu'il renvoie de Milan porteur
d'un projet de convention[1]. Mais ce sont des expédients, rarement acceptables.

De plus, les ambassadeurs multiples forment un véritable conseil ; ils se concertent pour agir plus mûrement[2].
Ils sont mieux renseignés, chacun causant de son côté.
« Si vos gens sont deux ou trois, il n'est possible qu'on
se sceust si bien donner garde que l'ung ou l'aultre n'ait
quelques parolles à quelqu'un »[3]. Enfin, le caractère collectif
garantit mieux des maladresses, des infidélités, sans pourtant
les supprimer. L'ambassade de Charles VIII à Milan, en 1492,
composée de cinq personnes, mais de cinq personnes de qualité un peu inférieure, se laisse acheter par Ludovic Sforza :
Charles VIII refusa pendant plus d'un an de ratifier ses
actes[4].

D'autre part, la collectivité présente un inconvénient assez
sérieux, celui des rivalités plus ou moins dissimulées[5]. Dans la
diplomatie de Savoie, avant même de partir, Piémontais et
Savoyards se disputent : les règles de préséance et de hiérarchie, loin de les calmer, les exaspèrent. En 1478, des ambassadeurs en viennent aux gros mots ; l'un se vante d'avoir été
fait chevalier par le duc de Bourgogne, un autre comme
maitre d'hôtel ducal se croit le premier, chacun énumère ses
dignités, en sorte que, si l'un d'eux, «don Abram, en sage et
bon docteur qu'il est », ne s'était pas heureusement offert à

---

1) 1490. Delaborde, *Expédition de Charles VIII*, p. 209.
2) Ils en imposent aussi davantage (Lettre de Louis XI au sire de la Rousière, citée plus loin. Fr. 20855, nº 55).
3) Commines, *Mémoires*, 1, 264.
4) Delaborde, p. 223.
5) Charles d'Orléans, envoyant, en 1413, une ambassade à l'empereur pour
les affaires d'Asti, a soin de la composer d'un français et d'un astesan (K. 67,
nº 32).

passer le dernier, il aurait fallu reconstituer l'ambassade ; et le gouvernement ne respire que lorsque « cette légion d'ambassadeurs » est partie. En Savoie, une dispute de ce genre n'atteint en rien le patriotisme très vif des fonctionnaires, ni même leur prestige, tant on y est habitué « depuis les temps les plus reculés » [1].

Le *rôle* de l'ambassade temporaire, arrêté en conseil du roi, fixe le rang réciproque des envoyés. Le premier ambassadeur inscrit est chef de l'ambassade [2]; il a ordinairement *la langue*, c'est-à-dire la fonction de s'exprimer au nom de l'ambassade [3], mais la règle n'est pas absolue. Les ambassades italiennes comprennent rarement un secrétaire, ou, du moins, l'octroi d'un secrétaire officiel, aux gages de l'Etat, passe pour une faveur [4]. En France, au contraire, presque toute ambassade de quelque importance possède un secrétaire. Le secrétaire, au point de vue des préséances, tient naturellement le dernier rang.

Le secrétaire se trouve entièrement aux ordres de l'ambassade, qui a toujours grande part à son choix. Ambassadeur circulaire de Charles VII en Allemagne, en 1459, Thierry de Lénoncourt, bailli de Vitry, se fait adjoindre son lieutenant, Jean de Veroil, licencié en lois [5]. En désignant G. Cousinot pour une ambassade à Rome, en 1469, Louis XI lui ordonne de prendre « un secrétaire, ou telle autre personne notable de pareil état », pour l'accompagner. Guillaume Lefranc, docteur

---

1) Rapport d'un ambassadeur milanais. Kervyn, *Lettres et négociations*, I, 204.

2) Le « chief » (James Gairdner, *Hist^a regis Henrici septimi*, p. 200).

3) Le premier ambassadeur peut s'opposer à ce que le second négocie seul avant son arrivée ; il peut même l'inviter à venir le joindre (Rapport de 1461. *Lett. de Louis XI*, II, 374).

4) Promesse d'un secrétaire à Andrea Gritti. Sanuto, V, 29.

5) Th. Bazin, édit. Quicherat, IV, 341, 349.

en lois, qui savait l'italien et avait habité Rome, est recommandé et choisi [1].

En France, le secrétaire a rang d'ambassadeur, et, ordinairement, cet office revient à un des membres de la puissante compagnie des notaires-secrétaires du roi. L'illustre Guillaume Budé, comme secrétaire du roi, est ainsi ambassadeur et secrétaire, dans l'ambassade d'obédience envoyée à Rome, en 1505. Le secrétaire assiste donc aux audiences, aux conférences, parle, signe et scelle comme les autres ambassadeurs [2]. Le roi de Castille écrit, très correctement, à Louis XII, en 1505, qu'il a « oy » M. du Mortier, messire Charles Guillant, « et son secrétaire » [3]; la seule nuance d'infériorité résulte de ce détail que le roi de Castille nomme les ambassadeurs, et ne nomme pas le secrétaire.

L'usage de faire remplir le rôle de secrétaire par le dernier ambassadeur, ou d'élever le secrétaire au rang d'ambassadeur, est spécial à la chancellerie française, et à quelques chancelleries du Nord [4] : on l'accepte très difficilement en Italie. Lors de l'arrivée de l'ambassade française de 1505, le maître pontifical des cérémonies, Burckard et l'ambassadeur vénitien Giustinian constatent avec ironie que Guillaume Budé « fait partie de l'ambassade et qu'on l'appelle ambassadeur » [5].

Dans les autres chancelleries, le secrétaire est d'un ordre

1) Mémoire de 1469, (ms. fr. 3884, fᵒ 190). L'ambassade de France au Caire, en 1512, a pour secrétaire Pierre de Nouveau, désigné par Robertet (Schefer, *Le voyage d'outremer*, p 44). Ce Pierre de Nouveau devait être fils ou frère de René de Nouveau, contrôleur de l'écurie du roi. Les Nouveau étaient du Berry.

2) Convention du 27 mai 1401. Rymer, IV, 1, 3.

3) *Lett. de Louis XII*, I, 7.

4) On le trouve dans les diplomaties de Bretagne, du roi de Sicile, de l'archiduc en 1501 (J. 951, nᵒ 2).

5) Villari, *Dispacci di A. Giustinian*, III, 485.

inférieur à l'ambassadeur ; en parlant de son chef, il dit « mon
maître, » et celui-ci l'appelle « mon homme » [1]. Le secrétaire
est un débutant, auquel l'ambassadeur donne des notes plus
ou moins favorables, et qu'il recommande, s'il y a lieu. André
de Burgo, ambassadeur impérial, écrit, dans une dépêche de
1510, que son nouveau secrétaire est « ung peu meilleur » [2] ;
et, en 1511, mandé par l'empereur, il en profite pour recommander vivement à la cour son secrétaire ; il obtient pour lui
un brevet de secrétaire de l'archiduchesse Eléonora : il écrit
aussitôt la bonne nouvelle à son homme, lequel reçoit toutefois l'ordre de ne pas quitter le service diplomatique avant que
l'ambassadeur, « au service duquel il est », ait achevé sa mission [3]. A Venise, un ambassadeur, en présentant la relation
de sa mission, trouve une occasion toute naturelle d'y faire,
s'il y a lieu, l'éloge de ses secrétaires [4].

Un secrétaire capable rend de grands services : c'est lui qui
sert de porte-parole discret entre les ambassades des divers
pays [5]. Un ambassadeur âgé, ou peu familiarisé avec les dangers d'une route difficile, par exemple un très haut dignitaire
ecclésiastique, lui confiera volontiers des missions accessoires,
même de première importance. En février 1501, le légat de
Hongrie envoie son secrétaire en Pologne, négocier la paix

---

1) Not. *Lettres de Louis XII*, III, 174, 175.

2) *Lett. de Louis XII*, II, 14.

3) *Lett. de Louis XII*, III, 143, 144.

4) 1510. Sanuto, X, 75.

5) L'ambassadeur de France à Venise fait mander, de bonne heure, le chancelier de l'ambassade de Milan, pour lui apprendre de graves nouvelles de
Florence (janv. 1495. Kervyn, *Lettres et négociations*, II, 157). Surveillé de
près par l'ambassade de Milan, Commines communique avec les autres ambassades par son secrétaire. Pepi, ambassadeur florentin à Rome, rend
compte d'une importante conversation qu'il a eue avec le secrétaire (*cancel-
liere*) de l'ambassadeur de Naples (15 sept. 1501. Archives de Florence).

entre la Lithuanie et la Moscovie contre les Tartares [1]. Le 21
août 1463, Louis d'Harcourt, patriarche de Jérusalem et évêque de Bayeux, écrit de Thérouanne au roi, que, « doubtant
ceulx de Calaiz », il renonce à aller trouver à Boulogne le duc
et le chancelier de Bourgogne ; qu'il leur envoie le secrétaire
Le Picart, qui ensuite ira directement près du roi, faire
son rapport [2]. Comme le patriarche avait pu, cinq jours
plus tôt, le 14 août, faire parvenir à Boulogne une lettre,
dont la réponse avait été expédiée le jour même [3], le roi ne
paraît pas très satisfait de sa prudence, et il lui expédie, peu
après, un émissaire à qui le patriarche croit devoir faire de
vives protestations de dévouement [4].

Le secrétaire est chargé de rédiger les dépêches de l'ambassade ; l'ambassadeur n'écrit une dépêche de sa main que
dans les cas majeurs [5] : en général, il se borne à la signer.
André de Burgo, dans une dépêche d'août 1510, déclare qu'il
écrira plus amplement quand ses deux secrétaires seront gué-
ris ; celui qui écrit en latin ne peut travailler, celui qui écrit
en français a achevé, dit-il, la présente dépêche avec beaucoup de peine [6]. Les archives de Saint-Georges, à Gênes, contiennent toute une correspondance officielle d'Antonio Gallo,
secrétaire de l'ambassade chargée d'offrir à Louis XII, en
1499, la soumission de Gênes, écrite et signée par lui seul, au
nom des ambassadeurs [7].

Enfin, en cas d'absence ou de mort [8] de son chef, le secré-

1) Sanuto, III, 1604.
2) Ms. fr. 2811, 58.
3) *Id.*, 60.
4) *Id.*, 59.
5) Dépêche citée de L. d'Harcourt, autographe : ms. fr. 2811, 58.
6) *Lett. de Louis XII*, I, 288.
7) Cette correspondance comprend dix dépêches (Arch. de la banque de
Saint-Georges).
8) 1506. Sanuto, VI, 306 (présentation de créance, par le secrétaire de
l'ambassade d'Espagne).

taire gère la légation. C'est alors qu'il peut se mettre en évidence, et soigner ses propres intérêts. Le secrétaire Jean Leveau, chargé d'affaires en l'absence d'André de Burgo, envoie des dépêches assez bien informées, où les questions relatives à son propre avancement jouent un rôle important. Il parle avec un profond respect de « son maître », dont il allègue et réclame les instructions [1]. La cour le suit de près et lui signale les nouvelles qu'il aurait omises [2]. Il prie instamment l'ambassadeur de le recommander à l'empereur ; il envoie même un mémoire spécial sur cette intéressante question [3]. Il remercie de ce qu'on lui écrit de la chancellerie sur son «advancement», il jure de ne pas être ingrat, il affirme que « son seigneur et maître » désire bien le voir « colloqué » [4]. Peu après, il sollicite une petite « chapelle » à Bapaume, dont il sait le titulaire fort malade en France [5] ; il croit l'avoir obtenue et remercie ; il demande, en même temps, un poste à la cour [6]. Toutes ces sollicitations, bien entendu, ne vont pas sans difficultés [7], et reproduisent à peu près les mêmes phénomènes de fluctuation que dans les temps modernes.

Ce Jean Leveau, secrétaire pour le français, était un débauché, qui mourut prématurément. Il avait comme collègue à l'ambassade d'Allemagne en France, pour le latin et l'italien, un compatriote de l'ambassadeur, Paul de Lodi, qui passa ensuite au service de Maximilien Sforza et s'y rendit fort utile par sa connaissance intime des secrets diplomatiques de l'Empire et de la France.

---

1) Il en reçoit une poste (*Id.* 141, 142). Il reçoit du frère de son maître une lettre annonçant que celui-ci a été malade en route (*Id.*, III, 134).

2) *Lettres de Louis XII*, 103.

3) *Id.*, III, 104.

4) *Id.*, 104.

5) *Id.*, 122.

6) *Id.*, 132, 136.

7) *Id.*, 139.

Les secrétaires de la diplomatie française offrent plus de garanties, à cause de leur rang élevé dans la hiérarchie. Il leur arrive même de jouer le rôle important. Anne de Beaujeu envoie à Rome, sous un prétexte quelconque, une grande ambassade, dirigée par le sire de Beauvau. L'ambassadeur reçoit de belles instructions, et se juge appelé à traiter des affaires d'importance : mais, au moment du départ, Anne de Beaujeu révèle en particulier au secrétaire de l'ambassade, Jean Ami, (un ancien secrétaire de Louis XI, homme sérieux et sûr), le but réel de l'ambassade, qui était d'empêcher en cour de Rome l'annulation du mariage du duc d'Orléans avec la sœur du roi : Ami connaît seul cet objectif secret, dont il s'occupera à l'insu de l'ambassadeur, et il sait que Mᵐᵉ de Beaujeu attache très peu d'importance aux articles de la mission officielle [1].

Quant au nombre des ambassadeurs, il varie beaucoup. L'ambassade la plus nombreuse dont nous ayons trouvé mention, à l'époque de Louis XII, est l'ambassade génoise d'apparat pour assister Louis XII à son entrée à Milan : elle comprenait vingt-quatre ambassadeurs, d'après la Chronique manuscrite de Sfrenati [2]. Les Gênois croyaient se grandir par des ambassades de ce genre ; leur ambassade d'obédience à Jules II comptait, comme nous l'avons dit, douze ambassadeurs.

Sans tomber dans ce ridicule, on juge utile, dans beaucoup de cas, d'envoyer une grande ambassade [3]. Une telle ambas-

1) V. notre livre, *Jeanne de France*.

2) Ms. à la Bibliothèque de Parme, fᵒ 51 vᵒ.

3) Louis XI écrit que mettre « un évesque ou deux et ung chevalier ou ung évesque, ung chevalier et ung clerc » est une bonne chose, « car tant plus y ara de gens de bien, et mieulx la chose sara » (Lettre de Louis XI au sʳ de la Rousière. Fr. 20855, nᵒ 55).

sade s'appelle « grande » [1], « très solennelle » [2], « belle ambassade » [3], « perpulchra ambassadia » [4], « notable ambassade » [5], ou plus simplement « moult belle et honneste ambassade » [6], « belle et honneste » [7], ou « honneste » [8] tout court. La *solennité* s'applique aux matières d'apparat, la *beauté* ou la *notabilité* aux affaires importantes, l'*honnêteté* aux affaires délicates.

Ce ne sont pas là des nuances indifférentes : on y attache un très grand prix [9]. Ainsi, Florence ayant composé de cinq personnes son ambassade d'obédience à Pie III, il se trouve des gens formalistes pour rappeler qu'autrefois elle en avait

1) 1478. « Grande ambassade dudit duc Maximilien d'Autriche et aussi des habitans des villes et des pays de Flandres » au roi (Jean de Roye). « Magna cum magnis et excellentibus viris legatio » (*Bernardi Andreæ Vita Henrici septimi*, p. 57).

2) Instruction vénitienne du 14 sept. 1509 (Arch. de Venise, Secreto 42, 60).

3) Ambassade du comte de Charolais. 1468-69. Ms. fr. 2811, 75.

4) 1463. Les Liégeois, « missa perpulchra ambassadia », demandent à Louis XI le secours promis (*Chr. d'Adrien de But*, p. 449).

5) «Notable ambaxade» (1466. *Lett. de Louis XI*, III, 110). « Grande et notable ambaxade » (1466. *Ibid.*, 153). Un prince absent « y estoit par notable ambassade » (mémoire de 1445. Fr. 3884, fo 182). «Est nostre intention d'envoyer notable ambaxade audit païs de Savoye » (Lettre de Louis XI au duc de Milan, 24 octobre 1466. Archivio Sforzesco).

6) 3 juillet 1479 : « moult belle et honneste ambassade » d'Espagne (Jean de Roye).

7) Juillet 1482.« Se mirent sus une belle et honneste ambassade du pays de Flandres, pour venir devers le Roy audit lieu de Cléry » (Jean de Roye).

8) *Reg. du conseil de Charles VIII*, p. 233. « Egregia legatio » à Rome, composée d'un abbé, d'un doyen, d'un chevalier (*Berni Andreæ Annales Henrici VII*, ed. by Gairdner, p. 84).

9) Lettre de Louis XI aux Lyonnais, développant les motifs pour lesquels il croit devoir envoyer une grande ambassade en Angleterre (1462. *Lett. de Louis XI*, III, 154). Jules II différa longtemps de recevoir l'ambassade vénitienne d'obédience, à cause de l'occupation d'une partie de la Romagne par Venise. Aussi Venise envoya une ambassade très-solennelle, de huit sénateurs, ce qu'on n'avait jamais fait que pour des papes vénitiens.

envoyé six à Alexandre VI et à Sixte IV [1]. En cas de conférence, il convient aussi d'établir une parité entre les ambassades. Les ambassades française et anglaise qui s'abouchent,
en mai 1400 et 1401, pour la paix, se composent chacune
de quatre ambassadeurs, et sont conduites toutes deux par
un évêque [2]. Quelquefois, dans les négociations d'alliance
et d'amitié, qui nécessitent des échanges de missions, on renchérit par courtoisie sur l'ambassade de son voisin. Louis
d'Orléans envoie, en 1397, au roi des Romains, une ambassade de deux personnes; le roi des Romains lui en renvoie
trois; Louis d'Orléans répond aussitôt par quatre [3]. Ludovic
Sforza ayant envoyé à Charles VIII un simple secrétaire, le roi
répond, à brûle-pourpoint, par une grande ambassade : Ludovic s'enorgueillit fort de cette démarche, « si fa molto bello » [4]. Dans un sentiment inverse, le contraire se produit : la
diminution de l'ambassade marque un refroidissement. Il y a
aussi des cas où l'on emploie de petites ambassades : quand
l'envoi présente un caractère expéditif, et ressemble plus à
une notification qu'à une ambassade (par exemple les envois
par Charles VIII d'un ambassadeur, à Rome, à Venise, à Florence, en 1494 [5]) : quand on ne veut pas faire de bruit ; le duc
de Milan envoie, en 1461, un ambassadeur unique conclure sa
ligue avec le dauphin Louis [6]: quand on veut sonder le terrain
et, en cas d'échec, éviter un affront : telles les ambassades

1) Dép. de Machiavel, du 1er novembre 1503.
2) Douet d'Arcq, *Choix de pièces*, I, p. 167, 171 : Rymer.
3) Jarry, *Vie... de Louis de France*, p. 196.
4) Delaborde, p. 228.
5) Boislisle, *Ét. de Vesc*, p. 79.
6) Le dauphin renvoie deux « oratores et secretarii » recevoir le serment
de ratification du duc, « Carolo de Astarciis, Johanne de Sabbres » (juin-
juillet 1461. Archivio Sforzesco),

bretonnes en Angleterre, de 1484[1], en France, de 1482[2], l'ambassade milanaise de 1492[3]. Les missions expéditives sont confiées à un chevalier, les missions timides à un secrétaire.

L'ambassade temporaire se compose habituellement de trois ou quatre ambassadeurs, sauf à Milan, à Venise, à Florence...., où l'on se contente de deux.

Mais le nombre des ambassadeurs n'est pas le seul point caractéristique de l'ambassade.

D'abord, il y a une variété d'ambassade solennelle que j'appellerai l'ambassade exceptionnelle. Celle-là se compose d'un seul homme, d'une personnalité hors pair, qui ne croit pas pouvoir admettre de collègues. Un envoyé de ce genre confine au souverain. George d'Amboise, cardinal, légat, ministre dirigeant de France, vice-roi en quelque sorte de la Lombardie, compose à lui seul l'ambassade de 1501, près le roi des Romains ; il avait la mission officielle d'obtenir pour Louis XII l'investiture du duché de Milan, mais il poursuivait surtout une visée plus haute et d'intérêt universel : le projet, depuis longtemps latent, de faire prononcer la déchéance d'Alexandre VI, de se faire élire et de procéder énergiquement à la réforme de l'Eglise. Pour encadrer une ambassade aussi exceptionnelle, il faut un apparat exceptionnel. Le cardinal partit non pas de Milan, mais de ses domaines personnels de Lombardie, avec une escorte plus que royale : nombre de grands seigneurs

---

1) Le duc de Bretagne envoie un agent en Angleterre, le petit Salazart. Informé ainsi que le roi veut bien lui prêter son appui, il expédie alors l'évêque de Léon, pour conclure une trêve. L'évêque va ensuite circulairement trouver l'archiduc (1484. Dupuy, *Hist. de la réunion de la Bretagne,* II, p. 32).

2) Ambassadeur Pierre Coline, secrétaire du duc (ms. nouv. acq. fr. 1231,69).

3) «Afin de tâter le terrain et pour rendre l'affront moindre au cas où le roi refuserait d'accueillir les propositions milanaises, Ludovic Sforza envoie un simple secrétaire » (1492. Delaborde, p. 220).

français et italiens, d'évêques, d'abbés, de protonotaires, cent
gentilshommes de la garde du roi et deux cents archers de la
garde (environ moitié de la garde royale), en tout seize ou 1,800
chevaux. Il marcha lentement, il mit huit jours pour arriver
à Trente. A une certaine distance de la ville attendaient le
cardinal-évêque de Gürck, des princes, des grands seigneurs.
L'ambassade fit une entrée solennelle dans la ville, où elle se
logea par fourriers. L'audience impériale ne fut pas moins
solennelle ; le cardinal s'y rendit, non-seulement avec sa suite
ecclésiastique, mais avec la garde royale, chose inusitée en
pays étranger, même pour les entrevues de souverains. Du
reste, il se présenta comme ambassadeur, fit un salut régulier
et prononça, avec pompe, la harangue habituelle. A son départ de Trente, le roi des Romains l'escorta en personne jusqu'aux portes de la ville [1].

On peut rattacher à la même catégorie de missions la venue
à Rome, en juillet 1511, de Jean-Jourdain Orsini, gendre du
pape, pour négocier un accord [2], et, en général, les délégations
entre princes, comme le pouvoir donné par la reine Catherine
de Navarre à son mari Jean d'Albret pour prêter hommage à
Louis XII [3]; le pouvoir du roi d'Espagne à l'archiduc, son
gendre, pour traiter avec Louis XII ; le pouvoir donné au roi
d'Aragon par l'empereur, le 17 décembre 1514, pour signer
la paix avec la France [4]. Mais nous sortons ici des règles de
la représentation diplomatique.

1) Jean d'Auton, t. II, p. 146-144. Le cardinal accomplit, comme on sait,
une nouvelle ambassade en 1509 (ms. fr. 16074, n° 27).
2) 21 juillet 1511. Sanuto XII, 301.
3) J. 619, n° 27.
4) K. 1639, d. 3. Le comte de Hainaut délègue son frère Jean de Beaumont
et sa femme, sœur de Philippe de Valois, pour négocier une trève avec la France
(1334. Froissart, I, 102). Charles VIII envoie à l'évêque de Sion commission
pour traiter du renouvellement de l'alliance avec les Suisses (fr. 23607, cité
par Rott, *Inventaire des manuscrits relatifs à l'histoire de la Suisse,* p. 20).

Dans l'organisation des ambassades temporaires ordinaires, il y a, pour ainsi dire, deux coefficients, la qualité des ambassadeurs et l'apparat matériel, qui s'harmonisent avec le principe du nombre. Les grandes ambassades sont celles où figurent les plus grands personnages et où l'on mène le plus grand train : mais ce ne sont pas les meilleures ambassades d'affaires. Après une espèce d'échec du cardinal d'Amboise, à son ambassade exceptionnelle de 1501, Louis XII accrédite simplement en ambassade ordinaire, Louis de Halwin, seigneur de Piennes, Carles, président du Dauphiné, et deux maîtres des requêtes ; Halwin avec procuration spéciale pour recevoir l'investiture du Milanais [1]. Ici, l'ambassade de quatre personnes n'est qu'une retraite. En général, pour une négociation sérieuse et où l'on veut conclure, pour une négociation pratique, secrète, il faut trois ambassadeurs [2]. Il serait dangereux d'en envoyer davantage et maladroit d'en envoyer moins, sauf motif spécial. On voit de mauvais œil à Venise, en 1501, une ambassade du voïvode de Valachie, composée de deux ambassadeurs sans notoriété et d'aspect négligé [3]. Une ambassade de France près des Royaux d'Espagne, à Grenade, en 1500, composée d'un prêtre et d'une faible suite, est considérée comme sans importance [4]. Quant à l'apparat, une ambassade temporaire « fort honorable », dans une grande cour, doit comprendre un développement d'au moins cent cinquante chevaux [5], beaucoup de bagages, un orchestre de ménestrels, joueurs de luth, ou trompettes. Dans les petits états, on se montre moins difficile. François Sforza considère comme grande

1) Jean d'Auton, II, 146 note.
2) Exemples de 1475. Commines, l. vii, c. vii.
3) Sanuto, III, 1467.
4) Sanuto, III, 1182.
5) 1478. Kervyn, *Lettres et négociations*, III, 33.

une ambassade française, composée de quatre ambassadeurs,
dont un archevêque, et d'un train de quatre-vingts chevaux [1],
Venise accepte comme telle une ambassade allemande composée de quatre ambassadeurs, dont un évêque, d'un train
de cinquante-cinq chevaux et de vingt-cinq gens à pied [2].
De même, la Bretagne, qui est pauvre, compose une très
grande ambassade pour la France, avec son chancelier, et
onze membres qualifiés, formant, en tout, soixante-seize personnes [3]. L'ambassadeur turc, à Bude, en 1500, a cent vingt
chevaux et cent trente bouches [4]. Comme exemples d'ambassades ordinaires, on peut citer les ambassades de Venise en
Allemagne (décembre 1509), de deux ambassadeurs et quarante chevaux [5], de France à Venise, en 1500, de deux ambassadeurs et trente-deux chevaux [6], l'ambassade turque à
Naples, en 1494, comprenant un ambassadeur, quarante
chevaux et « dix gentilshommes » turcs vêtus de robes de soie
à fleurs d'or [7], l'ambassade turque à Venise, en 1504, composée d'un ambassadeur et de vingt personnes [8]. La France
passe, avec raison, pour négliger trop la tenue matérielle de
ses missions. Une de ses ambassades ordinaires, celle de
1495, à Rome, comporte quatre ambassadeurs, soixante mu-
les pour les bagages que conduisent des gens d'armes, et
quarante petits chevaux [9] napolitains [10].

A la tête des ambassades solennelles, un prince fait bien ;

1) Circulaire du 11 février 1466 (Archivio Sforzesco).
2) Février 1493. Sanuto, *Spedizione*, 217.
3) 1422. Douet d'Arcq, *Comptes de l'Hôtel*, p. 285.
4) Sanuto, III, 188, 235, 453.
5) 14 déc. 1509. Sanuto, IX, 382.
6) Sanuto, III, c. 268.
7) Sanuto, *Spedizione*, 120.
8) Sanuto, V, 947.
9) « Pulieri » (?)
10) 19 mai 1495. Sanuto, *Spedizione*, 343.

un archevêque aussi. Dans la hiérarchie des ambassades, un évêque prime, d'ordinaire, tout autre ambassadeur [1], sauf les princes du sang. Même à côté et au-dessous d'un prince du sang, un archevêque rend d'éminents services. Il fait porter sa croix [2] : sur son passage, la foule se presse pour être confirmée, et il confirme ; les évêques, les chapitres, les abbayes le reçoivent avec les honneurs qui lui sont dûs : il officie partout pontificalement, avec l'assistance des premiers dignitaires du clergé local, revêtus de leurs plus somptueux ornements. C'est ainsi que se passent les choses dans la plus solennelle ambassade que la France ait envoyée durant le XVe siècle : l'ambassade en Angleterre, de 1445, grande de tout point, puisqu'elle allait mettre fin à la guerre de Cent ans. L'ambassade de 1445 était cumulative au premier chef, réunissant diverses ambassades de France et celle d'Espagne ; elle comprenait un prince du sang, Louis de Bourbon, comte de Vendôme, l'archevêque de Reims (Jacques Juvénal des Ursins) ; deux grands seigneurs, le comte Guy de Laval et le sire de Précigny (Bertrand de Beauvau), un magistrat, Guillaume Cousinot, seigneur de Montreuil, maître des requêtes, et comme secrétaire, le secrétaire Etienne Chevalier, dont le nom reste

---

1) Voici l'ordre hiérarchique habituel : évêque, premier président, chevalier, secrétaire (Ambass. de 1401. Rymer, IV, I, 3). Cependant, dans des ambassades à Rome, nous trouvons l'évêque au second rang. Le sire de Réneval, chambellan, ambassadeur fort important, passe avant l'évêque de Léon dans une ambassade à Rome et Florence en 1378 (ms. fr. 20978, fo 118[1]). L'évêque de Léon était breton.... En 1505, l'évêque de Redon, breton aussi, ancien ambassadeur, et prélat assistant, n'est que second ; probablement choqué, il désire ne passer qu'en dernier. Mais à Rome on s'arrange autant que possible pour faire passer un évêque-ambassadeur avant les laïques (Paris de Grassis. Lat. 5164, fo 162 vo). L'ambassade anglaise en Espagne et Portugal, en 1489, a un docteur en lois pour chef, et comprend en outre un chevalier; un héraut lui est attaché (James Gairdner, *Hista regis Henrici septimi*, p. 200).

2) Bien que ce droit puisse lui être contesté et n'appartienne en réalité qu'aux légats.

si glorieusement attaché à l'histoire de l'art : en tout, six personnes de premier ordre. Cette ambassade se scinde d'abord, partie sous la direction de l'archevêque, partie sous la direction du comte de Vendôme. Elle se réunit à Cantorbéry, et s'y rejoint presque simultanément avec les quatre autres ambassades de cumul : ambassade d'Alençon, composée de quatre personnes, chef le sire de St-Pierre, secrétaire le héraut *Alençon* : ambassade de Sicile, composée de deux personnes, le sire de Tucé, trésorier d'Anjou, et Sablé, secrétaire du roi de Sicile : ambassade de Bretagne, composée de quatre personnes, dirigée par l'évêque de Nantes, et comprenant le chancelier de Bretagne : ambassade d'Espagne. Dans une réunion plénière, sous la présidence du comte de Vendôme, toutes ces ambassades fixent les préséances et règlent leur marche cumulative: elles décident de faire en corps une entrée solennelle à Londres, dans l'ordre suivant, qui sera admis en toute matière : France, Espagne, Sicile, Bretagne, Alençon : de se tenir bien unie, de défendre aux gens de la suite toute rixe, toute indiscrétion, etc. Elles conviennent des termes à employer pour parler du roi de France : l'archevêque prononce une harangue, chaque chef d'ambassade lui répond et communique sa créance [1].

Ce mémorable exemple nous met sous les yeux le mécanisme de l'ambassade la plus compliquée. Il nous montre aussi comment on utilisait la pluralité des ambassadeurs pour amalgamer ensemble les divers éléments d'une ambassade, éléments d'apparat, ecclésiastique, juridique, administratif, et pour laisser dominer tel ou tel, selon le cas, les circonstances et le pays.

Dans les rapports, alors difficiles, de la France et de

---

1) Ms. fr. 3884, f⁰ˢ 171 et suiv.

l'Angleterre, on met volontiers à la tête des missions importantes un prince ou un évêque. Les grands seigneurs y occupent une place importante, et les jurisconsultes paraissent les
moins employés : de même, pour les ambassades anglaises.
Derrière toutes ces ambassades, on sent de grands intérêts
et des menaces profondes qu'il faut couvrir par des personnalités plutôt propres à en imposer qu'à discuter [1]. Le duc de
Bourbon préside à l'ambassade française pour le traité
d'Arras [2]. Avant l'ambassade dont nous avons parlé, déjà
le comte de Vendome avait dirigé une solennelle ambassade de neuf personnes, où figurait l'archevêque de Vienne [3].
Dunois accomplit plusieurs missions en Angleterre [4]. François de Luxembourg dirige l'ambassade française de 1499 [5].
Dans les premières années du XVe siècle, à l'époque de la
guerre, les ambassades françaises et anglaises ne comprennent guère que des gens d'église, des grands seigneurs,
des gens d'épée [6]. Encore aux conférences de Picquigny en

1) Le Cte de Sarrebrück, cousin du roi, dirige l'ambassade envoyée traiter
avec les Anglais à Bruges, le 6 février 1377-78 (fr. 20976, f° 55).

2) Ms. Moreau 1452, n°s 129, 130.

3) Rymer, XI, 182 (avec Pierre de Brézé, Bertrand de Beauvau, etc.).

' 4) *Hist. de Louis XII*, t. I. Rymer, XI, 49, 182. *Catalogue de Joursanvault*, 436.

5) Avec Waleran de Sains, bailli de Senlis, et Robert Gaguin (Montaiglon,
Anciennes poésies, VII, p. 225).

6) Ambassade française de 1390 : Raoul de Réneval, chambellan, l'évêque
de Bayeux, le comte de St-Pol, et autres gens du conseil (fr. 20590, n°s 21,
24, 25) ; le 30 mai 1400, Jean, évêque de Chartres, Jean de Heugueville,
chambellan, Pierre Blanchet, maître des requêtes, Gontier Col, secrétaire
du roi (Douet d'Arcq, I, 171) ; ambassade anglaise, au même moment :
Walter, évêque de Durham, Thomas, comte de Wigton (ou Wygorn),
W. Heron, s[r] de Say, chevalier, Ricard Holin (ou Holme), chanoine d'É-
vreux (ou d'Everwy) (Douet d'Arcq, I, p, 167. Rymer, III, 200) ; ambassade anglaise, en avril 1501 : Walter, évêque de Durham, Thomas
comte de Wincester, amiral d'Angleterre et Irlande, William Heron, sire
de Say, Me Ricard Holme, chanoine (Rymer, IV, 1, 1) ; ambassade de
France : l'évêque de Chartres, l'amiral, le premier président du parlement,

1495, les trois commissaires sont, de part et d'autre, un personnage de la cour, un chevalier, un homme d'église [1]. En 1480 [2], en 1489 [3], en 1492 [4], l'élément administratif reparait plus nettement [5]. Quant aux petites missions, elles suivent la règle commune ; elles sont confiées à un secrétaire [6], à un chambellan [7]...

Dans les rapports très fréquents de la Bretagne avec l'Angleterre, les barons et personnages de cour occupent une grande place [8].

de Paris Jean de Popincourt, le sire de Heugueville, chambellan, Jean de Sains, secrétaire du Roi (Douet d'Arcq, I, 215 : Jean de Sains remplaçant Gontier Col, d'après Rymer) ; ambassade anglaise en 1415 : les évêques de Durham et Norwich, le comte d'Orset, le sgr de Grey, Mes Philippe Morgan et Richard Houlme, docteurs, Guill. Boursier et Jean Philippe, chevaliers, Guill. Portier, écuyer (ms. fr. 6248, f° 19) ; ambassade anglaise à Troyes, en 1421 ; Jean, évêque de Roffen, le comte de Warwick, sgr de Roos, Gilb. Umfreville et Will. Portes, chevaliers, Rich. Cordon, docteur en lois, Rich. Gaudry (ms. Moreau 1452, n° 102) ; ambassade française de novembre 1470, l'évêque de Bayeux, L. de Harcourt, Tanguy du Chatel, G. de Ménipeny, Yves du Fou et deux secrétaires (Rymer, V. 177), etc.

1) Commines, l. IV, c. VIII.

2) Jean de Castelnau, frère du terrible sire du Lau (ms. fr. 3882, n°s 149, 151, f°s 451, 455, 456 ; ms. Dupuy 751, f° 145).

3) Sept. 1489 : le sire de Marigny, Robert Gaguin (ms. fr. 15538, n° 188).

4) L. de Halwin, sr de Piennes : François de Créquy, sr de Dourier, Raoul de Lannoy, sr de Morvilliers, Jean Daufray, maitre des requêtes de l'hôtel (ms. Clairamb. 782).

5) Et l'élément judiciaire. L'ambassade en Angleterre, de 1467, comprend le sire de Concressault (Menipény), le président Jean de Popincourt, le maitre des comptes Olivier Le Roux, l'argentier Alexandre Sextre (Lett. de Louis XI, III, 157).

6) Robert Briçonnet, secrétaire du roi, pour une trêve, en 1462 (fonds Bourré, O, 53) : le sire de Heugueville et maître Pierre Blanchet, en sept. 1400, pour réclamer Isabelle de France (Douet d'Arcq, Choix de pièces, 1, 193).

7) Armel de Chateaugiron, chambellan, ambassadeur de Bretagne pour un hommage (Mém. de Bretagne, II, 827).

8, Ambassade bretonne en Angleterre, le 5 juin 1486, pour la paix : sires de Maupertuis, du Fou, le sénéchal de Hennebont, Jean Troussier, chantre de St-Malo (Mém. de Bretagne, III, 508).

Milan, Venise entretiennent avec l'Angleterre des relations surtout commerciales : même pour des ambassades politiques, ces états ne craignent pas de commissionner quelque négociants de leurs nationaux établi ou de passage à Londres ; le fait de négoce ne crée à leurs yeux aucune incompatibilité matérielle ; mais on a soin de vanter l'extraction de ces négociants, leurs aïeux, leur caractère de patriciens, etc. [1].

L'Ecosse, pays ami, quoique d'un abord difficile, se prête aux envois d'Ecossais naturalisés, de secrétaires, de chambellans, d'administrateurs, de prélats [2].

Dans les ambassades à Rome, l'élément judiciaire parait souvent, ce qui s'explique par l'appui que trouvaient les traditions gallicanes dans les parlements. L'ambassade la plus normale à Rome est dirigée par un ou plusieurs dignitaires ecclésiastiques, et composée en majorité de parlementaires [3]. La grande

1) Les Vénitiens ont chargé deux patriciens en ce moment à Londres de leur servir d'ambasssadeurs (rapport du 20 octobre 1495. Ms. ital. 1444). Ludovic Sforza envoie, le 9 juin 1490, une créance à Bénéd..Spinola, citoyen et marchand génois établi à Londres, dont il vante la personne et les aïeux, pour une négociation très importante avec l'Angleterre. B. Spinola remercie chaudement par une dépêche du 29 juillet (ms. lat. 10133, fo 481 vo, 483).

2) Ambassadeurs en Ecosse : Hue Bournel, Sr de Thieuberonne, chambellan (juin 1412. Fr. 6748). Guill. Cousinot, bailli de Rouen, Guill. de Menipeny chambellan, Me Pierre Dreux (1451. Fr. 20977, fo 209). Bertrand Briçonnet, secrétaire de Louis XI (passant par l'Angleterre. Væsen, Catal Bourré, no 213). L'alliance d'Edimbourg, le 20 décembre 1499, est conclue entre l'évêque de Maillezais et Bertrand de Beauvau, Sr de Précigny, chambellan, bailli de Touraine, pour la France, et Guillaume, Sr de Crathon, cousin et chancelier du roi,Nicolas de Ochbuon, official, pour l'Ecosse (ms. fr.20977, fo 219). En 1512, ambassade de Charles de Tocques, éc., sr de la Mothe, Martin Peguineau, valet de chambre, Jean Préfort, canonnier ordinaire du roi, transportés par mer, et chargés de cadeaux de vin, de poudre et de munitions (fr. 20616, no 56).

3) Ambassade au pape et à la reine de Sicile, le 30 mai 1376 ; l'archevêque de Tours, le sire de Réneval, maitre Alleaume Boistel, messire Guy de Morges, conseillers du roi, maitre Pierre de Corbie, son secrétaire (Jarry, p. 383). Ambassade à Rome et Florence, en 1378 : Raoul de Réneval, l'évêque de Laon, conseillers, et le comte de Braine, et autres (fr. 20978, fo 118) : l'évêque de Noyon, le sire de Coucy, cousin du roi, Jean de Sains, secrétaire du roi, en-

ambassade de 1491 comprenait treize ambassadeurs : en tête, trois hauts dignitaires ecclésiastiques, l'évêque de Lombez et abbé de St-Denis Villiers de la Groslaie, le grand prieur d'Auvergne, l'abbé de St-Antoine en Viennois ; un ambassadeur spécial aux affaires d'Italie, le sire de Faucon ; ensuite, huit hommes de loi, Jean Rabot, Charles du Haultbois, Benoit Adam, etc. ; enfin, Guillaume Longuier, secrétaire du roi[1]. Particularité remarquable : l'instruction de cette ambassade est adressée à « Jean Rabot[2] et consorts », elle trace le langage à tenir par Rabot, de sorte qu'officiellement l'ambassade commence aux hommes de loi ; les dignitaires

voyés en ambassade « devers N. S. Père le pape et le collège des cardinaulx,» pour l'affaire du royaume d'Adria (Douet d'Arcq., I, p. 112). L'évêque de Léon, Guill. de Moillon, chevalier, ambassadeurs du dauphin à Rome (4 déc. 1419. Rapport de l'ambass. anglais. Quicherat, *Th. Bazin*, IV, p. 278). Ambassadeurs à Rome (de France-Angleterre), en juin 1422, l'abbé de Fécamp, les évêques de Coutances et Senlis, le sire de Vézelay, Gautier de Ruppes, le sire de Rouville, chevaliers, Jean de Almans, Pierre Morisse, Nicole Davy : en 1423, l'abbé de Fécamp, l'évêque de Beauvais, le sire de Rancé, chevalier, Jean de St-Yon, écuyer (fr. 20590, n° 22). Ambassadeurs à Rome, le 4 nov. 1471, Guill. Compaing, archidiacre, Jean Raguire, secrétaire (Fonds Bourré, L. 13). En 1451, pour obédience, l'évêque d'Aleth, le patriarche d'Antioche, l'archevêque de Reims, Tanneguy du Chastel, Jacques Cœur et autres. En 1487, Jacques de Beauvau, S^{gr} de Tigny, Robert Gaguin et Jean Amy (*Procéd. politiques du règne de Louis XII*, p. 1050). Simon de Laingres, maître de l'ordre des frères prêcheurs, en 1364 (fr. 20590, 2). Jean Tabari, secrétaire du roi, en 1377 à Bruges, près des ambassadeurs du pape (petite ambassade : *id*, 5-6). Hugues Blanchet, secrétaire du roi (à Avignon, en 1384 : *id.*, 7-9). Pierre de Craon, en 1390 (au pape et au comte de Vertus : *id.*, 12).

1) Ms. fr. 15870, n° 1 ; Instruction sans date (l'ambassade arriva à Rome le 11 novembre 1491, d'après Burckard, I, 430). En 1491, Cristophe de Carmonne qui, depuis, accomplit une importante carrière de magistrat (Blanchard : *Procéd. politiques du règne de Louis XII*) se vantait d'avoir refusé l'ambassade de Rome : en 1484, Benoit Adam, conseiller au parlement, succède dans cette ambassade à Claude Chauvreux (*Reg. du Conseil de Charles VIII*, p. 142). Sur ce Claude Chauvreux, V. *Hist. de Louis XII*, t. III.

2) Jean Rabot fut en 1481, ambassadeur secrétaire à Rome avec M. de Rochechouart (ms. fr. 15870, n° 3), et en 1495 avec l'archevêque d'Embrun (*id.*, n° 2.)

ecclésiastiques ne passent les premiers qu'en vertu d'une pure
préséance. S'il s'agit de matières entièrement politiques [1],
on voit apparaître les seigneurs, surtout les grands seigneurs. Parmi les ambassadeurs à Rome, à la fin du XVe siècle et au commencement du XVIe siècle, nous trouvons deux
ecclésiastiques, chefs d'ambassade et résidents, Pierre de
Villiers de la Groslaie [2] et Robert Guibé [3], tous deux évêques, puis cardinaux ; l'archevêque d'Embrun [4], les évêques
de Lodève, de Rodez [5], de Marseille [6] ; d'autre part, le
comte de St-Pol [7], Gilbert de Montpensier [8], Louis de la
Trémoïlle [9], Louis de Villeneuve, baron de Trans [10], Roger de
Grammont [11], Aimar de Prie [12], Guillaume de Poitiers [13], lesquels
appartiennent à la catégorie des personnages socialement importants. Il y a eu quelquefois près du pape de grandes ambassades politiques purement laïques : celle de janvier 1393
pour les projets de royaume d'Adria [14], celle de 1478-79 pour

1) A Avignon, au XIVe siècle, il y de petites ambassades de voisinage.
En 1340, la France y envoie « Agentus de Baucio », sénéchal de Beaucaire,
avec Philippe Olivier (Olearii), avocat, et Raymond Sagnier (Saynerii) — (fr.
20978, fo 118²).
2) 19 mai 1495 (Sanuto, *Spedizione*, 243: Burckard, *Diarium*, I, 430 et s.).
3) Burckard, *Diarium*, I, 145 et s.
4) Rostaing d'Ancezune (Boislisle, *Et. de Vesc*, p. 191, no 3).
5) François d'Estaing (ms. fr. 21104, fo 7).
6) Claude de Seyssel.
7) Burckard, *Diarium*, II, 248.
8) *Id.*, I, 139 et s.
9) *Id.*, II, 200 .
10) *Id.*, II, 493 et suiv.: Arch. de Bologne: *Dispacci di A. Giustinian* etc.
11) Burckard, III, 147 et s.
12) *Id.*, III, 385.
13) *Id.*, I, 365.
14) Composée de Guy de la Tremoïlle, Nicolas de Rancé, sire de Blaru, Jean
Blondel. La Tremoïlle et Blondel étaient serviteurs du duc de Bourgogne,
qui désirait éloigner le duc d'Orléans, ou faire échouer son projet (Jarry,
p. 113). Jean Blondel, avait déjà été envoyé par Boucicaut au pape en juin
1388, avec un certain Pertuis (Douet d'Arcq, I, 94). Le 23 sept. 1394, pour

les affaires de Florence[1]... Les ambassades à Rome où domine l'élément ecclésiastique sont rares et peu fructueuses : telles l'ambassade de Charles VIII au commencement de 1494, composée des évêques de Fréjus et de Lodève, de l'abbé de St-Ouen de Rouen, et du sire de St-Mauris, ancien serviteur du sire d'Albret, vouée à l'insuccès malgré son habile composition[2] ; l'ambassade de Louis XI en 1469, composée de deux maitres en théologie, le célèbre Guillaume Fichet et Gilles des Aluets, qui, un peu novices, échouent[3]... Quant au pape,

une ambassade près du conclave d'Avignon, le conseil du roi est d'avis de choisir purement des laïques : elle comprend deux maréchaux (il s'agissait de mettre fin au schisme. Jarry, p. 128).

1) Composée de Guy d'Arpajon, vicomte de Lautrec, baron d'Arpajon, chambellan ; Ant. de Morlhon, d[r] en droit, seigneur de Castelmarin, président au parlement de Toulouse ; Jean de Voisins, chevalier, vicomte d'Ambres, chambellan ; Pierre de Caraman, seigneur de Négrepelisse ; Ant. de Tornus, d[r] en lois, seigneur de Perre, juge ordinaire de la sénéchaussée de Carcassonne ; Jean de Morlhon, d[r] en lois, avocat au parlement de Toulouse, conseiller du roi ; Jean Barbier, professeur en lois, seigneur de St-Come, conseiller du roi ; Jean de Compans, notaire-secrétaire du roi (ms. fr. 6986, f° 3: lat. 11802). En 1494, pour négocier l'entrée de ses troupes à Rome, Charles VIII envoie le sénéchal de Beaucaire, Etienne de Vesc, le maréchal de Gié, le président de Ganay, c'est-à-dire un administrateur, un soldat, un magistrat (Guichardin, l. I, ch. IV). En 1469, Louis XI envoie Guillaume Cousinot, avec Guillaume le Franc, secrétaire du duc de Bourgogne (Ghinzoni, *Galeazzo Maria Sforza é Luigi XI*), Charles VIII en 1494, Perron de Bascher (Boislisle, *Et. de Vesc*, p. 79); on adresse en 1458 Jean de Manzi (3 sept. 1458. Archivio Sforzesco); en 1437, à Rome et au concile de Bâle, Simon Charles, chevalier (ms. fr. 20978, f° 1187): le dauphin Louis envoie à Berne et à Rome, en 1456, Gaston du Lion, plus tard son ambassadeur à Milan en 1460, puis sénéchal de Saintonge (en 1461), de Guyenne et de Toulouse (Notice par M. Charavay, *Lett. de Louis XI*, I, 369). Au XVIe siècle, Jacques Gohori, traducteur de Machiavel, auteur du *Livre de la Fontaine périlleuse* et d'une histoire manuscrite de Charles VIII, était un ancien secrétaire d'ambassade à Rome (ms. lat. 5972, f° 17 v°).

2) K. 1710 ; Instruction datée d'Amboise, 10 février : Cf. Delaborde, *Un épisode des rapports d'Alexandre VI avec Charles VIII*, p. 9.

3) *Archivio stor° lombardo*, 1885, p. 17. En 1425, Jean Manequin, simple trésorier de l'église de Laon, est ambassadeur à Rome (ms. fr. 20978, f° 1187).

ses envoyés sont presque toujours ecclésiastiques : les laïques se rencontrent dans sa diplomatie, à titre exceptionnel [1]. Les ambassades italiennes à Rome sont presque toujours laïques.

L'ambassade de France en Allemagne n'est pas une ambassade de début : on n'y envoie, à la fin du XV⁰ siècle, que des hommes d'une habileté éprouvée, sous la conduite d'un personnage plus ou moins décoratif [2] : nous y voyons passer le sire du Bouchage [3], Louis d'Amboise, évêque d'Albi [4], Villiers de la Groslaie [5], Tristan de Salazart, archevêque de Sens [6], Antoine Duprat [7], Claude de Seyssel [8]... Les di-

1) Jules II en emploie. Il envoie, en 1506, son neveu, le cardinal de la Rovère légat à Naples, et comme ambassadeur en Allemagne Constantin Arniti, laïque (Sanuto, VI, 495).

2) La France délègue, le 12 avril 1397, à la diète de Francfort, le patriarche d'Alexandrie et Guillaume de Tignonville, pour l'affaire du schisme. Regnault Brésille, chambellan, y est envoyé en 1389 (fr. 20976, f⁰ 5). L'ambassade du 23 novembre 1501 pour les affaires du Milanais comprend Louis de Halwin, seigneur de Piennes, chambellan, Geffroy Carles, président du parlement de Dauphiné, Charles de Haultbois et Jean Guérin, maîtres des requêtes de l'hôtel. Louis de Halwin a un pouvoir spécial et distinct (fr. 16074, n⁰ 27). Le roi envoie au roi des Romains, en 1383 « maistre Angèle, général des cordeliers » (fr. 20590, 48). Le dauphin envoie au roi des Romains, en sept. 1444, son chambellan Amaury d'Estissac (sénéchal de Poitou, puis de Saintonge. Notice par M. Charavay, *Lett. de Louis XI*, I, p. 365). Ambassade pour trève, en juillet 1477 : Thierry de Lenoncourt, chambellan, Jean de Paris, conseiller au parlement, bailli de Virton, Nicole Cuissoete, procureur au bailliage de Vitry, Henri le Membru, conseiller du roi à Reims (fr. 15538, 5).

3) 1495. Ms. fr. 2928, f⁰ 3 : *Hist. de Louis XII*, t. III.

4) 1478. Ms. fr. 6985, f⁰ˢ 163, 318 ; fr. 10187, f⁰ 252 v⁰.

5) Ambassadeurs près la diète germanique, en 1489, Pierre de la Groslaie, évêque de Lombez, le sire de Rochechouart, Pierre de Sacierges (Dupuy, *Hist. de la réunion de la Bretagne*, II, 185).

6) Avec le prince d'Orange (1493. Ms. fr. 20977, f⁰ˢ 187, 189 : *Titres Salazart*, n⁰ˢ 112, 119, 120).

7) Jean d'Auton, édition Jacob, III, p. 157: Godefroy, *Hist. de Louis XII*, p. 7 et s.

8) Louis Iᵉʳ d'Orléans adresse au roi des Romains, en Bohême, Jean de Saquainville, chambellan et l'abbé de Beaupré (1397) : le roi des Romains

vers éléments fournissent leur contingent dans des propor-
tions sensiblement égales : il semble que cette ambassade
consacre les talents acquis. Par une singulière coïncidence, à l'époque où l'Empire et la France, après de
longues froideurs, deviennent amis et alliés contre Venise,
l'ambassadeur d'Allemagne en France est un italien, le milanais André de Burgo, et l'ambassadeur de France en Allemagne, Louis Hélien, qui prononça devant l'empereur une
harangue justement célèbre par son excessive violence contre
Venise, également un italien, natif de Verceil [1] ; Hélien était
un poète, il avait gagné la faveur de la cour de France par de
petites pièces latines de circonstance [2], détail qui n'empêche
pas un historien russe moderne, assez passionné lui-même,
de présenter son discours absurde [3] comme le type des discours et des sentiments français [4].

Quant aux ambassades échangées avec l'archiduc Philippe
le Beau sous Louis XII, elles contiennent surtout des éléments administratifs et judiciaires [5].

lui envoie, en novembre 1397, Hubert d'Autels, Thierry Lona, Jean de
Schœnfeld : le duc d'Orléans lui renvoie aussitôt Jean de Saquainville, Pierre
Beaublé, Jean de Fontaines, Oudinet Bernard (Jarry, p. 196). Le duc Charles
d'Orléans envoie, en 1444, à l'empereur Raoul de Gaucourt (K. 68, nᵒ 4) :
en 1452, Antoine de Cugnac, chambellan, André Beynier, docteur en lois,
Pierre le Fuzelier, secrétaire, et Sohier du Clerc, procureur en cour de Rome
(J. 545, II ; K. 69, nᵒ 6).

1) Le Maire de Belges, *L'histoire moderne du prince Syach Ysmail.*
2) Bibliothèque de M. le prince Trivulce à Milan, N. 1002, nᵒ 19 : fr. 1717,
fᵒ 88 vᵒ.
3) Publié à Augsbourg en 1510, et plusieurs fois réimprimé depuis. V.
Freher, *Rerum Germanicarum Scriptores*, 1717, t. II, 522 et suiv.; Desjardins, *Négociations...*, II, 89.
4) Lamansky, *Secrets d'Etat de Venise*, p 421. Du reste, M. Lamansky accuse
Louis XII d'avoir fait allumer l'incendie de l'arsenal de Venise en 1509 : il
cite la férocité d'Hélien comme preuve des haines internationales !
5) Ambassade de 1499. — Ambassadeurs de l'archiduc en octobre 1474 :
le comte de Eberstein, Mᵒ Conrad Stirtzel. Ambassadeurs à l'archiduc ; le

Les ambassades de Castille, d'Aragon[1] comprennent généralement des membres du clergé[2]. L'ambassade espagnole
en France de 1492 présente la singularité d'être dirigée par
un simple moine : un moine français, frère Jean de Mauléon,

premier président Fabre de Toulouse, Ant. de Mohet, bailli de Montferrand
(Chmel, *Monumenta Habsburgica*, I, 261). Ambassadeurs de l'archiduc en
1477 : Jean s[r] de Lannoy, Gontart de Starhemberg, chambellan ; Pierre Bogart,
doyen de Bruges ; Jean Dauffay, maître des requêtes ; Josse Chappus (Gachard, *Notices et extraits* ; fr. 8453) ; ambassadeurs à l'archiduc en septembre 1477 : P. Doriole, Phil. Pot, s[r] de la Roche, Guy Pot, comte de St-Pol,
Philib. Boutillat, s[r] d'Apremont, trésorier de France, Thomas Taquin, napolitain (fr. 8453). Ambassade de l'archiduc (très solennelle), pour le mariage
de Claude de France (27 juin 1501) : Fr. de Busleiden, archevêque de Besançon ; Guill. de Croy, s[r] de Chièvre et d'Arschot, g[d] bailli de Hainaut ;
Philibert dit La Mouche, s[r] de Veyre et Couroy, chambellan ; Nicol. de Ruter,
prévôt de St-Pierre de Louvain, conseillers ; Jean de Courteville, bailli de
Lille ; P. Anchemant, secrétaire de l'archiduc (J. 951, n° 2). Ambassade à
l'archiduc en août 1505 : le comte de Nevers, l'évêque de Paris, le bailli
d'Amiens. Ambassade de l'archiduc (septembre 1501) : le sire de Ville (Jean
de Luxembourg), premier chambellan ; le don-prévôt d'Utrecht (Philibert Naturel), maître Philippe Wielant, Jean Caulier, conseillers *(2e Voyage de Phil.
le Beau,* publ. par Gachard, p. 398-399). Quand les ambassades de Flandre
sont composées par les Etats du pays ou par une ville, elles contiennent naturellement des membres de ces Etats ou de la ville. Ambassadeurs de Flandre en 1477 : l'abbé de St-Pierre-les-Gand, Henri de Witten, s[gr] de Berssele ;
Louis Pinnock, s[gr] de Velpen, maire de Louvain ; Jacques, s[gr] de Duzele ;
Philippe, s[r] de Maldeghem ; Me Govard, pensionnaire de Gand, et autres
(Gachard, *Analectes,* ccclxxv). Ambassade « notable » de France à Liège,
le 21 avril 1465 : le sire de Chatillon, chambellan, cousin du roi ; Aimar de
Poisieu, dit Cadoret, bailli de Mantes ; Jean de Vergier, conseiller ; Jacques
de la Royere, secrétaire du roi (fr. 20977, f° 597) ; délégués de Lille, près du
maréchal Des Querdes, en 1485 : deux ecclésiastiques, huit nobles, trois
hommes de loi, le maieur, un échevin *(Hist. des guerres de Flandre,* dans le
Corpus Chronic. Flandriæ, IV, 563).

1) L'ambassadeur de Charles VIII près du sire d'Albret, en 1487, est
Philippe Baudot, gouverneur de la chancellerie de Bourgogne (X[ia] 9319, 9).

2) Ambassadeurs de Castille pour le renouvellement de la ligue, en 1381 :
Pedro Lopez de Ayala, gouverneur de Giupuzcoa ; Fern. Alfonso de Algaria,
doyen de Burgos (Douet d'Arcq, *Choix de pièces,* I, p. 14). Ambassadeurs
d'Espagne en 1485 : Jean de Rivera, Jean de Arjas, doyen de Séville (K,
1482).

maître en théologie, de l'ordre de St-Benoît [1], assisté de Juan de Colonia, chevalier, secrétaire du roi, et de Juan d'Albion, chevalier [2] : ce dernier revint plus tard en ambassade en France. Vers la fin du XIVe siècle, les ambassades pour la Castille paraissent formées d'hommes un peu secondaires : chambellans, conseillers [3], que dirige un prélat : nous y trouvons un élément rare : des amiraux [4]. A la fin du XVe siècle,

1) Ce personnage essaya ensuite de se mettre à la solde de Naples, puis à la solde du pape (Sanuto, *Spedizione...*, p. 673 : La Pilorgerie, *Campagne et bulletins*, p. 85).

2) 6 juillet 1492. K. 1638, d. 2.

3) Ambassadeurs en Castille du roi Jean (pour le mariage de Blanche de Bourgogne) : Pierre, archevêque de Rouen ; Regnaud, évêque de Châlon ; Guillaume, sire de Revel. Ambassadeurs de Castille : Alvar. Garsia de Albornos, chevalier ; Jean, évêque de Burgos (J.915 B.). Ambassadeurs en Castille, en septembre 1386 : Jean, sire de Folleville, chevalier ; Robert Cordier, cordelier ; Thibaut Hocie, archidiacre de Dunois, secrétaire du roi (Douet d'Arcq, *Choix de pièces*, I, p. 75) ; sous Charles VI : l'évêque de St-Flour; Hermite de la Faye, Pierre Trousseau, conseillers ; Jean Luce, secrétaire (J. 915 B.) : Simon, patriarche d'Alexandrie ; Colart de Coleville, chambellan ; Gille Des Champs, maître en théologie ; Thiébaut Hocie, secrétaire (15 février 1395-96. K. 1638, d. 2): Girard le Boucher, maître des requêtes ; Ynego Daroco, écuyer, *boursier* d'Espagne, en 1450 (fr. 20977, f° 236[4]): Phil. Royer, chargé par Louis XI de négocier la paix entre les rois de Castille et d'Aragon (1462, Legeay, *Hist. de Louis XI*, I, 312) : Phil. de Menou, chambellan de Louis XI, ambassadeur de Charles VIII en Espagne (fr. 20977, f° 271) : Jacques d'Espinay, ambassadeur de Louis XI en Espagne (fr. 6981, f° 442). D'après les pièces du ms. fr. 20590, voici quelques noms d'ambassadeurs en Espagne : Olivier le Roux (avant 1471, en Espagne, en Catalogne, n° 51) ; Thiéb. Hocie, susnommé, chanoine de Paris, secrétaire du roi, avec deux autres ambassadeurs (1391, n°s 53, 54) ; Guill. de Caramaing (1495, n° 62) ; Jean Focoys, docteur en lois (et en Portugal, 1378, n° 63) ; Raymond-Bernard Flament, docteur en lois (1378, n° 57) ; Richard Le Moyne, notaire-secrétaire du roi (1495, n° 20) ; Guill. Durand (en Aragon, 1351, n° 43).

4) Ambassadeurs en Castille : l'amiral Jean de Vienne en 1377 (fr. 20977, f° 236[2]) ; en Castille et Léon : l'amiral de Vienne, Morelet de Montmor, chambellan ; Guill. Daunoy, secrétaire du roi, en 1388 (K. 1638. d. 2) : Bertrand Campion, écuyer, Robin de Bracquemont, amiral, chambellan, joints aux ambassadeurs permanents, Jean d'Angennes, chambellan, Guill. de Guielleville, conseiller (dont Campion devra être un), le 22 mars 1418, anc. st.

la cour d'Espagne passe pour la patrie de la dissimulation :
il faut y députer des gens « bien entendus, bien saiges. »
Nous retrouvons là l'évêque d'Albi [1], le sire du Bouchage [2], un
éminent administrateur, Etienne Petit [3], des seigneurs, des ecclésiastiques. Les ambassadeurs pour l'Espagne proviennent
souvent du Midi [4]. Une petite ambassade envoyée par
Louis XII en 1505 comprend un italien, Hector Pignatelli, et
le conseiller au grand conseil Pierre de St-André, juge-mage
de Carcassonne [5].

Avec la Savoie, on emploie volontiers des magistrats [6] ;
avec Naples, des gens de cour [7].

(fr. 20977). Créance de Louis XI au roi de Castille, pour l'amiral de Montauban (1463. *Lett. de Louis XI*, II, 95).

1) Ambassadeur en Espagne pour restituer le Roussillon, le 6 juillet 1492,
l'évêque d'Albi (K. 1638, d. 2). Louis d'Amboise était lieutenant-général du
Languedoc (V. fr. 26096).

2) Commines, l. VIII, ch. XXIII ; Mandrot, *Ymbert de Batarnay*, p. 204.
G. de Poitiers (sr de Clairieux), Ph. Guérin, Y. de Batarnay, Michel de Grammont (J. 915 B., 22).

3) Et. Petit, le Mis de Cotron, le sire du Bouchage et autres (fr. 10237,
110). Etienne Petit, contrôleur général du Languedoc, procureur et trésorier
général de Roussillon et Cerdagne (*Titres* Petit).

4) L'archevêque de Toulouse, en 1434 (fr. 20977, f. 273); sous Charles
VIII, Guill. de Caraman ou Caramaing et de Périlleux, vice-roi de Cerdagne. vicomte de Roddes (Xia, 3921, 159 ; fr. 28590, no 62).

5) Pour recevoir le serment du roi d'Espagne (K. 1639, dr 3).

6) Ambassadeurs en Savoie sous Charles VIII : Antoine de Mortillon,
maître d'hôtel ; le sire du Bouchage (fr. 2923, fo 9) : pour les affaires de
Saluces, du Bouchage, le général de Languedoc (30 novembre 1487. Fr. 2922.
fo 1): Thib. Baillet, président ; Jean Bouchart, Etienne Poncher, conseillers
au parlement de Paris ; Jean Sarrant, avocat général à Toulouse (fr. 2919,
fo 9 bis). Voici des noms d'ambassadeurs de Savoie; Jacques de la Tour,
chevalier (18 sept. 1452. Fr. 2811, 23) ; Me Jean Michel, mess. Jean du Saix,
chevalier (1454. Favre et Lecestre, *Le Jouvencel*, II, 385); Jean du Saix, sr de
Bannens, chambellan, maître Jean Michel, prévôt de Verceil, conseillers ;
Pierre Dannessy, secrétaire (31 mai 1455. Fr. 2811, 34) ; l'archevêque d'Auch
(oncle du duc); Gabr. de Seyssel, sire d'Aix ; Phil. Chevrier, président de
Chambéry (1487. Mandrot, *Ymbert de Batarnay*, p. 342 ; fr. 2919, fo 9 bis);
le comte de la Chambre, en 1499 (traité du 26 oct. 1499).

7) Antoine (ou Thomas) Taquin, napolitain; le capitaine Philippe Guérin,

Les ambassadeurs des petites républiques oligarchiques
d'Italie sont des citoyens notables, appartenant aux classes
dirigeantes. Ils reçoivent leurs missions vers l'âge de quarante ans. Ainsi, Pandolfini est nommé en 1505 résident florentin en France à trente-neuf ans [1]. Accaiuoli, fils d'ambassadeur, devient résident florentin en France, à quarante-
trois ans : mais on lui fait faire ses débuts dès 1503, à trente-
six ans, dans un poste honorifique, comme membre d'une
ambassade d'obédience [2]. L'illustre Guichardin fut destiné à
une ambassade en Espagne en 1511 et 1512 [3]. Les ambassadeurs vénitiens [4] allèguent autant que possible les deux titres
de la République : « chevalier », ou « docteur ». Dandolo
signe : « doctor, eques, orator [5], » Trevisano, « eques », Donato « doctor », et ils ajoutent « oratores [6] » ; Cornaro « eques,
Verone capitaneus, orator [7]. »

Jean d'Arsson, ancien secrétaire du duc de Bourgogne, sont envoyés à Naples
par Louis XI (fr. 3884, fº 286). J.-B. Coppola est ambassadeur de Naples en
France en 1491 (Trinchera, *Codice Aragonese*, t. II, p. ɪ, p. 28).

1) Desjardins, *Négociations*.

2) *Id.*, 522.

3) Lettre du 4 avril 1511, Le Glay, *Négociations*, I, 486 : Guicciardini,
Opere inedite, tome VI, commission et correspondance de cette ambassade.

4) Voici la liste des ambassadeurs vénitiens en France sous Louis XII,
dressée par M. Armand Baschet, *La diplomatie vénitienne*, p. 341, note (d'après
Sanuto) : 1498-1499, Nicolo Michiel, Ant. Loredan, H. Zorzi, amb. extraord.
(ce dernier ancien ambassadeur en France. V. Perret, *Not. sur Graville*,
p. 76) ; 1499, Nicolo Michiel, Marco Zorzi, Benedetto Giustinian, Benedetto
Trevisan, ambass. à Milan en septembre ; 1500, Georgio Emo ; 1500, Francesco Foscari ; 1501, Georgio Cornaro, près du cardinal d'Amboise à Milan ;
1502, Marco Dandolo ; 1502-1505, Francesco Morosini ; 1505-1507, Luigi
Mocenigo ; 1506, Hieronimo Donado ; 1507-1509, Ant. Condulmer ; 1508,
Domenico Trevisan et Paolo Pisani, amb. extraord. ; 1513, Andrea Gritti,
id. ; 1514, Alessandro Donado. Cf. Cesare Cantù, *Scorza di un Lombardo negli
Archivi di Venezia* (Milano, 1856), p. 122 et suiv., une liste des résidents, ambassadeurs et chargés d'affaires de Venise à Milan, depuis 1350.

5) Dép. de Lyon, 27 sept. 1502 (Arch. de Venise, Dispacci, 1).

6) Dép. d'Asti, 14 juill. 1502. *Ibid.*

7) Dép. de Milan, 17 juill. 1501. *Ibid.*

Les ambassadeurs français à Venise sont des lettrés, ou des italiens, parfois des capitaines pour des missions d'ordre plus militaire [1].

A Florence, on envoie un secrétaire [2], un ambassadeur circulaire, un homme de cour, un italien [3].

Milan adresse des courtisans, des membres de l'aristocratie milanaise, des fonctionnaires [4].

Charles VIII, en coquetterie avec ce gouvernement, mêle à ses grandes ambassades un fort élément italien [5].

1) Jean de Vienne, seigneur de Listenois, chambellan, est en 1483 un des ambassadeurs de France à Venise (*Titres* Vienne, n° 90); Charles VIII envoie en 1494 le sire de Morvilliers; Louis XII, en 1499, Accurse Mainier, bon d'Oppède, juge-mage de Provence (résident), et Jean de Polignac, seigneur de Beaumont; le cardinal d'Amboise y envoie de Milan, le 23 avril 1500, les sénéchaux de Beaucaire et de Valentinois (Etienne de Vesc et Philibert de Clermont) et le maître d'hôtel du roi, Giraud d'Ancezune, ancien envoyé à Florence (Sanuto). Après A. Mainier, Jean Lascaris (Vast, *De vita et operibus JaniLascaris*), comme résident. Michel Riccio en 1504, J. de la Palisse en 1507, M. de Végies en 1508; en 1513, Théod. Trivulce, puis l'évêque d'Asti (Baschet, Sanuto).

2) Commines sous Louis XI, Géraud d'Ancezune en 1494 (Boislisle,*Et. de Vesc*, p. 79); Courcou, secrétaire du roi, contrôleur des guerres en 1500 (Jean d'Auton, I, n. 1 ; *Procéd. politiq.*, p. 1027 ; *Hist. de Louis XII*, t. II).

3) Michel Riccio (ou Riz), en 1508 (Buonnacorsi).

4) Près de Louis XI, Fr. Pietrasanta (Romanin, *Storia Documentata di Venezia*, t. IV) : Em. de Jacobo, le 28 mai 1463 (lat. 10133, f. 27 v, 28) : Alb. Malleta ,en févr. 1466 (Archivio Sforzesco) : « Sfortia de Bettinis, Émanuel de Jacopo », en 1469 : Alexandre Spinola, docteur *in utroque*, accrédité le 10 février 1470 (Ghinzoni, *Galeazzo Maria Sforza e Luigi* XI, p. 12, 13) : Ant. da Plano, en 1487 (Mandrot, *ouvr. cité*, p. 342): Jean François de San Severino, comte de Caïazzo, le comte Carlo Balbiano Belgiojoso, destiné orateur permanent; Jérôme Tuttavilla, Galeas Visconti, secrétaire, Aug. Calcho, fils du chancelier de Milan, en 1492 (Delaborde, p. 236 : lat. 10133, 478, 478 v.): à Novare en 1495, Fr. Bernardino Visconti (Sanuto, *La spedizione di Carlo VIII in Italia*, p. 626).

5) Ambassadeurs au duc de Milan, en 1401 : le mal Boucicaut, le gouverneur du Dauphiné, Guill. de Tignonville (Douet d'Arcq, *Choix de pièces*. 1, 204): l'ambassade précédente comprenait l'abbé du Mont St-Michel, Guill. de Tignonville, G. Des Champs; vers 1449 : A. Du Dresnay, bailli de Sens, gouverneur d'Asti (Arch. de Milan, Pot. Est., Francia, Corrisp.) ; Angelin

Sous Louis XII, Milan est un gouvernement français [1].

Gênes [2], soumise à la France, conserve aussi sa diplomatie propre [3]. Lorsqu'elle fait mine en 1487 de se donner à la France, Charles VIII lui envoie de petites ambassades de deux personnes, composées d'un homme de cour et d'un haut fonctionnaire de Provence [4].

Toran, le 21 nov. 1458 (Arch. Sforzesco) : « Carolus de Astarciis, Johannes de Sabbres », amb. du dauphin à Milan, juin-juillet 1461 (Arch. Sforzesco) ; Renaud de Villeneuve, neveu de Lambert Grimaldi et son ambassadeur, le 3 juillet 1477 (Saige, *Documents*, I, 542). Ambassadeurs de France, en 1478 : Commines (*Mémoires*, t. III, p. 321, 324) ; en 1491, pour ultimatum, le sire de Chalençon (Arch. de Milan) ; en 1491, pour ambassade solennelle, Beraud Stuart d'Aubigny (écossais), Dodieu, Charles de la Vernade, maître des requêtes ; Jean Rouy de Visques, chevalier, des comtes San Martino (italien), chambellan ; Théodore de Pavie (Theodorus de Guarneriis, papiensis phisicus), médecin ordinaire du roi ; Jacques Dodieu, secrétaire (lat. 10133, f° 461, 454). En 1466, pour grande ambassade, l'archevêque de Vienne, le sire de Gaucourt, Pierre Salat, docteur et conseiller au parlement de Paris, tous trois conseillers du roi et ambassadeurs, maître Philippe, secrétaire (circul. du 11 fév. 1466. Archivio Sforzesco).

1) Néanmoins, Milan envoie souvent des ambassadeurs au roi (Arch. de Milan : Angiolo Salomoni, *Memorie storico-diplomatiche*, p. 5, p. 6, etc.). Le gouverneur de Milan en accrédite au dehors.

2) On envoie à Bologne Claude de Seyssel en 1502 : Bologne envoie à Louis XII en 1499 Annibal de Bentivoglio et Mino de Rossi, ce dernier résident. Bologne envoie ensuite diverses ambassades spéciales (Arch. del Comune, *Litterarum*, Instr. du 25 sept. 1499 et autres. Dépêche du 25 septembre 1502, etc.).

3) La collection des instructions (Arch. de Gênes, Istruzioni e relaz. politiche, filza 3, 2707 c.) nous donne les noms des ambassadeurs génois à cette époque : 1500, Nic. de Brignole et Lor. Spinola, envoyés au cardinal de St-Pierre-aux-Liens ; Nic. de Flisco, évêque de Fréjus, au roi ; Bart. de Senarega, chancelier, au cardinal d'Amboise ; Bened. da Portu au gouverneur ; 1501, Bart. de Senarega au roi, Nic. de Oderico au roi d'Espagne, Ob. Spinola au gouverneur ; 1502, Bart. de Senarega à Gonsalve de Cordoue, Jac. Senarega à Naples (Espagne), Dom. Spinola au roi, Bart. Senarega à Pavie, Ag. de Flisco, Bat. Spinola en France, Gir. de Negro en Espagne, Joh. de Maris, Andr. Ciari au roi ; 1503, Joh. de Nice, Lerc. Christophoro ; 1504, grande ambassade d'obédience au pape : Al. de Nigrono à Pise, David Grilli à Lucques, Bern. Salvaigo près de Pandolfo Petrucci, Raph. Pallavicini à Tunis ; 1505, G. Lodissi à Berne, Nic. de Brignole à Florence, etc., etc.

4) Le 24 juin 1487, Morellet Clavel, s[r] de Montfort, maître d'hôtel, Jean

Pour la Suisse, pays difficile, on choisit volontiers des agents bourguignons[1]; la Suisse des « advoyers[2]. »

En Hongrie, la France envoie en 1499 un administrateur et un magistrat[3].

Parlerons-nous enfin des anciennes diplomaties seigneuriales françaises ? La Bretagne recherche, d'ordinaire, pour ses ambassades en France les personnages les plus importants du pays[4]. Les ambassades françaises en Bretagne affec-

---

Matheron, président des comptes de Provence (ms. f° 2923, f° 49 ; Portef. Fontanieu, 146) ; le sire du Bouchage, le sire de St-Vallier, sénéchal de Provence (Portef. Fontanieu, 146, 147-148).

1) Voici une liste d'ambassadeurs en Suisse, d'après Gaignières (ms. fr. 20979, f° 61) : 1474, Jes. de Sillenen, natif de Lucerne, prévôt de Munster, évêque de Grenoble; 1496, M. de Mézières, bailli de Dijon ; 1499, l'archevêque de Sens et le même bailli ; 1502, Dietrich Starr, pour une levée de 3.000 hommes; 1503, M. de Mézières, Richard Munch, secrétaire ; 1507, M. de Roquebertin, Pierre Roy, évêque de Rié, pour séparer les Suisses de l'Allemagne ; 1512, le comte de Dunois et de Neuchatel, avec le bailli d'Amiens et le président de Bourgogne ; 1513, Louis de la Trémoïlle, Cl. de Seyssel, Hubert de Villeneuve, président de Bourgogne ; les srs de Grue Regio et Savinien (sic). Cette liste n'est pas complète ni tout à fait exacte. Ainsi, le négociateur de 1474 fut Georges de la Trémoïlle, sgr de Craon (L. de la Trémoïlle, *Archives d'un serviteur de Louis XI*, introduct.). M. de Mézières est plus connu sous le nom d'Antoine de Bessey. En 1499, Louis XII envoya à Lucerne le capitaine Fouegely, alias Frégely (*Chroniques de Jean d'Auton*, t. I, pièce n° XI, p. 347)....

2) Guillaume de Diesbach, chevalier, advoyer et ambassadeur de la ville et communauté de Berne ; Pietreman de Faucigny, chevalier, advoyer et ambassadeur de la ville et communauté de Fribourg, près Charles VIII (1487. Mandrot, *Ymbert de Batarnay*, p. 342).

3) Waleran ou Valérien de Sains, bailli de Senlis ; Macé Toustain, procureur du roi au grand conseil (Jean d'Auton II, 213). Cf. Godefroy, *Hist. de Charles VIII*, p. 28.

4) François II envoie à Louis XI le comte de Comminges, son grand maître d'hôtel, son vice-chancelier, le sénéchal de Rennes (fr. 20855, f. 78) ; l'ambassade de juillet 1490 en France comprend : les sires de Guéménée et de Coetquen, Olivier de Coetlogon, Julien Thierry, Yves Brullon (ms. de dom Morice à la Bibl. de Nantes, m. 1807 ; Dupuy, *Hist. de la réunion de la Bretagne*, II, 207); les ambassades pour le traité d'Angers entre la France et la Bretagne, le 16 avril 1470, comprennent, du côté de la France : l'évêque

tent au contraire un caractère généralement local [1] ou spécial : on y met volontiers des fonctionnaires ou seigneurs
du voisinage, ou même bretons, des gens d'épée, des magistrats ; dans les circonstances importantes, des prélats [2].

En Bourgogne, au contraire [3], on députe de grands person-

de Langres, Jean de Bueil, Louis de Beaumont, Jean de Daillon. P. Doriole,
Luillier, Cerisay ; du côté breton : Guill. Chauvin (chancelier), l'évêque de
Rennes, les s^rs de Quintin, de Coetquen, l'abbé de Bégard, Olivier du Breuil,
Eustache d'Espinay (ms. fr. 6977, 6758). La grande ambassade cumulative près
de Charles VIII, lors de la bataille de St-Aubin-du-Cormier, comprenait sept
ambassadeurs du duc d'Orléans (notamment le comte de Dunois), deux représentants du sire d'Albret et sept Bretons (L. de la Trémoïlle, *Correspondance
de Charles VIII*, p. 241). Cf. Arch. de la Loire-Inférieure, E. 102. Il en est
de même pour les ambassades bretonnes en Angleterre, comme nous l'avons
dit plus haut.

1) De même, une ambassade de Louis XI, près du duc de Gueldre, se compose de Joaquin de Velours, s^gr de la Chapelle, et Jean de Nyvenen, huissier
d'armes (fr. 3884, f° 270).

2) La France envoie en Bretagne Jean de Blaisy, chevalier (1387. Ms. fr.
20590, n° 47) ; Antoine de Craon, chevalier, avec un chevaucheur (1410.
Ms. fr. 20590, n°s 49, 50-52) ; Guinot de Lozières, maître d'hôtel du roi
(1491, 1492. Ms. fr. nouv. acq. 1232) ; l'évêque de Langres et le général
Pierre Doriole (depuis chancelier), pour recevoir le serment du duc de Bretagne (août 1470. Fr. 15538, n° 302) ; l'évêque de Langres, chancelier de l'ordre ; le sire de Crussol, sénéchal du Poitou ; P. Doriole, Jean le Boulengier.
président à Paris (1er déc. 1470. Fr. 3884, f° 276) ; l'ambassade solennelle (et
judiciaire) en Bretagne, le 22 novembre 1473, comprend : l'archevêque de
Tours (métropolitain de Bretagne), l'évêque de Lombez, Jean Villiers de la
Groslaie (« est notable », dit le roi), les présidents de Paris (Jean de Popincourt), de Toulouse (Bern^d Laurent), de Dauphiné (P. Gruel) (fr. 3884, f^o
293) ; l'ambassade pour le serment du duc de Bretagne, le 5 novembre 1475 :
le maréchal de Gié, le s^r de la Molière, Jean de Vignole (Dupuy 751, f. 42).
Ambassadeurs en 1484 : M. de Richebourg, chambellan ; Adam Fumée, maître des requêtes (*Reg. du conseil de Charles VIII*, p. 46) ; commissaires français pour la trêve avec la Bretagne, en mai 1490 : Tristan de Salazart, Rob.
Gaguin (*Mém. de Bretagne*, III, 667).

3) Ambassades du conseil du roi et de la ville de Paris : H. de Chauf-
four, écuyer ; Me Jean Milet et Georges d'Ostemde, secrétaires du roi ; H. de
Monstereul, bourgeois de Paris (22 oct. 1419. Ms. Moreau, 1425, n° 87) ;
ambassadeurs de la reine, Renier Pot (17 décembre 1419. Ms. Moreau, 1425,
n° 90) ; ambassadeurs en Bourgogne, Louis d'Harcourt, patriarche de Jérusalem,

nages ; la diplomatie du simple comte de Charolais, dans les premières années du règne de Louis XI, met en mouvement des baillis, des chambellans [1].

Les envoyés de Louis XI comme dauphin, avant son avènement, sont personnages de médiocre importance [2].

La Provence n'a pas de diplomatie [3] : lorsque, après la mort

évêque de Bayeux, en 1463 (fr. 2811, 58) ; ambassadeurs de France, pour la remise du comte de St-Pol : l'amiral bâtard de Bourbon, MM. de St-Pierre, du Bouchage, de Cérisay et autres (1475. Jean de Roye). « Audit mois de juillet fut ordonné ung grand conseil estre tenu en la ville de Senlis entre les gens du Roy et ceulx du duc de Bourgongne, pour appointer sur les diférens d'entreceux. Et y envoya le roy de son costé le conte de Dompmartin, qui y fist de grans pom pes, monseigneur le chancellier, monseigneur de Craon, monseigneur le premier président de parlement, maistre Guillaume de Sérizay, greffier civil d'icelle court, et maistre Nicolle Bataille, advocat en ladite court, lesquels y séjournèrent par longue espace de temps et jusques au jour demy-aoust dudit an 1473 sans aucune chose faire » (Jean de Roye). Ambassade de Bourgogne à Paris, en 1419 : Lourdin, sgr de Saligny, H. de Chaufour, Georges d'Ostende (Moreau 1425, no 95) ; ambassadeur du duc de Bourgogne près Louis XI et le duc de Bourbon, en novembre 1469 : Jean d'Arsson (Moreau 1426, nos 96, 175) ; ambassade de Bourgogne en France : Jean de Croy, Simon de Lallain, chevaliers ; Jean de Cluny et le héraut Toison d'Or, conseillers (1456. Duclos, *Hist. de Louis XI*, IV, p. 153).

1) Ambassadeurs du comte de Charolais à Louis XI : le sire Des Querdes, chambellan, Guyot Dusye, écuyer d'écurie, Guill. Hugonet, maître des requêtes, en 1466 ; sire de Formelles, chambellan, Hugonet, en 1467 (Gachard, *Analectes*, cxxii, cxxvi) ; Guyot du Fier, bailli de St-Quentin, en 1468 ; le maréchal de Bourgogne, Ferry de Chagny, Jean Carondelet, en 1469 (fr. 2811, 75) ; le comte de St-Pol (Duclos, *Hist. de Louis XI*, 230-235) ; ambassadeurs au comte de Charolais : le bailli de Chartres, Guill. Compaing (fr. 2811, 75). Le roi envoie Aimery de Rochefort au comte de Foix en 1360 (fr. 20590, 61).

2) Le dauphin envoie au roi Guill. de Coursillon, chevalier, le prieur des Célestins d'Avignon (fr. 2811, 28) ; Coursillon, Targe, Fautrier (id., 26) ; au prince d'Orange, Mathieu Thomassin, membre du conseil delphinal, puis conseiller au parlement (1456. Notice, *Lett. de Louis XI*, I, 376). La reine envoie aux Etats de Dauphiné (avril 1448) : Jean de Vissac, doyen de Châlons ; Guill. de Brion, commandeur d'Aumonières (Fenin, *Preuves*, V) ; le roi Charles VII envoie à son fils à la cour de Bourgogne, l'évêque de Coutances et M. d'Esternay (1450. Duclos, *Hist. de Louis XI*, p. 185-215).

3) Le sire de Monaco députe souvent des membres de sa famille : Barthé-

de Charles VIII, les Etats de Provence envoient au nouveau roi des ambassadeurs pour maintenir leur réunion à la France, les ambassadeurs sont naturellement des représentants des trois ordres des Etats [1].

De tout ce qui précède, il résulte que, dans la composition des ambassades d'affaires, les chancelleries s'inspirent des circonstances et de la nécessité de réussir ; l'art de bien composer une ambassade consiste à combiner des éléments qui correspondent à la question pendante et s'harmonisent avec l'ordre général des rapports existants entre les deux pays. Toutes les parties de l'organisme social concourent à former une grande ambassade, qui devient ainsi la réduction, l'abrégé du pays lui-même. Nous trouvons dans les vieux statuts de la République d'Avignon au XIIIe siècle l'invitation de composer les ambassades, moitié par des « probi homines » ou gens de commerce, moitié par des chevaliers, avec une adjonction permanente de gens de loi [2]. Rien de plus opposé au génie diplomatique du moyen âge que la conception d'un cadre aussi étroit. On considère la diplomatie comme absolument élastique ; elle peut, elle doit se rétrécir, s'élargir, suivant les besoins de chaque jour, et s'adapter aux formes les plus subtiles, les plus variables.

lémy et Antoine Grimaldi, en Savoie (1451. Saige, I, 219) ; Antoine Grimaldi en Savoie (1454. Saige, I, 248), et près du dauphin (1454. *Id.*, 251) ; André Grimaldi près le roi René (1458. Saige, I, 295), et près le duc de Savoie, avec Antoine Lascaris, son cousin (1461. *Id.*, p. 310) ; Lucien Grimaldi est envoyé pour négocier le mariage de son frère Jean (1504. Saige, *Documents*, II, 34) ; Pierre Grimaldi, cousin du sire de Monaco, en Savoie (15 oct. 1505. Saige, II, 36) ; M. de Guatières, autre cousin (29 nov. 1505. *Id.*, p. 41) ; Pierre Grimaldi à Louis XII (21 juill. 1506. *Id.*, p. 47).

1) Ordonnance de juin 1498. JJ. 231, f° 188.
2) *Coutumes et règlements de la République d'Avignon*, p. 135.

CHAPITRE III

Avant de suivre les ambassades ordinaires, qu'elles soient spéciales ou résidentes, dans leur développement, nous devons indiquer un certain nombre de missions qui sortent du cadre habituel. Nous les diviserons en trois catégories : 1° missions d'apparat ; 2° missions extra-diplomatiques ; 3° missions officieuses ou secrètes.

1° *Missions d'apparat.*

Nous appelons mission d'apparat l'envoi d'ambassadeurs dans un but ostensiblement tout honorifique : ce que l'on nomme en Italie *honorevoli oratori*[1]. Nous avons déjà indiqué la place considérable qu'occupe l'apparat dans certaines ambassades d'affaires[2] : de même, toute ambassade de pur apparat soulève, fût-ce à son insu, des questions d'affaires, et souvent elle reçoit charge d'en traiter[3], mais, officiellement, elle a pour but unique une démarche de courtoisie et de compliments. Elle peut être simple ou multiple, solen-

---

1) Sanuto, VI, 127, VII, 44.

2) Comme il y a toujours inconvénient à envoyer des ambassades temporaires, on cherche un prétexte pour ne pas trahir le but : d'ailleurs l'envoi d'un agent n'est pas toujours possible, ne fût-ce qu'à cause de l'étiquette, ou pour ne pas faire une première démarche. Dans ces conditions, une ambassade d'apparat peut servir de masque. Venise, pour faire une manifestation contre Milan, en 1492, près de Charles VIII, décide d'abord l'envoi d'une ambassade sous prétexte du mariage de Charles VIII, mais ne l'envoie que bien plus tard, et négocie avec Louis d'Orléans.

3) Desjardins, *Négociations*, II, 15.

nelle ou ordinaire : habituellement, elle présente le caractère solennel [1] ; elle comporte une suite nombreuse et un
grand train de maison. Elle n'est jamais due, et tire sa valeur de sa nature facultative. Elle n'est pas circulaire, ou tout
au moins le gouvernement à qui on la destine doit être visité
le premier. Enfin, même à Venise, ce genre d'ambassades est
extrêmement recherché. Voici les circonstances où elle peut
se produire.

1° Avènement d'un nouveau roi. L'ambassade porte des
compliments de condoléance pour la mort du prince précédent,
et des congratulations au nouveau prince [2]. Cette espèce est
usitée surtout en Italie [3]. A la mort du duc Hercule de Ferrare,
Venise, Sienne... envoient de suite des ambassades de deux
membres près de son fils et successeur, Alphonse. Louis XII
fait aussi envoyer de Milan une ambassade très solennelle de
deux personnes, et Alphonse s'y montre fort sensible [4]. A

1) Par suite, le résident cède le pas aux ambassadeurs d'apparat, comme
aux ambassadeurs temporaires. En 1505, l'archevêque d'Embrun, chef
de l'ambassade d'obédience de France, a le rang de premier ambassadeur
de France (Burckard, *Diarium*, III, 394). A l'entrée de l'ambassade d'obédience d'Espagne à Rome, le 25 avril 1507, un des ambassadeurs étant un
ancien résident à Rome, le maître des cérémonies veut le placer le dernier
dans l'ambassade, « ut juxta laudabilem consuetudinem cederet novis et
esset ultimus in ordine, maxime ista die ingressus.» L'ambassadeur refuse en
disant qu'il entend se conformer à l'ordre établi dans les lettres du roi, et il
passe second malgré le maître de cérémonies (Paris de Grassis. Lat. 5165,
f° 309).

2) Une ambassade spéciale, d'extrême apparat, est celle d'un légat chargé de
procéder à un couronnement, mais elle est tout à fait exceptionnelle (V. dans
le *Diarium* de Paris de Grassis, ms. lat. 5164, f°s 26 v° et suiv., la transcription du récit du couronnement de Frédéric d'Aragon).

3) Venise envoie sans retard un ambassadeur à l'archiduc, porter des con-
doléances — et félicitations — pour la mort de la reine d'Espagne (1504.
Sanuto VI, 112). Instruction du duc de Milan à Gaspar de Nigro, envoyé à
Monaco le 4 avril 1494 (Saige, *Documents*, II, 6), lui ordonnant de consoler
Jean Grimaldi de la mort de son père, de le féliciter, puis de revenir.

4) Sanuto, VI, 127, 132.

l'avènement de Louis XII, le pape envoie en France une ambassade du même genre, mais le fait était sans précédent[1]. Après son élection comme roi des Romains, Maximilien, à l'inverse, envoie en France une ambassade solennelle pour la notifier[2].

En 1506, Lucien Grimaldi, devenu seigneur de Monaco par l'assassinat de son frère, envoie des ambassades plus modestes (on le comprend), pour notifier son élévation. Il adresse à Louis XII un émissaire avec lettre de créance très humble, avec protestations d'un vif dévouement, et prière de recevoir son envoyé, « quelques rappors, Sire, qui vous aient estés faitz soubz faulx donné à entendre. » La lettre est signée en vassal : « A Menton, en vostre maison... », et la signature est celle d'un simple seigneur : « Monygues » (c'est-à-dire : Monaco). Quant au duc de Savoie, il reconnut simplement Lucien (comme seigneur de Menton) par des lettres de rémission pour l'assassinat de son frère[3].

Il est avantageux pour un prince de recevoir à son avènement le plus possible d'ambassades d'apparat : leur concurrence produit en Europe un grand effet[4].

En cas d'avènement, une seule ambassade d'apparat se trouve, par exception, obligatoire[5] : l'ambassade d'obédience près du pape. Nous en avons déjà mentionné l'importance pour le prince envoyeur. Au temps du Grand schisme, le cérémonial des obédiences était moindre. En 1380, pour son avè-

1) « Quod neque per precedentes nostros neque per nos actum extitit » (Instruction aux nonces. *Procédures politiques*, p. 1107).

2) Lettre de l'évêque de Verdun ambassadeur, Francfort, 29 février (1486). Portef. Fontanieu 146, 74.

3) Saige, II, 47, 43.

4) Ambassades à Henri VII d'Angleterre (1488. *Bernardi Andreæ Vita Henrici VII*, edited by James Gairdner, p. 47).

5) Maximilien refusa toujours son obédience à Alexandre VI (*Dispacci di Giustinian*, 1, 134).

nement, Charles VI n'envoie à Avignon que deux ambassadeurs, l'évêque de Langres et Jean de Ryé : il les charge de
dire au pape que le roi se montrera, comme ses prédécesseurs,
son « dévot fils », et d'excuser le retard de l'ambassade sur
mille empêchements : « item, de lui faire la révérence devant
les cardinaulx », puis de dire leur créance et d'aborder diverses affaires[1]. Le dauphin Charles VII tient, en 1419, un
langage encore plus expéditif : ses ambassadeurs offrent
l'obédience, si on leur donne satisfaction sur certains points;
sinon, ils déclarent rester attachés à Pierre de Luna[2]. Après le
retour de l'église à l'unité, de pareils procédés ne se tolère-
raient plus. L'ambassade d'obédience envoyée à Rome par le
même Charles VII en 1451 est une ambassade solennelle[3].
Au commencement du XVIe siècle, l'ambassade d'obédience
s'accomplit avec une extrême solennité et l'étiquette la plus
stricte[4]. C'est à qui la fera pompeuse, nombreuse, brillante,
à qui la composera de hautes personnalités. Louis XII envoie
à Alexandre VI une ambassade[5] où il fait entrer le propre fils
du pape, César Borgia, adopté par la France ; il la place
sous la direction d'un cardinal ancien légat, Jules de la Rovère,
le futur Jules II, devenu protecteur des affaires de France, et,
remarquons-le en passant, sujet du roi par la soumission de
Savone à Louis XII. A l'avènement de Jules II, Gênes, en
février 1504, envoie pour son obédience propre douze ambas-

---

1) Douet d'Arcq, I, 4.
2) Rapport des ambassadeurs anglais. Quicherat, *Th. Bazin*, IV, 281.
3) Fr. 20978, fo 118[8].
4) Quoique purement honorifique, l'envoi des ambassades d'obédience a
une portée diplomatique ; un pays qui recherche l'alliance du pape ne doit
pas se laisser surpasser par son adversaire dans ce genre de démonstrations,
il doit tenir à arriver le premier (Machiavel, Dép. de Rome, 16 novembre
1503).
5) 1499. Instruction publ. par Thuasne, *Diarium*, I, p. 514, no 2.

sadeurs[1]. L'ambassadeur vénitien conseille à la République de composer, « pour honorer le pape », son ambassade d'obédience avec des personnages qualifiés et nombreux[2]. La Seigneurie désigne aussitôt huit personnages qui acceptent avec empressement, mais qui décident de retarder leur voyage, vu la saison (le mois de novembre) et leur âge[3]. Chaque avènement de pape produit à Rome un grand mouvement d'apparat, à cause des prestations d'obédience qu'il faut recevoir en cérémonie. Ainsi, le mardi 15 avril 1505, entre à Rome l'ambassade française d'obédience, composée de quatre ambassadeurs, auxquels s'est joint l'évêque de Redon : c'est-à-dire de l'archevêque d'Embrun, d'Aimar de Prie, de Michel Riccio, conseiller au parlement de Paris et du secrétaire du roi Guillaume Budé. Elle est reçue en avant de la porte du Verger avec le cérémonial habituel ; gens du pape et des cardinaux, et vingt prélats du palais. L'archevêque d'Embrun marche entre le préfet de Rome et le gouverneur, Aimar de Prie entre un prélat et l'orateur de Pologne. Le prince de Salerne et le sénateur précèdent le cortège, en avant des écuyers. On escorte l'ambassade jusqu'au palais Orsini, au Campo di Fiori, où elle va loger[4]. Au jour fixé, les ambassadeurs pour obédience sont introduits solennellement en consistoire public[5]; ils présentent leurs lettres et sont admis au baisement du pied : puis prennent place derrière les cardinaux-prêtres. On lit leurs lettres, et l'un d'eux prend la parole et prononce un discours, auquel le pape répond. Après

---

1) Burckard, III, 334.

2) Nov. 1503. Villari, *Dispacci di A. Giustinian*, II, 284.

3) 12 novembre 1503. Sanuto, V, 301.

4) Burckard, *Diarium*, III, 385.

5) Un ambassadeur évêque ou abbé porte la chappe, un laïque de riches vêtements brodés (Paris de Grassis. Lat. 5164, f° 134 v°).

le consistoire, ils sont reconduits en apparat à leur domicile[1].

Voici comment se prête l'obédience et comment s'y présentent les questions[2] : Le 20 mai 1504, est tenu le consistoire public, où sont admis à l'obédience les ambassadeurs d'Angleterre. Trois affaires sont en délibération dans le consistoire. La première réglée, sur l'ordre du pape, les ambassadeurs, qui attendaient dans l'appartement d'un cardinal, sont introduits, avec le patriarche d'Alexandrie, et cinq archevêques ou évêques. Ils présentent au pape leurs lettres de créance et le pouvoir royal. La créance ne mentionne que les trois ambassadeurs spéciaux : mais le pouvoir comprend les trois autres ambassadeurs déjà présents à Rome[3]. Pendant ce temps, on traite les deux autres affaires du consistoire. Un secrétaire, à droite du pape[4], lit la créance et le pouvoir, tous deux souscrits au nom « d'Henri, par la grâce de Dieu roi d'Angleterre et de France. » Puis le cinquième orateur prononce un discours « bref et bon »[5]. L'évêque de Redon, ambassadeur de France, se présente alors sur les degrés du trône et, à genoux, demande au pape la permission de parler au nom de son royaume. Sur l'autorisation qui lui en est donnée, il se lève, se tourne vers l'assistance, et prononce, découvert, un discours, où il dit en substance que le roi de France, fils dévoué du St-Siège, se propose de faire son obédience, suivant son usage,

1) Burckard, not. t. III, p. 11. 12.

2) Cf. dans Paris de Grassis, le récit des obédiences de Pologne (lat. 5164, fo 134), de France (fo 169), de Venise (fo 177 vo), de Portugal (fo 192), de Savoie (fo 332).

3) En 1507, les envoyés d'Espagne avaient oublié leurs lettres. On se moque beaucoup d'eux ; on dit qu'ils ressemblent à des jeunes filles, qui passent leur journée à se peigner, se parer et se mirer (Paris de Grassis, lat. 5165, fos 313 et suiv.).

4) Il aurait dû être à gauche (Paris de Grassis. Lat. 5165, fo 5).

5) On peut appliquer aux discours d'obédience ce que nous dirons plus loin des discours de créance.

et qu'on ne peut la faire aujourd'hui pour lui ; ensuite se remmettant à genoux, il prie le pape de ne pas admettre d'obédience pour le roi de France, et proteste au surplus de la nullité ; enfin, se tournant vers le procureur fiscal, il le requiert, lui et tous autres procureurs et notaires, d'enregister sa protestation. L'orateur anglais commence une réplique, mais le pape couvre cette réplique par sa propre réponse, si bien que l'orateur finit par se taire[1]. Après la réponse du pape, le procureur fiscal requiert l'obédience : aussitôt, sans rien ajouter, les ambassadeurs anglais, et leur suite après eux, montent baiser le pied du pape, et le pape rentre dans ses appartements. Selon l'usage en pareil cas, un des ambassadeurs anglais, lord Talbot, porte les *fimbrias* du pape. Après avoir ôté les ornements sacrés, le pape fixe au lendemain matin l'heure de l'audience particulière pour l'ambassade[2].

On apporte une extrême attention aux détails de l'obédience[3]. Ainsi c'est à tort qu'un ambassadeur d'obédience baise la main

1) En avril 1505, Louis XII faisait prêter obédience comme roi de France, de Naples et de Jérusalem; l'orateur espagnol remet et lit une note de protestation contre le titre de « Roi de Naples. » Un orateur français réplique. Le pape (Jules II) leur impose silence, et refuse de s'expliquer (Burckard, III, 386). Le 28 mai 1514, huit ambassadeurs de Gênes arrivent à Rome pour l'obédience à Léon X. Le 2 juin, quand ils la prêtent, l'ambassadeur de France veut protester : on lui impose silence. Les ambassadeurs gênois répliquent qu'eux et leur doge n'ont rien de commun avec le roi de France, et le pape « ad proposita eleganter respondit » (ms. Dupuy 247).

2) Burckard, III, 255; Paris de Grassis (lat. 5165, f° 5).

3) On se demande, en 1503, si l'on peut recevoir l'obédience directe de Lucques : les quatre envoyés de Lucques entrent incognito à Rome, et ressortent huit jours après, lorsqu'ils ont la certitude d'être reçus, pour faire leur entrée solennelle : mais presque personne ne se présente au-devant d'eux : à peine la moitié de la maison du pape, et cinq ou six maisons de cardinaux, pas un ambassadeur (Burckard, *Diarium*. III, 318). En 1504, l'obédience vénitienne excite les vives susceptibilités de Florence, qui y voit la reconnaissance de la possession de Faenza et de Rimini par Venise (Buonnaccorsi, *Diario*, p. 99).

et le pied du pape [1] : le pied suffit. Le 17 octobre 1504, les
orateurs du grand maître de Rhodes, venus pour prêter obédience, trouvent une réception d'ambassadeurs : mais le pape
refuse leur obédience, parceque l'ordre lui doit obéissance directe [2], et il ne les reçoit qu'en consistoire privé [3]. A l'obédience de France, en avril 1505, on remarque fort une assez
grave incorrection. La créance et le pouvoir produit par les
ambassadeurs sont écrits en français : le pape fait lire inten-
tionnellement une traduction latine [4]. On passe aussi au
crible tout ce qui concerne la personne des ambassadeurs [5].
On se moque du train, trop modeste, de l'ambassade de
France. Le 27 janvier 1500, on fait des gorges chaudes, parce
que, des trois ambassadeurs de Navarre, le premier, l'évêque
de Tarbes, est resté en route, malade ; celui qui parle est vieux,
malade et affaissé, on l'entend à peine : ces ambassadeurs
n'ont pas de suite ; on ne sait où ils logent ni quand ils sont
arrivés, ils ont amené seulement trois ou quatre gentilshommes espagnols au consistoire pour la forme ; ils appellent le
pape cousin de leur roi, sans qu'on sache pourquoi, et le pape
n'en dit rien ; le pape se fait deux fois baiser les pieds par
eux ; l'ambassade est réduite à un chevalier et à un protonotaire, c'est celui-ci qui parle et qui s'assied le premier, et cependant il n'a qu'une simple soutane, sans insignes de pro-
tonotariat [6].

2° On peut envoyer une ambassade d'apparat pour féliciter

1) D'autres, la bouche (Paris de Grassis, fos 5, 12 et suiv.).
2) Burckard, III, 367. Ou, plus exactement, ils n'ont pas droit à réception
en consistoire public (Paris de Grassis, fos 39, 93).
3) Paris de Grassis, fos 50 et suiv.
4) Burckard, III, 385.
5) Des deux ambassadeurs de Montferrat en 1504, l'un est resté malade en
route, l'autre se présente le soir, ayant la fièvre, sans être rasé (Paris de
Grassis, ms. cité. fo 12).
6) Burckard, III, 11, 12.

un prince d'une victoire, d'un traité de paix..., ou pour le saluer à son arrivée dans un pays.

Cette seconde espèce d'ambassades d'apparat exige du tact ; elle suppose, elle sous-entend des relations d'amitié, qui peuvent porter ombrage à des tiers et même entraîner des déboires près du principal intéressé. En 1482, Antoine Trivulce demande en vain à Florence d'envoyer une ambassade de félicitations pour la paix au roi d'Espagne. Florence refuse, pour ne pas porter ombrage au roi de France, dont elle veut rester l'amie et qui pourrait inquiéter les nombreux et gros marchands florentins établis chez lui[1].

Une ambassade du duc de Milan, envoyée pour complimenter le duc de Bourgogne, se borne à de pompeuses louanges : « l'alliance des deux princes, dit-elle, est éternelle, la mort même ne la pourrait rompre ». Ce propos, et l'absence d'une proposition d'appui plus substantiel plaisent peu au duc : en apprenant que l'ambassade était partie sans autre formalité, il éclate de colère[2]. Il avait cru recevoir une ambassade d'affaires, il ne recevait qu'une ambassade d'apparat.

C'est pourtant une grande marque d'intimité de se congratuler d'une victoire. Le jour même de la bataille d'Agnadel, Louis XII envoie un secrétaire à Florence et à Rome annoncer sa victoire[3] : l'envoi d'un simple secrétaire pour porter cette nouvelle marque l'intimité. Mais le renvoi de félicitations exige la solennité. L'ambassadeur de Venise écrit, en avril 1500, qu'aussitôt connue la nouvelle de la prise de Ludovic le

1) Dépêche des ambassadeurs milanais à Florence (dont le protonotaire Antonio Triulzio), 24 déc. 1482 (Archivio Sforzesco).

2) Camp de Granson, 1476. Gingins la Sarraz, *Dép. des ambass. milanais*, I, 347.

3) Champollion, *Documents inédits*, I, p. 677.

More, il s'est rendu près de Louis XII pour lui porter ses félicitations ; il ne juge pas cette démarche suffisante, il demande l'envoi d'une ambassade spéciale de félicitations[1]. Milan, Brescia, Crema adressent à Louis XII, après Agnadel, des ambassades de ce genre. L'ambassade de Milan, composée de huit personnes, est solennellement introduite près du roi, devant toute la cour, par le président du sénat de Milan[2].

Quand un prince ami arrive dans un état voisin, les états italiens considèrent comme un devoir naturel de lui adresser des ambassadeurs extraordinaires.

En 1475, le duc de Milan envoie une ambassade complimenter le duc de Bourgogne pour son arrivée dans le pays de Vaud, et en même temps pour savoir ce qui se passe. Cette ambassade est composée de deux chevaliers et d'un magistrat. Elle arrive la veille de la bataille de Granson[3].

A l'arrivée du roi Ferdinand à Naples, en 1506, presque tous les princes d'Italie envoient des ambassadeurs[4].

La réception de Louis XII à Milan, en 1499, donna lieu à un déploiement extraordinaire de faste diplomatique. Dès le 6 septembre, la ville de Milan avait accrédité près de Jean-Jacques Trivulce quatorze orateurs, dirigés par l'archevêque de Bari, qui devaient se congratuler et lui dire la joie de Milan. Les autorités civiles et religieuses des villes du Milanais, cinquante citoyens notables de Milan, quatre délégués de chaque corporation, les fonctionnaires, tous vêtus à la française, formaient le cortège du roi[5].

---

1) Sanuto, III, c. 256-257.
2) Angiolo Salomoni, *Memorie storico-diplomatiche*, p. 10, 11, 12.
3) Gingins la Sarraz, *Dépêches...*, n° cxii.
4) Guichardin, l. vii, c. r.
5) Créance du 6 sept. 1499, Instruction du même jour. Ordres du 6 et du

Jean d'Auton nous a décrit avec enthousiasme [1] ce cortège, où figurait, à côté du cardinal-légat G. d'Amboise, un légat spécialement délégué par le pape pour la circonstance : le duc de Ferrare, le marquis de Mantoue, le comte de Carpi s'y trouvaient en personne ; puis venait une légion d'ambassadeurs, représentants de toute l'Italie. D'après Prato, la plupart des ambassadeurs avaient une suite personnelle de cent à cent cinquante chevaux. L'instruction donnée à ces ambassadeurs est encore plus caractéristique. La seigneurie de Venise, en désignant, le 26 septembre 1499, ses quatre envoyés, leur ordonne de courir en toute hâte au devant du roi, « non tantum vos properare, sed advolare », de demander immédiatement une audience, de faire « les plus larges offres » des personnes et des biens de Venise et de s'exprimer sur ce thème en termes dithyrambiques [2]. En 1502, en 1507, Venise envoie, de même, deux ambassadeurs aux entrées de Louis XII à Milan ; en 1502, on y joignit un troisième ambassadeur, destiné comme résident en France [3]. A l'entrée de 1507 [4], les ambassadeurs vénitiens, à cheval, vêtus d'or, après de vains efforts pour sortir de la ville à l'avance du roi, à cause de la foule, veulent au moins s'approcher du prince et descendre de cheval ; le roi leur fait signe d'y rester : ils saluent, la barrette à la main ; le roi ôte la sienne longuement et leur adresse quelques mots ; puis ils prennent place dans le cortège après les cardinaux, avec les princes du sang [5].

3° On peut envoyer une ambassade pour un fait personnel

23 septembre, billets du 24 septembre, ordre du 4 octobre (Archives de Milan, Sezione storica, Potenze sovrane, Lod° XII).
1) T. I, p. 92 et suiv.
2) Arch. de Venise, Secreto 37, 128.
3) « A far residentia in Franza » (2 juin 1502. Sanuto IV, 268, 269).
4) Sanuto, VII, 44.
5) Sanuto, VII, 83.

au prince : naissance d'un fils[1] ; mort d'un parent[2] ; pour porter un ordre de chevalerie[3].

Les ambassades pour prestation d'hommage rentrent dans cette catégorie, si l'on considère la prestation comme une formalité, plutôt que comme une affaire[4].

4° Les ambassades pour mariage forment l'espèce peut-être la plus importante des ambassades d'apparat. Ici, toutefois, il faut distinguer.

Dans toute question de mariage, il y a deux faces : d'abord une affaire, grave, délicate, généralement confiée à un agent de confiance, et unique, puis quand tout est réglé et qu'il reste seulement à liquider des points très subsidiaires, une question d'apparat, remise à une « grant ambassade[5]. »

Les rapports familiaux, quoique bien souvent trahis, jouent un tel rôle au moyen âge qu'on ne peut considérer le mariage des princes que comme une affaire d'Etat : c'est un moyen d'assurer la paix, de garantir un traité[6], de rapprocher deux

---

1) En octobre 1470, Venise, envoyant à Louis XI un ambassadeur pour lui notifier la perte de Négrepont et solliciter son appui, le chargeait d'excuses pour n'avoir pas plus tôt félicité le roi de la naissance de son fils. Elle allègue les évènements (Perret, *Bibl. de l'Ec. des Chartes*, LI, 115).

2) Quand Ferdinand le Catholique passe sur la côte italienne, en octobre 1506, un ambassadeur vénitien va à son bord lui porter les condoléances de la république pour la mort de son gendre. Il trouve Sa Majesté qui causait en riant : le roi répond qu'il a écrit à la république et qu'il n'a rien de plus à dire (Sanuto, VI, 460).

3) Le duc de Bourgogne envoie en 1474 une ambassade solennelle, composée de son frère bâtard, Antoine de Bourgogne, et de son chambellan François d'Este, porter à Naples les insignes de la Toison d'Or au roi de Naples et au roi d'Aragon (Gingins la Sarraz, I, p. xvii).

4) Patentes de Louis XI, commettant à Milan Phil. de Commines (13 juillet 1468. Ms. Moreau 734, fo 80).

5) Instruction de Louis XI à Jean d'Arson pour Naples (fr. 3884, fo 288 vo).

6) « Affinitates et parentelas, que pacis et concordie unitati robur et firmitatem adiciunt » (Pouvoir anglais de 1400. Douet d'Arcq, I, 169).

pays. Peu importent les dispositions personnelles des princes :
« Celui qui gouverne, dit Pontanus, doit être étranger aux
affections, amour, haine, colère…, tout sentiment, en un mot,
serait pour lui un mauvais conseiller [1]. » S'occupant d'un projet de mariage entre sa belle-sœur et le fils de François
Sforza, Louis XI, encore dauphin, encore jeune (en 1455),
écrit au père du fiancé, sans aucune périphrase : « Le mariage
projeté a pour but de lier deux états [2] ».

Aussi arrive-t-il fréquemment qu'un traité de paix, ou
même une simple convention de trêve, stipule le mariage,
et fixe la dot : mariage et dot constituent la rançon de
guerre la plus propre à ménager les amours-propres nationaux [3]. Le traité spécifie, ou non, les noms des époux :
bien plus, un contrat de mariage très régulièrement établi
peut les passer sous silence : tel le contrat de mariage, notarié, scellé et paraphé le 10 août 1374 entre Louis de France
et « une fille » du roi de Hongrie [4], qui en avait trois. L'année
suivante, on chercha à éclaircir ce point, par voie de notes
diplomatiques : la France exposa que son prince devait épouser l'héritière du trône, c'est-à-dire l'aînée des filles, ou à
son défaut une des deux autres, à leur défaut une nièce du

---

1) « Qui aliis præest, vacuus esse debet affectibus » (Pontanus, *De Principe*).

2) « Ut fedus inseparabilis ac conjugii nexessitudo inter Illmum patrem
nostrum carissimum ducem Sabaudie, per medium illustris sororis nostre carissime Marie de Sabaudia, ejus filie, ex una, vosque, per medium primo-
geniti vestri, parte ex altera, valeant, prout affectamus, inhiri et concludi »
(Lettre du dauphin au duc de Milan, 20 févr. 1455. *Lettres de Louis XI*, I,
nᵒ xlix).

3) Traité du 11 mars 1396, entre la France et l'Angleterre. Les ambassadeurs anglais n'ayant pas osé proposer la paix, de peur du peuple anglais, le
traité stipule une trêve de vingt-huit ans (9 mars 1396), et le mariage d'Isabelle
de France, fille de Charles VI, avec Richard II : Isabelle aura une énorme dot,
de 800,000 liv. (11 mars 1396).

4) *Monumenta Hungaria historica*, Acta extera, III, p. 77.

roi, ou enfin l'héritière quelconque. Le roi de Hongrie accepta, pourvu qu'on limitât la série aux filles, nièces et pe-
tites-nièces, et que la France acceptât aussi pour son prince
une substitution éventuelle de la même étendue [1]. C'est conformément à cette tradition qu'en 1466 on stipule dans le projet de traité entre la France et l'Angleterre le mariage de la
sœur d'Edouard IV, Marguerite d'York (plus tard duchesse
de Bourgogne) avec le duc de Milan ou le comte de Perche ou
Philippe de Bresse [2]. En 1500, on décide que le roi de Hongrie choisira une femme dans la famille de Louis XII et en-
verra en France des délégués chargés de dresser un rapport
sur les princesses [3]. En 1509, l'empereur Maximilien propose
un double mariage entre sa famille et celle du roi Vladislas
de Hongrie : « La Hongrie, dit-il, unie à la Bohême, à la
Moravie et à la Silésie, n'est inférieure à nul autre pays ; elle
abonde en habitants, en animaux utiles ; elle a de grosses
quantités de sel, de minerais et d'autres produits, et elle est
particulièrement capable pour de vastes entreprises contre
les infidèles ; » si elle gagne encore la Dalmatie, elle n'aura
rien à craindre : le double mariage lui assurera un appui,
son souverain sera « de notre sang [4]. »

Quand les négociations primitives donnent lieu à l'envoi
d'un ambassadeur spécial, on choisit un seul homme, avisé,
discret, habile à comprendre à demi-mot, et à bien traiter les
questions d'affaires, notamment celles de dot, et en même
temps assez effacé pour pouvoir échouer [5]. Le duc de Milan,

1) Jarry, Vie... de Louis de France, p. 377, 382.
2) Væsen, Catal. du fonds Bourré, n° 407.
3) Fraknoï, Rapports diplomatiques de la Hongrie avec la France, dans la
Revue d'Histoire Diplomatique, année 1889.
4) Id.
5) Envoi, en 1390, de Jean la Personne, vicomte d'Acy, au comte de Boulogne pour un projet de mariage du duc de Berry avec la fille du comte (fr.
20590, 29-36) : envoi d'Alberico Malleta par le duc de Milan en 1464 (ms. lat.

désireux de la main de la fille du roi d'Angleterre pour son fils, en 1490, envoie à Londres un agent nommé Fr. Pagnano : le roi d'Angleterre reçoit favorablement les ouvertures pour sa seconde fille, mais quand on lui parle de dot, il se récrie, il assure que cela offenserait les usages nationaux [1], et le projet n'a pas de suite : on y met fin poliment [2] par une ambassade circulaire ; ce mariage se liait pourtant à un projet de traité de commerce. D'autres fois, c'est l'amour-propre qui se met à la traverse. Le duc de Bourgogne fait demander la main d'Isabelle, fille de François Sforza, pour Philippe, fils légitime du bâtard Antoine de Bourgogne. Malgré la parité des situations, Sforza se montre très offensé : dans une lettre directe au duc, il se déclare « comme les illustres Visconti, ses prédécesseurs », prêt à se rapprocher de la maison de Bourgogne : « Nous réputerions très-digne et très-honorable toute nouvelle [3] alliance de famille avec elle, » mais, dans la circonstance, il est « très-affectueusement désespéré » ; sa fille est déjà promise ou presque... A Antoine de Bourgogne, il écrit un court billet, froid, poli, pour l'assurer de tout son désir de lui être agréable et lui annoncer qu'il adresse sa réponse au duc de Bourgogne [4].

Ces premières négociations matrimoniales exigent une grande légèreté de main, parce que, jusqu'à l'instant de la consommation matérielle, on ne peut pas garantir le succès. Et

10133) : du président de Rouen en Angleterre, en 1514 (Dép. de Dandolo, 23 juill. 1514. Arch. de Venise).

1) Ms. lat. 10133, fo 483-484 vo.

2) Cf. le rapport de Mathieu Bacquier, envoyé anglais en France en 1502, pour décliner un projet de mariage de Marguerite d'Angoulême avec le fils de son roi (Champollion, *Lettres des rois et reines*, II, 511-538, d'après la copie de Bréquigny).

3) Sforza était un fils de ses œuvres : il s'était emparé du trône ducal comme mari d'une bâtarde du dernier Visconti.

4) 5 août 1463 (Archivio Sforzesco).

d'un autre côté la nouvelle d'un refus, ou simplement la nouvelle d'une négociation, met tout le monde en éveil, amis et
ennemis [1], au détriment des parties contractantes ; le moindre
inconvénient est de compromettre une jeune fille, si le refus ne
vient pas d'elle ; on parlera tout bas de raisons cachées, par
exemple de sa mauvaise santé [2]. Il est donc sage de couper court
à toutes les rumeurs ; ainsi les ambassadeurs bourguignons
ayant échoué à Milan dans le projet dont nous venons de parler, partent pour Florence, sous forme d'ambassade circulaire : ils emportent une lettre de François Sforza qui les recommande chaudement à l'ambassadeur milanais comme
« ses amis » : Sforza déclare qu'ils ne se sont arrêtés à Milan
que par suite de la fatigue du voyage, qu'ils vont à Florence,
parler du Turc (naturellement), et qu'ils n'ont pas d'autre
mission [3].

Si, au contraire, la première mission réussit, on peut, ne
fût-ce que pour sauver les apparences, en envoyer discrètement une autre [4] pour voir la princesse proposée, s'assurer

1) Dépêches de Dandolo sur les projets de mariage de Louis XII, not. des
18 et 29 juillet 1514 (Arch. de Venise). Offres d'appui de la république de
Venise à Vladislas de Hongrie pour ses projets matrimoniaux, en 1499 (Fraknoï).
Instructions de Louis XI à Jean d'Arson, écuyer, chevalier et maître
d'hôtel, envoyé à don Ferrand de Sicile, pour le projet de mariage du dauphin avec Béatrix. Il en résulte que, le duc de Bourgogne ayant décidé le mariage de sa fille avec Nicolas de Calabre, Ferrand avait, malgré son alliance
avec le duc, recherché l'alliance du roi. Thomas (ou Ant°) Taquin avait baillé
au roi des articles d'alliance et parlé du mariage possible, l'année précédente. Ferrand dit à Taquin et à Philippe Guérin, envoyé français, que son
alliance avec le duc ne l'empêchait pas de marier sa fille à son gré (fr. 3884,
f° 286).

2) Lettre indignée du roi de Naples à son ambassadeur en France, J. B. Coppola, à propos de l'échec du projet de mariage de sa fille avec le roi d'Ecosse
(7 nov. 1491. Trinchera, *Codice Aragonese*, t. II, p. I, p. 28).

3) 5 août 1463 (Archivio Sforzesco).

4) Cette seconde mission se confond quelquefois avec celle de l'ambassade
d'apparat, pour des motifs d'urgence, de distance, ou tous autres. Les ambas-

qu'elle paraît bien conformée et propre à continuer la race. Ce
nouvel ambassadeur spécial doit envelopper sa mission dans
des formes purement courtoises, mais il ne peut manquer de la
trahir par une assiduité, par des prévenances qui ne s'expli-
queraient point autrement. En 1466, un agent de la duchesse
de Milan demanda ainsi une audience à la reine. La reine le
reçoit à Orléans, dans une chambre soigneusement parée,
avec ses deux sœurs près d'elle et une cour fort élégante.
Tout le monde l'a deviné, l'agent vient voir la princesse
Bonne, sœur de la reine, plutôt que la reine elle-même.
Après quelques amabilités, la reine lui dit de se tourner vers
ses sœurs, auxquelles il présente en effet ses hommages. Il
reste ainsi une demi-heure, près de la reine, sans perdre de
vue la jeune princesse, qui, dit-il, « ne se rassasiait pas,
elle-même, de le regarder. » Quelques-uns des principaux
courtisans engagent l'agent milanais à regarder aussi la jeune
fille sans se gêner : lui, répond, en riant, qu'il vient seulement
voir la reine, mais qu'il lui est assurément très agréable de
contempler, en même temps, une si belle princesse. En prenant congé, il salue la reine, puis les deux sœurs, qui toutes
deux le chargent de les recommander au comte Galéas. L'a-
gent n'a point d'autre mission que de regarder, et d'envoyer

sadeurs pour le mariage d'Anne de Lusignan avec le comte de Genève, emportent « l'instrument du contract » ; ils sont autorisés à faire « l'esposalice,
s'ilz voyent que la personne de la dame soit convenable, et qu'elle s'en viengne
avec eux », et à signer le contrat conforme au projet arrêté d'avance avec le
cardinal de Chypre. Ils « se parforceront de savoir en toutes les meilleurs manières qu'ils porront la disposicion de la personne de la dame ; et se vérita-
blement ilz pouvoient savoir que en sa personne ait deffault irréparable, ne
procèderont pas à l'esposalice », mais, sous prétexte d'aller à Jérusalem, ils
iront à Famagouste, d'où ils en référeront en Savoie (Comte de Mas Latrie,
Hist. de Chypre, III, 14). Cf. Desjardins, *Négociations*, II, 648, 657. Récit du
mariage de Bianca Maria par Tristo Chalco (fr. 16074, fo 27), etc.

27

des renseignements[1] : comme sa mission relève surtout des femmes, il adresse ses rapports à la duchesse de Milan, et, pendant sa présentation, Louis XI se promène tranquillement dans la ville d'Orléans, après avoir autorisé l'audience. L'agent se hâte donc d'écrire qu'il s'est présenté en beau costume, à la mode de Milan, avec une belle suite ; qu'il a trouvé Mᴸˡᵉ Bonne de Savoie « bella et bella » ; il pense que, quant à l'extérieur, sa maîtresse aura toute satisfaction, mais il ne peut encore juger la princesse complètement[2] : il envoie un portrait, que lui a remis la reine, en lui faisant remarquer combien l'original a plus de charme. La reine montre sa sœur à l'agent, « de toutes les manières, dit-il, dont on peut décemment faire voir une dame, en ne lui laissant sur le dos *senon una sola socheta*. » Elle la lui montre habillée en homme et dansant la *moresque ;* elle la fait danser avec lui à plusieurs reprises, dans la plus grande *domestichezza*[3].

De même, à Nantes, la duchesse de Bretagne introduit elle-même un agent du duc d'Orléans dans la chambre de sa fille, pour la lui faire voir en petite jupe de nuit, avec un simple *surcot*, et lui laisser admirer sa gentillesse. Toutefois, ces mœurs patriarcales s'effacent. En 1500, on refuse à l'agent du roi de Hongrie la vue des deux princesses offertes à son maître, sous prétexte qu'elles se trouvent éloignées ; on ne lui donne que leurs portraits. Les portraits plaisent peu à Vladislas ; cependant, il persiste dans sa volonté par raison d'Etat[4], et jette son dévolu sur Anne de Candale, que ce choix met au désespoir, car elle aimait François de Longueville[5].

1) Dép. de François Sforza, 28 janvier 1466 (Archivio Sforzesco).
2) Dépêche du 12 février 1466 (Archivio Sforzesco).
3) Dép. du 24 janvier 1466 (Arch. Sforzesco).
4) Quoiqu'on lui offrît une princesse allemande d'une beauté extraordinaire.
5) Fraknoï, *op. cit.*: Jean d'Auton.

Avec l'agent matrimonial, ou après lui, on expédie assez souvent un peintre pour dessiner la fiancée[1].

La première phase accomplie, on annonce le mariage et alors arrive l'ambassade d'apparat pour demander la main de la princesse. Cette cérémonie s'accomplit par un discours[2], essentiellement solennel[3] : « En matière de mariage, l'honneur doit estre exibé aux dames par ceulx du costé du mary, et par eulx poursuy l'affaire plus tost que du costé des dames[4]. » Le mariage a lieu, par procuration, chez les parents de l'épousée ; c'est là qu'on signe le contrat, et qu'on procède à la cérémonie. Le premier ambassadeur du fiancé représente son prince ; à ce titre, il baise la princesse, puis aussitôt, comme sujet, s'agenouille et lui donne la main[5]. Naturellement, l'ambassade chargée d'une pareille mission est des plus considérables, et traitée avec les plus grands honneurs. A sa tête se trouve souvent un proche parent du marié[6]. Quand les ambassadeurs de

1) Van Eyck va en 1425 en Portugal avec l'ambassade de Bourgogne, pour faire le portrait d'Isabelle, fiancée du duc (comte de la Borde, *La renaissance des arts à la Cour de France*, I, 53 : Waagen, *Manuel de l'Histoire de la peinture*, édition française, I, 99). Jean de Paris va faire le portrait de Marie d'Angleterre en 1514 (De la Borde, p. 188).

2) Discours des ambassadeurs de l'archiduc, à Louis XII et à la reine, pour demander la main de la princesse Claude (1501. Le Glay, *Négociations*, I, 26) : en français, bref et solennel, citant Aristote.

3) « Habita igitur ad hunc actum publica ac solenni ac ornatissima oratione per Magnificum et clarissimum.... » etc. (1487, Dumont, III, II, p. 174).

4) Dép. de l'amb. des Pays-Bas, 1514 (*Lettres de Louis XII*, IV, 341).

5) Mariage de Germaine de Foix (21 nov. 1505. Sanuto VI, 256).

6) Tristan Sforza épouse Bonne de Savoie, par procuration, devant la porte du château d'Amboise, en présence de Louis XI, de la reine Charlotte, d'Agnès de Bourgogne, duchesse de Bourbon, et du duc Jean de Bourbon, de Charles de Bourbon, archevêque de Lyon, de plusieurs évêques et de la cour. Louis XI, interpellant Tristan, lui demande lui-même si ses pouvoirs sont retirés, et sur la réponse négative, le cardinal d'Angers célèbre le mariage (ms. lat. 10133, 341). Pouvoir pour épouser la fille de Ravenstein, signer et accepter toutes stipulations, etc., au nom de Jean II Grimaldi, à Lucien Grimaldi, son frère (26 juillet 1404. Saige, *Documents*, II, 34).

Hongrie viennent en France pour le mariage de leur souverain (1502), Louis XII envoie au devant d'eux à Orléans les
comtes de Nevers et d'Orval et d'autres grands seigneurs,
qui les escortent jusqu'à Blois. Le roi les reçoit « à triomphe »,
paie toutes leurs dépenses, et à leur départ pour l'Angleterre, les fait de même escorter solennellement et à ses frais[1].
C'est le cas, ou jamais, de se livrer à des démonstrations de
joie et de faste, et on ne s'en fait pas faute[2]. En Italie particulièrement, les noces princières donnent lieu à une série de
fêtes prodigieuses, dont nous n'entreprendrons point la descrip-
tion[3]. En France, ce ne sont que « moult sollempnels bancquetz »,

1) Jean d'Auton, II, 217 et s. Le *comte Stephane* (Etienne Telegdi) épouse
Anne de Foix par procuration, le premier ambassadeur étant un évêque.

2) Le cardinal de Ferrare, venant chercher Lucrèce Borgia, entre à Rome le
27 déc. 1501, avec des honneurs indicibles. Il s'arrête et dine au Ponte-Molle.
Tout d'un coup éclate un concert de trompes, tambours, piffari... C'est le
cortège de son entrée, composé de 2,000 personnes, avec le gouverneur de
Rome. On se met en route deux par deux. Bientôt, on rencontre César Borgia,
en somptueux équipages, avec 4,000 hommes en grande tenue: puis dix-neuf
cardinaux, très pompeux, suivis chacun d'au moins deux cents chevaux. A chaque rencontre, tout le monde met pied à terre: le cardinal de Ferrare embrasse
César Borgia, puis les cardinaux. Cet immense cortège se rend au Campo di
Fiori, et de là au château St-Ange, où toutes les bombardes font feu. Les chevaux se cabrent, le pont St-Ange ne suffit plus. Le cardinal de Ferrare arrive au Vatican, et monte : le pape sort de sa chambre avec douze cardinaux,
et l'accueille très joyeusement : le cardinal embrasse tous les prélats de marque. Puis on va voir Mme Lucrèce, qui offre un fort beau diner et donne force
cadeaux (Sanuto, IV, 195-196).

3) Les récits de noces ont donné lieu en Italie à des publications fort inté-
ressantes. Signalons, en particulier : *Le nozze di Nicolò II d'Este con Verde
della Scala*, 1362, par le savant M. Cipolla (Per nozze Merkel-Francia, pour
les noces de notre savant ami le dr C. Merkel) : *Del matrimonio del Marchese
Nicolò III d'Este con Gigliola, figlia di Francesco Novello*, par le prof. Luigi
Olivi, Modena, 1889 : *Delle nozze di Ercole I d'Este con Eleonora d'Aragona*,
par le même, Modena, 1887 : *Anna Maria Sforza, sposa ad Alfonse d'Este*, par
G. A. Venturi, Firenze, typ. dell' arte della stampa, 1880. Robert Malatesta
de Rimini, dit *Le Magnifique*, célèbre ses noces avec Isabelle de Montefeltre
par un déploiement de pompe extraordinaire, avec des poésies, des épithala-
mes, etc. Tous les ambassadeurs italiens y assistent (Yriarte, *Rimini*, p. 350).

danses, « nouvelletez et estranges mommeries[1]. » Les princes voisins envoient pour y assister des ambassades d'apparat, s'ils ne s'y rendent pas eux-mêmes[2]. En 1493, à Milan, on retarde la célébration des noces par procuration de Bianca Maria Sforza avec Maximilien, pour attendre l'ambassade d'apparat française, dont un courrier spécial annonce l'arrivée[3]. Une ambassade solennelle d'Allemagne, avec une suite de cent cinquante chevaux, va, en 1508, offrir à la fille du roi d'Angleterre, mariée à l'archiduc Charles (Charles quint), des objets d'argent ciselé et des tapisseries de haute valeur, comme présents de noces[4]. L'énumération des robes, des bijoux de la mariée devient une affaire d'Etat. Un des plus beaux trousseaux dont l'histoire fasse mention est celui de Valentine de Milan, en 1389, estimé à 92,900 francs d'or, soit plus de six millions de notre monnaie[5].

Mais les fêtes du pays de la fiancée ne représentent qu'une partie de l'ensemble. Si par courtoisie on célèbre le mariage chez la femme, l'usage veut qu'on le consomme chez le mari. C'est pourquoi d'ordinaire le marié attend sa femme chez lui. En 1466, Galéas Sforza ne se rend en France pour son mariage que sur le désir formel de Louis XI : et encore, si Louis XI tient à célébrer de suite ce mariage, François Sforza sollicite au moins pour son fils l'autorisation d'attendre pour la consommation l'arrivée à Milan.

Tout mariage s'accomplit expressément sous l'égide de l'autorité paternelle. Les ambassadeurs pour la solennisation

1) Jean d'Auton, II, p. 99, n° 1.
2) Laurent de Médicis envoie son fils aîné Pierre assister à Milan au mariage de Galéas Sforza avec Isabelle d'Aragon. Rapport du serviteur Étienne sur ce mariage (Roscoë, *Vie de Laurent de Médicis*, pièce LXII).
3) P. Calvi, *Bianca Ma Sforza Visconti*, p. 27.
4) Sanuto, VII, 693.
5) De la Borde, *Les ducs de Bourgogne* : H. 1777.

d'un mariage doivent produire des pouvoirs parfaitement spéciaux et précis du père et de la mère du fiancé[1]. Cette règle est tellement formelle que, lorsque Galéas Sforza part pour la France, son père lui remet un pouvoir précis, absolument comme si, au lieu de se marier pour lui-même, il n'était qu'un ambassadeur[2].

Les ambassadeurs doivent ensuite amener à leur prince la nouvelle épousée. Ils sont assistés dans cette partie de leur mission par des représentants du pays de la princesse : ambassadeurs, hérauts, chambellans ou chevaliers. Cette pompeuse mission n'est pas toujours exempte d'épines, que connaissent les seuls initiés.

Ainsi, en 1493, la partie essentielle du mariage de Maximilien avec Bianca Sforza tourne à la comédie. Bianca arrive à Insprück, et n'y trouve point son mari. Il faut inventer des distractions variées, en attendant que le roi veuille bien prendre son parti. Enfin, par bonheur, Maximilien mande à Vienne l'ambassadeur milanais qui accompagnait Bianca, Erasme Brasca ; Brasca emporte un petit billet qu'il a fait écrire par Bianca, pour témoigner à son mari sa joie et confier à l'ambassadeur « les sentiments qu'un écrit ne peut expri-

1) Pouvoir des ambassadeurs de l'archiduc et de l'archiduchesse, pour le mariage du duc de Luxembourg avec Claude de France (1501. J. 951, n° 2). Pouvoir du roi de Sicile pour le mariage de Nicolas du Pont avec Anne de France (27 novembre 1461. K. 555, xvi).

2) « Con el nome de Dio, te ne vay da la Serma et Chrma Majestate del Sig. Re... Tu li responderay, con bono et conveniente modo, che sempre da nuy hay havuto in comissione che tanto nel facto de dicto parentato quanto in ogni altra cosa, de fare et exequire tucto quello che fusse de la voluntà de Sua Majestà, et cossi sij apparechiato in questa cosa de fare tucto quello è de piacere de Sua Majestà. » François Sforza déclare en outre qu'il envoie Alberico Maletta avec « mandato et commissione » de conclure le mariage et ce qui s'y rapporte : Maletta est en chemin (26 février 1466. Archivio Sforzesco).

mer [1]. » Mais avec quel soupir de triomphe, enfin, le 10 mars 1494, il écrit au secrétaire intime du duc de Milan que l'œuvre est achevée !

« Magnifique et très puissant chevalier, dit-il, mon très respectable seigneur ! Hier soir, j'arrivai ici avec S. M. le Roi ; S. M. la Reine y était arrivée un peu avant, et, enfin, l'on est parvenu à la consommation du mariage, grâce à Notre Seigneur Dieu, pour la confusion de nos ennemis ! Je fus hier soir avec S. M. le Roi et la Reine, nous causâmes beaucoup, jusqu'au moment où ils voulurent aller au lit, après que tout le monde eût été congédié. Je trouve S. M. le Roi d'une joie qu'on ne peut exprimer, et j'espère qu'aujourd'hui ou demain nous irons à Insprück [2]. »

En général, nous ne sommes pas dans le secret de ces tiraillements intimes. On ne voit, dans le mariage, que matière à un grand déploiement de faste. Toutes les ambassades assistent aux fêtes données à Ferrare pendant les mois de janvier et février 1502, pour le mariage d'Alphonse d'Este et de Lucrèce Borgia. Le 8 février, jour du carnaval, les ambassadeurs sont reçus par Lucrèce, admis à présenter leurs cadeaux et à contempler la corbeille. Avec de beaux discours, les vénitiens offrent deux riches mantes de velours fourré, les florentins trente-cinq brasses d'un admirable tissu d'or, les siennois deux vases d'argent, les lucquois un brasier monté en argent. L'usage des cadeaux est général en Italie... Quant aux ambassadeurs français, ils se bornent à se rendre à la messe avec Alphonse d'Este [3].

Le voyage de la princesse pour aller rejoindre son

1) F. Calvi, *Bianca Mᵃ Sforza Visconti*, p. 50.
2) *Id.*, p. 59.
3) Sanuto, IV, 229, 226.

époux donne lieu à un égal déploiement de fêtes et de magnificence [1].

Un cortège extraordinaire accompagne Isabelle de France, mariée au roi d'Angleterre, lors de son passage en Angleterre, en 1396 [2]. La réception à Venise de la nouvelle reine de Hongrie, Anne de Foix, lorsqu'elle se rendit en 1502 dans ses états, est demeurée mémorable. Une brillante députation hongroise l'attendait. Le doge sur le Bucentaure, avec les ambassadeurs, le collège des Dix, et une cinquantaine de dames richement vêtues, couvertes de diamants, conduites par autant de personnages habillés d'écarlate, l'accueillit au milieu d'une foule d'arcs de triomphe. Il y eut bal sur le Bucentaure, en l'honneur de la jeune mariée, souper de cent cinquante couverts. Les fêtes, les régates, les illuminations se succèdent, la dépense dépasse quatre cents ducats par jour ; la reine n'amène pas avec elle moins de six cents personnes, françaises, hongroises, milanaises, qui se sont groupées tout le long de la route dans le cortège matrimonial, et les Vénitiens, gens très positifs, se demandent tout bas quand elle partira, car elle n'en parle pas. Heureusement, une partie de l'escorte prend congé, et il ne reste que soixante ou soixante-dix personnes [3].

Une relation contemporaine dépeint le faste extraordinaire déployé pour le mariage de Jean Galéas Sforza avec Isabelle d'Aragon : elle nous donne, par le menu, le détail des fêtes, des escortes, les inscriptions des arcs de triomphe, l'organisation des orchestres. A l'arrivée de la princesse à Milan, Lu-

1) On évite les pays qui ne sont pas amis. Bonne de Savoie est amenée de France à Milan par Marseille, la mer et Gènes, pour éviter la Savoie (1468. Ms. lat. 10133, fo 236 vo), et elle souffre beaucoup de la traversée.
2) Publ. Douet d'Arcq, *Choix de pièces*, I, 130 et suiv.
3) Sanuto, IV, 187-188, 295, 296.

dovic Sforza se rend au-devant d'elle avec les ambassadeurs
de toute l'Italie et de Hongrie, avec un cortège de trompettes,
et une immense suite de personnages de tout rang. Le jour du
mariage, les ambassadeurs se réunissent au château dès le
matin pour se rendre en corps à la cérémonie. On va solennellement au Dôme, au milieu de rues enguirlandées, tapissées,
remplies de monde. Deux grandes tribunes s'élevaient dans le
chœur : les ambassadeurs du pape, de Venise, de Ferrare, de
Hongrie, de Florence, y prennent place avec le duc et sa famille, dans l'ordre des préséances, aux sons d'une musique
délicieuse [1]. L'Italie seule possède l'art exquis des fêtes splendides [2].

Il est convenable que le marié fasse des présents à l'escorte
de sa femme. Lorsque Louis XI se marie, encore dauphin, il
ne donne pas moins de 4,000 écus (exactement 3999), aux
personnes de la suite de Charlotte de Savoie. Les dons varient : une haquenée de cent quarante écus au comte de Genève ; aux principaux personnages et aux dames d'honneur,
de l'argent (douze à dix-huit marcs d'argent) : un diamant,
aux écuyers et échansons : des gratifications de quinze à vingt
florins pour *robes* au moyen personnel : cent écus au héraut,
cent francs aux officiers du duc de Savoie ; un bracelet d'or,
avec des diamants, confectionné au Puy, et d'une valeur de
1400 écus, à la duchesse mère [3].

Le mariage, une fois accompli, est notifié par une lettre aux
gouvernements qui, pour un motif quelconque, tel que l'iné-

---

1) Relation contemporaine, s. d. (Archivio Sforzesco).

2) Une ambassade d'apparat tout à fait spéciale en matière de mariage est
celle d'un légat chargé de bénir un mariage ou des fiançailles (Mariage
du roi de Hongrie avec Anne de Foix, dans Paris de Grassis, lat. 5164,
fo 71).

3) 1451. *Lettres de Louis XI*, I, p. 231-235.

galité de rang[1], la froideur des rapports[2], n'ont pas jugé à propos de s'y faire représenter.

La perception de la dot donne souvent lieu à difficultés. Le duc de Milan avait assuré en dot à sa fille Valentine le comté d'Asti, dont il estimait le revenu à 30,000 florins : lorsque les gens du duc d'Orléans en prirent possession, ils constatèrent facilement combien Visconti avait exagéré les chiffres. Il s'en suivit des réclamations, des procédures, que le gouvernement français étouffa par voie d'arbitrage ; l'on arrêta, en définitive, l'évaluation d'Asti à un revenu de 18,000 ducats, chiffre encore trop élevé, et Visconti dut parfaire à son gendre la différence[3]. La plupart du temps, la dot consiste en promesse de versements échelonnés : de là, des tiraillements. La dot de Charlotte de Savoie donne lieu à d'assez graves débats entre son mari et sa famille. Philippe de Savoie ne put pas solder entièrement la modeste dot qu'il avait allouée à sa fille Louise de Savoie pour son mariage avec le comte d'Angoulême. Aussi Valentine de Milan, Charlotte de Savoie, Louise de Savoie rencontrèrent-elles à la cour et près de leurs maris un défaut de considération dont elles eurent fort à souffrir.

Maximilien, au contraire, sut se faire largement payer son mariage avec Bianca-Maria Sforza et trouva en Milanais une mine d'or[4].

1) Lettre d'avis de mariage de Luc Doria avec Françoise Grimaldi (1491. Saige, *Documents*, 1, 633), en italien, portée au duc de Milan par Prosper Grimaldi, chargé de la remettre.

2) Après son mariage, Vladislas de Hongrie écrit à l'empereur: « Nos cum Christ. Francorum rege... certam affinitatem iniisse et comparasse, nosque serenissimam Virginem dom^am Annam de Candale, ex regia vetusta stirpe et familia originem trahentem, in conjugem, aspirante Deo, conjunxisse » (Pray, *Epistolæ procerum*, p. 19).

3) K. 554, ii, iv, v : KK. 896, f^os i à xxxix v°, f^os cccclxv à cccclxix : K. 67, n° 31 : KK. 1417 : ms. Moreau 405, p. 235.

4) Ms. fr. 16074, n° 27.

Quant aux bijoux offerts par le fiancé, on les remet au moment du mariage, pour éviter le désagrément de les redemander en cas de rupture [1].

Nous avons supposé dans ce qui précède le mariage complet, c'est-à-dire solennisé *per verba de presenti*, et suivi de consommation. Dans le cas, assez fréquent, d'un simple mariage *a futuro*, c'est-à-dire où la consommation ne doit pas suivre la cérémonie, on se conforme aux mêmes usages, sauf que la fiancée reste souvent dans sa famille : il y a, d'ailleurs, contrat de mariage et bénédiction nuptiale. Rien de plus fragile que les unions ainsi contractées ; la plupart échouent avant que l'âge des mariés ou les circonstances en permettent la consommation. On peut dire que la plupart des princes ou princesses de la maison de France se sont mariés plusieurs fois. Pour des pères de famille ou médiocrement scrupuleux ou poussés par la nécessité, tels que Louis XI, Louis XII, Charles le Téméraire, le duc François II de Bretagne, et autres, la main d'une fille sert d'appât [2], les divers mariages qu'ils consentent successivement ou simultanément font partie de tout un système politique. On se défie même des mariages *de presenti*, au point que nous voyons le roi d'Aragon, en 1505, confirmer par lettres spéciales son mariage avec Germaine de Foix [3].

Telles sont les missions d'apparat. Ajoutons que certaines missions d'affaires peuvent, par suite de circonstances, se transformer en missions d'apparat ou de pure forme. Le secrétaire Caroldi, envoyé par Venise près du légat de Pavie pour négocier avec le pape, reçoit de la Seigneurie l'avis que l'en-

---

1) Comme Jean II Grimaldi, qui, ayant offert des bijoux à sa fiancée Catherine de Clermont-Lodève, dut déléguer trois envoyés pour les reprendre, après la rupture du projet (26 juillet 1504. Saige, *Documents*, II, 32).

2) V. not. Commines, édition Lenglet Dufresnoy, III, 192-194, 256.

3) Ms. fr. 10433, f° 169 v°.

tente vient de se faire directement : il se bornera donc à se
répandre près du légat en congratulations affectueuses, à lui
demander que le pape « embrasse les Vénitiens comme ses
fils, comme le père universel, qu'il remédie à tout scandale...,»
et à promettre d'immortelles reconnaissances [1]. Les ambassadeurs français, envoyés, en 1505, négocier le paix entre la
Hongrie et l'Allemagne, apprennent en route que la paix est
faite ; ils continuent néanmoins leur route vers Bude, afin de
présenter au roi de Hongrie leurs félicitations pour la naissance
d'un fils ; en arrivant, ils apprennent la mort de la reine de
Hongrie [2].

2° *Missions extra-diplomatiques.*

Certains agents diplomatiques jouent un rôle important,
sans faire partie d'une ambassade. Ce sont les rois d'armes [3],
hérauts et poursuivants d'armes, les trompettes, huissiers
d'armes et sergents d'armes.

Nous n'entreprendrons pas ici une monographie des rois
d'armes et hérauts, legs de la chevalerie. Le héraut jouit au
moyen âge d'un très grand prestige [4]. C'est le conservateur
des nobles traditions, l'expert en questions d'honneur et de
noblesse [5], l'autorité supérieure en matière de joutes et de

---

1) A. de Venise, Secreto 41, 193.

2) Fraknoï.

3) Le roi d'armes est un héraut du grade supérieur. En Angleterre, Roger
Machado, dit Leicestre, était « chief herald at the office of the king's arms »
(W. Campbell, *Materials... of the reign of Henry VII*, II, p. 141).

4) Nous ne parlons ici que des hérauts royaux. Mais les grands seigneurs,
aussi, ont des hérauts, qui présentent le même caractère. Un maure, héraut
de Ges de la Tremoïlle, va, en son nom, défier Charles le Téméraire devant
Neuss (Richard de Wassembourg, *Antiquités de la Gaule Belgique*, liv. VIII).

5) V. not. le recueil publié par Loredan Larchey, *Ancien armorial éques-
tre de la Toison d'Or et de l'Europe au XVe siècle.*

tournois[1]. Il connaît le monde[2]. L'auteur du *Débat des héraulx d'armes de France et d'Angleterre*[3], pour comparer l'honneur et la force des deux pays, formule sa pensée sous forme de dialogue entre deux hérauts, que *Prudence* questionne en ces termes : « Beaulx seigneurs, vous avez ung bel office et que tous nobles doivent amer et priser, car à vos rappors et relacions les roys, les dames, les princes et autres grans seigneurs jugent des honneurs mondains…, Et toutes choses faictes en grans magnificences et tendans à honneurs par vous doivent estre hérauldées et publiées en divers royaumes et pays…. » Les hérauts sont en grande considération à la cour. Jean le Maire envoie au héraut *Luxembourg* une de ses œuvres (probablement *Le Temple d'Honneur*), afin que « par vostre bon moyen, dit-il, je puisse estre de la cognoissance de la seigneurie de par delà[4]. » Au point de vue international, les hérauts remplissent un rôle assez complexe.

Successeurs des féciaux romains, ils ont, ainsi que les trompettes, joui de tout temps et universellement du droit absolu de circuler librement en tout pays, comme parlementaires, même en temps de guerre et entre deux armées[5], sur la

1) A Arras, en 1435, des *Lettres de salutation*, sont présentées par *Secille* (Sicile), héraut d'armes du pays de Hainaut, à Philippe duc de Bourgogne. C'est un traité de chevalerie : le héraut, accompagné de vingt-huit autres, le présente solennellement, en présence de tous les grands seigneurs (V. Paulin Paris, *Les manuscrits français*, III, 281 et suiv.).

2) Un héraut anglais passe cinq ans à parcourir le monde (1338. Froissart, édition Luce, I, 377-378).

3) Publié par P. Meyer et Pannier (Société des anciens textes français, 1877). Cf. *Id.*. p. 127, la formule du serment prêté par un nouveau héraut.

4) Gachard, *Nouveaux Analectes*, p. 28, pièces, IV. V. fr. 1280, sur les hérauts d'armes.

5) En 1421, le gouverneur d'Orléans retient prisonnier, fort à tort, un héraut anglais qui venait le sommer de se rendre : en août 1428, dans une circonstance pareille, on loge les hérauts anglais à l'hôtel et l'on envoie par eux du vin au comte de Salisbury (Doinel, dans la *Revue d'histoire diplomatique*, 1891, p. 99).

simple justification d'un ordre émanant des autorités compétentes de leur propre pays.

Le héraut est chargé d'escorter un étranger pour assurer sa sûreté [1], de conduire une ambassade [2] ; en Allemagne, en Angleterre, on l'emploie comme fourrier pour les logements de la cour ou d'une ambassade [3]. On attache volontiers un héraut à une grande ambassade. Il fait les fonctions de massier en cas d'apparat [4]. Son rôle s'étend jusqu'à assurer les préséances, et à garder le rang de ses ambassadeurs [5] : il remplit les fonctions dévolues au maître des cérémonies dans les légations d'apparat de la cour de Rome, ou au secrétaire dans les autres. Il tient un journal des faits et gestes de l'ambassade,

---

1) Le capitaine du *devedo* de Vérone part de Venise avec le héraut du roi des Romains, qui retourne vers le roi, avec un sauf-conduit et une lettre de passage (févr. 1508. Sanuto, VII, 293).

2) Du Bouchage, revenant d'ambassade de Castille, laisse en Castille un héraut du roi pour conduire l'ambassade annoncée (Commines, l. VIII, ch. XXIV). V. Instruction de 1433, aux ambassadeurs de Savoie à Chypre. Le héraut *Savoie* ira à Venise avec 500 ducats noliser une bonne galère et renverra aussitôt son serviteur avec l'avis écrit de ce qu'il aura fait (Mas Latrie, *Histoire de Chypre*, III, 13).

3) L'empereur envoie un héraut à Vérone prévenir de son arrivée et retenir les logements pour 25.000 hommes (Dép. de Machiavel, 1er février 1507-8) ; l'ambassade impériale près du duc de Bourgogne, en avril 1476, est précédée de hérauts qui assurent ses logements (Gingins la Sarraz, *Dép. des amb. milanais*, II, 27). En Espagne, on aborde où on peut, et le héraut attaché à l'ambassade cherche des logements, moyennant finance (*Machado's Journals*, dans Gairdner, *Historia regis Henrici septimi*, p. 162). Il ne loge généralement pas avec l'ambassade.

4) A l'entrée d'une ambassade d'obédience à Rome, le héraut doit la précéder ; on le place entre les massiers du pape (entrée espagnole de 1507. Paris de Grassis. Lat. 5165, f° 311).

5) En 1434, au concile de Bâle, les ducs de Bretagne et de Bourgogne envoyèrent des ambassadeurs. La Bourgogne fut placée à droite, la Bretagne à gauche. Phil. de Quitquia, archevêque de Tours, né à Léon, blâma à son retour le héraut de Bretagne *Montfort*, qui fut en grand danger de destitution, pour n'avoir pas gardé son rang (fr. 4316, f° 28. Leibnitz, *Codex juris gentium*, p. 363).

du cérémonial observé [1] : il paie les dépenses de l'ambassade, il s'occupe des transports [2] : il accomplit les missions accessoires dont le charge l'ambassadeur, près de tel ou tel personnage [3]. Mais il n'agit qu'en vertu d'une délégation expresse, et ne peut accepter d'office aucune commission [4].

Par lui-même, le héraut est l'agent de toutes les missions d'un caractère comminatoire. L'envoi d'une communication par héraut équivaut à une sommation [5] ; elle constate la volonté formelle de ne pas négocier : par exemple, Louis XII envoie son héraut *Normandie* signifier au duc de Valentinois et aux Orsini l'ordre de respecter le territoire de Florence [6]. Le roi

1) *Journals*, publiés par J. Gairdner, à la suite de l'*Historia regis Henrici septimi*, p. 200 et suiv.

2) Le héraut *Richemond*, envoyé noliser un bateau pour l'ambassadeur d'Angleterre en Bretagne, en arrête un de seize tonneaux ; l'ambassadeur le refuse et en fait venir un de soixante (1490. J. Gairdner, *Historia regis Henrici septimi*, p. 200-201).

3) Mémoire du héraut anglais *Leycestre*, pour le marquis de Dorset, relativement à diverses missions remplies en Flandre ; il réclame quatre sous huit deniers par jour de chevauchée, plus ses déboursés (1485. James Gairdner, *Historia regis Henrici septimi*, p. xxxix). Il a été parler à diverses personnes, il a payé le peintre du marquis (mémoire en français).

4) Un ambassadeur de Louis XI dans le comté de Foix s'appointe en route avec un héraut du comte « de Bennevant » (le comte de Benabente, grand seigneur de Castille), qu'il emmène, et qui ira informer son maître du résultat (1461. *Lett. de Louis XI*, II, 373) : mais le héraut disparaît subrepticement. L'ambassadeur en réfère aussitôt au comte.

5) Maximilien écrit au duc de Bretagne qu'il réclame les Etats généraux et envoie copie de cette lettre au roi par un écuyer d'écurie. Le roi répond, le 31 août, que cette lettre est « en forme deshonnète et règle non accoutumée entre princes. » Il ne lui donne pas le titre de roi des Romains, et envoie sa lettre par héraut. Maximilien reçoit mal le héraut et répond par un manifeste (1486. Dupuy, *Hist. de la réunion de la Bretagne*, II, 90-91).

6) 1502. Guichardin, l. v, ch. III : un héraut de France vient, au nom du roi, sommer Venise de lui fournir un contingent contre Naples, de congédier les ambassadeurs de Naples et de rappeler son propre ambassadeur à Naples (22 mai 1501. Sanuto, IV, 39). Le gouverneur de Milan envoie de Parme à Bologne un héraut, porter ses protestations (nov. 1502. Sanuto, IV, 436). Un héraut du roi des Romains arrive à Naples avec quatre cavaliers, pour une

d'armes *Montjoye* se présente le 14 et le 17 avril 1509 à la Seigneurie de Venise et lui déclare la guerre au nom de Louis XII : il dresse procès-verbal de sa déclaration et de la réponse du doge[1].

En temps de guerre, le héraut sert de parlementaire, comme les trompettes et au-dessus d'eux[2] : il somme une ville de se rendre[3], il dirige l'enterrement des morts sur le champ de bataille[4], il va chez l'ennemi remettre une protestation au nom des lois de la guerre[5], communiquer un projet d'échange de prisonniers, demander[6] ou porter[7] un sauf-conduit pour des négociations.

signification au vice-roi (déc. 1502. Sanuto, IV, 600). Charles VIII envoie un héraut au pape demander des explications sur l'emprisonnement de certains cardinaux (déc. 1494. Delaborde, *Expédition de Charles VIII*, p. 499). Le 4 décembre 1494, un héraut français va signifier aux Pisans l'ordre de se soumettre aux Florentins ; le duc de Savoie envoie son héraut *Savoie* réclamer à des seigneurs rebelles le collier de son ordre (Guichenon, *Hist. de Bresse*, preuves, p. 27, 28). Le grand bâtard de Bourgogne, au nom du duc, envoie le héraut *Artois* inviter le comte de Bresse à s'abstenir de toute agression contre la duchesse de Savoie (Gingins la Sarraz, *Dépêches des ambassadeurs milanais*, I, 242).

1) Ms. fr. 17695, f° 248 ; 17224, p. 365. Charles VIII veut se presser d'envoyer un héraut déclarer la guerre au roi de Naples, mais son conseil le dissuade de cette démarche chevaleresque (mars 1494. Delaborde, p. 318. Cf. Desjardins, *Négociations*, II, 298). Dans le droit musulman, toute déclaration de guerre doit être également précédée d'une sommation à l'ennemi, fût-il payen, apostat, blasphémateur ou hérétique.

2) Le roi d'armes *Champaigne* est envoyé avec un parlementaire (Tarente, juill. 1495. Guill. de Villeneuve). Le roi d'Angleterre envoie un héraut offrir la bataille au roi d'Ecosse (1333. Froissart, édition Luce, I, 334). Un héraut d'Écosse vient demander au roi d'Angleterre un sauf-conduit pour des ambassadeurs (1333. Id., I, 323-24).

3) Capoue, 1495. Cf. Desjardins, *Négociations*, II, 334.

4) Ms. fr. 24052, f° 396.

5) Lettre du commandant de l'armée allemande au doge de Venise (24 août 1509. Sanuto, IX, 211), envoyée par le héraut *Austria*.

6) Après Fornoue, le héraut royal de France va annoncer aux provéditeurs vénitiens que Commines veut leur parler (Benedetti, *Il fatto d'arme*, l. 1°).

7) Le héraut *Clarence* apporte un sauf-conduit à Calais (Dép. de Dandolo, 25 mai 1514. Arch. de Venise).

Dans ce dernier cas, le héraut peut revêtir un vrai caractère diplomatique. Il amorce une négociation[1], il tâte le terrain, il s'entremet pour en assurer les débuts[2].

On peut même, bien que ce soit une marque de froideur officielle, charger un héraut d'une communication qui n'appelle point de discussion : telle que l'envoi d'une nouvelle personnelle[3], la remise d'un document[4].

Enfin le héraut devient un ambassadeur lorsqu'il se rend dans des états où l'on n'accréditerait pas un véritable ambassadeur ; cependant il diffère toujours de l'ambassadeur, en ce qu'il ne reçoit ni pouvoir, ni instruction, ni créance, et qu'il ne connait dans sa mission que ce qu'il doit accomplir. Le héraut peut prendre la parole, mais son langage est forcément militaire et comminatoire, en un mot extra-diplomatique. *Montjoye*, « souverain Roy d'armes de France » (qui s'appelait

---

1) Envoi du héraut *Roussillon* en Angleterre pour demander un sauf-conduit pour une ambassade, jusqu'au nombre de soixante personnes à cheval, et indiquer le lieu où on pourrait se réunir (12 août 1484. *Reg. du conseil de Charles VIII*, p. 45).

2) Des bords de la Somme, en août 1475, le roi d'Angleterre envoie au roi de France un héraut et deux poursuivants d'armes : tout le monde croit que c'est une déclaration de guerre. Nullement ; Louis XI les garde trois jours en négociations et donne cent marcs d'argent au héraut *Irlande*. Le héraut revient apporter des saufs-conduits pour des plénipotentiaires français, et peu après la paix est conclue (Gingins la Sarraz, *Dép. des amb. milanais*, I, 206. Cf. Commines, l. IV, c. V). Louis XI s'amuse à envoyer aux Anglais un valet travesti en héraut, qu'on expédie en grand secret. Les Anglais lui font bonne chère (1475); on lui donne quatre nobles, un sauf-conduit, et un héraut l'accompagne pour chercher pareil sauf-conduit. Le lendemain commencent des conférences pour la paix (Commines, l. IV, c. VII).

3) Dépêche de Foscari du 24 sept. 1496 : un héraut de France vient annoncer à Maximilien la naissance d'un fils du roi.

4) Le roi des Romains adresse par un héraut, au roi d'Angleterre, une lettre où il annonce ses intentions contre Venise (1510. Sanuto, X, 459). Le duc de Bretagne envoie au roi de France par un héraut copie de ses instructions à ses ambassadeurs en Angleterre (1486. Dupuy, *Hist. de la réunion de la Bretagne*, II, 83).

en réalité Gilbert Chauveau), « chevalier créé de la main de l'empereur, et seigneur de Vomeaux en Bourbonnais, et baron de Hypsala en terre ferme de Grèce, homme de grant port, éloquence et audace », fut un personnage important sous Louis XII ; il remplit des missions dans presque toutes les cours. C'est lui qui, en 1511, fut chargé par le roi de se mettre à la tête de la première caravane, pour aller prendre possession du protectorat des Lieux-Saints [1] ; lui qui, en 1500, accomplit, avec un autre héraut, une mission en Turquie, dont on fit grand bruit, et où il se conduisit en vrai héraut [2].

1) En réalité, la chose ne fut pas si simple ; il fallait négocier avec le sultan Qanson Ghoury : le roi chargea de cette mission un vrai ambassadeur, André Le Roy, notaire-secrétaire du roi, trésorier des guerres (Schefer, *Le voyage d'outremer*, p. 3, nᵉ 3). Le Roy échoua par sa hauteur et son manque d'habileté, et l'ambassadeur vénitien obtint ce qui lui avait été refusé (p. LXXXIII).

2) Il arriva, avec un collègue, par les îles Ioniennes à Modon, puis à Rhodes, où il trouva un sauf-conduit du Turc. Un orateur du Grand Seigneur vint au-devant des deux hérauts, et un des fils même du Turc se chargea de les conduire. Ils parvinrent par de très mauvaises routes à Andrinople, le 6 avril. Il y avait là un camp de 14,000 hommes. On leur donna une belle tente, où ils attendirent deux jours, pendant lesquels plusieurs Turcs vinrent les voir au nom du Grand Seigneur. Ils avaient avec eux un orateur de Rhodes, frère Mathieu. On les conduisit enfin dans une tente, où ils reçurent deux pachas. Après les salutations, un de ces pachas demanda l'objet de leur ambassade, et où étaient les présents destinés au Grand Seigneur : les hérauts répondirent que leur roi n'était pas dans l'usage d'envoyer des présents, et qu'ils ne devaient exposer leur ambassade qu'au Grand Seigneur lui-même. Les pachas se levèrent et les conduisirent à la tente du Grand Seigneur, que gardaient deux eunuques. Les pachas entrèrent : peu après, on introduisit les deux hérauts. Le Grand Seigneur se leva et leur tendit la main. Ils tendirent la leur, baisèrent la main du Turc, et s'assirent sur un escabeau. On les avertit de ne pas *spudar* devant le Grand Seigneur; Montjoye répondit : « Nous le ferons, si nous avons à le faire ». Il présenta la lettre du roi, la baisa et, malgré les protestations du drogman qui les avertit que cela était contraire aux usages, il voulut la remettre dans la main même du Grand Seigneur, qui la passa aux pachas. Le héraut dit alors : « Le roi s'étonne que tu aies rompu la paix avec Venise, son alliée, amie et confédérée, et t'envoie dire de rendre ce que tu lui as pris, et de faire la paix,

Cette mission montre bien le bon et le mauvais côté des hérauts. *Montjoye* et son collègue, d'après leur récit même, désavoués par l'ambassadeur de Rhodes qui les accompagnait, agissent avec peu de tact et avec une jactance inadmissible, tandis que Bajazet, en souverain civilisé, désireux d'entrer dans le concert des nations, traite fort correctement Louis XII de cousin et accueille les hérauts comme des ambassadeurs, en sacrifiant même certaines exigences du cérémonial. Son entourage, paraît-il, trouva le sultan trop généreux, car les hérauts prétendent avoir été dépouillés d'une bonne partie des présents du Grand Seigneur sous prétexte qu'ils n'y avaient pas droit[1]. Bajazet remit aux hérauts deux lettres pour le

sinon tu auras affaire à la France et à ses confédérés. — Quels sont-ils, dit le Grand Seigneur tranquillement. — Le pape, l'Espagne, le Portugal, l'Angleterre, l'Ecosse, la *Marchia*, la Hongrie, la Russie et tous les confédérés du roi. — Le Grand Seigneur pâlit un peu. Or les hérauts ignoraient que Ludovic le More eût repris Milan : les pachas, au contraire, le savaient. Le Grand Seigneur dit simplement, en turc : « Comment va mon cousin le roi de France? » Les hérauts répondirent : « Bien »; puis il leur donna congé, en ajoutant qu'il leur ferait réponse plus tard. Les hérauts attendirent douze jours : ils reçurent de riches présents, d'une valeur de 300 ducats, et de l'argenterie du poids de huit marcs. Enfin, dans une nouvelle audience, le Grand Seigneur leur déclara désirer la paix, pourvu que Venise en observât fidèlement les conditions : il était venu ici, dit-il, un ambassadeur qui lui avait proposé l'abandon de Modon, Napoli et Corfou; il avait adressé un envoyé à Venise, il attendait la réponse : il désirait la paix par amour de son cousin. Les hérauts revinrent à Rhodes, où ils rendirent compte de leur mission au grand maître, puis à Venise où ils firent de même au conseil, le 29 juillet 1500. Ils se plaignaient amèrement de l'orateur de Rhodes, qui, à les en croire, les trahissait, disait du mal d'eux, et avait négocié subrepticement pour son compte. Cet orateur persistant à les accompagner jusqu'en France, ils demandèrent à la Seigneurie de Venise de le retenir à Venise : ils viennent au conseil, écrivent au roi, et communiquent au conseil leur lettre comme des ambassadeurs ordinaires. Mais l'ambassadeur de France évite de se présenter au conseil avec eux (Sanuto, III, c. 567). Ils demandent même la grâce d'un bandit, et prient qu'on leur paie leurs frais de séjour (Sanuto, III, 574).

1) Sanuto, III, 558-560.

roi de France, où il s'intitulait *par la grâce de Dieu* et donnait
à Louis XII le titre de *très-chrétien*: « Sultan Bajazet, khan,
par la grâce de Dieu empereur grand et puissant, dominant
l'Asie et l'Europe et ses dépendances,etc.. , à l'illustrissime et
potentissime et christianissime roi de France, salut ». Une de
ces lettres était datée de l'hégire, l'autre de l'ère chrétienne[1].
Enfin il fit accompagner les hérauts par des ambassadeurs
turcs et promit de ne rien faire jusqu'à la réponse. Tous les
torts sont donc du côté des hérauts, et cependant *Montjoye*
était un homme âgé et habile. Quelques années après, envoyé
par Louis XII, sur la demande du roi de Danemark, près
des Frisons et Ostrelins, il entama si habilement les négociations qu'on lui fit honneur de la paix intervenue au profit
du Danemark[2]. Lorsqu'il arriva en 1509, avec une escorte
de cinq chevaux, signifier la guerre à Venise, les Vénitiens
envoyèrent à son avance un accompagnateur pour le faire
parler ; il s'en tira spirituellement[3], et pourtant, à l'audience
du doge, son discours respirait, dit Guichardin[4], « plus de
véhémence que de vérité et de justice ». Le doge répliqua
froidement. Bref, un héraut ne peut pas, ne doit pas parler
le langage d'un ambassadeur.

Le héraut, d'ailleurs, est toujours lettré, polyglotte[5], dis-

1) Sanuto, III, 263.
2) Seyssel, *Hist. du roy Loys XII*e, p. 24, v°. Cf. Lettre du roi de Danemark à Louis XII, pour le remercier de la mission de *Montjoye* à Lubeck et
de la paix qui en est résultée (20 juillet 1507. Fr. 2756, f° 263).
3) 5 avril 1509. Sanuto, VIII, 89, 94, 95.
4) Guichardin, liv. viii, ch. ii.
5) Deux hérauts du roi des Romains arrivent au camp vénitien, d'où le
maitre de camp les envoie à Venise. On les loge dans la maison d'un homme
actuellement en prison. L'un sait l'italien, l'autre est allemand. Des curieux
vont les *interviewer*. Les hérauts refusent de dire l'objet de leur mission (qu'ils
ignorent peut-être), mais ils assurent qu'elle est très favorable (oct. 1509. Sanuto, IX, 238). Reçus en grand costume par le conseil, en passant par la maison du doge, ils proposent un échange de prisonniers. On se demande si c'est

crct[1], ferme, capable même d'un langage doux et persuasif[2] pour préparer une trêve ou ouvrir une négociation[3]. Il accomplit son rôle de parlementaire militaire avec distinction : il sait se présenter et conquérir une autorité personnelle[4]. A un tournoi donné le 15 février 1501 à Insprück, Maximilien constitue juges deux des ambassadeurs de Bourgogne et le héraut de France[5].

une ouverture de paix déguisée. Puis, le matin suivant, ils repartent avec une garde, pour qu'ils ne parlent à personne, et un secrétaire (*id.*, 239).

1) On presse de questions à la cour de France le héraut d'Angleterre (avril 1512), pour savoir si sa mission signifie que le roi veut la guerre ; il répond n'avoir charge de dire que ce qu'il a dit, tellement qu'on ne comprend pas très bien comment vont les choses ni ce qu'il veut dire (*Lett. de Louis XII*, III, 238). Le 7 juillet 1495, le héraut de France envoyé à l'armée vénitienne est questionné sur les pertes françaises à la bataille de Fornoue ; il répond qu'on a perdu dix-huit hommes (Benedetti, *Il fatto d'arme del Taro*, édition 1863, p. 97).

2) Généralement.— Le roi d'Angleterre envoie, en avril 1512, un roi d'armes à Louis XII, signifier son intention d'aider le pape, de secourir l'Aragon, et proposer une trêve marchande de deux mois. Louis XII répond qu'il trouve cela bon, sauf la trêve marchande dont on n'a pas besoin, puisqu'il n'y a pas de guerre. Il envoie un héraut en Angleterre savoir les intentions du roi. Le héraut d'Angleterre dit au trésorier Robertet qu'il y avait un corps de débarquement anglais tout prêt, et que de toute façon il faudrait bien l'utiliser quelque part. Robertet se déclare très étonné de ce langage (1512. *Lettres de Louis XII*, III, 242).

3) Le roi d'Angleterre envoie au roi des Romains trois hérauts, avec des paroles très douces et des prières, pour l'induire à un accord : puis un orateur (oct. 1510. Sanuto, XI, 690). Un héraut de France est envoyé en Espagne pour avoir les trêves (janv. 1504. *Id.*, V, 734). Comme, en février 1476, on a vu passer des hérauts de France se rendant à Fribourg, on en conclut que Louis XI prépare quelque ligue (Gingins la Sarraz, I, 278).

4) Le héraut envoyé par Charles VIII avant la bataille de Fornoue fut traité en diplomate : on l'introduisit au conseil de guerre et on lui fit une réponse verbale. Le héraut lui-même appuya verbalement l'invitation du roi. Il produisit bon effet ; on vit en lui un homme *accorto*, et on pensa qu'il avait profité de sa mission pour se rendre compte de la situation de l'armée. Après la bataille, le roi envoya ce même héraut faire de nouvelles ouvertures, et l'on parlementa encore avec lui (Benedetti, *Fatto d'arme*, lib. 1º).

5) Sanuto, IV, 217.

Quelquefois, le héraut a vraiment rang d'ambassadeur [1]. Nous voyons le héraut bourguignon *Toison d'or* participer, comme ambassadeur, à une grande ambassade bourguignonne en 1456 [2].

La personne du héraut est sacrée [3].

Le héraut ou le roi d'armes porte un nom d'emprunt, qui lui est donné par le roi [4]. Il est vêtu d'une cotte d'armes brodée aux armes de son seigneur [5], fleurdelisée en France [6].

Comme, d'ailleurs, les secrétaires d'ambassade, le héraut

1) Le héraut *Richemond*, envoyé par Henri VII en mission en Bretagne (1490), part avec un secrétaire breton, qui retourne (J. Gairdner, *Historia regis Henrici septimi*, p. 211). V. une longue lettre officielle en français, du roi d'armes anglais *Jarretière* à un ambassadeur de France, sur la négociation pendante, en 1445 (fr. 4054, fo 44).

2) Duclos, *Hist. de Louis XI*, IV, p. 153. Cf. ci-dessus p. 382.

3) On arrête le héraut *Scales*, porteur de lettres du roi d'Angleterre pour diverses personnes; le roi les intercepte et les lit, mais respecte l'envoyé (1475. Jean de Roye). Le héraut *Bretagne* vient signifier au duc de Bourgogne que les ducs de Bretagne et de Normandie ont renoncé à son alliance et traité avec le roi : il court des dangers, parce que le duc, n'y pouvant croire, le traite de faussaire (1468. Commines, l. ii, c.v). Le héraut non commissionné peut être fait prisonnier de guerre (fr. 15541, no 42).

4) Louis XI, choisissant comme poursuivant d'armes un certain Janin de Wendin, lui impose le nom bizarre de *Tout Monde* (Væsen, *Catal. Bourré*, 1353).

5) En 1474, Louis XI voulant envoyer à l'armée anglaise un héraut, et n'en trouvant pas sous sa main, prit un valet, de mauvaise mine, mais de formes douces. Le valet se jeta à genoux et supplia qu'on le laissât tranquille; il se croyait envoyé à la boucherie. On le rassura, on le fit dîner, on lui promit une bonne récompense ; on improvisa avec un drapeau une cotte d'armes, et on l'envoya sous cet affublement. Il fut bien reçu (Commines, *Mémoires*, 1, 348-49.)

6) Un héraut du roi des Romains, qui remet une lettre au conseil de Venise porte un habit à la française, avec l'aigle noire brodée devant et derrière (févr. 1508. Sanuto, VII, 292). Un héraut anglais arrive en France en 1512, conduit par un homme de M. de la Gruthuze, non en cotte d'armes comme on le supposait, mais habillé en gentilhomme. Quand il fut dans la chambre du roi, on fit sortir tout le monde, sauf le roi et cinq ou six personnes, et le héraut répéta alors ce qu'avait dit l'ambassadeur revenu d'Angleterre (*Lett. de Louis XII*, III, 236),

accepte, au besoin, un pour-boire, ni plus ni moins qu'un simple ménestrel[1].

En Orient, le rôle du héraut est dévolu aux drogmans : drogmans attachés au service des sultans, ou à celui des ambassades. Mais le drogman a un rôle tout intérieur; on ne l'envoie pas au dehors. Il est chargé des rapports du gouvernement avec les chrétiens: il introduit dans le pays, sur l'ordre du sultan, une caravane de pélerins, et veille à sa sécurité ; il sert particulièrement pour tous les rapports entre la cour et les ambassadeurs : il va porter les communications, faire les convocations, il introduit l'ambassade, il sert d'interprète, il remet les cadeaux, etc., et, au besoin, il reçoit un « pour-boire »[2].

L'huissier d'armes est un personnage inférieur qu'on peut attacher à une ambassade[3].

Le trompette n'a qu'un pur rôle accidentel de parlementaire, en campagne[4] . Si sa mission prête à quelques ex-

---

1) Quittance de Guillaume de Labbaye, dit *Touteville,* héraut du roi Charles VI, « pour et au nom des autres héraulx, mes compaignons et ménesterelz » à Etienne Courtet, receveur général du comte de Vertus, de 11 livres 5 sols tournois reçus « en bonne estraine le premier jour de l'an » (6 janvier 1412-13. *Catal. de vente,* Eug. Charavay, 27 mai 1887). En Allemagne, les hérauts de l'empereur viennent, avec les ménestrels, demander un pour-boire à une ambassade (1397. Circourt et van Wervecke, *Documents Luxembourgeois,* nº 34). Le duc d'Orléans donne 12 écus d'or au héraut du marquis de Moravie (1397. Circourt et van Wervecke, *ibid.,* nº 17), 20 fr. au héraut du comte de Wurtemberg (fr. n. acq. 3655, nº 1122).

2) Les drogmans du soudan d'Egypte sont en général d'anciens chrétiens, même des italiens (Ch. Schefer, *Le voyage d'outremer,* p. 188, 189, 191). Le florentin Frescobaldi rapporte qu'en 1364, le grand drogman du soudan du Caire était un rénégat vénitien, qui avait épousé une rénégate florentine (*id.,* p. XI) : le grand drogman Tangriberdy était né espagnol (*id.,* p. XLV. Cf. p. XXIII).

3) L'huissier d'armes, Jean de Lizac, écuyer, ambassadeur en Castille (fr. 20977, fº 236⁴) : Baudet de Bauvilliers, huissier d'armes, ambassadeur de Bretagne (1377. Ms. fr. 20590, 44).

4) *Instructio tubicinis,* du 11 sept. 1495 (Archives de Milan). Sommation du 27 août 1511 (Sanuto, XII, 419). Envoi de trompette par Commines (7 sept. 1495, Benedetti, *Il fatto d'arme,* édition 1863, p. 204), etc., etc,

plications, on lui fait l'honneur de l'assimiler au héraut [1].

Le sergent d'armes s'emploie pour escorter un étranger [2].

Le courrier ou chevaucheur d'écurie a charge de porter des lettres [3] et de les remettre en mains propres. Le fait d'être à la livrée du roi lui vaut une quasi-importance diplomatique [4]. Sur sa route, les diplomates l'interrogent et cherchent à en tirer des nouvelles [5]. Le conseil des Dix de Venise se montre très alarmé, en 1514, d'un projet de mariage de Renée de France, qui aurait été révélé à l'ambassadeur d'Espagne par un chevaucheur français envoyé à ce propos [6]. L'ambassadeur Andrea Gritti écrit à Venise, le **12 décembre 1512**, pour se plaindre d'un chevaucheur vénitien qui, de passage par Lyon, « a sonné la trompette » et a déclaré porter la paix; indiscrétion vraiment grave [7]. Un chevaucheur, dit-il, doit porter les lettres et se taire.

Quand le chevaucheur apporte la ratification d'un traité de paix, il assiste à la publication et en rapporte la nouvelle [8].

1) Le 3 juillet 1495, deux trompettes français vinrent au camp italien successivement ; l'un, mené devant les provéditeurs, prie le comte de Caïazzo de venir parler au roi. On refuse en disant que Caïazzo est *homme de la ligue*. Le trompette « ou vrai héraut » réplique... Le second propose le rachat d'un prisonnier (Sanuto, *Spedizione*, 454).

2) 1390. Ms. fr. 20590, 10.

3) V. not. *Titres* Orléans, XII, 83. On envoie de Venise un courrier au consul en Angleterre, avec des lettres pour savoir des nouvelles. Ce courrier ne porte aucune lettre de marchands (janv. 1509. Sanuto, VII, 718). Il passe par Blois, d'où il revient à Venise en toute hâte (c. 750). Un courrier du pape apporte à Venise la nouvelle de sa victoire (nov. 1506. *Id.*, VI, 478).

4) L'ambassadeur de Milan considère comme un grand succès d'avoir obtenu, par ses intelligences à la cour, des lettres du roi de France aux gens d'Asti ; il les adresse au duc de Milan, en l'engageant à les faire porter à Asti par un homme trompeusement affublé de la livrée de courrier du roi de France (1478. Kervyn, *Lettres et négociations*, III, 36).

5) 1475. Gingins la Sarraz, *Dépêches des ambassadeurs milanais*, I, 246.

6) Lettre du 15 sept. 1514, à l'ambassadeur en France (Arch. de Venise).

7) Arch. de Venise.

8) Ordre du duc de Bourgogne, au camp devant Granson, de faire publier

Les chevaucheurs sont livrés à bien des tentations. Louis XII dut faire dégrader un des siens. Le jurisconsulte Villadiego estime coupable du crime de faux le chevaucheur qui communique les lettres : il édicte l'action *injuriarum* contre celui qui les lit et les divulgue, l'action *de dolo et lata culpa* contre celui qui les perd. Il n'absout que la rupture involontaire du sceau, si la lettre n'a pas été ouverte ni lue [1].

On peut remplacer le chevaucheur par un huissier de la chambre, pour porter une lettre avec plus d'honneur [2].

Quant à l'huissier judiciaire, commis par le parlement pour assigner un grand feudataire, sa mission ne relève pas de la diplomatie, mais de la justice : mission pénible, s'il en fût, et dangereuse [3] !

3° *Agents officieux ou secrets.*

L'agent officieux est un envoyé sans commission régulière, un personnage ou agent quelconque, chargé d'allées et venues [4], ou d'une mission spéciale entre deux pouvoirs qui ne veulent pas constituer d'ambassadeurs [5], ou encore chargé

son traité avec l'empereur, en présence du chevaucheur impérial (1476. Gingins la Sarraz, p. 288).

1) *De legato*, p. III, quest. I.

2) *Tit.* Orléans, 847.

3) Le duc de Bourgogne, assigné par un huissier du parlement, le fait arrêter (1469. Commines, l. III, c. I). Sous Charles VIII, l'huissier Travers, commis pour citer le duc de Bretagne, est grièvement blessé par la populace bretonne.

4) Olivier de la Marche, constamment envoyé, de 1465 à 1468, par le duc de Bourgogne, en Normandie, en Angleterre (Beaune et d'Arbaumont, *Olivier de la Marche*, p. XLII, XLV, XLVI).

5) Le roi d'Angleterre, en 1475, donne la liberté au premier prisonnier qu'il fait, un valet, lui remet un noble, et le charge de le recommander au roi s'il peut le voir. Louis XI fait arrêter et garder ce valet comme espion présumé (Commines, liv. IV, ch. VII.) Le duc de Bourgogne envoie, après Nicopolis, le sire de Vergy et le « souverain » de Flandre, en Hongrie et à « Bazat », pour la délivrance du comte de Nevers. Guillaume Doré, clerc du

d'entamer, de poursuivre une négociation à laquelle on ne juge
pas opportun de donner pour le moment un caractère officiel[1].

Nous classerons aussi parmi les agents officieux les gens
attachés au service ou à la personne d'un ambassadeur, et
que celui-ci utilise pour le service de l'ambassade ; ainsi, en
1514, Claude de Seyssel, évêque de Marseille, ambassadeur à
Rome, envoie à Louis XII un archidiacre de Marseille porter
des renseignements détaillés et recevoir des instructions[2].

A côté des agents officieux, qui aident au travail des ambassades, nous signalerons les agents particuliers, dont la commission ne se rapporte qu'à une spécialité extra-diplomatique :
agents accrédités pour ramener un artiste[3], pour acheter des

sire de la Trémoïlle, va avec eux pour chercher son maître Guy : Pierre Valée
et Barthélémy d'Escutigny sont envoyés à Venise et à Pera pour chercher
Guy, et aller vers le soudan (L. de La Trémoïlle, *Guy de La Trémoïlle*,
p. 104, 105).

1) Guillaume de Lestrange, évêque de Carpentras, et Philippe Pelée, archevêque de Ravenne, après l'échec de leurs négociations de médiation au nom
du pape entre l'Angleterre, la France, ayant dû quitter Londres, y envoient pour suivre les négociations deux sous-agents choisis par eux, sans
caractère officiel, Raoul de Lestrange, frère de l'évêque de Carpentras, et
Bertrand de Chavagnac (septembre 1372. Rymer, III, p. II, p. 206). Louis XII
envoie par la poste un maître d'hôtel dire à l'archiduc que des ambassadeurs
espagnols sont à Lyon pour la paix. L'archiduc, qui n'y croit pas pour le
moment, envoie en France son greffier ou secrétaire privé. Il compte adresser
plus tard un ambassadeur de poids (janvier 1504. Sanuto, V, 822). En 1508,
Jules II dépêche à Louis XII Maxime, secrétaire du cardinal de Narbonne,
puis ce cardinal lui-même, alors évêque d'Auch (Guichardin, liv. VIII, ch I).
Un maître d'hôtel de l'évêque de Genève va à Dijon et à Berne pour négocier
la paix entre la Bourgogne et les Suisses (juin 1475. Gingins la Sarraz,
Dép. des ambass. milanais, p. 168).

2) Dépêches de Dandolo, not. 19 mai 1514 (Arch. de Venise).

3) Ou sa famille. 9 août 1497. Reçu, devant Jean de la Rue, notaire et secrétaire du roi, par Jean de Coulongne, de la somme « de quarante-trois livres
quinze solz tournois, qui sont xxv escuz, comme ce faisans la quarte partie
de cent escuz courans, que ledit seigneur lui a ordonné pour ung voyage
qu'il fait au pais d'Italye, pour aller quérir la femme de maistre Guydo Pa-
gangno, faiseur d'ymages, que ledit seigneur a amené pardeçà de son royaume

œuvres d'art[1], pour aller chercher un saint[2]... pour traiter de matières ecclésiastiques[3]. En avril 1501, Yves d'Alègre, capitaine de l'armée française, fait au nom de Louis XII diverses démarches près de la seigneurie de Bologne et lui présente des lettres du roi : il n'agit point comme diplomate, mais comme représentant militaire du roi, comme agent spécial[4].

Mais on ne saurait comprendre parmi les agents diplomatiques officieux ou particuliers, les personnes attachées, privément, au soin des intérêts d'un prince étranger. Marguerite d'Autriche a un avocat, attitré et pensionné, au parlement de Paris pour ses affaires[5]. Cet avocat est et reste évidemment un avocat, quelle que soit la nature des affaires confiées à ses soins.

Enfin, il est d'usage, surtout à Venise[6], de recevoir avec honneur les simples étrangers de distinction. Leur ambassadeur les présente à la Seigneurie, le doge leur tend la main, et on leur fait visiter le palais, l'arsenal[7]. Dans ce cas, et malgré l'absence de tout caractère diplomatique, on peut dé-

---

de Sicille, et lequel il fait tenir pour son service au chastel d'Amboyse » (ms. fr. 26105, p. 1235, orig.).

1) La *Pieta* de Michel-Ange, à Saint-Pierre (alors appelée N.-D. de la fièvre), fut faite en 1498 par Michel-Ange pour la chapelle de l'ambassadeur de France, Villiers de la Groslaie. François Ier, dans une lettre à Michel-Ange, accrédite près de lui l'abbé de Saint-Martin, de Troyes, en le priant de lui céder, « en les vous bien payant », quelque chose d'excellent, et en le priant d'autoriser qu'on moule le Christ de la Minerve et la Pieta (8 février 1545-46 : lettre reprod. par Artaud, *Machiavel*, II, 232).

2) Guinot de Lozières, envoyé pour chercher saint François de Paule.

3) A la diète de Francfort, en mai 1397, se rendent des députés de l'université de Paris, avec la recommandation du roi (Jarry, p. 198).

4) Lettres de la Seigneurie de Bologne à Louis XII, des 1er avril 1501, et 3 mars 1501 (Archives de Bologne).

5) 1511. *Lett. de Louis XII*, II, 211.

6) Sanuto, III, c. 1533.

7) 25 juillet 1500, Sanuto, III, 540.

sirer que ces étrangers ne voient pas telle ou telle chose, telle
ou telle personne ; on s'arrange donc pour ne pas leur en laisser le temps, en les comblant de prévenances et en leur donnant quelque bon *cicerone* [1]. Yves d'Alègre, traversant
Venise, fut ainsi reçu au *Collegio* en séance et logé à Saint-
Georges Majeur [2]. De même, dès que l'armée de France, envoyée en 1501 à la conquête de Naples, arrive près de Rome,
les capitaines vont faire une visite au pape : Alexandre VI leur
fait grande réception, leur tient de joyeux propos, donne un
cheval magnifiquement harnaché au commandant ; le cardinal San Severino leur offre, dans un jardin planté d'oran-
gers et de grenadiers, un banquet exquis, pendant lequel
« chantres, ménétriers, tragédiques et comédiains » ne cessent
de se faire entendre [3].

Ainsi, un étranger de distinction, sans aucun caractère diplomatique, reçoit un accueil en quelque sorte officiel.

En abordant, au contraire, la matière des agents secrets,
nous touchons à un ressort essentiel de la diplomatie du
moyen âge. Toutes les variétés d'ambassadeur, du prince au
chevaucheur, se retrouvent, comme dans un miroir, à l'état
secret. Cependant, nous croyons pouvoir distinguer plusieurs
catégories très différentes d'agents secrets, d'après la nature
du secret.

1° Ambassades officielles, régulièrement accréditées, mais
tenues à garder le secret total de leur mission. Ambassades
officielles et publiques, dont une partie de la mission est secrète (variété extrêmement fréquente) ;

1) V. la curieuse lettre écrite par un *cicerone* de ce genre, à Pavie, le 8
août 1494, publiée dans l'*Hist. de Louis XII*, t. III.
2) Sanuto, III, 66.
3) Jean d'Auton, II, 34.

2° Envoyés secrets, non accrédités, connus d'un seul gouvernement ;

3° Espions militaires ;

4° Gens secrètement chargés d'un attentat ;

5° Envoyés secrets, adressés à ou par quelque membre
important d'un gouvernement, pour son profit personnel ;

6° Porteurs secrets de dépêches.

1° Nous trouvons bien des exemples d'ambassades partiel-
lement ou totalement secrètes. Le duc de Bourgogne et
Louis XI, avant de se brouiller, échangent, nous dit Commines, « maints ambassadeurs, tant secrets que publics [1]. »
On mentionne sans détour « ung petit ambaxadeur secret au
roy de Behaigne [2]. »

Les ambassades secrètes ont mille raisons d'être [3]. La duchesse d'Orléans, attaquée par Louis XI, obtient de l'empereur l'investiture d'Asti par ambassade secrète, expédiée de
Gueldre en grand mystère [4].

Olivier de la Marche, après avoir été souvent chargé de
missions secrètes, va comme ambassadeur d'apparat de l'archiduc, féliciter Charles VIII, en septembre 1483, de son
avènement ; sa mission est en partie secrète ; il doit, en même
temps, étudier la situation. C'est pourquoi on le voit aussitôt
assister à l'entrée du duc d'Orléans à Orléans [5].

L'obligation du secret est consacrée par les jurisconsultes,

1) 1471. Commines, liv. III, ch. VIII.
2) C'est-à-dire de Bohème, 1466. Fonds Bourré, I, 96. « Si l'empereur le
veut, nous lui enverrons un ou plusieurs ambassadeurs, secrets ou non »
(Instruction de Bart. Firmiano, 5 nov. 1509. Arch. de Venise, Secreto 42,
77 v°).
3) Il y a aussi des missions plus ou moins secrètes et spéciales ; par exemple, pour recruter des arbalétriers (1354, mission de l'écuyer lombard Jean
de Cazal. Ms. Clairamb. 146, f° 3225).
4) K. 70, 42, 41.
5) Beaune et d'Arbaumont, *Olivier de la Marche*, p. LXXIV.

d'après le droit romain : « Se aucun estoit envoyé en ambassade devers les adversaires ou pour les espier, et il révelloit sa légation, il encouroit pareille peine » (la mort) [1].

On emploie pour assurer le secret les moyens les plus divers. A Venise, on fait écrire les dépêches secrètes par une seule personne, nommément désignée [2]. L'envoyé secret part sous bonne escorte [3]. Il voyage de nuit [4], travesti, costumé en marchand [5]. Il arrive sans bruit, il a des conférences nocturnes [6]. Louis XII avoue tout bas à l'ambassadeur florentin, le 28 mai 1514, qu'il tient dans sa propre chambre, sans l'en laisser sortir, un prélat romain secrètement envoyé par le pape et porteur d'une lettre autographe [7]. En réalité, dans cette diplomatie, selon le mot de Joseph de Maistre, tout est mystère et rien n'est secret. La sagacité des autres ambas-

---

1) *Le Jouvencel*, t. II, p. 13.

2) Le 4 mars 1495, le conseil des X donne ordre à Marc Giustinian d'écrire de suite en grand secret à Andrea Gritti, marchand à Constantinople, au nom de la Seigneurie, pour lui raconter la mort de Djem, en arrivant à Naples, mort naturelle par suite d'un catharre, et d'en informer de suite le sultan, au nom de la Seigneurie (Arch. de Venise, Misto 26, p. 144).

3) Un gentilhomme envoyé à Liège par Louis XI, pour « implorare Leodienses » contre le duc de Bourgogne, est conduit de Dinan à Liège par des Liégeois (1465. *Johannis de Los Chronicon*, p. 26).

4) Voyage de l'agent d'Armagnac en Bretagne (Interrogatoire de Nemours. Perret, *L. Malet de Graville*, p. 40).

5) Quatre Turcs, venant de Bosnie en tenue de marchands, se présentent à la Seigneurie de Venise, le 28 déc. 1509. Ce sont des agents secrets des pachas et sandjacks, pour négocier la ligue proposée (Sanuto, IX, 421). Deux agents travestis viennent à la Seigneurie, proposer un accord avec les Suisses (25 janvier 1502. Sanuto, IV, 658). Un envoyé *incognito* de Bologne vient au conseil des X, avec lettres de créance, et fait des déclarations confidentielles (17 mai 1500. Sanuto, III, c. 324).

6) Fr. de Narni, agent français, arrive à Rome par les postes, et a, de nuit, deux longues conférences avec le pape, le cardinal de Volterre et l'ambassadeur de France (contre Venise. Dépêche de l'ambassadeur de Venise, 21 déc. 1504. *Disp. di Giustinian*, III, 344).

7) Dép. de Dandolo. Arch. de Venise.

sadeurs pénètre le mystère, et ils se bornent à l'écrire, sans aucune démonstration tragique[1]. « Il est arrivé ici un envoyé secret du marquis de Mantoue ; depuis son arrivée, on est mieux disposé en faveur du marquis », écrit tranquillement Machiavel[2]. Le duc de Milan envoie à Louis XI un agent secret. Celui-ci est reconnu par un agent de l'évêque de Genève, qui en avise la cour de Savoie ; de Moncalieri, l'envoyé milanais annonce à son maître que l'agent est découvert, et qu'on sait le but de sa mission[3].

Le secret a l'inconvénient de prêter à rire[4]. Le sire de Craon et le chancelier de France Doriole viennent deux ou trois fois près du duc de Bourgogne négocier secrètement la paix. Ils la rédigent, le duc la jure, et ils emmènent un écuyer du duc pour la voir jurer au roi. Après quelque délai, le roi refuse de la ratifier, parce que les circonstances ont changé, et on se moque du duc de Bourgogne[5].

Et puis tout le monde ne sait pas manier un secret, même partiel, et à jouer de finesse un ambassadeur inexpérimenté peut succomber. Charles VIII charge Jean Cloppet, président des Comptes de Grenoble, d'aller à Milan sous un prétexte

1) Cependant, le 20 juin 1500, l'orateur de France à Venise vient dire à la Seigneurie qu'il a appris la présence d'un envoyé secret de Milan. On lui répond que c'est une erreur (Sanuto, III, 409).

2) Dép. de Blois, 18 août 1510. « Fama erat Leodii venisse... legatos ex Francia » (1467. *Joh. de Los Chronicon*, p. 51).

3) 9 juillet 1475. Gingins la Sarraz, *Dép. des ambass. milanais*, I, 177.

4) Mésaventure, déjà citée, de Buzardo, agent secret du pape près du Grand-Turc, arrêté, près de Sinigaglia, par le seigneur du lieu, Jean de la Rovère, qui saisit ses 40,000 ducats et la correspondance du pape avec le Grand Turc, qu'il envoie à Florence pour en faire faire des copies authentiques. La Rovère fut, il est vrai, destitué et désavoué par les Vénitiens : mais il entra aussitôt au service de la France (Delaborde, *Expédition de Charles VIII*, p. 479.)

5) 1471. Commines, liv. III, ch. IX.

quelconque, en réalité pour se livrer à une enquête secrète sur
la situation de Bonne de Savoie. Cloppet ne sait pas se tirer de
sa mission, et se met par le fait aux ordres de Ludovic Sforza [1].
D'ailleurs tout le monde se défie des gens qui jouent double jeu [2].

2° Il est infiniment plus sûr et plus pratique de se livrer à
des pratiques purement secrètes. Deux sortes de personnes
alimentent d'abord la diplomatie secrète officieuse : les
moines et les femmes. Leur caractère leur permet de passer
partout et de tout savoir ; on ne se défie pas d'eux.

Dès son avènement, Louis XII trouva un moine hongrois
qui séjournait en France, et l'envoya, en mission secrète, près
de Vladislas II, roi de Hongrie, pour lui faire des propositions
d'alliance [3].

A Rome, un moine espagnol d'Ara Cœli est fort employé
par le pape ; il répète à l'ambassadeur vénitien un mot de

1) 1492. Delaborde, p. 258.

2) Bened. Trevisan, ambassadeur de Venise, écrit de Lyon, le 4 juillet
1500, une lettre de recommandation à la Seigneurie, en faveur de Mathieu
Coppola, sur sa demande. Coppola, envoyé à Venise par le roi avec des
lettres générales et des lettres particulières pour le Conseil des X, désire
s'entendre personnellement avec Venise (Archives de Venise, Dispacci, I).
Coppola se rend à Venise dans ces conditions, et là personne n'a foi en lui.
Fr. Foscari, successeur de Trevisan près la cour de France, écrit, en substance, le 7 février 1500-1501, de Blois, par chiffre : « J'ai reçu vos lettres du
13 janvier. J'ai compris votre avis sur Coppola, que je connais en effet parfaitement. J'ai toujours cru, qu'il parlerait beaucoup à Accurse, car nombre de ces gens parlent *senza rispecto*, mais je crois qu'il fera, en mystère, un rapport plutôt bon, parce qu'il souhaite ardemment l'expédition de
Naples. A sa demande, je n'ai pas usé de vos lettres. Il dit qu'il vaut mieux
que je ne voie pas le roi, que sa recommandation n'aurait pas grand poids,
mais qu'Accurse lui a donné 24 *capituli* à communiquer au roi et au cardinal ». Coppola écrit au roi et à la cour, mais ne reçoit guère de réponse, et
Foscari n'a confiance ni en sa personne, ni en son crédit : « Puisque, dit-
il, Coppola promet ses bons offices, je lui donne et lui donnerai les meilleures paroles, pour *aldirlo* et temporiser » (Archives de Venise, id.).

3) Fraknoï.

Jules II sur le roi de France : *Iste gallus vult omnes gallinas* [1].
On pourrait citer beaucoup de missions diplomatiques plus
ou moins secrètes bénévolement assumées par des moines [2].
Les prêtres ou moines qui voyagent servent surtout à donner
de très utiles et sûrs renseignements [3].

Quant aux femmes, très rarement revêtues de missions offi-
ficielles [4], la diplomatie vénitienne, souveraine maîtresse en
matière de secret, en emploie comme agents secrets ou espions [5]. En 1470, une demoiselle va de la part du roi Edouard
d'Angleterre trouver Mᵐᵉ de Clarence ; elle agit avec beaucoup
d'habileté et de discrétion et trompe les plus fins politiques [6].

1) Sanuto, X, 540.

2) En mars 1494, un franciscain espagnol, messer Emmanuel, vient voir
Charles VIII, soi-disant au nom de Sienne, et l'assurer du dévouement de
cette république. Il se trouva qu'il avait fort exagéré (Delaborde, *Expédition
de Charles VIII*, p. 365). Frère Jean de Mauléon, religieux français de l'ordre de Saint-François, négocie la restitution du Roussillon à l'Espagne. En
1495, il accompagne à Venise l'ambassadeur de la reine de Naples et veut
négocier les affaires de Naples. En 1494, il se fait envoyer, par le pape, au-
devant de Charles VIII à Plaisance ; il porte au roi un bref pour essayer de
l'arrêter, et, en même temps, il le sonde sur l'accueil qui serait fait à un
légat, ou au pape lui-même, venant dans le même but (La Pilorgerie, *Campagnes et bulletins de la grande armée d'Italie*, p. 85 : Sanuto, *La Spedizione
di Carlo VIII*, p. 673). Le frère gardien de Jérusalem, espagnol, est reçu à
Venise en audience secrète : il remet une lettre du soudan (mars 1504. Sanuto, V, 962). L'ambassadeur florentin à Rome signale l'arrivée de deux
chartreux, venus à travers le territoire de Florence, qui ont apporté tout un
courrier de Pise (15 sept. 1501. Archives de Florence).

3) Nouvelles de Suisse apportées à Côme par un chanoine de Coire (déc.
1476. Gingins la Sarraz, II, 389). Nouvelles de la guerre de Lorraine, recueil-
lies par le capitaine de Lugano, d'un prêtre venant de Strasbourg (*id.*, II,
378) : d'autres nouvelles viennent d'un franciscain envoyé à Rome (*id.*, I,
168), d'autres d'un bénédictin, serviteur de l'évêque de Genève (*id.*, I, 200).
Renseignements donnés à Venise par un prêtre à qui on promet un bénéfice de cent ducats (Sanuto, VII, 396). Nouvelles d'Allemagne par l'évêque
de Feltre, qui les tient d'un homme digne de foi (1508. Sanuto, VII, 598).

4) Cependant, dit Hotman, une femme peut être très utilement chargée
d'une légation, dans un sens pacificateur (*Traitté de l'ambassadeur*, II, § 34).

5) V. Malipiero, *Annali Veneti, Arch. st. ital.*, t. VII, p. II, p. 709, 710.
Lamansky, *Secrets d'Etat*, p. 701.

6) Commines, liv. III, ch. v.   29

Lorsque Isabelle d'Este se rend en 1493 à Venise, Ludovic Sforza, son mari, la charge d'une mission secrète pour dénoncer très secrètement les projets des Français sur Naples, projets auxquels Ludovic Sforza collaborait activement d'autre part ; sauf d'imperceptibles nuances, son mari lui trace une ligne de conduite à peu près analogue à celle des ambassadeurs ordinaires[1].

Les lépreux ont servi aussi d'émissaires secrets[2].

Venise disposait d'une catégorie d'agents secrets qui lui était spéciale : celle des médecins. Elle avait l'avantage de fournir des médecins aux voïvodes de Moldavie et de Valachie[3], et à diverses autres contrées. Ces médecins envoyaient à Venise de véritables rapports diplomatiques, politiques, commerciaux, sur les pays où ils se trouvaient[4].

1) Il ne lui donne pas de pouvoir, mais une instruction détaillée, sous le titre de *Memoriale*. Il lui prescrit, après sa visite à la Seigneurie, de demander à conférer très secrètement avec les deux gentilshommes qu'on lui indiquera, — comme un ambassadeur (Archivio Sforzesco). — La femme de Barthélemy d'Alviano, venue à Rome en nombreuse et brillante compagnie pour assister aux fêtes de la Semaine sainte, exprime à l'ambassadeur vénitien le désir de son mari d'avoir une conférence avec lui (1505. *Disp. di Giustinian*, III, 455).

2) Ordre de Louis XI de les surveiller (1465. *Lettres de Louis XI*, A, 253).

3) Un ambassadeur de Moldavie vient, de la part du voïvode Etienne, présenter une lettre où celui-ci demande un nouveau médecin qu'il promet de bien payer, en remplacement de son médecin vénitien qui vient de mourir. « Multocies ad V. E. nostros homines misimus pro medicis » (21 déc. 1503. Sanuto, IV, 579). Le voïvode de Valachie envoie deux ambassadeurs à Venise, pour lui chercher un médecin et acheter du drap d'or. Un de ces deux orateurs ira jusqu'à Rome (février 1504. Sanuto, III, 1467).

4) Rapport d'un médecin vénitien au doge, sur tous les événements de Moldavie (Sanuto, IV, 735). Rapport politique et commercial par un médecin établi à Damas (1504. Sanuto, VI, 57). Longue lettre de nouvelles d'un médecin de Damas, communiquée au conseil par le destinataire (juill. et sept. 1510. Sanuto, XI, 477). Nouvelles de Hongrie données par un médecin, par lettre à un ancien ambassadeur (Sanuto, VI, 34, 49). Nouvelles données à Venise par le médecin de l'archiduc (1504. Sanuto, V, 822. *Cf.* t. III, c. 661).

Les banques italiennes, si nombreuses en France, constituaient aussi pour leurs pays d'origine des agences politiques autant que financières [1]. Les représentants de la maison de Médicis à Lyon, par exemple, avaient l'art de se procurer des relations à la cour ; ils tenaient une sorte de bureau de renseignements sur les affaires politiques de France [2]. Quant aux Vénitiens, l'esprit de solidarité nationale, qui faisait leur force, transformait leurs commerçants en autant d'aides officieux de leur diplomatie [3]. Quelquefois même, à l'étranger, un com-

1) Ainsi Buonaccorso Pitti, négociant et agent florentin en France, était écuyer du duc Louis Ier d'Orléans (*Chronica di Buonaccorso Pitti* : comte de Circourt, *Le duc Louis d'Orléans*, II, 29).

2) Delaborde, *Expédition de Charles VIII*, p. 181. Après avoir rappelé son ambassadeur en France, le duc de Milan entretient néanmoins près de Louis XI, en 1475, des agents secrets qui le renseignent exactement. Lorsque l'année suivante il voulut renouer des rapports, il envoya à Louis XI un agent officieux, un italien établi à Lyon, à qui le roi accorda une audience privée, mais qui reçut à la cour, comme « bourgeois de Lyon », un médiocre accueil (Gingins la Sarraz, *Dépêches...*, I, p. xvi).

3) Nouvelles de Naples à Venise, en janvier 1494, par l'ambassadeur, le consul et un marchand vénitien qui en envoie souvent (Sanuto, *Spedizione*, 214). Nouvelles par un marchand vénitien qui en revenant de Londres a passé à Insprück, où il a parlé à Ludovic le More (oct. 1499. Sanuto, III, 22). Nouvelles d'Alexandrie par des marchands qui en arrivent (*id.*, VI, 149). Ne pouvant pénétrer le secret des délibérations du roi de Hongrie, l'ambassadeur vénitien Pasqualigo prie un négociant vénitien, domicilié à Bude, Antonio de Zuane de la Seda, de se rendre à Vesprim pour se renseigner. Celui-ci se borne à demander aux seigneurs qui rentraient de cette ville ce qui s'était passé. Il écrit à Pasqualigo, le 20 décembre, qu'on gardait le silence le plus rigoureux sur la décision relative à la proposition de l'empereur. L'ambassadeur s'adresse alors à Bakocs, mais il ne reçoit pas de réponse. Quelques semaines après, le primat lui relate de vive voix qu'on avait résolu d'envoyer des ambassadeurs auprès du pape, du sultan et du prince de Moscou (dépêches de Pasqualigo, des 4, 5, 27, 30 décembre 1510 et du 19 janvier 1511, analysées par le Dr Fraknoï). Les collecteurs pontificaux de dîmes pour la croisade envoyaient aussi au pape des rapports politiques ; mais ces collecteurs étaient des agents officiellement accrédités, sinon comme agents politiques, au moins comme agents religieux, et ordinairement des légats. V. Rapport politique au pape de Jean de Gigli, collecteur ponti-

merçant italien quelconque fournit des renseignements à une ambassade d'un autre pays italien [1].

En dehors de ces sources classiques de renseignements, on envoie des agents secrets, ou, mieux encore, on entretient dans le pays même ce qu'on appelle dans le langage diplomatique du temps « un ami fidèle »; autrement dit, cette pseudo-diplomatie possède, elle aussi, des agents temporaires et des agents résidents. Les Italiens excellent dans cette uti'' organisation des amis fidèles, dont nous trouvons la trace à chaque pas [2]. Les amis fidèles, dans leur correspondance, signeront volontiers d'une simple initiale [3], d'un simple prénom [4], ils cacheront sous un nom supposé le nom du fonctionnaire auquel ils s'adressent [5]...Les ambassadeurs disposent

fical de décimes en Angleterre (Campbell, *Material for a history of the reign of Henry VII*, I, 198) : Gigli, évêque de Worcester, était légat (Gairdner, *Vita Henrici septimi*, p. 51).

1) Carlo Mantisi, originaire de Bologne, envoie par divers intermédiaires des renseignements sur l'Allemagne au duc de Milan (Gingins la Sarraz, I, 258). Le duc reçoit même des renseignements par une lettre d'un négociant allemand d'Ulm, qui a longtemps habité Côme (*id.*, I, 173.) On s'en procure d'ailleurs par qui on peut, par un étudiant de Metz, allant à Bologne (*id.*, 178), par deux flamands arrivés à Côme (p. 191), par un marchand qu'on interroge (fr. 15541, n° 158).

2) L'orateur de Venise envoie le rapport à lui fait par « l'ami fidèle » de Provence, à Aix; il envoie un *ami* en Normandie. Un ami fidèle a causé avec le comte de Ligny : paroles de celui-ci (mars 1504. Sanuto, III, 1619-1620). Nouvelles de Lyon par un ami fidèle en 1509 (Sanuto, VIII, 73). Venise est renseignée à Rome par des amis fidèles, elle en a qui vont dans le camp français (1510. Sanuto, X, 731, 732, 818 etc.). Le podestat de Ravenne envoie des lettres à Venise, des nouvelles de Faenza, écrites par un ami (1500. Sanuto, III, 1049). Nouvelles de France, par Jean Blanco, Lyon, 6 juin 1466 (Arch° Sforzesco). L'agent de Milan envoie ses lettres et le portrait de Bonne de Savoie par l'intermédiaire d'un nommé Choyro de Lyon (12 février 1466 : *id*).

3) Lettre à la duchesse de Savoie, signée J. L. (juin 1475. Gingins, I, 153).

4) Lyon, 21 déc. 1495. Lettre de « Thomas » à Ludovic Sforza, annonçant la mort du dauphin (Arch. de Milan, Pot. Est., Francia, 1494-95).

5) Lettre d'un émissaire secret envoyant des nouvelles de France à «Simon de Pavie », pseudonyme du chancelier de Milan (1475. Gingins, I, 206).

des amis fidèles ; ils peuvent leur réclamer des rapports, ils leur confient une correspondance pour la transmettre [1]. Il y a des agents de ce genre attachés à l'ambassade [2], qu'on envoie de côté et d'autre pour prendre des renseignements [3].

Parfois, c'est un régnicole même qui sert d'ami fidèle, pour un motif ou pour un autre [4].

Les Suisses ont une organisation analogue [5] : mais la diplomatie française ne la possède qu'à l'état bien rudimentaire. Louis XI entretient des agents secrets [6], notamment dans ses

1) Nombreuses dépêches, notamment : Avis de l'agent secret de Milan, daté de Seurre (Côte-d'Or), qu'il est impossible de faire passer la dépêche qu'il a reçue à Panigarola, ambassadeur près du duc de Bourgogne : les passages sont entièrement coupés (août 1475. Gingins la Sarraz, I, 212).

2) Ils dépendent de l'ambassade. Mais on ne peut admettre l'étrange conflit qui faillit faire verser du sang entre l'ambassade de France au Caire, en 1512, et le capitaine du navire qui l'amenait. Le capitaine voulut absolument intervenir à la réception du soudan, sous prétexte qu'il était ambassadeur aussi et que le roi lui avait donné une mission secrète. Et l'ambassadeur céda ! (Ch. Schefer, Le Voyage d'outremer de Jean Thenaud, p. 43).

3) L'ambassadeur vénitien en France Fr. Foscari avait sous ses ordres un certain Bonino de Boninis, qu'il expédia à Lyon pour régler les affaires de l'ambassadeur défunt Ben. Trevisan, qu'il envoie en Provence, en Normandie, prendre des renseignements sur les armements : il transmet à Venise les rapports de Bonino, et reçoit copie des ordres directement transmis de Venise à Bonino (dépêches du 25 février 1500-1501, du 30 avril 1501. Archives de Venise). On a promis à Bonino, comme gages, des bénéfices ecclésiastiques en Frioul, jusqu'à concurrence d'un revenu de deux cents ducats. L'ambassadeur insiste sur cette promesse. Bonino, dit-il, est très dévoué, il a souvent exposé sa vie, ses services sont très utiles « in questa Francia » (dépêche du 30 avril).

4) Lettres de renseignements d'un citoyen notable de Bâle (Jean Irmy) au duc de Milan (février-mars 1475. Gingins la Sarraz, I, 43, 129). Ces lettres sont en italien. Irmy signe « fidelis famulus, Dominationis Vestræ fidelis servitor », il se proteste « famillio et cortisan de la Signoria vostra ».

5) On constate que les Suisses savent ce qui se passe chez leurs adversaires, et ont des moyens secrets d'information dans les divers pays (1476. Gingins la Sarraz, I, 291).

6) Lettre à Louis XI d'un agent secret, Jo. de Nyvenheim. L'agent lui envoie le porteur qui vient de lui apporter des nouvelles confidentielles ; il propose au roi d'aller, en son nom, trouver les archevêques de Cologne et de Trèves, qui sont mécontents du duc de Bourgogne et divers grands seigneurs, « qu'ilz

rapports avec les Liégeois ; Charles VII eut aussi des agents temporaires [1], mais sans organisation régulière. En 1501, au moment où Maximilien envahissait la Bourgogne, le comte de Nevers, gouverneur du duché, se borne à donner des gratifications aux gens qui lui apportent des nouvelles d'Allemagne, et le chiffre de ces gratifications ne se monte pas à plus de cent livres pour toute l'année [2]. En France, la diplomatie, comme l'armée, agit et parle haut : mais elle ne s'occupe pas suffisamment d'éclairer ses approches.

L'Angleterre envoie aussi des agents secrets [3].

3° L'espion, en latin *explorator*, est employé surtout à proximité des frontières. Venise en fait très grand usage [4]. L'espion fait son rapport à l'autorité la plus voisine [5]. Si la Seigneurie

---

sont bons françoys secrès » (Trèves, 26 février 1471. Quicherat, *Th. Bazin*, IV, 363). Un Liégeois, Jean Durneton, reçoit 55 s. t. pour avoir été, de Chalons à Liège, porter des nouvelles du roi (13 sept. 1465. Vaesen, *Catal. du fonds Bourré*, n° 365). Olivier de Coetmen annonce à Louis XI que le sire de Ravenstein a vu les Infants d'Autriche et qu'on désire la paix à Gand (nov. 1482. *Id.*, n° 999).

1) Ms. fr. 20590, f° 13. — 11 mai, au Bois de Vincennes. Don du roi de 8²⁰ 15 liv., en cent écus d'or, à dom Jeronymo de Portugal, pour « lui aider à vivre », et en paiement d'un voyage en Italie pour les affaires du roi. Reçu de Patris cᵗᵉ de Baudouel, chevalier de l'ordre, de 1.000 écus d'or pour services rendus au roi au delà des monts (services militaires ou diplomatiques ? 15 mars 1497. Fr. 22275) Cf. ms. fr.ᵗ 3924, f° 110, un rapport secret adressé au XVIᵉ siècle au cardinal du Bellay, et publié par nous dans la *Revue d'Histoire Diplomatique*.

2) Ms. fr. 2926, f° 10 v°.

3) A la nouvelle de la mort de Charles VII, le roi d'Angleterre envoie en France deux espions, dont un près du cardinal d'Amboise (Bergenroth, *Calendar of letters, despatches...*, *between England and Spain*, p. 156).

4) C'est par des espions que Venise apprend en 1511 la trahison d'Antonio Savorgnan (Sanuto, XII). Un *explorateur*, venant d'Inspruck, apporte des nouvelles du roi des Romains (mai 1500. Sanuto, III, 348).

5) Un podestat milanais de la frontière envoie en Suisse un agent intelligent et fidèle pour savoir ce qui se passe (1475. Gingins la Sarraz, I, 149. On voit par ce recueil que le duc de Milan avait partout des agents en Suisse). Nouvelles d'Allemagne données à Venise par le podestat de Feltre, qui les

de Venise croit devoir le recevoir, on le fait pénétrer au palais sous un travestissement, et on l'introduit par l'appartement privé du doge [1], En matière militaire, tout fait de guerre non ouverte (déguisement, manque de parole...) met hors la loi et constitue la trahison, punie de mort. L'espion joue donc sa tête : mais rien de plus difficile à prouver que son crime. En juin 1501, un individu présumé espion turc est arrêté à Capo d'Istria ; on l'envoie à Venise [2]... La curieuse relation d'un certain Herman Vlicestede, publiée par M. Quicherat, nous montre le mécanisme de l'agence secrète, compliquée d'espionnage. Vlicestede, flamand, vient en France offrir ses services à Louis XI ; l'évêque de Poitiers, au nom du roi, l'envoie comme agent secret et espion en Flandre. A Boulogne, les Français l'arrêtent, mais « il montre sa charge » ; à Gravelines, ce sont les autorités flamandes, et là on le met à la torture, mais il n'avoue rien ; dans le doute, on le déclare « de prise » ; il se rachète pour la modeste somme de dix livres. Arrivé à Gand, il fait dire à ceux *de la loi* qui il est par un ami, et aussitôt on le reçoit secrètement ; il dit ce qu'il sait sur le roi et la cour, c'est-à-dire peu de chose, et il envoie en France des détails circonstanciés sur l'état de la ville [3].

4° Le conseil des Dix de Venise subventionne volontiers, par une forte prime, payable après coup, les gens qui se chargent d'exécuter secrètement pour son compte un crime utile : empoisonnement, assassinat. Ce système figure, jusque vers le milieu du XVIIIe siècle, dans nombre de ses délibérations [4].

---

a d'un *explorator* (Sanuto, III, ch. 377), par un *explorator* envoyé de Bassano (juillet 1508. *Id.*, c. 512-513), par un *explorator* du podestat de Feltre (août 1500. *Id.*, 582).

1) Espion revenant de Milan (1540. Sanuto, X, 271).

2) Sanuto, IV, 49.

3) Juillet 1488. Quicherat, *Th. Bazin*, IV, 386.

4) V. Lamansky, *Secrets d'État de Venise.*

Nous nous bornerons à citer la prime promise à un agent secret pour l'empoisonnement de Charles VIII : le 28 juin 1495, Basile della Scala, citoyen de Vicence, offre de mettre le feu à la provision de poudre de Charles VIII, d'anéantir ainsi les ressources de son expédition, et de « procurer par certains bons et prudents moyens » la mort du roi. A l'unanimité de seize voix sans aucune abstention, le conseil accepte chaleureusement cette proposition de haute fidélité, « *fidelissimam* »; il promet à Della Scala (qui était exilé) sa grâce et une très ample gratification [1]. Toute réflexion faite, Della Scala trouve la condition de tuer le roi bien ardue ; il se fait fort, en tout cas, d'incendier les poudres et demande seulement l'exemption du bannissement édicté contre son frère et lui. Par une nouvelle délibération, le conseil l'encourage et lui promet non seulement une exemption, mais une rémunération qui leur assurera pour toujours, à tous deux, une existence à Venise commode et pleine d'honneur [2].

Ce mode d'action appartient en propre à Venise. Bien souvent on accusa d'autres puissances italiennes, et, en France, le roi Louis XI, d'y recourir, mais sans en donner de preuve péremptoire. Le duc de Bourgogne voulut tirer parti de cette réputation de Louis XI, et se procurer la preuve qui manquait. Il envoya à Louis XI un affidé, pour proposer de l'assassiner, lui, duc de Bourgogne ; il pensait que le roi accepterait. Louis XI pénétra le machiavélisme et se hâta de le dénoncer, comme « ung bien détestable cas et deshoneste [3] ». En Italie, on ne veut voir partout qu'empoisonnements ou tentatives d'empoisonnement [4], même sous les formes les plus

1) Arch. de Venise, Misto 26, C. dei X, 166.
2) *Id.*, 166 vo.
3) Instruction aux ambassadeurs en Bretagne. Fr. 3884, fo 278 vo.
4) « Boccone occidunt itali » (J. de Terra Rubea, *op. cit.*, fo cxviii).

bizarres. Ainsi on prête aux gens de Forli le projet de tuer Alexandre VI par un poison subtil et violent, émanant d'une lettre, qu'un musicien appelé à la cour portera cachée dans une canne...[1] Il est bien évident qu'il faut accueillir avec une extrême réserve ces racontars d'imaginations surexcitées, d'autant plus que des faits positifs et avérés les démentent souvent.

Il est plus fréquent de solder à l'étranger quelque personnage, petit ou grand, pour troubler une situation ou organiser une révolte [2]. En 1492, le roi d'Angleterre ne craint pas de correspondre en personne avec un breton de fort médiocre importance, Pierre Pennec, qui prépare une insurrection contre la France : « Tres cher et bien amé, lui écrit-il, nous vous mercions de la peine et travail que prenez pour nous faire service [3] »...

Enfin, et c'est peut-être la plus dangereuse de ces diplomaties occultes, certains grands seigneurs se prêtent à des rapports personnels avec l'étranger. En 1499, le comte de Ligny envoie très secrètement à Venise son secrétaire offrir un échange de bons offices pour les affaires de Naples. La seigneurie de Venise reçoit cet envoyé et le doge lui adresse une réponse toute diplomatique, très courtoise, mais vague, prudente. Il proteste d'affection spéciale pour Ligny, il déclare qu'on va envoyer une ambassade au roi. En réalité, on craint les indiscrétions, dans une matière si délicate ; Venise expédie aussitôt un agent secret spécial pour voir Ligny en tête-à-tête, partout où il se trouvera, et s'expliquer avec lui. Cet

---

1) V. Thuasne, *Diarium* de Burckard, II, p. 579.

2) Louis XI charge M. d'Armagnac de rompre le compromis entre la Castille et l'Aragon (Fonds Bourré I, 11).

3) *Complot breton de MCCCCXCII*, par M. de la Borderie (*Archives de Bretagne*, t. III).

agent, chargé des plus expresses recommandations de secret, de prudence, ne confiera sa mission qu'à l'ambassadeur de Venise, et devra veiller à ne porter ombrage ni au maréchal Trivulce ni à personne [1]. En décembre 1512, Trivulce envoie de même un secrétaire à Venise ; mais cette mission-là est très correcte, elle a lieu avec l'agrément du roi et pour ouvrir les voies à une négociation officielle [2].

Quant aux porteurs secrets de dépêches, ils opèrent de la manière la plus diverse ; ici, c'est un moine, soi-disant pélerin, là, « un homme secret » qui porte une lettre de trois lignes de la main du duc de Guyenne, ployée très menu, « dans un loppin de cire »[3]. Les missions de ce genre présentent des risques de toute nature, ne fût-ce que l'infidélité du commissionnaire [4]; la prudence conseille de ne rien écrire et de confier la communication à la mémoire de l'envoyé [5].

---

1) 15 septembre 1499. Arch. de Venise, Secreto 37, 122 v°.

2) 18 et 22 décembre 1512. Archives de Venise.

3) 1469. Commines, liv. III, ch. I.

4) Un agent secret des Bretons, nommé Gaston, porteur de correspondances compromettantes, se fait arrêter volontairement (1487. Dupuy, *Hist. de la réunion de la Bretagne*, II, 99).

5) Envoi du moine Chaumart à Rome par Louis d'Orléans (*Histoire de Louis XII*, t. II). Le baile vénitien à Constantinople ne pouvant écrire charge un homme qui vient à Ancone d'aller à Venise donner des nouvelles verbales (avril 1508. Sanuto, VII, 440).

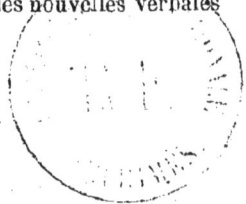

TABLE DES MATIÈRES

LIVRE II

DES MISSIONS.

CHAPITRE I. — Ambassades temporaires ou permanentes.

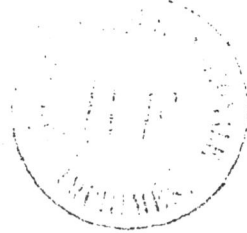

Laval. — Imprimerie et stéréotypie, Eugène JAMIN, 8, rue Ricordaine.

R. DE MAULDE-LA-CLAVIÈRE

HISTOIRE DE LOUIS XII

PREMIÈRE PARTIE : **LOUIS D'ORLÉANS**

3 vol. in-8...... .... 24 fr.

LES ORIGINES DE LA RÉVOLUTION FRANÇAISE

AU COMMENCEMENT DU XVIᵉ SIÈCLE. LA VEILLE DE LA RÉFORME

Un volume in-8........................... 8 fr.

LA CONQUÊTE DU TESSIN PAR LES SUISSES
(1500-1503)

In-8..................... 2 fr.

LECOY DE LA MARCHE

LES RELATIONS POLITIQUES DE LA FRANCE
AVEC LE ROYAUME DE MAJORQUE

(Iles Baléares, Roussillon, Montpellier, etc.)

2 forts volumes in-8... .... 20 fr.

L. THUASNE

LE JOURNAL DE BURCHARD (1483-1506)

Texte latin publié intégralement pour la première fois,
d'après les manuscrits de Paris, de Rome et de Florence

3 forts volumes grand in-8........................ 60 fr.

GENTILE BELLINI ET SULTAN MOHAMMED II

Notes sur le séjour du peintre vénitien à Constantinople (1479-1480)

In-4, avec 8 planches hors texte............. 8 fr.

DJEM SULTAN

Fils de Mohammed II et frère de Bayezid II (1459-1495)

D'après des documents originaux en grande partie inédits

ÉTUDE SUR LA QUESTION D'ORIENT A LA FIN DU XVᵉ SIÈCLE

Un beau volume in-8........................ 10 fr.

www.ingramcontent.com/pod-product-compliance
Lightning Source LLC
Chambersburg PA
CBHW060949280326
41935CB00009B/668